廣松渉の思想

内在のダイナミズム

渡辺恭彦

みすず書房

廣松渉の思想――内在のダイナミズム　目次

凡例

一、廣松渉の論文・著作からの引用に際して、思想展開を辿るうえで、精密に検証する必要があると判断した事柄については、初出掲載誌を参照するように努めた。ほかは、この限りではない。

二、引用文の傍点については、原著者による場合は註に、引用者による場合は、そのつど引用文の末尾にその旨を記した。引用文中、引用者による省略については〔中略〕で、改行は／で示した。本文・引用文中ともに、著者による注記は〔　〕で示した。

三、引用文で邦訳書のある場合は、既存の訳をお借りしているが、適宜訳し直した。

四、廣松渉の文章で読みにくい漢字については、適宜ルビを振った。そのほか、廣松独自のルビが振られている漢字については、そのままとしてある。

序

異様な漢語を多用した重厚な文体を持ち、ドイツ観念論哲学、現象学、マルクス研究といった広汎な学問領域を博捜しながら、独自の哲学体系を構築していった独立不羈の哲学者、廣松渉。その短い生涯は、一九六〇年代における学生運動の高まりとともに新左翼運動の理論家として一躍脚光を浴び、その後アカデミズムの中枢でひとつの時代を築いたと概括することができよう。

物象化論、共同主観性、四肢構造といった廣松が生み出した数々の概念は、現在、廣松哲学を象徴することばとして流通しているかに見える。しかし、そうした概念を自明のことがらとしてはならないだろう。それら概念の星座は、戦後日本を生きた廣松が、現実と対峙しつつ思考を紡いでいたことの証にほかならない。

廣松は、事的世界観といわれるみずからの哲学体系を構築するために、次々と概念装置を生み出していった。そうした重力場の核とでもいうべきものを探り当てるのが、本研究の試みである。

それゆえ、われわれの行論は、廣松の生い立ちから始め、その思想形成を辿りつつ、廣松その人を思想史上に位置づけるものとなる。そのなかで、廣松体系において、そうした諸概念がどのように生み出されていったのか、また相互にどのように連関し合っているのかを明らかにしていく。

ここで、あるひとつの問いを提起しよう。

まれ、また次なる歴史をつくっていくのである。

われわれは所与の世界に生まれ落ち、周りのさまざまな人々や自然とかかわりながら、生を紡いでいく。生まれる時や場所をみずから選ぶことはできるはずもない。ある個人は、過去から送られてきた歴史的文脈に投げ込まれ、また次なる歴史をつくっていくのである。

それでは、不断に流れつづける情況において、われわれ個人はどのように歴史や社会とかかわるのだろうか。本書は、こうした問いをもとに、廣松渉の思想に光をあてる。われわれは、たんに後の時代に生まれたものとして、事後的に廣松の思想を再構築するわけではない。廣松の苦闘の軌跡をともに歩み、その思想を総体として捉え直すことを目指す。それにより、廣松の思想的営みには、その時代が刻印されていることが明らかになろう。

廣松は、なによりもまずマルクス主義哲学者を自任した。そして、その思想の根幹にあるのは、マルクスの思想であった。それゆえ、廣松の思想自体がマルクス主義やマルクス研究の歴史と密接不可分に切り結んでいる。

唯物史観を宣揚した廣松とは異なる文脈で、歴史について思索を巡らせていたドイツの思想家にヴァルター・ベンヤミン（一八九二―一九四〇）がいる。ベンヤミンは、絶筆とされる論考「歴史の概念について」で次のような章句を残した。

よく知られた話だが、チェスの名手である自動人形がいたと言われる。その自動人形は、相手がどんな手を打ってきても、その一番の勝利を確実なものとする手で応じるようにつくられていたという。人形は、トルコ風の衣装を着て、水タバコをくわえながら、広いテーブルの上に置かれたチェス盤の前に座っていた。このテーブルはどの方向からも透明に見えるのだが、この錯覚は、反射鏡のシステムによって起こっていたのだった。実は、そのテーブルの中に、せむしの小人が潜んでいたのである。その小人はチェスの名人であり、人形の手を紐で結んで操っていたのだ。この装置に対応するものを、われわれは哲学において想像することができる。「史的唯物論」と呼ばれる人形は、つねに勝つことになっているのである。その人形は、誰とでも難なく張り合うことができる。ただしそれは、今日周知となっているように、小さくて醜く、そうでなくとも、人前に出るべきではない神学を、人形が使いこなしているときには(1)。

ここでつねに勝利者になりうる「小人《こびと》」とは、史的唯物論者である。歴史を記述するとき、歴史主義の歴史記述者は、支配者に感情移入する。しかし、それに対して、史的唯物論者は、支配者たちから距離をとった観察者なのだ。

廣松は、過去へと遡行した先に歴史を駆動する起源を措定し、はじめの一撃でもって動いていくような歴史を考えた人物ではなかった。超越的主宰者が駆動する歴史観を廣松はしりぞける。廣松は体系への志向を強く持ちながらも、具体的なものの記述をもって歴史を描くことを目指したのである。超越した視点から書かれる歴史ではなく、世界に内在する個々の人間が意識的に歴史を駆動する、そうした歴史観を廣松は抱いていた。

近代社会において人々の認識は物象化に染め上げられており、それは個的な認識であると同時に認識論的主観でもある。切り詰めていえば、こうした認識の在り方が、廣松の共同主観性論である。認識がつねに共同主観性に裏支えされながら、それでも歴史は動いていく。そうしたダイナミズムを廣松は描いたのだった。

大きな物語としてのマルクス主義がソ連・東欧の崩壊とともに失墜した現代においては、さまざまな価値規範が乱立し、思想の大きな幹を失ったかにみえる。価値相対的な空気が瀰漫するなかで、ある種の超越的なものを召喚するむきもある。むろん、あるべき規範を固守するという意義はあるだろう。しかし、われわれ個々の人間が、超越的なものへの同一化を迫られ、つぎつぎと回収されていくのならば、それぞれの生はそれ自体意味のあるものなのだろうか。このような個と全体（超越者）という対立を乗り越えるみちすじを生涯考え抜いたのが廣松渉である。

以下、行論では、廣松の理論的著作を扱うさいも、その理論のダイナミックなモメントに焦点をあてることで、廣松の歴史観を明らかにし、静態的な理論にとどまらない実践的契機をはらんでいることを描き出していく。われわれは所与の世界に投げ込まれ、生を紡ぐ。それぞれが世界に内在しつつ、超越者に回収されず、みずからの意志で世界にかかわる。そうした人間の在り方を廣松の諸著作のうちにみていきたい。

本書の構成は、以下の全十章である。多少の前後はあるが、年代順に廣松の主要著作と論稿・時事的な発言を検討している。たんに時系列的に廣松の言説を並べることを意図したわけではなく、彼が周囲の情勢や学問的動向を踏まえながら、どのように思想を形成していったのかを描き出すことを目的としている。廣松は、「疎外論から物象化論へ」、四肢構造、役割理論、共同主観性、事的世界観、協働連関といったさまざまなテーゼ・概念を次々と作り出していった。それらは奇を衒ったものではなく、思想形成のうねりのなかで必然的に生み出されたものであることを全章通じて論じた。

まず第一章では、廣松の生い立ちから一九七〇年に名古屋大学を辞職するまでの学生運動とのかかわりを扱った。この時期は、廣松が生涯を通じて最も深く実践活動にコミットした時期である。ここでは、目前の情況にはたらきかける運動理論を分析することにより、廣松の問題意識の原点を探った。廣松は、東京大学の学生時代に、初の理論的仕事といってよい『日本の学生運動——その理論と歴史』（一九五六）を共同執筆した。同書の執筆には、六全協が発表され、廣松が属していた旧国際派へと学生が移っていったという背景があった。同書では、学生層の内部から「先進的部分」があらわれ、学生運動の方向性を示すことが叙述されている。そして、前衛としての学生の役割を「先駆的役割」として定式化したのだった。一九六〇年代後半に全共闘運動を分析したさいに、廣松は、前衛と大衆という問題系を扱っている。双方のパラダイムは二律背反の関係にあり、理論的に解決できず、一方の当事者の実践によってのみ止揚される。そしてその当事者とは、超越的第三者ではない。

第二章では、廣松が実践的な問題意識から物象化論を打ち出すに至ったみちすじを辿った。戦後、一九四六年に創刊された『近代文学』を中心に、近代的自我や主体性を論じる主体性論争が巻き起こっていた。また、これとは別の文脈で、一九五〇年代末に全学連の学生が実存主義に惹きつけられ、主体性が問題となっていた。一九六〇年の安保闘争後には、革命的共産主義者同盟の黒田寛一による、疎外論革命が影響力を持っていた。そうした情況において党派的な対抗意識から廣松が打ち出したのが、物象化論である。廣松は、こうした革命論を『ドイツ・イデオロギー』編集に関する緻密なテクスト・クリティークをもとにして主張したのだった。社会的諸関係の総体としての人間は、物象化された網の目に搦めとられており、共同主観的に日常性に埋没している大衆は近代社会の埒内にとどまっていると廣松はいう。そして、全共闘運動の自己否定の論理を次のように総括した。個と体制の「共犯関係」を否定することが社会変革へとつながる、と。そこからは、彼岸にユートピアを立てるのではなく、社会に内在する立場から社会を揺り動かすことを目指す廣松の革命観がみてとれる。

第三章では、廣松がはじめて本格的に『資本論』を扱った著作である『資本論の哲学』(一九七四)について、思想形成史的に検討した。廣松はそれ以前の日本のマルクス研究史にのっとって議論をはじめ、すでに主張していた物象化論を駆使しながら『資本論』を読み解いている。『資本論』冒頭の商品論における価値形態論を、廣松は共時的な構造分析に徹して読み解いており、そこにダイナミズムを見出してはいない。その読みでは、商品世界は共通の第三者たる〈抽象的人間労働〉によって裏から支えられており、そこに内在する主体は交換によって商品世界から超出することはできない。廣松は、生産的次元での役割行動に〈非対称性〉やダイナミズムの契機を見出した。この時期着目した「観念的扮技による役割行動」は、その後の理論展開において中枢を占めることとなる。

第四章では、廣松の哲学的諸概念のうちに通奏低音のように流れている言語論の端緒を、学部卒業論文「認識論的主観に関する一論攷」(一九五八)に見定め、その後の展開を辿った。同論文の主題は〈個的認識主観は、如何にして認識論的主観(der reflektierende Behauptende)として gelten するか〉というものであり、自説を強く主張したのは判断論である。これらのモチーフは、その後『世界の共同主観的存在構造』（一九七二）や『存在と意味』（一九八二）へと受け継がれていく。一九六〇年代には、構造主義やポスト構造主義などの思想潮流が日本にも流入してきており、廣松も早い段階からその流れに応じる形で論文を発表していた。ソシュール学者の丸山圭三郎との学問的交流から、廣松の言語観は研ぎ澄まされていく。廣松は文化現象や歴史的・社会的な現象を包括的に捉えるモデルとしては言語モデルでは狭くなるとみている。コードが共有されるには、すでに既存のコードが水平的に成り立っていることを前提とする。コードが共有されていない者同士のあいだで、新たなコードを垂直的に形成するには、間主観的・間主体的な実践的な営みが必要となる。その分析のために廣松が展開したのが、役割行動論である。構造主義とそれに台頭する形で出てきたポスト構造主義を横目に見つつ、廣松はマルクスの構造論にあらためて優位性をみたのであった。

第五章では、役割存在としての人間の主体性という視角から、一九七二年の著作『世界の共同主観的存在構造』と一九八六—一九八八年の『思想』連載稿「役割理論の再構築のために——表情・対人応答・役割行動」を検討した。これらの論稿は、廣松の仕事のなかでも主著の系列にあるといってよいだろう。ここでは、G・H・ミードの社会的自我論を参照した。ミードは、創発的内発性をそなえた主我（I）と客我（Me）の再帰的な構成によって個人と社会を捉えている。ミードの論に、廣松は新たな知見を与えた。廣松は、人間の顔つきから世界のあらわれ方という広い意味での表情と、先述の役割行動に着目する。そのうえで、「フェノメナルな現相世界」全体の一端として個人を捉え、個人は周囲の環境に巻き込まれながら自我を形成するという。このとき、個人の主観と共同主観の先後関係は確定できず、両者を截然と区別することは不可能である。これらの考察から、廣松が、個人の主体性や自由をすくい取ろうとしていることを明らかにした。

第六章では、廣松が役割理論の構築へと向かった経緯を辿った。廣松は、マルクス国家論の学説史的研究が難題に逢着したため、別方面からのアプローチとして役割理論に定位した。『唯物史観と国家論』（一九八二）に収録される論稿「マルクス主義における人間・社会・国家」において、国家《スタトゥス》=機関説と国家《キヴィタス》=統体説を代表するものとしてアダム・スミス、ホッブズを挙げている。そして、自営商工業をモデルとして近代の自立的個人を措定している点で、両者は同一の地平にあるという。これらを踏まえマルクスは、生活手段の生産を経済の基底に据え、唯物史観を打ち出したという。廣松は、生産をさらに広義にとらえる。そして、その本質が役割行為による協働にあるとして、役割理論の構築へと旋回していったのだった。本章では、廣松も言及しているミシェル・フーコー、ルイ・アルチュセールの権力論を参照しつつ、我と汝のあいだの共互的な役割行為によって、ミクロ次元での権力から国家権力といったマクロの権力が作り出されるという廣松の論を検討した。廣松が目指したのは、下部構造における物質的な基盤にはたらきかけて構造変動を起こすことにより、「新しい社会的生産協働聯関態」をつくり出すということだった。

第七章では、第二次大戦期の京都学派の言説、〈近代の超克〉論、「世界史の哲学」と、それに関する廣松の著作『〈近代の超克〉論——昭和思想史への一断想』（一九八〇）を扱った。最晩年の一九九四年三月一六日に、廣松は、エスノナショナルとも受け取られかねない「東北アジアが歴史の主役に」を発表する。それらを踏まえて戦時期の東亜協同体論に対する廣松の論を検討することで、廣松の思い描いていた社会像の一端を探った。廣松は『〈近代の超克〉論』で、京都学派の高山岩男を際立った体系家であるとし、その著作や座談会「世界史的立場と日本」での発言をとりあげている。廣松は資本主義社会の把握という点で京都学派の学説には不完全な点があるとした上で、高山の言説をして第二次大戦をイデオローギッシュに合理化したとみなす。高山や三木清と比較することにより、廣松がめざす「真の人倫的共同体」の実践的な実現を可能にするのは、ミクロ次元での役割行動にほかならないということを描き出した。

第八章では、人類学者梅棹忠夫の論文「文明の生態史観」（一九五七）との批判的対質を目指した廣松の著作『生態史観と唯物史観』（一九八六）を検討した。梅棹生態史観が日本の論壇で注目を集めた経緯を辿りつつ、廣松との比較を行なった。従来、生態史観と唯物史観は相容れないものとして捉えられてきたが、廣松は、生態史観を取り入れつつ歴史法則論を彫琢した。梅棹と廣松の比較により明らかになったのは、廣松が人間の営為に定位して歴史を捉えているということである。廣松は「多価函数的連続観」という見方を採ることで、歴史にははたらきかける個人に自由行為を認めたのだった。

第九章では、一九九一年にソ連・東欧が崩壊したことを受けて廣松が発表したマルクス論を検討した。廣松の理論的な道具立てには、情勢の変化に流されて自説を枉《ま》げた痕跡は見られない。マルクスに関する著作、要請を受けて設けられた講演会、対談において焦点が当てられたのは、マルクスの共産主義論、プロレタリア独裁論、永続革命論、世界革命論であった。そこで廣松が示したのは、共産主義社会の実現には、生産関係そのものを変革する社会革命こそ要件であり、それも少数者による革命ではなく、内部から権力を左方へと漸進的に移動させるというものであった。この時期廣松は、ソ連の破綻とマルクス主義の失墜を短絡的にむすびつける趨勢に異を唱え、理論家としてマルクス主義を固守しようとしていたのである。

第十章では、第一章から廣松の思想を辿ってきたことを踏まえ、廣松哲学を貫くモチーフとして「内在的超越」を剔抉した。「内在的超越」という視角から、最晩年の主著『存在と意味』第一巻・第二巻を読み解いた。まず、所与の場面から認識主体が立ち現われる機制と四肢構造の成り立ちを、合わせて概括した。共同主観性を前提としてではあるが、廣松は、自己の視座から超出するモメントを打ち出している。認識論の著作である第一巻でも、「超文法的判断」や「異-化」という概念によって、ダイナミズムを描こうとしていることを示した。実践論を扱った第二巻では、ハイデガーの道具的価値性と比較しつつ、価値性を帯びた主体が行為する機制を明らかにしている。そのうえで廣松は、我と汝のあいだで具体的に執り行なわれる役割行為に可能性をみたのである。死による断絶によって体系を完成させることは叶わなかったが、第二巻末尾でパラダイムを超えた次元に妥当的正義という価値を据えたのは、廣松の理論的な苦闘の到達点であった。

第一章　戦後日本の学生運動における廣松渉

本章では、廣松渉の生い立ちからはじめ、学生運動にコミットしていくまでの動きを追っていく。廣松は実践活動のなかで問題意識を育み、理論化を進めていった。そしてその萌芽を、大学時代の運動へのコミットにみることができる。共著で刊行した『日本の学生運動――その理論と歴史』（一九五六）では、学生が「先駆的役割」を担い、闘争の主体となるべきであると主張した。歴史を駆動する主体の在り方がいかなるものであるかという廣松の問いは、その後も引き継がれ、『物象化論の構図』（一九八三）における緒論で、前衛‐大衆の問題をマルクス・エンゲルスの理論をもとに展開している。運動を傍観者として分析するだけではなく、運動に積極的にはたらきかけるための運動理論を生み出すことを、廣松は目指していた。学生時代の理論では、闘争への決起を促す文章が目立ち、精緻に理論化するにはいたっていないが、その後の『物象化論の構図』では、より理論的な裏づけのある叙述となっている。このように、言説を発する立ち位置を変えていくなかで、廣松が実践的な問題意識をいかにして理論へと昇華させていったのかを以下で論じる。

廣松渉は、大学闘争が昂揚した一九六〇年の安保闘争から一九六八年の東大闘争までのあいだ、『東京大学新聞』などで学生運動論を展開した。その後、大学闘争が下火になった一九七〇年以降も、新左翼運動を総括する座談会に数多く出席するなど、戦後学生運動史において一定の役割を果たしてきたといえる。

そうした学生運動論と並行して、「疎外論から物象化論へ」というテーゼとともに、廣松はマルクス論を著した。その理論は、廣松が支持していたブント（共産主義者同盟）の理論的支柱になったと理解されてきた。廣松による運動理論の端緒は、一九五六年六月二〇日に東大学生運動研究会名義で発刊された『日本の学生運動——その理論と歴史』にみることができる。同書の大半を執筆担当しているが、その後学生運動に関する言説を発表するのは、七年後の「学生運動の現在に思う　討論会を司会して」（『東京大学新聞』一九六三年一一月二〇日付）を俟つことになる。

前者は、現役学生として学生運動自体を理論的に解明し、学生に運動の意義を呼びかけることを目的としている。廣松は末尾をこう締めくくっている。

最後につけくわえておけば、本書の全叙述は進歩的学生は勉強して理論の面で闘争に貢献するのが第一の義務だとする意見の誤りをバクロしたものと考える。六全協以後出てきたこの誤った意見は、学生層がプロレタリアートの直接予備軍とはなりえないとする「戦前理論」に基礎をもっている。彼らは、プロレタリアートの立場に完全に移行している人間として、学生の間に送りこまれたプロレタリアートの分遣隊に属することを忘れているのだ。(1)

一方、七年後に発表された後者「学生運動の現在に思う　討論会を司会して」で廣松は、駒場祭委員会の要請を受け、駒場祭でのパネルディスカッション「学生運動の今後と課題」の司会役をつとめている。討論には、教養学部自治会、共産党の青年組織である民主主義青年同盟、ブントとも通称される社会主義学生同盟、社会主義者青年同盟、革命的共産主義者同盟第四インター日本支部から分派したメルト同盟、構造改革派、マルクス主義学生同盟中核派、マルクス主義学生同盟革マル派の八派の代表者が参加し、廣松は彼らの議論をとりまとめる立場に立っている。そこで廣松は、マルクス主義を教条化することがすでに有効性を欠いており、それに代わるものを「共同主観的に確立すること」が必要であると説いたのだった。

ところで、廣松の主要な哲学的概念に共同主観性理論があり、その萌芽は一九五八年の学部卒業論文にみることができる（第四章参照）。旧来のマルクス主義に代わる理念を「共同主観的に確立すること」を学生に提示していることからは、すでにモチーフとして抱いていた理論を実践に適用していることがみてとれる。この討論を総括して、廣松はこう述べる。

当面のところ、待望の体系が手許に存在しない限り、社学同の成島君[2]の提唱に従って、不断の決意的実践の過程で現時点における思想を互いに対質していくこと、それを保証しうる組織態勢と活動スタイルを確立すること、これこそが「沈黙を克服するための緊要にしてかつ現実的な課題」であろう[3]。

つまり、共同主観性理論を援用することにより、乱立する党派のさまざまな思想を一つの方向へと収斂させていくことを説いたのである。廣松はこの討論において、運動の当事者としてではなく、成島たちより年長の司会役として各セクトを調停する役割を担っている。このように、廣松は六〇年前後の学生運動に間接的に関わっている。しかし、五六年から六三年にかけて、運動に関する言説を発表していない七年の空白期間があることも事実であり、学生運動に対する影響力には疑問の余地が残る。

廣松と学生運動を扱った研究は数多くある。なかでも、熊野純彦が著した評伝は、幼少期からの思想形成を辿り、学生運動にコミットしていた頃の廣松についても理論的な仕事と照らし合わせながら叙述している[4]。しかし他方で、近年の研究では、廣松理論の影響を疑問視するものも出てきている。たとえば、厖大な資料にもとづき一九六八年前後の学生運動を包括的に扱った小熊英二は、「あの論文がでることによってブント内部が沸き立つようなことは全然なかった」「要するに何が書いてあるのか、皆全然分からなかった」と当時のブント同盟員の言葉を引き、一九六六年にブントの機関紙『共産主義』で発表された廣松の「疎外革命論批判——序説」はむしろ傍流であったと指摘する。[5] また、新左翼運動をポストモダンの源流と位置付ける大嶽秀夫も、廣松にはほとんど触れておらず、一九五七年頃のブント創設時に理論的支柱となったのは姫岡怜治（青木昌彦）であるとしている。[6] このように、学生運動における廣松渉の立ち位置に注目しながらその理論と実践を扱った研究は数少ない。しかし、生涯を通じて膨大なマルクス研究や哲学的著作を著したことに鑑みれば、この時期の廣松の言説を無視するわけにはいかないだろう。ここで試みたいのは、廣松がどのような運動理論を受容しながら学生運動にかかわり、いかにして自身の理論を形成していったのかを、廣松の視座に即して辿り直すことである。そのさい、革命論の一側面として見ることができる「物象化論」などの廣松の理論自体に踏み込んだ考察が必要不可欠であるが、本章ではその前提段階として、廣松の運動理論を思想史上に位置づけるという実証的な方法を採っている。

こうした観点を踏まえ、廣松が学生運動の当事者として発した言説を読み解き、そこで提示された理論と実践の内的な紐帯を探索する。

一　学生運動の活動家としての出発

廣松が学生運動へとコミットしていくのは、大学入学以前の九州時代にさかのぼる。[7] 廣松は、一九三三年八月一日、父廣松清一、母禮子《のりこ》の長男として山口県の厚狭《あさ》に生まれた。その後、一九三八年に技師である父の仕事の都合で朝鮮の黄海州へと移った。一九四二年には日本に帰国し、翌年には父方の実家がある福岡県柳川に落ち着いている。大学入学のために上京するまで、廣松は柳川で過ごし、九州の生まれであることに終生誇りを抱いていたようである。一九四六年には旧制時代の伝習館中学に入学し、日本青年共産主義者同盟（青共）に加わっている。中学時代の廣松は、一カ月の停学謹慎処分を受けるなど、粗暴なふるまいを見せていたという。自身の回想や旧知の人間が触れているように、ナイフを懐に忍ばせて通学していたというエピソードからそれをうかがうことができよう。[8] 学内では、社会科学研究会に入り、マルクス、エンゲルス、フォイエルバッハなどに言及した論文「社会科学と自然科学」[9]を残しているが、活動の場は主に学外の党活動であった。久留米の共産党地区委員会の事務所の手伝いに始まり、青共の地区委員会主催による県会議員との立会演説会にも臨んでいる。

さらに、一九四九年から五〇年にかけて、全学連の東京中央と接触のある九州大学の学生たちとの交流も始まっている。廣松は、「そんな中で五〇年の春休み頃はその九大の連中なんかと付き合いがあったんですが、おそらくそのときに反戦学同もスタートしてたんじゃないかなあ」「反戦学同ってのは九大からスタートしたんですよ。九大自身が東京の中央とつながって何か考えてたんだね」と推測している。[10] 事実、日本共産党九大細胞は、一九五〇年四月に、「今や、光栄ある民族独立闘争に立ち上がるべき時が来た。諸君！　反戦同盟を即時結成しよう!!」という声明を出している。[11] また、廣松が目にしていたかどうか定かではないが、九大第二分校自治会も一九五〇年四月二五日に、「九大より全日本の学生諸君に訴う」という表題で次のような声明を出している。

今私共は日本民族が独立と自由を保持しうるか、それとも一切の既得権が剥奪され奴隷と滅亡に落入るか、これに就いて歴史上曾つてない重大な岐路に立たされつつあります。〔中略〕

然るに憂うべくも、日本に於ける反戦独立運動は未だに統一された全国的運動として展開されていません。〔中略〕諸君、全国に反戦独立の統一戦線を結成し、協同闘争を強化しようではありませんか。各学校各職場各農村に平和を守る会や反戦同盟を組織し、強力な全人民の団結を固めようではありませんか。

私共は諸君が、私共の此の闘いの勝利の為に、日本の完全独立と世界の恒久平和確立の為に、今後常によき連携と絶大な御援助を寄せられる事を切望し、確信します。[12]

日本民族の独立を強く主張しており、一見すると右翼的にも思える。しかし、当時は反アメリカ帝国主義という風潮が強かったため、敗戦直後も左派は「民族」を「民衆」や「人民」などと同義語として用い、その傾向は敗戦後十数年続いたようである。[13]

ここで注目したいのは、廣松がすでに東京へと意識を向けている点、また当時の学生運動からしてすでに全国闘争の萌芽が見られるという点である。この六年後に発表される『日本の学生運動——その理論と歴史』において、廣松が日本の民族性への期待や全国闘争の重要性をくり返し強調しているのは、九州時代の党内活動にその影響をさかのぼることができるだろう。

そしてさらに、一九五〇年六月二五日の朝鮮戦争勃発前後、廣松は反米活動を行なったかどで新制の福岡県立伝習館高等学校を退学処分になっている。

僕〔廣松〕[14]らの撒いたビラの中身はもう具体的に覚えていないけど、おそらく単純な朝鮮動乱反対の反戦平和主義じゃなかったですよ。こっちも北側が仕掛けたと思ってるし、要するにアメリカ帝国主義打倒というような言葉が入るわけです。[15]

そしてこの時期、共産党内部で、のちに廣松にも強く影響することになる重要な動きが起きている。一九四六年二月に行なわれた第五回党大会では、「平和革命」を定式化し党の政治方針となる理論を発表した野坂参三、行動力実践力に富み過渡期にある大衆の動向をつかむのに強力な指導力を発揮した徳田球一、そして情報の豊富さで重宝され徳田の片腕として党指導部にのし上がった伊藤律らが実質的な中央となる体制が発足した。所感派と国際派との対立は、ソヴィエトに指導された国際的な共産党の情報連絡機関であるコミンフォルム[16]の機関紙『恒久平和のために、人民民主主義のために』に、一九五〇年一月六日付でオブザーバーという筆名で「日本の情勢について」が掲載されたことに端を発している。小山弘建によれば、この匿名の論文[17]は、戦後日本の運動に対してなされたはじめての国際批判であったという。この批判は、直接には、通称「野坂理論」と呼ばれる党の「占領下の平和革命」論の幻想を暴露したものであったとされるが、共産党の大分裂を引き起こしたのは、それが理論的な批判であったからではなく、むしろ論文が対象としていない組織や組織に属する人間の相互関係などの「形而下」的なものであったからであると小山は指摘している。[18] この批判に対して共産党政治局は、一月一二日、「有難迷惑なお節介は止めてほしいという趣旨」の「「日本の情勢について」に関する所感」を発表した。この「所感」を発表した中央主流が所感派であり、国際批判を受け入れようとしたのが、国際派である。国際派という名称は、コミンフォルム批判を機に、ソ連共産党を中心とする国際共産主義運動に忠実たらんとすることから生まれている。所感派には、徳田球一、野坂参三、伊藤律、志田重男、春日正一、紺野与次郎らがおり、国際派には、宮本顕治、志賀義雄、春日庄次郎、神山茂夫、袴田里美、中野重治、蔵原惟人らがいた。両者の分裂は、朝鮮戦争が始まった一九五〇年六月下旬であるという。そして、統一した分派組織を持たなかった国際派は、次々と撃破されていった。廣松は、田中久男の筆名でこう書いている。

当時存在した、各地方委員会のメンバーのうち累計すれば過半数のメンバーが無惨にも党の隊列から放逐された。解散、除名の嵐は党組織の末端まで吹きすさみ〝絶対数ではまだ少数であるが有能なアクティヴ（活動家）の大半が国際派に追いやられた〟といわれたほどである。[19]

この時期廣松は、九州に活動の拠点を置き、党内部の国際派に沿った行動をとっていたようである。この時期の共産党は、所感派と国際派とが対立していた。全国に先駆けて反戦学生同盟の結成を呼びかけていた九大の学生と接触があったことなどから廣松は国際派と睨まれ、その結果、党から除名処分にあっている。

廣松自身は、「まあ要するに考え方がよろしくないというんでクビになった形ですね、形式上はね」と回想しているように、国際派寄りの考えを持っていたことを認めている。また、一九六四年の『東京大学新聞』での回想でも、『日本の学生運動』を執筆した一九五六年当時も旧国際派路線に固執していたと述懐している。一九五〇年の体験は、後の理論形成にも影響を残すことになったようである。

そして、高校を退学処分、党を除名処分になった廣松は、一九五一年一一月に当時発足したばかりの大検に合格した後、一九五二年には東京学芸大学数学科に一時籍を置いた。そしてこのとき、廣松が巻き込まれたのが、「現代版寺田屋騒動」といわれるテロ・リンチ事件である。

一九五二年、武井昭夫全学連中執委員長の意図に反して、前衛的な学生の大部分は、極左冒険主義[20]の志向を持つようになったという[21]。そうした学生の動きが起こったのと同時期の三月二七日、当時の吉田内閣は、特別治安立法として「破壊活動防止法案要綱」を発表する。これは、日米軍事同盟に沿うための法案であり、国内の反体制運動に対する露骨な干渉を意味していたとされる。この破防法反対のために各大衆団体は闘争に立ち上がるが、大衆のエネルギーは破防法反対闘争だけに向けられたわけではなく、各地で挑発的な闘争が巻き起こっていった。

このように、極左冒険主義が全国で展開されるなか、一九五二年六月二六日、廣松は東京学芸大の代議員として全学連第五回大会が行なわれる京都へと赴いた。そこでリンチ事件が起こったのである。学生運動資料には、こうある。

事件は二六日夜発生し、五回大会期間中、三日二晩にわたった。二六日大会開催当夜、まず関大、立命館大の反戦学生同盟が「人民警察隊」と自称する日共（京都）府県委員会の指導する学生党員たちのため、立命館大の地下の一室に監禁された。三日二晩殆んど絶食状態におかれ「スパイ系図」など、気狂いじみた内容の自白を強要され、皮バンド、直径二糎の鉄棒、焼きごて、荒なわなどを使用してなぐる、けるの暴行を加え、それは言語に絶した。リンチ事件発生の翌日の朝彼らは手に手に鉄棒をたずさえ反戦学生同盟員の寄宿先の個人宅を襲い、大挙して部屋に乱入し、大立ちまわりとなった。「現代版寺田屋騒動」といわれる所以である。このあとさらに立命館大、名大、東京学芸大の三名がリンチを加えられ、各々縛られたり、目かくしをされて、「帝国主義者のスパイ」であるとの自白をせまられ、拒否し続ける同盟員になぐる、けるの暴行が続けられた。〔中略〕しかし、彼らはテロ・リンチによって反戦学生同盟を屈服させることはできなかった。[22]〔傍点引用者〕

ここにみられる「東京学芸大」の学生が廣松渉である。[23]後年、このことを廣松は、「ぼくはねぇ、逮捕歴はないんだ。リンチされたことはあるんだけどねぇ」[24]と笑って述べたという。

その後、廣松は九州に帰り受験勉強をしたのち、一九五四年には東京大学に入学している。すぐに一年休学して九州に戻っているが、翌五五年にはふたたび上京し、旧国際派の残党が多くいる東大教養学部歴史研究会に入った。同年七月、日本共産党第六回全国協議会（通称六全協）が開催されたさいには、旧国際派の無条件の復党が認められ、廣松も復党したのだった。後年の一九六四年六月一七日、廣松は『東京大学新聞』のコラムで五五年の六全協について説明しており、「旧国際派を復権した点で画期的なものである」と高く評価している。

とはいえ、六全協を契機として、それまで党がとってきた誤った路線に対する批判が党内に高まってきた。それは〝六全協ノイローゼ〟に典型に現れたような清算主義を生みだし、多くの脱落者を生みだしながらも、学生戦線をはじめとして、日共の〝脱皮〟を可能にし、その後次第に日共が大衆的影響力を回復していく転機となりえたのである。[25]

そして、一九五五年の秋には、亘木公弘の筆名で「唯物弁証法における矛盾の概念」という論文を東京大学教養学部学友会の冊子『学園』に発表している。ここでは、「覚書的走書」であると前置きしながら、『資本論』冒頭にある使用価値と価値との矛盾の分析に始まり、廣松の主要な理論となる「関係の第一次性」に通ずるような関係概念を主張している。[26] この論文は、学生運動の理論に直接触れるものではなかったが、「それでも例えば黒寛[27]あたりが間接的に「自然弁証法研究会」を通じて、あれを書いたやつにちょっと会ってみたいというようなことを言ったり、学生からもある程度の反応が出たりしました[28]」と述べているように、この時期からすでに学生運動の理論家として周囲からの注目を集めていたようである。たとえば、一九五九年に姫岡怜治の筆名でブントの綱領となる「姫岡国家独占資本主義論」を著し、第一次ブントの代表的イデオローグとなる青木昌彦は、一九五六年大学入学当時の廣松との出会いをこう回想している。

中でも、角帽時代の雰囲気を残した痩身長髪で、圧倒的なカリスマ性を発散させる先輩がいた。五〇年の反レッドパージ学生運動時に高校退学となり、大検で東大に入り、後の全共闘時代には名大、東大の哲学教授として学生に大きな影響を与えることとなる、廣松渉だ。

彼に大学生協でコーヒーに誘われた。何事か、といぶかると「日本共産党はもうだめだが、東大細胞でもう一度本当のマルクスを復活させる。参加しないか。」と言う。〔中略〕廣松はその後運動から離れて学業に専念したので、ほとんど接点はなくなったが、これは私の人生行路の方角を決める出会いとなっただけに、はっきりと記憶がよみがえってくる。[29]

二　『日本の学生運動──その理論と歴史』執筆

六全協が発表された七月の末から年内、党内では「六全協ショック」「六全協ノイローゼ」「六全協ボケ」と呼ばれる、終戦直後の虚脱状態に似た状態がつづいたという[30]。一九五六年二月、廣松は、こうしたアノミー状態がつづくなか学生の大部分が旧国際系統に移っていったことを見逃さず、東大教養学部歴史研究会学生運動史研究グループ有志名義で「学生運動の正しい発展のために──その課題と展望」（『学園』東京大学教養学部学友会）を執筆している。この論文は、学生層をインテリゲンチャおよび青年としての「二重の規定性」を持つものと分析し、「学生層はインテリの中の青年層であり、青年としての特質、鋭敏な神経、理想への憧れ、積極的な行動性を持つものである」としている。そしてさらに、学生が担うべき課題として次のように述べたのである。

学生層の客観的規定性、学生運動の蓋然的方向は、必ずしも同時にすべての学生によつて理解されるものではなく、学生層の史的当為（ゾレン）を深く自覚した部分と、未だそれに至つていない部分とをつくり出すことは避けられない。この自覚的部分が、過去の学生運動を分析して、その成果と欠陥とを明白にすること、更には運動上、組織上の正しい方針を確立して、それによつて全学生層をいかに結集するかが、当面する重要課題である。先進的部分によつて提示されるとはいつても、それが外部から、偶然的に持ち込まれるものではなく、全学生層のものである。先進的部分によつて提示される課題は、全学生を結集する方向をも規定するものであつて、この意味に於いても全学生層の課題であり、また展望にも連るものである[31]。

つまり、学生運動の方向性は、学生層全体から示されるのではなく、「学生層の史的当為」を自覚した「先進的部分」によって指し示されるというのである。しかもそのベクトルは、「外部」から偶然的に持ち込まれるのではなく、学生層内部にある「先進的部分」が担いながらも全学生層に通ずるものであるという。そもそもどのようにして、千差万別である学生層の「内部」から「先進的部分」が現われ、史的当為を自覚したうえで理論を構築できるのかという問いはここでは措く。まずは、廣松自身が理論家としての立場を「先進的部分」として措定した端緒を見ておきたい。

歴史研究会学生運動史研究会によってなされた研究をまとめたものが、一九五六年六月に出版された『日本の学生運動——その理論と歴史』である。この著作は、「第一部 来るべき日本の革命戦略と学生運動の位置」「第二部 戦後日本学生運動史」「第三部 学生運動の当面する諸問題」の三部で構成されている。[32] 執筆の分担は、第一部全三章は門松暁鐘〔廣松渉〕、第二部・第一期、第二期は門松暁鐘、第三期は中村光男、第四期、第五期は伴野文夫、第三部は門松暁鐘、年表は伴野文夫となっており、大半を廣松が執筆したことになる。廣松自身によれば、「旧国際派の学生運動の理念と戦略と戦術みたいなものを述べたもの[33]」で、全国の細胞に広まったという。さらに、「旧国際派的学生運動路線を広め、かつ納得させることになったんじゃないかな[34]」と自負しているように、学生の動きを見ながら戦略的に運動論を展開したことがうかがえる。また、この時期に理論が生み出された背景については、一九三〇年生まれで廣松と同世代である大野明男が論じている。大野は、全学連結成に携わった後、一九五〇年の党分裂時には「国際派」として日本共産党から除名処分を受けた。大野は次のように述べている。

前章で私は、政治的な運動の力量というのは、結局のところ人間の心をいかに幅広く、底深く組織するかにかかっていると書いた。そのことを学生運動史に適用してみれば、運動が盛り上がるときは必ずそれに先行して、その時点での学生の心をとらえ、それをゆり動かすだけの理論の創造・展開があったはずだ、ということになるだろう。そして、事実そうであった。

二十五年の盛り上がりの前には、コミンフォルム批判に沿ってであるが、通称「武井理論」といわれる初代全学連委員長武井昭夫とそのブレーンが展開した理論が、各大学の党員・活動家の心を統一していった。三十年の六全協後の崩壊状況のなかでは、この武井理論の再学習が、復活のキッカケとなった[35]。

廣松も、大野と同様に党から除名処分にあった一九五〇年には、「武井理論」に触れていたと考えてよいだろう。大野の見方に従えば、廣松たちが六全協の翌年に『日本の学生運動――その理論と歴史』を出版したのも、武井理論を踏襲することが運動に影響力を持つことを見越してのことと思われる。しかし、必ずしも同書が受け入れられたというわけではなかった。内容上の意見の対立から、全学連中央の島成郎、高野秀夫らから絶版声明を要求され、理論上大部分依拠していた武井昭夫からも後述するように酷評されている[36]。これ以後七年間、廣松は沈黙することになるが、事実上これが廣松の最初の理論的仕事となった。

上で述べたような経緯で『日本の学生運動――その理論と歴史』を著した廣松は、その序文で「学生運動に積極的に参加している学友諸兄」や「沈滞を打破する途を模索しているすべての学友諸兄」に向けて、こう述べている。

> 学生運動を理論的に解明することは、現在緊急な実践的な課題となっている。しかし、この仕事は非常に困難である。なぜというに、日本学生運動が世界史上類例のない性格をもっているために外国の研究があまり役に立たない上に、先人の体系的な研究の発表が全然ないといえるような状態にあるからである。われわれが敢てこのような困難な仕事に着手したのは、現役の学生として、この課題の遂行が焦眉の実践的要請であることを痛感するからにほかならない[37]。〔傍点引用者〕

このように、あくまで日本の学生運動の現状に鑑み、「実践的要請」から「理論的」な解明を目指す姿勢からは、当時の切迫した雰囲気を感じ取ることができる。六全協後に学生層が国際派に流れたことを見て、迅速に執筆に取りかかったのだろう。

すでに述べたように、廣松は九州時代に反アメリカ帝国主義を呼びかけていた。その姿勢は、この著作のなかでも全面的に打ち出されている。そこで問題となるのは、日本の独立と反戦学同がいかに両立するかであるが、「現戦略段階では、革命的民族戦線（運動）は平和戦線（運動）に優位するのである」[38]と述べているように、あくまでアメリカ帝国主義に対抗し、日本が独立するための民族運動を重くみている。

日本の反帝民族闘争の勝利こそが、何ものにもまして世界平和への貢献であることを忘れてはならない。その上に、日本ではおよそ民族闘争の課題と平和闘争の課題とが、誰の目にも明らかなように、不可分に結合している。[39]

このように民族闘争を学生層が担うことを強調するのは、廣松が依拠している「武井理論」とそれ以前の「戦前派理論」との違いが背景にある。「武井理論」の中心は、「日本学生が層としてプロレタリアートの闘争に同盟軍として参加しうること」、そして「日本学生運動の戦略的任務は先駆的役割の遂行にあるとすること」であるという。[40]それに対して、「戦前理論」の中心は「学生が層としてプロレタリアートの周囲に結集しうることを事実上否認し、従って先駆的任務遂行の可能性をいわんや現実性を否認するところにある」[41]。廣松によれば、「戦前理論」は日共指導部の間接予備軍として学生を位置づけていたのに対し、「武井理論」においては「意識性の確立」を成就することで学生が「第一次同盟軍＝直接予備軍」として闘争に参加できる。「武井理論」に棹さす廣松は、学生の意識性を覚醒させるために、学生の規定から説き起こすのである。

廣松は、学生を「インテリ」として、また他方で「青年」としてという「二重の規定性」を持つものと捉えた。この二つは有機的に統一され完全に一体化されているという(42)。

さらに、「学生はインテリとしての明敏性、理想性、構想力と青年としての正義感、情熱、行動性といったものを併せもっている」という(43)。いささか学生を買いかぶりすぎな印象を受けるが、「六全協ノイローゼ」「六全協ボケ」でアノミー状態に陥っている学生を鼓舞し、層として動員することを目的として同書を執筆していることを、考慮に入れておくべきだろう。さらに、廣松が強調して述べるのは、資本主義社会において学生の志向するところはさまざまであるということである。だからこそ、その向かうところを提示しているといえよう。そして、「学生の社会的状態」についてこう述べている。

> 問題は彼をして貧困学生たらしめている彼の家庭情況ではなく、彼の家庭をして貧困ならしめている彼の出身階級（層）の状態である。これと並んで彼が卒業後属する階級（層）の状態である。
>
> これを要するに、学生を社会運動へ向かわせるエネルギーの源泉は、抽象的に社会情勢一般に求めらるべきではなく、この社会情勢において学生の出身（及未来において属すべき）階級（階層）がいかなる状態にあるかというところに求めらるべきである。このような見地における限りでの、乃至は、このような見地との相互関連の下に見られる限りでの、学生の社会的位置・状態に学生運動のエネルギーの源泉は求めらるべきである(44)。

学生が正義感や情熱そして行動性を持っているとはいえ、廣松が意図したのは、そうした内面的な特性に訴えかけるということではなかった。彼が目指したのは、層としての学生がなぜ闘争の主体となるべきなのかを理論的に明らかにすること、それにより、学生層を動員するということだった。いわば、廣松の理論は、抽象的な「正義」や「情熱」といったことそのものを学生闘争の原動力とみなすのではなく、そうした特性をも踏まえたうえで「学生の社会的状態」を分析するものだといえる。

「学生の社会的状態」とは具体的には、学生の出身母体が中間層であり、いずれはプロレタリアートへと転落していく運命にあるということを意味している。学生自身はプロレタリアートでもブルジョアジーでもないため、経済闘争の圏外にあるという。つまり、個人差が大きい経済的要求は統一された闘争のエネルギーの源泉とはなりにくく、それゆえ、「学生闘争は本質的に社会的・政治的闘争たらざるをえない」のである。こうして廣松は、学生の「情熱」と「学生の社会的状態」を結びつけ、次のようにいう。

経済闘争はありえずまた大規模な経済的要求にもとずい《ママ》た闘争が存在する現実性も大きくないが故に、一般に学生闘争がおこりがたく、起る限りでは政治闘争としての性格を最初からおびるのである。一般に学生闘争がおこりがたいとかいたが、これは社会的に学生層の社会的基盤が安定している場合であって、社会的政治的に不安定である場合には、インテリとしての敏感さと青年としての行動性とが結合されて激烈な学生運動が展開されるのである。理想を描くだけでなくそれを実現せねばやまない「観念性」と情熱とは、知性的に敏感であればあるだけ、小ブル・インテリとしての性格を強くもっていればいるだけ、強く激しい傾向すらあるのである。このことによって一国内では相対的に一番安定しているはずの主要大学から学生運動がおこる事実が説明されるであろう(45)。

廣松は、闘争の主体となる学生に期待される役割を、「先駆的役割」として定式化している。これは、「学生層が一定の社会的条件のもとでは、労働者階級や農民の革命的社会運動に先駆する蓋然性を有するという理論(46)」と定義される、のちの全学連指導者である武井昭夫の「先駆性理論」を援用したものである。

> 先駆的役割とは、味方の戦線に先駆けて、闘いの方向を示し、或は敵の攻撃の方向を逸早く察知し、味方の陣営に警鐘を乱打する役割である。学生はインテリとしての鋭敏性とそれによって逸早く反応したたかう能力とをもっている。この学生の特質と能力とにもとず《ママ》いて設定された任務が先駆的任務である(47)。

こうした扇動的な表現が当時どのように受け止められたかが気になるところだが、たとえば理論的先行者である当の武井昭夫は、『日本の学生運動――その理論と歴史』を「自己陶酔の戦略論」「無理論な極左主義」と酷評している(48)。武井が同書に期待したのは、「この数年学生運動の渦中にあった筆者たちが、どれだけ自己の体験を内省することによって、学生戦線内の病根をえぐりだすか」ということ、そして「筆者たちの全体的体験に即した運動史が書かれること」であったが、「第一部の筆者の門松暁鐘の理論（?）《ママ》は、日本学生運動を真に領導してきた革命的理論とは無縁であ」り、称揚されている「武井理論」の大部分は筆者たちの理論にすぎないという。武井昭夫からすると、筆者らの学生運動の体験が運動理論に活かされておらず、闘争を煽るための偏った理論となっていると感じたのであろう。

ところで廣松は、実際の闘争形態としては全国闘争が最も有効であるとし、「この縦の糸の中で横の糸として地域共闘が組まれなければならない(49)」という。そしてそのなかで、「全国学生の連帯感、共通の敵に対して結束して闘っているのだという一体感、自分達だけが孤立してはいないのだという確信、等が培われる(50)」としている。全国闘争に接続される地域での共闘を呼びかけているわけだが、廣松が九州時代に党活動を行なった経験や、九大から全国に反戦学同を呼びかけたことが、こうした理論にもつながっていると考えられる。つまり廣松は、一足飛びに大仰な問題へとコミットするのではなく、目前の共同体にはたらきかけるミクロな次元での運動を呼びかけているのである。

しかし、いかに「先駆性理論」を重くみているとはいえ、このように学生の特質を過剰に持ち上げるのは、傲慢なエリート主義とも誤解されかねない。そうした批判に対しては、「大衆に無条件に奉仕するという俗受けしそうな思想こそ、最も憎むべき大衆侮蔑思想である[51]」と厳しい態度を見せている。つまり、大衆におもねるような思想は、むしろ大衆を侮蔑するものであり、運動を先導するものとしての自覚を持つことこそが学生に必要であると廣松は考えているのである。そして、学生が先頭を切って構成する組織の具体的な形態について、廣松は次のように言う。

かくて不可避的に学生闘争の基本組織はヨーロッパの労働組合のように（CGTなど）全学生によって構成される組織ではなく、個人加盟制による広汎な大衆組織となるであろう。そして他の、たとえば社民系、中立系の個人加盟制組織との、また、未組織学生との可及的に自治会に拠る共闘によって闘争をすすめるであろう。／個人加盟制のこの基本組織は決してセクト的なものではなく、民族戦線の綱領の線に従って組織されねばならないし、また組織されるであろう。このことによって学生は自治会員――学生というに等しい――意識から出て真に自己の社会的位置とゾレンに覚醒し、大衆的規模で未組織大衆に工作し、他の組織に属する者を説得し、特殊な学校を除いては学生の基本的部分を結集するであろう[52]。

ここで示されている組織は、一定の形を持っているわけではなく、個人がそれぞれ「自己の社会的位置とゾレンに覚醒」することによって成り立つという不定形なものである。それにしても、ここで個と大衆組織とは両立しうるのだろうか。個が大衆組織に加わったとして、大衆に埋没せずに社会的位置とゾレンに覚醒できるのか、またそうして覚醒した個は大衆から遊離してしまうのではないだろうか。前衛と大衆という旧来の図式からすると、意識の覚醒した個が前衛として大衆を操縦するという関係が頭に浮かぶ。しかしこの時期には、廣松はこれらを精緻に理論化するには至っておらず、「前衛が思想的に学生大衆を把握していくならば、必ずや学生大衆はプロレタリア民族主義に高まっていくだろう[53]」と述べているように、運動を外から見る観察者としての立ち位置にとどまっている。

三　新左翼運動の理論家へ

一九五六年に『日本の学生運動』で勇ましく理論を掲げた廣松は、その後七年間、表だった言説を発表せず沈黙を守っている。その間の廣松の動きを追っていく。

『日本の学生運動』の絶版要求をされたさい、事態に収拾をつけるために廣松は共産党を脱退している。そして、一九五八年一二月一〇日に、安保闘争を領導することになる「共産主義者同盟」（ブント）が結成されるが、廣松は参加を見合わせた。熊野純彦によれば、「ただ、まちがいなく推測しうることがらとしては、廣松は五十八年時点では、共産党の党内闘争をなお継続する可能性の側に、運動としての正統性をみとめていたであろうことが挙げられる」という[54]。

一九六〇年の安保闘争当時には、廣松は全学連主流派と行動をともにしながら、ブント系の研究会「理論集団」に参加している。次に廣松が言説を発表するのは、一九六三年一一月二〇日の「学生運動の現在に思う　討論会を司会して」（『東京大学新聞』）であり、その後、十数回の連載「学生運動の軌跡」に寄稿している。「学生運動の軌跡」では編集部からの要望を受け、〝隠遁〟した理由を廣松は次のように説明している。

スターリン理論やフルシチョフ路線、遡ればロシアマルクス主義に対する懐疑的批判と、他方における国際派理論（レーニン・スターリン教条主義）とのギャップがもはや弥縫できなくなったこと、そしてこのギャップを解決すべく根本的にデンケンするための落ち着いた時間を必要としたこと、究極的にいえば〝隠遁〟の理由はここにあったのである。(55)

もっとも、「〝隠遁〟には複雑な事情がからにで《ママ》おり、まだ今日では、それを洗いざらいにすることは憚られる」(56)と述べていることから、廣松が沈黙した理由を完全に知ることはできないが、思想を熟成させる道を自覚的にとったとみなしてよいだろう。

ここには、六全協で旧国際派に学生が流れてきたと察すれば、運動理論の執筆に注力し、ブント立ち上げという運動の昂揚期には隠遁して理論の精査に励むというように、実践的な学生運動と自身の理論形成とを意識的に切り分けている廣松の姿を見ることができる。

近年、一九六〇年代をふりかえる回想録が次々と公刊されている。そのなかに、この時期の廣松の動向に関わるものがあるので、みておきたい。廣松は、一九五六年を最後に言説を発表しなくなっていたが、学生運動から完全に身を退いたわけではなかったようである。当時東大全共闘の議長を務めていた山本義隆が、一九六三年一月に学内で廣松と偶然接触したエピソードについて書いている。(57) また、思想史家の上村忠男は、一九六四年秋に廣松が清水多吉と立ち上げた現代イデオロギー研究会に出席した旨を記している。同研究会では、新左翼理論が主なテーマであった。(58)

次に、一九六〇年代以降、廣松が新左翼運動にどのようにコミットしているのかをみていきたい。

廣松は、高校時代まで過ごした九州ですでに共産党に入党しており、旧左翼での活動をへて新左翼運動を支持するに至っている。そして、一九六四年に社会主義研究会名義で匿名出版した『現代資本主義論への一視角』末尾でこう述べている。

しかも新左翼の了解するところでは、これは単なる予料の相違ではなく、新左翼的志向が大衆化し、物質的な力となることなくしては、そもそも世界革命、その環たる先進国革命は不可能なのである。この故に、如上の相違は単なる理論問題ではなくすぐれて実践的問題であり、革命の達成を志向する者にとっては、旧左翼がかかる実践を回避し、体制に内在的な運動をつづけ革命的な大衆斗争に対する事実上の妨害者として存立する限りでは断じてこれと袂を分かち、自ら旧左翼の晶を摩さざるをえない処である。ここに新左翼として存在する理由が存する。(60)

こうして廣松は、旧左翼と決然と袂を分かち、新左翼としての意志を表明したのである。もっとも、その後も旧左翼として想定している共産党との接触を完全に断ったわけではなく、共産党の動きを見ながら新左翼を擁護するというスタンスを取りつづけたことは、熊野純彦による評伝で次のように述べられている。「廣松が、とはいえ、おそらく終生、いくつかのルートをかいして日本共産党内部の情報につうじ、その動向に注意をはらいつづけていたことはまちがいない。さきに書きとめた「長電話」のおりも、党の幹部会における某々氏の発言について廣松は言及し、共産党の現況についての廣松解釈にしばらく付きあわされたものである(61)」。

その後廣松は、一九六九年から数年のうちに新左翼に関する以下の論考を矢継ぎ早に世に問うている。「「新左翼」運動の思想的位相――マルクス主義運動の現局面」(『中央公論』一九六九年九月)「東大闘争の現代史的意義」(『朝日ジャーナル』一九七〇年一月)「新左翼革命論の問題状況――大衆叛乱型革命路線の模索」(『現代の眼』一九七〇年二月)「座談会　新左翼思想と「主体性」」(『現代の眼』一九七〇年五月)「新左翼の思想と行動」(『人間として』一九七〇年一二月)「新左翼の思想――その位相、基盤、指向」(『理想』一九七〇年一二月)「大衆運動の物象化と前衛の問題」(『京都大学新聞』一九七〇年一二月六日)「ニュー・レフトの思想的境位」(『現代思想』一九七三年九月)。このように、一般誌、論壇誌、学術雑誌にわたる多様な媒体で発表されている。

廣松は、資本主義社会体制に対するアンチテーゼとしての社会主義運動は「マルクス主義」の時代とそれ以前の「前マルクス主義」の時代に大きく分けられ、新左翼は「マルクス主義」の時代につづく第三の時代の到来を予兆するものであると見ている。「マルクス主義」の時代の労働者の叛乱が、「労働者階級の公民権要求」の運動であったように、スチューデント・パワーやフランスの五月革命など、先進資本主義諸国で爆発した叛乱が新左翼時代の幕開けであった。廣松によれば、既成左翼は「実践的に全くの体制内存在に堕して了っている」だけでなく、既成「マルクス主義」では、「新しい歴史的胎動の指向性」を「思想的に対自化できない」という。つまり、旧左翼の内部からはもはや歴史を駆動する契機は生じえない。そこで「歴史的胎動の実践的・思想的体現者として登場したもの、それが新左翼にほかならない」という。[62] さらに新左翼の特徴として、「管理体系に内存在する自己の在り方が、さしあたり、耐えがたい〝人間喪失〟〝人間疎外〟として意識され、自律性の志向となって現われる」と廣松は述べる。[63] それでは、こうした認識を持っていた廣松が、新左翼に期待するものとはいかなるものであったのだろうか。それにはまず、新左翼の系譜を見ておく必要があるだろう。

廣松の整理によれば、日本の新左翼には、三つの思想的・組織的系譜があるという。それはすなわち、「革命的共産主義者同盟」の系譜(革共同系)、「共産主義者同盟」の系譜(ブント系)、構造改革派出自の系譜(構改系)である。「共産主義者同盟」と「構造改革派系」は出自を同じくし、一九四八年九月に全日本学生自治会総連合として結成されるが、所感派と国際派との対立を経て一九五八年六月に日本共産党本部で対立し分裂している。また、「革命的共産主義者同盟」は一九五七年に結成された「日本トロツキスト連盟」に根を持っている。[64] ここで廣松が重要視するのは、ブントと構改諸派との革命路線が収斂してきていることだという。一九五〇年代の末から六〇年にかけて、ブントと日共系構改派とのあいだで行なわれた論戦は、中ソ論争を先取りするものであり、構改系論客がソ連の論陣を張った一方、第一次ブントの主張は、レーニン主義の革命路線そのままであったという。この構図を見て廣松は、「あくまでもこのかぎりでの話であるが、第一次ブントと構改派との対立は、中ソ論争における革命路線という側面での対立と酷似するものであった」と述べている[65]。このように、新旧左翼を含めさまざまな党やセクトが分裂・統合をくり返し、混迷した時期に、廣松は新左翼の理論家として現われたのだった。次節では、『日本の学生運動』で問題とされていた前衛と大衆について、廣松がどのように考えていたのかを見ていきたい。

四　前衛と大衆

新左翼の理論家として登場した廣松が読者として想定したのは、学園闘争の嵐が吹き荒れる頃の学生たちであった。『日本の学生運動』に見られた廣松の思想は、学生という立場を超え教員としてかかわった名大紛争[66]において、また違った様相を呈するようになる。大学当局・評議会の管理者的体質を突きくずさなければならないと立ち上がった学生たちの大衆団交・占拠・バリケード・ストライキを支持し、廣松は次のように述べている。

彼ら学生が問題にしているのは、まさしく代議制民主主義の理念とルールそのものの虚偽性であり、彼らが偉大なる歴史的事業は少数者の断固とした決起によってはじめて血路が開かれるという経験則に立脚していることはおくにしても、彼らの路線は決して〝若き狂人の浅知恵〟どころではなく、思想史的にみて有力にある思想体系にもとづくものである[67]。

廣松自身、「代議制民主主義が本源的にフィクションである」[68]とみなし、学生たちと近い思想的立場から、名大紛争を支持したのだった。

しかし、それから約一年後、「名大に居づらくなったわけではない。ただ、教官は所詮管理者。学生の行動に理解を持っていたとしてもいっしょに戦うわけにはいかなかった」[69]と述べ、一九七〇年四月一日付で名古屋大学を退職している。廣松は、学生活動家として著した『日本の学生運動』では、自覚的な「先進的部分」が学生層を覚醒させることを主張したが、名大紛争において学生層の外部にありながら学生を支持することに矛盾を感じていた。それゆえ、管理者たる大学教員の立場を辞したのである。

その後廣松は、一九七六年四月に東京大学教養学部助教授に就任するまで浪人生活を余儀なくされるが、一般誌での執筆や主著の系列に属する『世界の共同主観的存在構造』（一九七二）『事的世界観への前哨』（一九七五）をはじめとした単著一〇冊の刊行など旺盛な執筆活動を見せている。このように、理論家としての対象が学生層から拡大しつつあった時期、一九七〇年一二月に行なわれた座談会で、文章表現について作家の真継伸彦から次のように論難されている。

これは広松さんご自身の内面を忖度するわけじゃないのですが、全共闘各セクトの場合は、二つの意味があると思うのです。というのは、一つは自分の思想が大衆化できないという自信のなさと同時に、自分の思想の高貴性を誇るというか、裏返しの独善性、そういう否定的な意味だけしか感じられないのです。だから端的にうかがいますと、もしも広松さんがご自身の主張に客観性があるというか、みんなが同じ思想をもつべきであるとお思いになるのだったら、私は、こういう難解な文章というのは、当然避けてしかるべきじゃないかと…。[70]

つまり真継伸彦は、理論家として大衆を先導することを標榜するのならば、他人の理解を峻拒するような表現を避け、大衆の意識を摑む表現を採るべきだというのである。

これに対して廣松は、自身の「思想的な未熟さにも淵源していると思う」と譲歩しつつ、やさしく書きさえすればいいということになると「大衆蔑視」になりかねないと反論している。[71] これは、『日本の学生運動』で掲げられていた、大衆におもねる思想は大衆を侮蔑する思想であるという主張から引き継がれているといってよい。つまり廣松は、みずからが置かれた場所からさらなる高みを目指して言葉を発することこそ、理論家の使命であると捉えているのである。

そして一九七〇年一二月には、前衛と大衆という図式をテーマとして論じた「大衆運動の物象化と前衛の問題」[72]で次のように述べている。

> プロレタリア革命の前衛は「階級闘争を廃絶すべく階級闘争を戦い、政治を止揚すべく政治に挺身するという矛盾」を生き、前衛－大衆という構図を廃棄すべく、従って、前衛の存在を止揚すべく存在するという「自己矛盾的存在」として、自己否定を自己の存在規定とするわけであるが、この前衛の自己否定、前衛組織－大衆という構図の実践的止揚は、決して啓蒙による同心円的拡大を通じての大衆の消尽によってではなく、マルクス・エンゲルスの構想したごとき仕方での、即時的協働の政治力学への、前衛的集団の主体的アンガージュマンを通じて実現される。
>
> 革命という大衆的な対自的協働、協働の対自的組織化の地平は、前衛集団の不断の自己手段化的・自己否定化的な投企という構造内的契機を対自的能動因としつつ物象化された協働の弁証法的展開を通ずることによってのみ、はじめて現実のものとなる。

すなわち、廣松は、前衛が大衆を啓蒙していくといったことを意図しているわけではない。そうではなく、前衛が自身の立場を自覚し革命に「主体的」に「アンガージュマン」していくことが、歴史を駆動することになると主張しているのである。「自己否定化的な投企」とは、前衛みずからが置かれた場所を対自化し、絶えず現状のあり方を相対化することを意味する。ここで、前衛と大衆は二律背反の関係にあるが、理論的にはこの対立は解消できない。というのも、双方の体制《パラダイム》は別の基準を持っており、前衛の体制《パラダイム》の基準を大衆に適用することはできないからである。一九八三年に公刊された『物象化論の構図』の叙述では、学生大衆という文脈からは離れてはいるが、こうした二律背反を止揚するものとして「ゲヴァルト」すなわち理論外的な実践的決着を俟つほかないという。そして、それを遂行するのは「超越的第三者」ではなく、二律背反の一方の当事者であると廣松は断言する。

ところで、二律背反的事態の止揚は、まさに「ゲヴァルト」、理論外的な実践的決着に俟たねばならない。それは誰によって遂行されるのか？　言うも愚ながら、超越的第三者によってではない。それはさしあたり二律背反の一方の当事者によって担われる。彼らは二律背反の前提を理論的・思想的に止揚する域に達すれば、もはや体制内的階級性の準位を超えた存在になる。とはいえ、現体制内にあってそれが大衆的に一挙かつ同時に完現することは実際問題として困難である。大衆はさしあたり二律背反の一方の当事者の域で、真偽・善悪・正邪等々の価値に関して体制内的基準に立脚しつつ、現状を告発し、〝真の〟正価値の〝実現〟を志向する。マルクス的学知は、それが二律背反の一極であるかぎり、理論的にはそれをそのまま追認することはしない。がしかし、この二律背反的階級闘争やその次元でのイデオロギー闘争をも「実践」の場面でしかるべく配備する。「真理性、すなわち、思惟の現実性と力、此岸性は実践において確証されねばならない」以上、つまり、単なる理論体系の埒内では真理の此岸性は確証されない以上、マルクスの全体系は実践を俟って完結する。体系的叙述＝体系的批判としての物象化論の理論体系は、論理的にはアンチノミーを、歴史的には物象化された相で〝自己運動〟する体制内的矛盾の激成を、見定め、この帰結的事態を意識的・事実的な興発的・舞台的条件として、当事主体たちが体制そのものを止揚する運動へとむかう「蠢き」の〝物象化的〟また〝拘束的〟な必然性を確認したところで、実践論・革命論へと開く。それは〝絶対知論〟で自己完結的に閉じるのではなく、まさに、「実践」へと開かれた理論体系をなすのである。(73)

つまり廣松は、体制の構造を理論的・思想的に把握しえた当事者の実践によって、二律背反の止揚がはじめて可能になるとみている。理論と実践を切り離し、どちらか一方を優位にみるのではなく、「実践」へと移行することを前提とした形で理論体系を構想している。その真理性を体制内部《パラダイム》にある当事者の立場から解明しえた者が実践に移ることによってのみ、二律背反は止揚されうるという。たとえば、資本主義社会に内在する当事者にとって貨幣には購買力という物象化した力が備わっているように見え、国家には人々を強制する力があるように見える。「貨幣の力」や「国家権力」という力は物象化されており、そのものを物のように廃止することは不可能である。当の物象化を成り立たせている社会的関係を、生産の場から抜本的に再編することなしには、物象化を払いのけることはできないと廣松は述べる。そして、資本主義的生産関係そのものを止揚するために、マルクス・エンゲルスが歴史的未来像として掲げる社会編制が共産主義社会であった。(74)

しかし他方で、社会体制に内在する人々が体制を超出し、批判的な立場に立つことは困難であることを、廣松は認めている。体制を超出する思想を打ち出せるのは、さしあたっては少数の〝先覚者〟である。マルクス・エンゲルスも、物象化されて進展する大衆運動に前衛がどのようにかかわるのかを構想している。そして、前衛のアンガージュマンとして定式化したのが、「永続革命」などの戦略であった。第九章で論じるが、それは、前衛が過渡的に臨時政府を樹立しながら、漸進的に権力を左方へと移動させるというものであった。革命を志向するにしても、その実現は大衆の協働を俟つほかない。さまざまな方向に向かう運動のベクトル的な合成力が、歴史をつくっていく。目的意識的な協働の方向性を示すものとして、廣松は前衛を捉えていたのである。

廣松は、学生運動の理論を打ち出した『日本の学生運動』ですでに、「先駆的役割」を学生が担うべきことを主張していた。当事主体を立ち上がらせるための理論形成は、『物象化論の構図』における前衛－大衆論にまで引き継がれていった。

おわりに

これまで、廣松渉の理論家としての思想形成について考察してきたことで、廣松の運動をめぐる動向が明らかになった。そこで重要なのは、廣松が、現実の実践的活動すなわち学生運動に直面しながら、それに直接はたらきかけるような運動理論や言説を発表していたことである。そして、運動の前面に出てくることもあれば、他方で完全なる沈黙を守ることもあった。

一貫してみられるのは、廣松がたびたび引用する「理論が大衆をつかめば物質的力となる」というマルクスのことば通り、理論を論じる場合でも変革への意志が色濃く出ているということである。ときに、革命的民族運動を平和運動よりも上位におき、闘争を煽る過激な主張も見られる。『日本の学生運動』では、「理論戦線は政治戦略に従属するものである」(75)と述べ、理論のみに沈潜する学生を「勉強の自己目的化」といさめ、層としての学生を動員するための理論形成を行なっていた。そして、その理論と実践との緊張が保てなくなるや表舞台から姿を消し、思想を練り上げるために沈黙することとなったのである。

廣松は、前衛と大衆という二項対立を止揚し体制を変革するために、実践へと開かれた理論の構築をめざしていた。反体制の思想を確立するには、体制《パラダイム》自体を変革しなければならない。体制《パラダイム》に内在した理論家が、新たな体制《パラダイム》を構想し実践的に実現することによってはじめて、二律背反を止揚できるのである。そこで理論家としての自覚は体制の「外部」から与えられるのではなく、あくまでも自律的に勝ち取るしかない。

だが、前衛と大衆という図式をしりぞけるということを表向きは装いながらも、前衛の自己批判に委ねているのみで、投げおかれた主体が体制内でどのように位置づけられるのかが等閑に付されているようにも思われる。廣松は、前衛として大衆をつかむのは誰なのか具体的には述べていない。みずから立ちあがった者は、そう宿命づけられていたのか。変革を志す前衛の自己意識は、体制の「内部」からどのようにあらわれてくるのだろうか。変遷を遂げていく体制や構造の歴史の只中で、個人はどのようにしてその構造の変転にはたらきかけることができるのかが問題とされねばならない。

次章では、歴史の只中におかれた人間の在り方、すなわち廣松の人間観について検討する。

第二章　廣松渉の革命主体論——物象化論への途

一　戦後主体性論争と全共闘運動

一九七〇年四月、廣松渉は全共闘（全学共闘会議）支持を表明し、名古屋大学を退職する。野に下った廣松は、翌五月に新左翼思想を思想史的に討議する座談会に出席した。この座談会では、主体性という観点から戦後の主体性論争や五〇年代の学生運動などが分析された。戦後主体性論争とは、個人の主体的自由を認めず、組織の規律を重んじる共産主義運動への批判から、雑誌『近代文学』などを中心に巻き起こった論争である[1]。それは、哲学や社会科学の分野にまで飛び火し、さらに現実の政治運動にまで広がっていったのだった。

『近代文学』は、一九四六年に本多秋五、荒正人、平野謙、小田切秀雄ら七人の若手文学者によって創刊された雑誌である。そこでは、主体性の問題、文学者の戦争責任、政治と文学の問題、自我の拡充を重要視することなどが主要な論点となっていた[2]。

主体性論争の争点となったのは、マルクス主義的唯物論における自由や主体性の問題であった。こうした背景から、一九七〇年の座談会では、七〇年代に向けた大衆運動、全共闘運動において、主体性が復権されているという見方が提示された。しかし廣松は、五〇年代の学生運動と主体性論争とのあいだには断絶があるとし、次のように述べている。

全共闘の諸君は、五〇年代の後半、たんに実存の概念を持ち込んできて挫折とか、何とかいった連中とは全然違った角度で、そういう実存の問題――というよりはあくまで主体性の問題というふうにいったほうがいいと思うんですけれども――、そういった主体性の問題をきちっと運動論的に位置づけることができるような地平を拓いた。私としてはこの点に注目するわけです。(3)

廣松によれば、全共闘運動を担った学生たちは、主体性論争を踏まえているというよりも、体験的な場面で自己否定という論理を押し出し、運動論に結びつけているという。

一九五〇年代半ばには実存主義関係の書物を学生たちが広く読むようになっており、マルクス主義と実存主義を結びつけるマル存主義などが現われていた。また一方で、マルクスの『経済学・哲学手稿』を重視し、初期マルクスへ還ることを唱える風潮も出てきていた。そんななか現われたのが、黒田寛一（一九二七―二〇〇六）である。黒田は、戦後主体性論争の一翼を担った主体的唯物論者である梅本克己、そして京都学派の流れをくみ独自の唯物論哲学を打ち出した梯明秀から影響を受けた在野の哲学者である。黒田は、一九四七年に創刊された『季刊理論』のイデオローグとなり、その周辺では主体性論が継承されていった。さらに黒田は、一九五六年に『社会観の探求』を刊行し、初期マルクスの疎外論をもとにした疎外革命論を展開する。また、一九五七年に黒田が結成した革命的共産主義者同盟（革共同）は、六〇年安保闘争後に組織的に拡大し、党派のなかでは黒田の理論が影響力を持っていた。こうして、戦後主体性論争とは時を隔てた形で、主体性という考え方が問われてきていたのである。それには、個の主体性を謳うことにより革命への蹶起を促すという意図があった。

一九七〇年の座談会では、廣松は自身の革命理論について触れることは禁欲している。しかし廣松が独自の革命理論を著したのは、黒田らの初期マルクスをもとにした疎外革命論が注目を集めていた時期であった。

廣松は、党派的な対立関係にあった疎外革命論に対抗する形で、革命論を打ち出していくことになる。そして、その理論的な裏付けとなり、のちに廣松哲学を象徴するタームとなる「物象化」というモチーフを垣間見ることができるのが、この時期に展開された一連のマルクス主義論である。後年、廣松のマルクス解釈は「疎外論から物象化論へ」という成句で注目されることとなる。その端緒をここにみることができるだろう。廣松の革命理論と物象化論などのマルクス解釈とは別個のものではなく、根底で深く切り結んでいる。近代社会に生きる主体の認識は物象化に取り憑かれている。廣松は物象化を払いのけ、現実的変革へとつながる理論の構築をめざしていた。つまり、変革への意志を自覚する主体の立ち上げを追求したのである。本章では、この時期の論稿を読み解くことによって、物象化論を打ち出すに至った廣松の思考のみちすじを辿っていくことにしたい。

二　「疎外革命論批判――序説」寄稿とその背景

一九五六年、廣松は『日本の学生運動――その理論と歴史』を東大学生運動研究会名義で発表し、その後も学内誌にいくつかの文章を残している。そして、大学院時代にはじめて一般の理論誌に発表したのが、「マルクス主義と自己疎外論」（『理想』一九六三年九月号）である。この論文で廣松は、自己疎外という言葉が流行し没概念化していることを危惧し、マルクス主義と実存主義を安易に折衷した「マル存主義」が、マルクス主義からの後退にすぎないという批判を行なった。そして、自己疎外という概念を再定義したのである。そのうえで、ドイツ古典哲学とイギリス古典派経済学とフランス社会主義という「マルクス主義の三つの源泉」の綜合的な統一の鍵は、初期マルクスにおける自己疎外論にほかならないと述べる。廣松は初期マルクスと後期マルクスの間に飛躍をみるのだが、自己疎外論の意義をこう結論づける。

自己疎外という考えを媒介として三つの源泉の綜合的統一が成就されえたのであり、この意味において「自己疎外」はそれを俟ってのみマルクス主義が成立しえた当のものである。(4)

この論文は、たんなる学術的なマルクス解釈にとどまらないものであった。三年後の一九六六年、この論文の分量にして半分ほどがそのまま重複する形で転用され、「疎外革命論批判――序説」として発表されたのである。掲載されたのは、共産主義者同盟（通称ブント）の機関誌『共産主義』第九号であった。

この論文は、名指しはしていないものの、題名からして黒田寛一の「疎外革命論」を批判する意図があったことは明白である。内容も、次のように、挑発的な表現を多く含む論争的《ポレミカル》なものであった。「物質的定在が人間から独立に存在し、人間から独立な運動法則をもつ限り、いくら自分で〝創った〟ものであれ、自分の意のままになるわけはない。〔中略〕それをまるで造物主（神）にでもなったかのように、自分の被造物が意のままにならないといって怒ったり、嘆いたりするのはうぬぼれも甚だしい！(5)」

「疎外革命論批判――序説」は、自身の理論をさらに展開するというよりも、「疎外革命論」への対抗意識、党派的な意図がにじみ出るものだった。稿の末尾では、こうも述べられている。若き廣松の筆致に一瞥を加えていただきたい。

> われわれは来るべき本論において、わが疎外革命論者たちの主張と真正社会主義者たちの主張とを対照しそれに関するマルクス・エンゲルスの評言を併記するであろう。さらにはまた、真正社会主義ではないが『ドイツ・イデオロギー』第一巻であれだけの紙数を用いて批判されている聖マックス・シュティルナーの革命論――ちなみにシュティルナーは、最近、実存主義の開祖の一人として注目されはじめた――と、わが疎外

革命論者たちの「独創的な」主張とを対比してみせよう。それはおよそやりがいのない仕事ではあるが、茶番劇をみるという楽しみを読者に保証するであろう。(6)

その後、「疎外革命論批判――序説」は、「付「疎外革命論」の超克に向けて」と題を改め、『現代革命論への模索――新左翼革命論の構築のために』(一九七〇)に再録されているが、予告されていた本論は結局発表されていない。また、この論文が最初に出されてから二年後の一九六八年一二月には、再刊された黒田寛一の『ヘーゲルとマルクス』のまえがきで、廣松は執拗に論難されている。

いうまでもなく「疎外」という概念は、たとえばヘーゲルにおいて、またフォイエルバッハにおいて、そしてマルクスにおいて、それぞれ異なった哲学的意味をもち、また「疎外」そのものの構造も、それらにおいてはそれぞれまったく異なっている。にもかかわらず現在、ヘーゲル的理念の自己疎外とその止揚の論理(ヘーゲルにおけるそれを、われわれは、梯明秀にならって〈のりうつり疎外〉と〈インチキ止揚〉とよんでいる)を「疎外」の唯一の形態とみなしたり、あるいはヘーゲル・フォイエルバッハ・マルクスのそれぞれにおける「自己疎外」の構造の本質的なちがいを抹殺したりする、というような表面的で珍奇な解釈が横行している。(7)

この黒田の辛辣な批判に、廣松が直接応じることはなかった。(8) しかし、その後の展開を見ることがなかった疎外革命論批判が、たとえ勇み足だったとしても、マルクスの革命論を疎外論に見出す解釈を廣松が乗り越えようとしていたことはたしかである。

廣松は、「疎外革命論批判――序説」において、疎外革命論者の問題提起を取り上げている。

> 旧来の現象を基軸にした批判ではもはや現代資本主義批判としての現実性と有効性を持ちえないことを洞察し、疎外現象を手掛りにして大衆とのコミットを企て、そこから本質的根底的な体制批判に遡ろうとする。この意味で現代資本主義の状況に適応した〝新しい〟体制批判の〝通路と視角〟を提出したこと。〔中略〕歴史とその発展、わけても革命における〝主体の役割〟を再評価したこと。(9)

ここで廣松は、旧左翼的な視点にとどまらない点、歴史を駆動する主体に注目する点などを積極的に評価するのだが、「疎外」という概念の扱いにおいて疎外革命論者と立場を分かつのである。

まずは、廣松が批判する自己疎外論を見ておこう。(10)それは、たとえば、労働者が自分の作った生産物に規制される、あるいは労働者が資本家の賃金奴隷と化しているといったように、人間が〝非本来的〟な状態におかれていることを意味する。こういった疎外現象を記述する概念として「自己疎外」という言葉を用いることは、廣松も認めている。だがしかし、これを説明概念として用いて、「初期の疎外論がマルクスに貫徹している」として革命論に結びつける疎外革命論に、廣松は異を唱えるのである。〝非本来的〟というとき、そこには本来的な在り方があるということが前提とされている。しかし、取り戻すべき本来的人間像とは、いったい何であろうか。廣松が問題とするのは、この主体概念、人間観なのである。

三　『ドイツ・イデオロギー』における人間観

一九六九年に廣松は、主体概念をもとにして革命を唱える疎外革命論者を、さらに踏み込んで批判している。

すなわち、疎外革命論者は人々の現状に鑑みて理想的な人間なる主体を立て、それを本来的な在り方として表象する。そこからさらに、本来的な在り方と対比して現状を非本来的な在り方と捉え返す。しかしこのような論理は、二重の顚倒に陥っていると廣松は批判する。(11) さらに別の箇所では、「「社会的諸関係の総体」としての人間には、超歴史的・超階級的・超社会的な「本来的な在り方」などはない」(12) と言い切っている。

こうした主体概念への廣松の考察には、文献実証的な裏付けがあった。廣松は、マルクスが、初期の『経済学・哲学手稿』執筆時に抱いていた疎外論を、『ドイツ・イデオロギー』(一八四五―一八四六)執筆時には乗り越え放棄したという解釈を採っていたのである。

結論から先に言えば、自己疎外論超克の必然性は、なによりもかの主体概念に根ざすものである。上述の通り、自己疎外論は或る特有な主体概念をまってはじめて存立しうるのであるが、マルクス・エンゲルスは、自己疎外論がよってもって成立しうる如き主体概念一般を、端的に克服した。このことによって、自己疎外論はもはや維持されがたいものとなったのである。(13)

この時点ですでに廣松は、「現行版『ドイツ・イデオロギー』は事実上偽書に等しい」(14) として、『ドイツ・イデオロギー』の草稿を緻密なテクスト・クリティークにより再構成し、マルクス・エンゲルスの思想形成過程を文献学的に復元しつつあった。そのうえで、初期マルクスの自己疎外論をもって事足れりとする疎外革命論者を、文献実証的な研究をもって批判したのである。(15)

それでは、『ドイツ・イデオロギー』など後期マルクスに見られる人間観とは、いかなるものだったのだろうか。そこにこそ、疎外論革命とは違う形で現状の変革を志す廣松の真意があるように思われる。『ドイツ・イデオロギー』でマルクスは、こう述べていた。

社会的威力、すなわち幾倍にもされた生産力――それは、さまざまな諸個人が分業のうちに条件づけられた協働によって生じる――は、協働そのものが自由意志からくるものではなく、自然発生的なものであるため、彼ら諸個人にとっては、彼ら自身の統合された力としてではなく、疎遠で、彼らの外部で成り立つ強制力として現われる。その力について、彼らは出所や行き先を知らず、したがって、その力をもはや制御することができない。反対に、いまやこの強制力のほうが、それ独自の、人間たちの意志や進展からは独立した、いやそれどころかこの意志や進展をはじめに管理する、一連の位相と発展段階を辿るのである(16)。

人間が一定の分業体制に入り込み協働することによって、物象的な強制力が生じる。その強制力により、諸個人は規制されるのである。ここで個人が主体的に分業体制に入りこみ、客観的な存在となった社会的威力に規制されるという解釈は誤りである。そのような解釈では、主体と客体を分け、それぞれを実体視するという近代的世界観の域を出ない。そうではなく、個人は前の世代から継承された所与の環境、すなわち「生産諸力・諸資本・社会的交通諸形態の総体(17)」に生み落とされる。こうして分業体制へと参入するのである。このとき、主体と客体という区別は問題にならない。まさに、「人間が環境を作るのと同様、環境が人間を作るのである(18)」。

みられるように、『ドイツ・イデオロギー』における人間観とは、「分業に下属する」、具体的な規定を持った人間である。廣松によれば、抽象的な一般者としての人間を立て、抑圧された賃労働者の不遇を嘆くのではなく、一定の分業体制に入り賃金奴隷としてこき使われる在り方が本来の姿であるという。そのうえで、廣松はこう述べる。

彼はかかる自己の本質、自己の存在を自覚し、この自覚を契機として、自己の本質を革命的に否定するのであって、本然の姿に帰るのではない[19]。

理想的なユートピアや理想的な人間像を取り戻すという発想ではなく、自己そのものの本質を自覚し否定すること。ここに廣松は革命の力をみている。さらに、マルクスが『フォイエルバッハに関するテーゼ[20]』において打ち出した「社会的諸関係の総体」たる人間像を廣松は強調する。

アトムとして、自由な存在として「契約的」社会関係に入り込むブルジョア・イデオローグの描く個人とは反対に、マルクスにあっては、人間はその本質において「社会的諸関係の総体」として把握されているのである。ここには人間観における決定的な転換が存する。この点を看過し、ひそかにブルジョア的人間観を前提しているのみか、さらには、マルクス・エンゲルスによって超克された〝人類解放論〟ひいては同じく止揚されたヒューマニズムに通ずる限りにおいて、よしんば常識的な自己疎外論であっても肯んじ難いのである[21]。

それでは、「社会的諸関係の総体」としての人間が革命へと投企する主体的な契機は存在するのだろうか。疎外革命論においては、非本来的な在り方を強いられている被支配者が、本来の自己を取り戻すことを目指していた。そこには、個としての人間に主体性を見出そうという意図がある。しかし、廣松の見方はそれとは違い、次のようなものであった。

人間の本質を社会的諸関係の総体として把える以上、かかる人間は、第一次的には歴史の能産的主体ではなくして所産的主体である。いわゆる唯物史観の公式を援用していえば、「人々はその生の社会的生産において、一定の・必然的な・つまり彼らの意志から独立な諸関係に〈受動的被規定的に〉入り込む」のであって、人々が歴史の主体たりうるのは、かかる被規定性・第二次性においてなのである。[22]

廣松の見方では、個が純粋な意識でもって主体的に行動し歴史にはたらきかけることはできない。というのも、個それ自体が一定の歴史的・社会的な諸条件のもとで育まれ、その場その場の具体的な実践によって、日々現体制を不断に再生産しているからである。受動的に投げ込まれた環境で、人が生活していくこと。そのこと自体が体制の再生産にほかならない。つまり、人間の完全な自由というものはなく、あくまで歴史的・社会的に規定された限りで、人間の主体性が認められるのである。

廣松は、人間の自由という概念の扱いについて慎重であり、論稿「マルクス主義と実存の問題」(『理想』一九六八年八月)において、次のように述べている。

問題は、しかし、その自発性や人間の在り方を〝純粋な自発性〟として、また没歴史的に抽象化された〝人間なるもの〟の性格や在り方として絶対化することなく、その背後の社会的動因、歴史的・社会的被投企性において「本源的にわれわれとしてある」在り方を一歩ほりさげて、その〝真の自由〟に即してとらえることである。この歴史的・社会的決定性はカント以前的な悟性因果で理解してはならず、マルクス主義的自由＝必然、必然＝自由論に即して弁証法的に理解さるべきであって、——汎通的に誤解というよりも曲解されているこのマルクス主義「自由論」を積極的に論定することが、サルトル的実存主義とマルクス主義との次元と世界了解の地平の差異を闡明する所以ともなるのであるが、もはやこれに立入るべき紙幅を持たない。[23]

廣松は、個人の「純粋な自発性」を掬い取ろうという発想をとらず、あくまでも、すでに歴史的・社会的な文脈に投げ込まれたものとして個人を措定する。そのうえで、マルクス主義的な自由を捉え直そうとするのである。

四　疎外論から物象化論へ

一九六九年一〇月から一二月にかけて、慶應義塾大学の学生新聞『三田新聞』で三回にわたって物象化論の特集が組まれた[24]。特集に合わせて、廣松は編集部からインタビューを受けている。このインタビューでは、疎外革命論に対する立場をあらためて明確に述べている。

あえて一般的にいえば疎外革命論はマルクス・エンゲルスが後期においてはじめて確立したところの科学的社会主義の地平を見失い、マルクス・エンゲルスが自ら超克した彼らの旧い見地の埒内にとどまっているというところに本質的な難点という限界があると考えます。後期マルクス主義の地平、これこそがマルクス主義以前の諸々の社会主義思想をも含めて近代＝ブルジョア的発想法の地平を端的に超えるものであると私は考えるのですが、疎外革命論はこの間の事情を見失い、マルクス主義をマルクス主義以前的な思想性の地平に押しもどすものと評さざるをえません[25]。

すなわち、廣松は、初期マルクスと後期マルクスのあいだに質的な飛躍《ゲシュタルト・チェンジ》を認め、後者に近代的な発想法の地平そのものの超克をみている[26]。廣松は初期マルクスの自己疎外論を否定するわけではないが、その先の後期マルクスにこそ、マルクスの飛躍をみる。

そして、ここではじめて廣松は、独自のマルクス解釈のテーゼ「疎外論から物象化論へ」という着想を公けにすることとなる。

「疎外論から物象化論へ」という私の問題意識は、マルクス主義――といって多義的であれば、マルクス・エンゲルスの思想――を成立史的に捉え返し、体系的に再構成する視座に関わっているわけです。[27]

さらに廣松は、この直後の一九六九年一一月二三日、法政大学学園祭の唯物論研究会の企画で「疎外論と物象化論」という講演を行なっている。廣松は、「「疎外論」と「物象化論」とは実質的には同じものだという考えが多いかもしれません」と留保しつつも、自身の立場として、「「疎外論」と「物象化論」とは、或る意味では根本的に違う」という考えを前もって強く主張している。[28] そこでは、すでに黒田寛一から廣松に向けられていた批判にも触れ、誤解を避けるよう周到に議論を進めている。

私が今から申し上げることについて、ある種の人々は、それは黒田寛一氏のいわれる「乗り移り疎外論」であって、マルクスの疎外論というのは「乗り移り疎外論」とは全然違うんだ――お前はヘーゲル的な「乗り移り疎外論」とマルクス的な疎外論との区別が分かっていない――という風な批判をなさる方があるかもしれませんけれども、まず、「乗り移り疎外論」的なところから申します。[29]

たとえばヘーゲルの場合、「外化」「疎外」とは、精神という主体＝実体が非本来的な自然的な存在に、いわば化けるようなものだと廣松はいう。そして、フォイエルバッハにおける人間の本質といったある種の主体も、ヘーゲルの「精神」の位置に人間が据えられたものであるという。このようなヘーゲル・フォイエルバッハにおける「外化」「疎外」の論理を、マルクスは乗り越えなければならなかった。廣松によれば、『経済学・哲学手稿』

執筆時のマルクスには、ある種の主体が自分を外化して、ふたたび本来の姿に帰っていくという図式が前提にあるという。それゆえ、「何かこういった主体というものが背景にあって初めて人類史の全体を人間の自己疎外と自己回復のプロセスという風に考えていくことが可能になっている[30]」と廣松は説明する。

そして、このような理路でマルクスが『経哲手稿』で提示したのが、共産主義であった。マルクスはいう。

> 人間の自己疎外としての私的所有の積極的止揚としての共産主義、それゆえに、人間による人間のための、人間的本質の現実的な獲得としての共産主義。それゆえに、これまでの発展の全成果の内部で生まれてきた、社会的すなわち人間的な人間としての人間の自己還帰としての共産主義。それは、完全で意識的な形で生まれてきた。この共産主義は、完成した自然主義として＝人間主義であり、完成した人間主義として＝自然主義である。[31]

人間の自己疎外された形態である私有財産を止揚できるのが、共産主義である。そこでは、やはり人間の本質が基底に据えられている。歴史の全運動は、人間を解放し回復する過程としての共産主義を現実的契機とし、駆動されるのだ。

この議論を突きつめると、人間を神と同一視する神秘主義へとつながるが、マルクスは、抽象的な議論だけに終わらせず、具体的な経済学的な場面と結びつけている。そのさいに、抽象的な主体ではなく、具体的な主体として近代的なプロレタリアが持ち出されるのである。しかし廣松は、抽象的な主体と具体的な主体とが統一されていない点に疎外論の限界があるとみなし、こう述べる。「けれども類的存在としての人間と自己活動（労働）の主体としての人間という二つの面を十分統一的に議論していくということはできていない、というのが『経哲手稿』時代における疎外論の実態であると申さざるをえません[32]」。

そして、疎外論からの転換が生じるのが、先に述べてきたように、『ドイツ・イデオロギー』執筆時であると廣松は捉えている。

『ドイツ・イデオロギー』においては、『経哲手稿』では疎外ということから分業その他を導いていたのに対して、逆に分業を基軸にして議論を展開していき、そういった分業の論理で私有財産その他を説明し、さらには先ほど申しました人間観、ひいては人間の本来的な在り方というような発想についていろんな意味で批判します。[33]

ここで廣松は、『経哲手稿』において疎外が前提とされているという見方をとっている。それゆえ、廣松の解釈では、マルクスは『経哲手稿』で疎外から分業、私有財産を説明しており、『ドイツ・イデオロギー』では分業から疎外、私有財産を説明している。しかし、『経済学・哲学手稿』と同時期に執筆したJ・ミル評註で、マルクスはすでに労働の分割〔分業〕から私有財産と疎外を説明している。[34]つまり、マルクス研究がさらに進展した今日からすると、廣松の立論には綻びが見られるといえよう。

廣松は『ドイツ・イデオロギー』のテクスト・クリティークをもとに、『ドイツ・イデオロギー』執筆にマルクスの発想法の転換をみたのであった。『経哲手稿』と『ドイツ・イデオロギー』とのあいだに転換をみる「疎外論から物象化論へ」というテーゼに、廣松自身がこだわっているといえよう。

このように、廣松が『経哲手稿』に疎外論を読み込み、誤解している点があるのは事実である。こうした誤解を犯してまで廣松が物象化を打ち出さずにはいられなかったのは、実践的な問題意識が先行してしまったがためである。廣松は、『経哲手稿』と『ドイツ・イデロオギー』のあいだに人間観の転換があると主張した。それは、物象化された人間の在り方を理論的に解明し、革命主体を立ち上げるためであった。

五　物象化された革命主体

こうして、『経哲手稿』における行き詰まりから出てきたマルクスの新しい発想法を、廣松は「物象化の論理」と象徴的に表現したのである。「物象化」という概念自体は、マルクスにおいても見られ、廣松固有のタームではもちろんない。たとえば、『資本論』第一巻（一八六七）の第一章商品 第四節「商品の物神的性格とその秘密」（Der Fetischcharakter der Ware und sein Geheimnis）で論じられた商品の物神性もまた、「物象化」の一種といえるだろう。マルクスは次のような例を出す。材木から机をつくるとき材木の形状は変わるものの、机そのものはありふれた感覚的なものである。しかし、それがひとたび商品となったとたんに、超感覚的なものとして現われる。そのとき机は、感覚的であると同時に超感覚的（übersinnlich）なものとなるのである[35]。こうして備わった超感覚的な性質を、物象化の産物であるとみなせるのだ。また、「物化」（Verdinglichung）や「物象化」（Versachlichung）という概念は、ルカーチによってマルクスの言葉として再発見され、新カント派をはじめとした哲学者や社会科学者のあいだで広く用いられてきた。

しかし、廣松は、「そのルカーチは、周知の通り、「物化」という概念を「疎外」や「外化」という概念とほぼ同義に用いている場合さえあるほどであって、彼は「疎外」と「物化」とを、概念的に明別することなく、離接不全のまま使用した憾がある」[36]として、あらためて「疎外論から物象化論へ」というテーゼを打ち出すのである。廣松の見方では、こうした「疎外」と「物象化」の混同が起こるのは、「主体‐客体」図式の埒内で「主体的なものが客体的な物に転化する」という発想があるからである。廣松が捉える後期マルクスの「物象化」とは、こういった発想とは異なり、次のようなものであった。

後期マルクスのいう「物象化」は、主体的なものがストレートに物的な存在になるといった発想ではなく、人と人との社会的な関係があたかも物と物との関係であるかのように、ないしは物の性質であるかのように倒錯視されるという現象に関わる。たとえば、商品の価値関係とか、「需要」なるものと「供給」なるものとの関係で物価が決まるとか、貨幣は購買力をもつとか、資本は自己増殖力をもつとか、こういった現象が身近かな例である。(37)

この廣松の解釈は、先に挙げた『資本論』第一巻「商品の物神性」論から援用したものであろう。(38)『資本論』で述べられているのは、次のようなことである。労働生産物が商品形態をとるときには、それを生産した労働者たちの社会的関係が、その労働生産物同士の関係に反映されている。このように、人と人との関係が、物と物との関係に置き換え（Quidproquo）られていることを、廣松は「物象化的錯視」と呼ぶ。(39)

疎外論から革命を唱える場合、疎外されている主体、抑圧している体制という対比的な構図で示されるように、その方途は主－客図式の枠内にとどまっている。廣松がマルクス・エンゲルスの思想形成過程を辿って明らかにしたのは、そうした近代－ブルジョア的発想の地平が、後期マルクスにおいては乗り越えられているということであった。後期マルクスの見方では、人間をアトム化された実体ではなく、社会的諸関係の結節ととらえる。そのさい、人々が歴史的・社会的に取り結ぶ一つの「関係」が先に立てられる。そして、貨幣や商品といった社会的な諸形象は、人々がさまざまな形で取り結んだ間主体的・共同主体的な関係が倒錯視されているものとみなされているのである。

ここにあっては、いうところの主体性、共同主観性ですらその本源的な歴史的・社会的な被制約性において把えられているのであって、人間なるものは、もはやズプエットゥーム＝ヒポケイメノンではなく、諸個人が本源的に歴史内存在とでもいうべき在り方において捉え返されるわけであって物象化現象とは一定の歴史的社会的な世界に内存在する諸個人の即自的な意識に対して世界が展ける展らけ方の一様相にほかならないことが対自化され、この了解が歴史化され自然という把捉とも相即することによって、近代＝ブルジョア的世界観の地平、主・客図式の地平を超脱しうる所以となる――どうも抽象的な話をながながとやってしまいましたが、論点の基軸を押出していえば――こういう具合に私としては考える次第です。(40)

かくして表明された廣松の物象化論は、事物に力が備わっているように見えるといった位相を超えて、関係主義的な世界観（事的世界観）に視座を据えている。だが、人間を共時的に社会的諸関係の結節と捉える見方から、革命へのモメントはどのようにして出てくるのだろうか。人間が無数に取り結ぶ社会的諸関係の結節にすぎないとすれば、社会的関係に還元されまったく実体のない存在となってしまいかねない。たしかに、廣松は実体主義を批判し、関係主義という立場をとるのだが、そうした立場から打ち出される主体性とはいかなるものなのか。こうした問いは、ひとり廣松に限られるわけではない。人間の主体性や自由をどこに、いかにして見出すかは、マルクス主義の歴史においてもつねに大きな問題であった。そして、この時期フランスから流入していた構造主義の隆盛を受け、廣松はあらためてマルクス主義の優位性を説く。

すなわち、初期マルクスにおける疎外論の復活を唱える人間主義と、それに対抗する〝構造主義派〟の科学主義という対立が生じているとすれば、それは「マルクス主義自身が自己の切り拓いた地平を見失い、ブルジョア・イデオロギーの地平にまで頽落していることの表白」(41)であると廣松はいう。

そしてさらに、近代的世界像の超克を目指した思想家としてハイデガーを取り上げている。世界・内・存在として投げ込まれた現存在が投企するというハイデガーの論は、たしかに、人間の主体性を担保しているように思える。廣松はハイデガーの論をこうまとめている。「現存在の究極的な実存構造たる慮《ゾルゲ》の本質的性格は、まさに被投的投企にあり、死を先駆的に生き、良心の呼び声に応える先駆的決意性 laufende Entschlossenheit にある。人間は、先駆的決意性において頽落を超脱して、単独者としての本来的な自己へと「到来」する」(42)。廣松によれば、ハイデガーは共同主観的・人称以前的な「ヒト」を非本来的としてしりぞけ、先駆的決意性によって、単独者としての本来的な自己へと至る。ハイデガーにあって歴史を駆動するモメントは、この先駆的決意性にある。しかし、一人称的で純粋な自発性を唱えたハイデガーを、廣松は近世的な主体‐客体の図式に回帰しているとみる。

廣松は、共同主観的・前人称的な、「物に憑かれた」在り方が、近代社会では本源的であるとみなす。そのうえで、近代社会そのものを捉え返す点に、マルクス主義の優位性を見出したのだった。

マルクス主義は、しかも、単に「時代の問い」を転換しただけではない。歴史・内・存在の Grundverfassung〔根本的な構え〕に徹し、存在者としての歴史、歴史化された自然に定位することを通じて、――因みに、近世的諸個人とその契約的社会関係という了解では、神意の顕現という中世的な了解以上に、歴史を把捉することができないのに対して、――歴史をはじめて歴史として解明する途を拓いている。そのことにおいて、また、マルクス主義は、近世的な世界了解と発想そのもののイデオロギー的基盤を解明し、それを一定の歴史的条件下における歴史・内・存在の必然的な在り方の一つとして諒解しつつ entfernen〔相対化〕し、それを理論的に超克するだけではなく、歴史として近代社会そのものを geschicklich〔適切〕な条件のもとで根底から実践的に止揚しうべき思想となっている(43)。

近代社会に生きる人間の意識はすべからく物象化されており、そこに個の純粋な自発性を見出すことはできないと廣松はみる。近代社会ではなぜ物象化が起こるのか、そのメカニズムを解明し、近代社会を総体として乗り越えることに、廣松の意識は向いている。

次節では、こうして掲げられた廣松の理論が、現実的な場面、すなわち自身が支持した全共闘運動の分析にどのように結びつけられているのかを追跡する。

六　自己変革と社会変革

全共闘運動で盛んに使われた「自己否定」というスローガンを、廣松は自身のマルクス解釈によって国家の否定へと結びつけ、説明している。国家を実体視し人間の彼岸に立てるのではなく、人間そのものが社会的諸関係の結節であり、それが拡張されたものとして国家や体制といったものがある。自己を否定するとは、たんに社会の歯車になることを断念しそこから降りるのではなく、自己が体制と結びついていることを自覚し、行動に移ることを意味する。

人間の本質は社会的諸関係の総体だというような、マルクス主義の人間のテーゼがありますね。自己否定というときの自己というものは、まさしく社会的諸関係の総体としての自己であるということになりますと、論理とか、自己を否定するということが、いきなり国家といっていいか、社会といわなければいけないか、わかりませんけれども、なにかそういった体制の否定というものとべつのことじゃなくて、一つのこととしてつながる。〔中略〕国家といったって、自己の外にあるんじゃなくて、人間的諸関係が実証化されたものとして国家というものが存在するとすれば、近代的な個人主義で考えられた個人の否定からはけっして国家の否定はでてこないかもしれません。マルクス的な人間概念では自己否定ということと、国家否定とが、すぐつながるような論理構造になっているように思うのです。そういう点で、いままでは国家の否定というものは、外にある敵をなんとかいうので、人間の問題が切り離されていたのに対して自己否定と国家否定とを結合したところに、こんどの全共闘の方が提起された問題の意味があるんじゃないかと思っていたのですが……。(44)

自己と国家とを短絡的に結びつけることは危険だとしても、社会的諸関係が形を持ったものとして国家を捉えるとするならば、たしかに自己と国家とは無関係ではありえない。普段の何気ないふるまいが、期せずして国家をはじめとした体制の再生産に一役買ってしまうという論理を自覚的に取り出した点に、廣松は全共闘運動の意義を見出したのである。

この座談会が行なわれた一九六九年、廣松は名古屋大学に在職しており、自身の理論を積極的に提示するというよりも、全共闘運動をマルクス主義の立場から擁護する発言を行なっている。しかし、一九七〇年四月付で名古屋大学を辞職した直後の討論では、全共闘運動との廣松自身の関わり方について、より踏み込んで次のように述べている。

今度の全共闘運動というのは、適当な妥協はせずに、容赦なく問題を突きつけてくるので、適当に自分をごまかすわけにはいかない。一たんかれらが突きつけてきた論理を認めれば、もうあとは同じ運動をする以外にない。それを、何とか理屈をつけてのがれようとすれば、ノンポリの人だったらいいかもしれませんが、やくざにマルクス主義者づらをしてきただけに、やはりマルクス主義のタームを使って、結局は、それと対決する理論構築をやらなければならない。第三の途はありえないわけで、そういった理論構築をやって、実際の動きにおいても非常に積極的に全共闘をつぶす方向で動くか、それとも全共闘の運動にアンガージュするか、二者択一を迫られるという状況になったわけです。〔中略〕ということになれば、おまえとしてここで最善な行き方をするにはどうするのかということを自分自身につきつけるとき、知識人として――私は知識人のうちに入るかどうか知りませんが――学校の中に残るという必然性はなくなってくる。〔中略〕ともあれ、いままでみたいにして何とか学内に残ることを運動論的な場面から自己合理化することはできないということをギリギリのところで思い知らされた、これが全共闘運動が私に与えたインパクトというか、体験的な問題であったわけです。(45)

言行の不一致を許さない全共闘から、「おまえは学校の教師商売を続けるのかどうか(46)」という問いを突き付けられたとき、すでに全共闘運動の論理をマルクス主義の立場から正当化していた廣松は、大学側に立つか全共闘側に立つかの岐路に立たされたのである。

こうして、いわば体制側の大学人であった廣松は全共闘を支持し、マルクス主義者としての立場と運動を支持する立場との緊張関係が保てなくなるや、大学に残ることを断念し下野したのだった。廣松が、理論において当事者の立場（für es）と分析者（学知者）の立場（für uns）を厳しく分ける姿勢が、現実の行動にも現われたと見てよいだろう。廣松は、当事者として全共闘運動にかかわったのである。とはいえ、立場上の自己矛盾に苦しんだのは、廣松だけではなかった。

大学で研究することへの葛藤は学生のあいだでも広く共有されており、東大全共闘代表であり物理学者としての将来を嘱望されていた山本義隆は、同時期にこう切実なことばを残している。

ぼくたちは王子や三里塚の闘争に参加した。しかしデモから帰ると平和な研究室があり、研究できるということはたまらない欺瞞である。研究室と街頭の亀裂は両者を往復しても埋められない。
では研究をやめるべきか。それは矛盾の止揚からの逃亡ではないか。徹底した批判的原理に基づいて自己の日常的存在を検証し、普遍的な認識に立ちかかえる努力をすること。そうして得られた認識に従って、社会に寄生し、労働者階級に敵対している自己を否定し、そこから社会的変革を実践する。抽象的にしか語れないが結論らしいものはこうでしかない。[47]

ここには、学園闘争に関わりながら研究を続けることへの葛藤がみてとれる。近年、山本は、当時の学生運動を回顧しつつ、物理学徒の視座から戦後日本の科学技術史を批判的に叙述する著作『私の一九六〇年代』（二〇一五）を著している。同著でも、反戦闘争にコミットしながら研究室で研究に没頭することに「ある種の居心地の悪さ」を覚えたと当時を振り返っている。[48] 六〇年代当時、アクチュアルに表現された苦悶は、四〇年の時を隔ててもなお、山本の奥底に残りつづけているのである。自己否定から社会的変革を実践するという主張は、廣松と同様である。しかし、山本自身が「思想――自己否定の思想の物質的基盤はなにか。「叛逆のバリケード」なき今、それが厳しく問われている。なかば非合法化されゲリラ活動を余儀なくされ、むき出しの権力と生身の対決をせまられている今、形而上学化される危険を孕んだ思想では闘いきれない[49]」と述べているように、自己否定とは抽象的なスローガンに過ぎず、形而上学化される危険性を秘めている。このように、自己否定を理論化することと実践に移すことのあいだには、大きな隔たりがある。スローガンが独り歩きし、新左翼運動では不毛な内ゲバがくり返されたことは歴史が教えるとおりである。廣松自身は、全共闘における自己否定の論理を次のように総括している。

諸個人の営為の総体が物象化されて体制という〝網〟をかたちづくっているのであり、各自が深くこの網の目に組込まれている。この限りにおいて、諸個人とその営為は体制の存立にとって不断に共犯的であり、この共犯関係の総体を否定的に変革しない限り、自己を実践的に否定することはできない。〔中略〕
翻って思うに、マルクス主義の運動はプロレタリアートの自己否定の運動にほかならない。マルクスによれば、プロレタリアートは単に商品を生産し、資本を拡大再生産するだけでなく、資本－賃労働関係そのものを不断に再生産するのであって、プロレタリアといえども彼がプロレタリアたる限り、日々の営為において体制の「共犯者」なのであり、共産主義革命は最後の階級たるプロレタリアートの階級的自己否定として遂行される。この階級的自己否定は、各人の対自化された決意性によってはじめて可能なのであり、マルクス主義においては、人間変革と社会変革とは全く相即的である。〔中略〕東大闘争は、かの戦後的〝常識〟を打破り、一定の条件が成熟している場合、一部の先進的集団がまずは突出した闘争に突入し、日常性に埋没している〝大衆〟にインパクトを与え、〝ノンポリ層〟の好意的中立化をかちとりつつ、広範な部隊を自己の周囲に結集し、場合によっては既成指導部を吹き飛ばして、事後的に大衆的な信認をとりつけるという運動方針の現実性を立証した。[50]

廣松は、東大闘争に関して、主体性の問題をあらためて取り上げたことに一定の評価を与えている。また、諸個人の個々の具体的な営為は、体制を再生産しつづけることの一翼を担っていることを指摘している。個々の営為が次々と連結されて、物象化された網の目を形づくっている。それゆえ、こうした個と体制の「共犯関係」をトータルに否定しないかぎり、自己を否定したことにはならないという論理である。

物象化された網の目に搦めとられている、つまり共同主観的に日常性に埋没している大衆は、いわば近代社会の埒内にあるといってよい。そういったメカニズムを自覚した者が、闘争へとアンガージュすることができる。ここで、前衛が大衆を唆し闘争に巻き込むという図式は適当ではない。前衛がまずは立ち上がることが、問われているのだ。

自己否定という言葉には、ペシミスティックな響きがある。たしかに、廣松は、本来的あるいは理想的な人間像の回復を促す疎外革命論に対抗する形で、物象化論を打ち出した。そしてさらに、その物象化論を理論的基盤として、自己否定を契機とした社会変革を唱えたのだった。その主張からは、自己犠牲が強いられ、人間自体が消失してしまうようなニュアンスが感じられるかもしれない。しかし、廣松が肯定的な人間像を棄て去っているわけではないことは、次の言葉からもうかがうことができる。

> たしかにプロレタリアートの階級意識にとっては現実が耐えがたい一つの桎梏として感じられるような、そういった状況になってきている。その中において本来的な状態を回復するのではなくて、いまから自分に、ある意味から相応しい、そうして歴史的に条件が保証されているような、そういった社会体制にもっていく事によって、言ってみれば自己自身を自己変革的に新しく実現する。マルクスはこのような発想法をとるに至ったのであります。〔中略〕つまり本来性を回復するのではなくて、歴史的・社会的にいまや可能になってきたところの次の新しい社会に見合うような形で自分自身を変革していく、自己を変革するのであって、もはや本来性を回復するという考え方ではとらえない。こういう転換がとげられたのであります。[51]

自己否定という言葉は、社会変革へと接続する論理を残しつつ、自己変革へとあらためられている。可能な次なる社会へ向け、自己を変革すること。この不断の営為によって、自己と社会とが進んでいくことができる。かくして廣松は、個に定位して新たな社会へと向かうみちすじを提示したのである。

しかしその後、新左翼運動が連合赤軍事件へとつながっていったことに対する廣松の分析は、ほとんど行なわれていない。一九七二年四月、みずから創刊にかかわった『情況』の連合赤軍事件特集号に掲載された廣松の論文は、「人間存在の共同性の存立構造」という高度に理論的な論文であった。[52]

廣松自身は自己否定というタームを積極的に使っていたわけではなかったが、全共闘が打ち出した自己否定の論理を支持する形で理論化したのであった。それはすなわち、人間を社会的な関係に埋め込まれた存在と捉え、社会の在り方を否定し変革するためには、自己自身を否定しなければならないという論理である。しかしそうした自己否定・自己批判が自己目的化しエスカレートした結果、連合赤軍内部における凄惨な暴力や総括を引き起こすことになっていったのである。[53]

廣松は、プロレタリアートがみずからの階級性を自覚化し、それを自己否定することで運動をすすめることを唱えた。それは、マルクス主義の運動における理論であり、組織内での粛清を意図するようなものでは決してなかった。廣松のいう自己否定とは、自己の在り方を理論的に把握したうえで、現存の社会において自己がどのように生きるかの決断を迫るものである。個々の人間が、それぞれの立場から自己の在り方を変革し、自己変革を遂げる。その方向性を示すものとして、廣松は理論を打ち出していったのである。

おわりに

廣松は、「疎外革命論」などの学生運動論を視野に入れ、それに対抗する意志を抱きながら、理論面では初期マルクスと後期マルクスのあいだの質的な飛躍を『ドイツ・イデオロギー』編輯問題から文献学的に立証した。それをもとにして、疎外論に代わる新たなパラダイムとして「物象化論」を提示するに至ったのだった。物象化論自体が新たな関係主義的世界観（事的世界観）となっている。物象化論をもとに自己を否定し自覚することを廣松は求める。イデオロギー化された日常的な意識からの覚醒を促し、革命へと投企する理論として物象化論を応用していたことが、廣松の学園闘争分析からも読み取ることができよう。疎外論では被支配者が革命を起こすために立ち上がるという論理になるが、物象化論においては一見被支配者のように思われるプロレタリアも体制の共犯者である。それゆえ、物象化論では、革命を担う主体の立ち位置は問題にはならず、どこにでも革命が起こる可能性が残されている。

自己を変革するさい、新しい社会への期待はあるが、廣松は特定のユートピア像を掲げているわけではない。自己を変革し、社会を変革するその先にあるものとは、〈外〉としかいいようがないものである。

本章では、廣松が、実践運動と『ドイツ・イデオロギー』編集問題のテクスト・クリティークによって物象化論を打ち出すに至ったみちすじを辿ってきた。廣松は物象化論や自己否定の論理を駆使して全共闘運動をはじめとした学生運動に理論的な裏づけを与えた。しかし、廣松が意図した自己否定の論理とは別のかたちで自己否定の論理を突き詰めた結果が、一九七二年の連合赤軍事件へとつながっていったのである。この後廣松は、連合赤軍事件に対する分析はせず、『資本論』研究に注力するようになる。

物象化論は、廣松の理論内部において、どのような位置づけを与えられているのだろうか。

第三章　物象化論と役割理論
——廣松渉の思想形成における『資本論の哲学』

はじめに

物象化論。かつてウェーバーやジンメルが用い、ルカーチが『歴史と階級意識』によって再興させたこの概念を、戦後日本で広く定着させたのは、廣松渉であるといってよいだろう[1]。それも、もっぱら西洋で隆盛した物象化概念を日本に根づかせたというよりも、廣松が独自の文脈で着想し、その後コミットした党派的な闘争のなかで打ち出したというほうが適当である。廣松自身が振り返るところでは、「物象化という現象を強烈に印象づけられたのはデュルケームを介してである[2]」という。東京大学教養課程の駒場時代に、社会学の講義で紹介されたデュルケームの『社会学的方法の規準』を繙いた由であるから、廣松は早くから独自の物象化論を着想し、彫琢していったということができよう[3]。

一九三三年生まれの廣松が学術誌に論文を公表しはじめたのは、一九六〇年代である。その時期の左翼運動において主流であった理論は、失われた本来的な人間像を取り戻すために革命的に投企するという疎外革命論であった。一九六六年、こうした状況下で廣松は「疎外革命論批判——序説」を発表する。それは、黒田寛一が唱えていた疎外革命論への党派的な対抗意識が色濃く出ているものであった。またこの時期廣松は、『ドイツ・イデオロギー』編集問題を文献学的に考証することにより、初期マルクスと後期マルクスのあいだには思想の質的な飛躍があることを主張していた。すなわち、マルクスは『経済学・哲学手稿』執筆段階では活動主体とその客体の直接的な関係に即して考えていたが、『ドイツ・イデオロギー』執筆段階では、諸個人の社会的協働関係がまず成立し、その自然発生的な在り方から、人間から独立した事象的な力ないし形態があらわれるとしたのである。かくして廣松は、社会的関係に着目する後期マルクスの理論に定位し、「疎外論から物象化論へ」というテーゼを打ち出すに至ったのだった。

『資本論』第一巻におけるマルクスの価値形態論および物神性論を扱った研究は汗牛充棟の観があり、それらを踏まえた廣松物象化論に関する研究も多数蓄積されている。廣松物象化論が影響力を持った時期には、『クリティーク』第八号（一九八七年七月）で物象化論の特集が組まれ、廣松自身も座談会「物象化論の批判力」に出席している。収録された論考のなかでも本章で注目すべきものとして、浅見克彦「物象化論のイデオロギー的冒険」、小倉利丸「逸脱する身体性　物象化論の諸問題」、大庭健「批判的〈実践知〉としての〈物象化論〉」などが挙げられるだろう。

浅見論文は、物象化論は一つの社会認識批判論であるとし、物象化的システムに従属する主体の自己拘束的行為に着目している。そこでは、物象化論は主体性の価値をゼロ化するものではなく、物象化的錯認として存立する事態をポジティヴに展開し、実践へと開く途を提示するものとされている。浅見によれば、マルクスは個々の商品交換が行なわれるさいの諸商品に共通の同一者（抽象的人間労働）を実体的な価値としている。それに対して廣松理論では、この価値は錯認的な実体であり、これを成り立たせている諸労働の社会的関係規定はさらにメタレベルに立つものとされる。すなわち、社会的システムに内在する主体の能動性を担保するためには、共通の同一者に完全には同一化しないかたちでの行為が必要条件となるのである。

浅見によれば、物象化論がみずからの閉塞的悪循環に陥らないためには、同一化的錯認にもとづく関係性のネジリ行為が有効であるという。物象化論は、観察者が投げ置かれたコンテクストをたえず相対化する。それゆえ、観察者自体の価値をも相対化する相対主義に陥る危険性を秘めている。そうした「閉塞的悪循環」を回避するための行為として、浅見は役割行為を挙げている。「他者及び情況による役割期待は、ある場の総体的布置の関係をある点で見切って、縮減的にある一つの期待をデッチ上げる形でしか対自化しえないので、実際の役割扮技行動は、その錯認的同一性への賭けとしてしか「実現」せず、結局その情況的布置の関係に、期せずしてネジレを持ち込むことになり、他者もそのネジレを前にして、同様に錯認的同一性に賭する役割扮技行動を起こし、折り重なるネジレを定立することにならざるをえないのだ（二重の不確定性）[4]」。

小倉論文では、廣松の役割行動論と階級社会論とは論理的に結びつかず、労働者が資本家による役割期待を逸脱ないし裏切り資本に抵抗するという契機が閉ざされる、と問題点が指摘されている。

大庭論文では、廣松物象化論を批判理論として位置づけ、「物象化」は、社会的に妥当し再生産されていく関係を「構造化」するのではなく、批判され超克されるべき事態であるという。大庭は次のように結論づけ、システム内の当事者が他なる可能性へと投企すべきものとして物象化論をポジティヴに捉えた。「物象化論は、「対象世界〈内部〉で当事者として二者択一を提示し、そこでのシステム状態の「揺らぎ」－相転移の（計算不能な）可能性に、己れの「揺らぎ」において当事者として関わる「論」である他はないのである[5]」。

近年でも、『季刊経済理論』（二〇一一年七月）で「廣松物象化論と経済学」の特集が組まれている。田上孝一論文「マルクスの物象化論と廣松の物象化論」においては、廣松が物象化論をフェティシズムと同一視しており、物象化概念を明確に定義しておらず、主観主義的な認識論的同一化に陥っていると指摘されている。さらに、物象化は語るが物象化の止揚は語っていない、すなわち、物象化を抜け出すことによるビジョンを、廣松は打ち出しえていないと批判している。

大黒弘慈論文「価値形態論における垂直性と他律性——関係に先立つ実体」においては、役割理論および構造変動の問題を廣松が扱っていることに留目しつつも、『資本論の哲学』の射程内での問題点を指摘している。すなわち廣松にあっては、ある実体は次々とより高次元の関係に把捉されるという論理になっているため、「当該の関係が他の関係でもありえたという偶然性、また、関係の中に回収されてしまう実体ではなく、関係を作り出し関係を衝き動かす実体の側面が抜け落ちてしまう」という。(6)

さらに、佐々木隆次『マルクスの物象化論』（二〇一一）では、廣松の理論が真正面から批判検討されている。佐々木によれば、廣松の物象化論は認識論主義に傾いており、物象化を生み出す関係を見ていない。それゆえ、物象化の外部に立ち、社会システムに対して外在的・批判的な視座に立ちうる前衛党を例外的な主体として措定するほかなかったという。(7)してみれば、廣松の理論においては、システム内在的立場から物象化を抜け出ることは不可能であり、啓蒙主義的な側面をまぬがれえないということになろう。

また熊野純彦は、廣松物象化論を踏まえつつも、必ずしもそれに依拠しない方法で『資本論』全三巻を読み解いている。たとえば、価値形態論の「第I形態 単純な価値形態」において、等置されたリンネルと上着のあいだには互換的ではない関係、非対称性があるとする見方は、廣松の価値形態論解釈とは異なるように思われる。(8)

このように廣松物象化論をめぐっては、いまだにさまざまな論議がなされている。(9)いずれにも共通していえるのは、廣松物象化論には商品世界を内側から突破する引き金となるような裂け目があるか否か、いいかえれば、当事者の立場に動的なモメントをもたらす〈非対称性〉があるか否かが争点となっているということである。

本章では、こうした先行研究を踏まえつつ、廣松渉その人の思想展開を視野に入れ、廣松物象化論に新たな視点を提供することを試みる。より踏み込んでいえば、廣松が物象化論を打ち出したのと相即して役割理論に着目した筋道を、主に『資本論の哲学』（一九七四）をもとにして明らかにする。廣松は、物象化された商品世界を当事者の立場から超出する概念として、役割行動として営まれる対象活動的協働に着目するに至った。そのきっかけとなった著作として『資本論の哲学』を位置づけることが可能である、という見通しのもとに論じる。

あらかじめ本章で扱う論点を素描しておけば、次のようになる。

（1）廣松以前にも、日本のマルクス研究史において物神性は超出すべきものとして議論の俎上に載せられてきた。こうした議論を引き継ぎ、廣松はあまたある物象化現象のなかでも商品世界の物象化を最も乗り越え難いものと規定していること。

（2）物象化をまぬがれるには、商品世界そのものの在り方を把握しなくてはならず、商品世界を内側から抜け出る方途を廣松は模索していること。

（3）商品世界における交換を可能にしているのは、共通の第三者である抽象的人間労働であり、いいかえれば、社会的諸関係の函数であるということ。

（4）廣松は交換を扱った箇所である『資本論』第一巻第一章の価値形態論を論じるさいに、非対称性を見出さず静態的に分析していること。廣松が商品世界を超出する動態的な契機を見出しているのは、商品交換の場面ではなく、商品を生産する場面であること。

（5）物象化論によって『資本論』を読むとき、商品世界での交換を成り立たせる共通の第三者の立場を、交換する当事者が〝観念的に扮技〟することにより交換が行なわれること。社会的協働の場面、すなわち生産の場面における役割扮技行動こそが、実践的次元での物象化を超出する概念である、という構想に至ったこと。

一　物象化とは何か

まずは物象化論について廣松のいうところを見ておこう。廣松が物象化論の概念史について触れているのは、

「マルクスの物象化論」(『情況』一九六八年九月)にまでさかのぼる。そこで廣松は、社会思想史研究者であり、初期マルクスに関する著作を持つ城塚登の整理を引いている。

城塚論文は、雑誌『理想』の「主体性特集」に掲載されたものであり、ルカーチ物象化論を取り上げている。この論文で城塚は、合理化の基盤として資本主義的商品生産による「抽象化」を置いた点に、ルカーチ物象化論の意義を認めている。しかし、ルカーチが労働者の自己認識をすぐさま実践と結びつけるのに対し、社会変革のための社会的実践を通じてはじめて、労働者は商品としての自己を認識し自覚的主体となると城塚はいう。

廣松は、この城塚論文をもとに、西欧や日本の思想界で主体性を論じるさいに、ルカーチの物象化論が影響力を持っていたことを認めている。廣松が引いたくだりを挙げておく。

サルトルの『弁証法的理性批判』がルカーチの『歴史と階級意識』の〈物象化〉論を手がかりとしていることは、すでにしばしば指摘されてきた。メルロオ＝ポンティの『弁証法の冒険』もルカーチの〈物象化〉論を一つの理論的基礎としているし、〔中略〕西ドイツにおいても、テオドール・W・アドルノーの弁証法的立場はルカーチの問題意識を受けついでおり、その流れを汲むユルゲン・ハバーマスの『理論と実践』にも〈物象化〉論の影響が見られる。また日本の場合も、例えば竹内芳郎氏の『弁証法の復権』は、ルカーチによる階級意識の物神化を批判しつつも、〈物象化〉論を含むルカーチの弁証法把握を手がかりとして論を進めている。〔廣松が引いている箇所はここまでである――引用者〕／このように、ルカーチの「物象化」論は、現代の西欧や日本の思想にかなり広く深い影響を与えており、いわゆる「疎外論」が一つの乗りこえがたい壁に突きあたり苦悶しているのに対し、より強力な「主体性」回復の論理を提示しているかに見える。(10)

しかし廣松は、ここで挙げられている論者について、疎外論と物象化論を同趣のものとして扱う傾向があると指摘する。物象化論再興の火付け役と目されるルカーチについても、「疎外論と物象化論との区別性を明確にすることによってのみ、彼が『歴史と階級意識』で展開した積極的なものを真に生かしめることもはじめて可能になるように思われる」と述べている。つまり廣松は、疎外論と物象化論を区別するという視角から、ルカーチ物象化論に批判を突きつけているのである。

さらに時代がくだって、物象化論を主題的に扱った著作『物象化論の構図』（一九八三）においても、「物象化論」という用語を用いた論者を挙げ、そのなかでも特に影響力を持った人物としてルカーチを挙げている。

「物化」（Verdinglichung）とか「物象化」（Versachlichung）とかいう概念は、――今ここでは、シェリングの Be-dingung や初期ヘーゲルの das-zum-Dinge-Machen といった用語法との概念史的な脈絡といった問題には一切立ち入らずに話を運びたいのだが――ルカーチによって顕揚されるまで、マルクス主義者たちのあいだでは忘失されてきた看があった。これらの用語は、むしろ、新カント学派のハインリッヒ・リッケルトやマックス・ウェーバー、それにまた、ゲオルグ・ジンメルやエルンスト・カッシーラーなどにおける用例を通じて、折々に眼を惹くようになっていた。が、これらの詞《ことば》が哲学者や社会科学者たちの間で割合いとポピュラーに用いられるようになった機縁は、何といってもルカーチによる術語的頻用にあると言えよう。(11)

それではルカーチは、どのように物象化を扱っているのだろうか。廣松物象化論と比較するために、ルカーチの用法を見ておきたい。一九二三年、ルカーチは論文集という性格の強い『歴史と階級意識』を著わした。そのなかでも、質量ともに主要論文といってよい「階級意識」「物象化とプロレタリアートの意識」の二論文において、物象化論について詳しく論じている。ルカーチは、マルクスの『資本論』に注釈を加える形で、物象化を次のように定義した。

つまり、全社会的存在の普遍的カテゴリーとしてのみ、商品は、そのまがいものでない存在のあり方において把握されうる。この連関のなかではじめて、商品関係によって生じる物象化は、社会の客観的発展に対しても、この発展に対する人間の関係に対しても、決定的な意味を持つ。つまりこの物象化は、物象化がそこに表現されている諸形態に人間の意識が従属させられているということに対しても、物象化の過程を把握したり、また物象化の破壊的な作用に反抗したり、そのようにして生じた「第二の自然」のもとに隷属している状態から解放されようとする試みに対しても、決定的な意味を持つのである。マルクスは、物象化の根本的現象を次のように述べている。〔『資本論』第一巻第一章第四節「商品の物神的性格とその秘密」が引用されている〕この構造的な基本事実において、とりわけ次のことが明記されてしかるべきである。すなわち、この基本事実によって、人間に固有の活動、つまり固有の労働が、客体的な何か、人間から独立しているもの、人間から疎遠な固有の法則性を持つ支配的なものとして、対立させられるということを。〔中略〕したがって、商品形態が普遍性を持つに至ると、主体的な点においても、客体的な点においても、商品のうちに対象化された人間労働の抽象化が生ずるのである。[12]

ルカーチは、商品交換が行きわたった社会、すなわち資本主義社会において、物象化現象は如実にあらわれるという。そこでは、客体的なものは法則化された商品の運動の世界としてあらわれ、主体的なものすなわち人間の活動は、合理化された労働力商品としてあらわれることとなる。主体がおかれている具体的な状況は、資本主義社会の諸法則の下にある。そして、こうした個々の主体の契機と社会の発展過程のはざまにおかれていることを意識するのが、プロレタリアートである。むろん、それは自然発生的に意識されるのではない。プロレタリアートは、自己の労働力が商品として、すなわち客体としてあらわれるという立場にいる。それゆえ、プロレタリアートにあって、自己を対象化することが、相即的に社会全体の認識へとつながるのである。社会の矛盾を自己のものとして引き受けることができるのは、ブルジョアジーではなく、プロレタリアートである。かくしてルカーチは、資本主義社会を具体的に意識的に超え出る途をプロレタリアートに託したのだった。

資本主義社会を内在的に超出するという問題を一貫して追求している点では、ルカーチと廣松は立場を同じくしている。しかし、廣松は「「疎外」と「物化」とを、概念的に明別することなく、離接不全のまま使用した憾がある」とルカーチの用法を問題視したのだった。廣松によれば、後期マルクスの物象化概念は、初期マルクスの疎外概念とは明確に区別されるべきものであるという。さらに、疎外と物象化が大同小異とされてしまうのは、〝物象化〟概念が「主体－客体」図式の埒内で〝主体的なものの客体的定在化〟という構図で措定されているからであるという。近代における「主体－客体」図式の超克という問いを生涯追求した廣松にあっては、ルカーチが物象化現象を定義するさいも主体と客体に分けて分析している点で、物象化論において立場を分かつ。じっさい、後に廣松は、物象化論はルカーチを経由してのものではないと述べている(13)。

「主体－客体」という図式を前提とした通俗的な物象化＝物化で表象されるものとして、廣松は以下の三つを挙げている。すなわち、人間が奴隷商品として売買される、機械の歯車になってしまうという人間そのものの〝物〟化。群衆化された人々の動きが、個々の人間の意識とは独立のものとなったり、行動様式が固定化されるといった人間の行動の〝物〟化。そして、もともとは人間主体に内在していた精神的・肉体的な力能が体外に流出して芸術作品などに凝結するといった人間の力能の〝物〟化である。廣松によれば、こうした〝物〟化理解も物象化現象に数えられうるが、後期マルクスの「物象化」概念は、その概念内容に即してみるとき、これとは異質の発想と構制にもとづくものとなっている。

廣松によれば、マルクスは「物象化」を定義風に述べているわけではなく、頻繁に用いる言葉でもない。しかしその用法に照らしてみれば、後期マルクスの「物象化」とは、主体的なものが客体的なものに成り変わるといった「主‐客」の図式で捉えるものではなく、人と人との社会的な関係が物と物との関係、ないし物の性質、ないしは自立的な物象として現われる事態を指すという。さらに、マルクスの物象化論を概括して、廣松は次のようにいう。

人々の間主体的な対象関与的活動の或る総体的な連関態、当事者的日常意識には（そして、また、システム内在的な準位にとどまっているかぎりでの体制内的〝学知〟にとっても）、あたかも物どうしの関係ないしは物の性質ひいては物的対象性であるかのように映現するということ、このフュア・ウンスな事態、それがマルクスの謂う「物象化」なのである。(14)

人間同士の社会的関係が物と物との関係としてあらわれるという議論は、『資本論』第一巻第一章第四節「商品の物神的性格とその秘密」においてなされているものである。

それでは、マルクスの物象化論をこのように理解していた廣松は、どのように『資本論』を読み解いていったのだろうか。廣松が『資本論』を扱うまでの日本の『資本論』研究史を振り返りつつ、廣松が置かれている文脈を確認しておきたい。

二　戦後日本のマルクス研究と『資本論の哲学』執筆まで

マルクス主義哲学者を自任した廣松は、独自の哲学体系の構築をすすめる一方で、早い時期からマルクス・エンゲルスの評伝（『青年マルクス論』『エンゲルス論』）や『ドイツ・イデオロギー』編集問題に関する文献学的研究を草している。『資本論』については、「私の研究プラン「価値」の存在性格」（『日本読書新聞』一九六七年七月）や「マルクスの物象化論」（『情況』一九六八年九月）などで触れている。しかし、『資本論』を主題的に扱った論文は意外に遅く、一九七三年五月から一三回にわたって『現代の眼』に連載された「資本論の哲学」が最初である。同連載は、廣松が全共闘を支持し名古屋大学を辞職した後の浪人時代に執筆されたものである。毎月の連載という事情もあるせいか叙述にくり返しが多く、廣松の著作のなかでは読みやすいものとはいえない。さらに、同書が扱っているのは、マルクスの『資本論』全三巻のうち、第一巻第一章「商品」第二章「交換過程」論までであり、論も完結しているわけではない。しかしやはり、その後の廣松のマルクス研究に照らしてみても、まとまった『資本論』解釈としては、この連載稿を収録した『資本論の哲学』（一九七四）がまず第一に扱われるべきだろう。そして、『資本論』全三巻を物象化論の構制に即して解釈するという廣松の試みは、その後公刊された経済学の専門家との共著『資本論を物象化論を視軸にして読む』（一九八六）などに引き継がれたというのが実情である。

『資本論の哲学』では、廣松が哲学的に最も注目に値すると位置づける第一章第四節「物神性論」が、価値形態論を踏まえて論じられている。そこから廣松の読み筋を浮かび上がらせることが可能であろう。

廣松自身『資本論の哲学』のはしがきでこう断っている。

> 「資本論の哲学」と謂うとき、著者としては別段『資本論』から哲学的な諸命題を拾い蒐めて〝哲学要綱〟を編もうという意趣はない。さりとてまた、卑見の強引な投入を宗とするものでもない。著者としては、物象化論の視座からするマルクス価値論の理解、とりわけ価値形態論と物神性論の再解釈に当面の力点を置いたとはいえ、飽くまでマルクスの行文に即しつつ『資本論』の提題を支える哲学的問題性《プロブレマティック》の意義と射程を顕彰するにとどめた心算である。況んや、著者の謂う間主観的《インターズプエクティーフ》四肢的存在構造を経済学のこの基礎場

面で追躡《ついかく》しようという課題意識も、本書では必ずしも一意的に押出してはいない(15)。

　ここで宣言しているとおり、廣松は『資本論の哲学』で得手勝手に『資本論』の独自の読み方を押し出しているわけではない。行論は、マルクスの著作である『経済学批判要綱』『経済学批判』『資本論』の叙述に定位し、それも日本における『資本論』解釈の古典的研究を踏まえたものとなっている。それゆえ、世界的な水準を誇った日本のマルクス研究の一地点に廣松は立っているといえるだろう。ここでは、廣松が日本の『資本論』研究史上のどこから出発しているか、簡単に振り返る。

　『資本論の哲学』巻末に付された「増補　ルービンの問題に言寄せて」の箇所で示しているように、戦後の日本における『資本論』研究の出発点として廣松が挙げているのは、河上肇、櫛田民蔵の『資本論』研究、および雑誌『評論』に一九四七年の一月号から九回連載された「資本論研究会」の討論記録である。後者は一九四八年に『資本論研究』として刊行されており、第三回が価値形態、第四回が価値形態の発展と交換過程、第五回が商品の物神性となっている。それに対して『資本論』の実際の章立ては、第一章「商品」、第一章第四節「商品の物神的性格とその秘密」、第二章「交換過程」となっている。つまり、研究会は『資本論』の叙述の順に行なわれたのではなく、価値形態論、交換過程論が先に議論されたのであった。「増補　ルービンの問題に言寄せて」は対話形式で書かれているため、必ずしも廣松の主張が明確に打ち出されているとはいいがたいが、上に挙げた研究会で物神性の討論が後まわしにされたことに鑑みて、物神性論が重視されていなかったことが示唆されている。それでは実際には、「資本論研究会」の参加者は物神性をどのように捉えているのだろうか。「資本論研究会」第五回「商品の物神性」の議論を見ておこう。

向坂　社会的に、つまり資本主義の中に生きている人間が全体として物神性を明確に意識する場合には、社会主義になるのじゃないか。むろんその社会で物神性を知るに至る階級が出来てくるとしても、そういう階級も一挙にして、その階級全体が物神性を意識するわけではなくて、やはり意識の高い人から少しずつ意識して行くわけだ、その物神性が明確に意識された時には資本主義を変革する勢力に成長するわけだ。

宇野 意識の高い人がそれを意識すると、それは物神性から解除されたということになるのか。

向坂 社会全体として客観的に物神性的な関係があるわけだ、その中に生活している以上は。

宇野 マルクスも商品社会から出て生活しているわけではない、その点では理解はするが同じだ。理解したからといつて商品経済に変りはない。

向坂 その理解を逆にいうと、社会主義を実現するような力に、その社会の一定要素がなつた場合に、そういう意識が取除かれると同時に物神性も取除かれる。(16)

ここでは、向坂逸郎と宇野弘蔵のあいだで物神性が議論の俎上に載せられている。『資本論』の翻訳者でもある向坂逸郎は、資本主義を変革したあとの社会主義を実現するために物神性は抜け出すべきものと規定した。しかし、物神性から抜け出すことがいかにして可能であるかの解明は、研究会では行なわれずじまいであった。(17)先にも述べたように、左翼運動において主流であったのは黒田寛一らの唱えた疎外革命論であったことに加えて、学術的な『資本論』研究自体においても物神性に焦点をあてたものは優勢とはいえない状況にあった。つまり、日本の『資本論』研究史と廣松自身の実践活動に鑑みるとき、廣松の『資本論の哲学』は、党派闘争という実践的なマルクス主義理論と『資本論』の学術的な読解との、いわば合流地点に位置する著作であるということができるだろう。

次節では『資本論の哲学』の行論につき従いながら、廣松の問題意識を見定める。

三　マルクス『資本論』の冒頭商品

廣松は『資本論の哲学』で、『資本論』冒頭の第一章「商品論」から第二章「交換過程論」までを議論の俎上に載せ読み解いている。本節では、廣松の行論に従い、『資本論』の叙述を解釈していく。『資本論』では第一篇「商品と貨幣」第一章「商品」で商品の分析がなされている。商品の価値形態論が論じられた後に、第四節で商品の物神性論が論じられる。マルクスは『資本論』を執筆するにあたり、叙述の順序について周到に配慮していた。それは、『資本論』の叙述において、歴史的な展開と論理的な展開が交錯してしまうという宿命的な構造があったからである。そして、その困難が最も如実にあらわれるのが、端初（Anfang）として何を据えるかという問題であった。端初に何を据えるかという問題は、とりとめもないことを扱っているようにも思えるが、価値形態論に動的なモメントを見るか否かという点で大きな違いを生ずるのである。廣松は、価値形態論を、〈抽象的人間労働〉が裏から支える商品世界の論理で静態的に読み解いている。廣松は、価値形態論に動的なモメントをみるのではなく、その後の物神性論において、モメントを引き起こす当事主体を前景化する。

マルクスは『資本論』を次の一文で始めている。

資本主義的生産様式が支配的に行われている社会の富は、一つの「とてつもなく巨大な商品の集まり」として現われ、一つ一つの商品は、その富の基本形態として現われる。それゆえ、われわれの探究は商品の分析から始まる。(18)

ここでマルクスは、商品が汎通する資本主義社会の分析を、商品の分析からはじめることを宣言している。この箇所だけを読む限りでは特に違和感をもたらさない。しかし、生産物を生産し、生産物を交換することで商品が成り立つということを考えれば、歴史的にも論理的にも「生産物」が商品に先行することが分かる。それゆえ、ここでマルクスが「生産一般」ではなく「商品」を端初に据え、抽象的なものから具体的なものへという行き方を採っていることは、重要な意味を持っている。廣松は、こうした叙述に至るまでに、マルクスにも葛藤があったと次のように指摘する。「マルクスがあの「序説」で上向法的展開を明言したあとの時点でも「生産一般」から出発する予定だった一時期があるということ、だから「商品」から出発するということは必ずしも絶対的な要件ではないかもしれない(19)」。

『資本論』という体系的著作を叙述するにあたって、マルクス自身にも方法論的な紆余曲折があった。『資本論』第一巻(一八六七)に先立って発表された『経済学批判』(一八五九)の序説で、マルクスは経済学の方法について述べている。いわく、一七世紀の経済学者が採ってきたのは、現実的で具体的なもの、現実的前提、たとえば経済学でいえば社会的生産行為全体の基礎であり主体である人口から出発する方法であった。しかし、これは間違いであるとマルクスはいう。それに対して、経済学の学問的手続きの方法として採るべきなのは、抽象的なものから具体的なものへと進む上向法であるという。マルクスはヘーゲル法哲学の批判的解釈から研究を始め、『資本論』でも折に触れてヘーゲルに言及している。『経済学批判』序説の「経済学の方法」においても、ヘーゲルの方法についてこう述べている。

そこでヘーゲルは、自分をみずからのうちに総括し、みずからのうちに深化し、そして自分自身から動き出す思考の結果として、現実的なものを捉えるという幻想に陥ったのである。それに対して、抽象的なものから具体的なものへと上向する方法は、ただ、具体的なものをわがものとし、それを精神にとっての具体的なものとして再生産するための思考にとってのやり方にすぎない。しかし、それは決して、具体的なもの自体の成立過程ではないのだ。[20]

ヘーゲルの論理では、結局上向の過程がそのまま現実性の成立過程と一致する、すなわち論理性と歴史性が一致するという存在了解になっている。マルクスの叙述は、このような次元でヘーゲルを批判するものである。こう廣松は分析する。

『資本論』冒頭で何気なく挙げられたかに見える「商品」も、こうしたマルクスの方法論的な葛藤をみれば、叙述上の端初（Anfang）として自覚的に採られたものであることを読み取ることができるだろう。それでは、ヘーゲルと対照させると、マルクスはどのような方法を採っているのだろうか。廣松は『資本論の哲学』の序破章でヘーゲル弁証法とマルクスの論理構成をつき合わせている。

廣松はヘーゲルの端初論をして、始めが終わりであり、終わりが始めであるという円環運動をなしていると結論づける。ヘーゲルが挙げている槲《かし》の実の比喩を用いて、槲の実は自己展開して槲の大樹へと生長するのだが、「槲の実」には、それが大樹に生長する将来的展開が即自的な「概念」として端初的に既在する[21]と廣松は説明する。この生長・展開の全過程を通じて生物としての自己同一性が保たれており、この自己運動する実体＝主体を廣松は重くみている。

ヘーゲルは『精神現象学』を直截的な意識である「感覚的確信」からはじめている。個物である「このもの」を知る直接的な「経験する意識」は、反省的第三者である「われわれ」とは区別される。ここでいう「われわれ」は、「観望 zusehen」しているだけであり、建前としては舞台回しの役を勤めるわけではないという。つまり、対象に積極的にはたらきかけることはない。感覚的確信における「このもの」とは何かを検討したとき、「このもの」は、「「このもの」でも「かのもの」でもなく、このものならぬものでありながら、それでいて全く一様に

「このもの」でも「かのもの」でもあるところの単純なもの[22]」、すなわち「普遍的なもの」となるという。廣松のみるところ、ヘーゲルにあっては、真の主語＝実体はあくまで絶対精神であり、「実体＝主体の自己展開過程をあの「精神」という本源的な存在の自己疎外的な自己定立過程だとみなしている[23]」。ヘーゲルにおいては、「われわれ」たるヘーゲルの賓述によって感覚的確信から絶対知へと引き上げられるという論理構成になっている。それに対してマルクスは、ヘーゲルの論理構成を、意識的に当事者の立場（フュア・エス）と学知的立場（フュア・ウンス）に切り分けたと廣松はみている。そしてこうした論理は、『資本論』での価値形態論のロジックと物神性論の占める論理的位置を理解するうえで鍵となるという。

価値形態論の行論において、商品そのものが価値実体、価値量、価値形態をそれ自体として備えているかのように、そして、商品が相互関係を結びつつ、自己運動するかのように見えるのは、物象化的な倒錯現象であると廣松は述べる。マルクスは価値形態を論じた後の第四節「商品の物神的性格とその秘密」において、その物象化的倒錯は社会的関係の反照であると看破したという。第四節につづく第二章「交換過程」ではじめて生産物の交換が事実として認められる。ここでは歴史性と論理性が交錯している。つまり生産の後に交換が行なわれ商品が生成するという歴史的な順序と、価値形態論で交換の存立機制を理論的に解明した後で、交換過程論において事実問題として交換を論じるという叙述上の（論理的な）順序が、交錯しているのである。

廣松によれば、価値形態論の場面では、商品なる主語的主体＝主体的主語が内在的矛盾にもとづいて自己展開していくのではない。価値形態論では学知が静態的にその商品の展開を分析しているのであって、つづく物神性論の箇所で、商品に備わる超感覚的な性質を成り立たせているのが社会的な関係であることを説いているという。すなわち、廣松が物象化を抜け出ることを目指したとするならば、価値形態論にそのモメントを見出そうとしたのではない、ということまでは言うはずである。

ヘーゲルにおける学知が静観的に観望するだけであるのに対して、著者であるマルクスの体現する学知は積極的に舞台回しの役を演じる。マルクスにあっては、学知は体系の叙述者であると同時に体系の批判者である。このとき、学知は当事意識が自律的に向上する歴史的な進展を待つ必要はない。体系的叙述の論理的な必要に応じて、学知は叙述の順序を選ぶことができるという(24)。

先に述べたように、マルクスは、歴史性と論理性が一致しているとしてヘーゲルを批判したのであった。というのも、歴史性と論理性が完全に一致している場合には、体系に内在する当事者は体系に外在する超越者に引き上げられるという構制になるからである。ヘーゲルにあって、その超越者とは絶対精神にほかならない。ヘーゲルの場合と異なり、マルクスにおいて歴史性と論理性とは相即しないと廣松はくり返し述べている。

> この端的な止揚を図るためにも、しかし、ここでは一たんかの〝第一途〟に仮託しつつ、『資本論』の冒頭商品の歴史性をめぐる往々にして不毛な争論をも防遏《ぼうあつ》しておこう。／「抽象的一般者」、例えば「言語」そのものなどというものは、なるほど実在せず、実際に存在するのは、英独仏語、ラテン語、サンスクリット語等々の具体的歴史的な諸言語だけである。そして、心理的過程としては、特定の言語を念頭におくことなくしては「言語」なるものを考えることすらできない。たとえ、インド・ヨーロッパ原語 Ursprache なるものを復元しえたとしても、それとて歴史的具体的な一言語であって「言語そのもの」ではない。しかし、インド・ヨーロッパ語系の「言語」そのものという抽象的概念に〝最も適合的な実在的言語はどれか〟という段になれば、かの「原語」とやらが最も適合的な表象を供するものと云えるかもしれない。『資本論』の冒頭商品についても同断であって、マルクスは恐らく発達した商品社会の商品を心理的には表象していたであろうけれども——そして富が「厖大な商品集成」として現象するのは発達した資本制のもとにおいてであるけれども——端初商品としての論理的要求に最も適合的なものという段になれば、それは或る条件下での単純商品だということもありうる。しかし、マルクスは、歴史的に実在するあれこれの単純商品について論じ

ているわけではないし、いずれにせよ端初商品をそのまま体現した商品は――「言語」そのものをそのまま体現した歴史的言語が実在しないのと同様――実在しないのであって、〝冒頭商品はどの歴史的商品について論じているのか〟という仕方で歴史性を問うのは次元の交錯であると云わざるをえない[25]。

ここで廣松は、ある歴史的な文脈で事実として交換された商品を冒頭商品として想定することは誤りであるとし、冒頭商品の歴史性を問う議論を厳しくしりぞけている。また同様に、一九四七年に行なわれた資本論研究会の出席者であった宇野弘蔵の弁証法は歴史性と論理性が一致する立場になっている、と廣松は指摘している。

宇野先生の場合の弁証法というのは、先生自身は歴史性と論理性は一致するわけではないことを強調なさっているんだけれど、岩田氏ほどではないにしても結局つきつめて言うと、歴史性と論理性とが一致するようなパターンになってしまっている[26]。

他方ではしかし、『資本論の哲学』の出版後まもなく、鼎談「座談会「資本論の哲学」をめぐって」（『現代の眼』一九七五年一月）が組まれており、宇野経済学派である降旗節雄とのやりとりのなかで、冒頭商品に相当するものを現実のうちに求めるならば、単純商品に近くなるとも廣松は述べている。

端初の商品というのは決して歴史性と論理性が一致しているという意味での単純商品じゃないんだけれども、下向の極限として措定された抽象的な存在としての端初商品はそれがまさしく歴史的具体的諸規定を捨象されているという事情から、単純商品モデルに近いだろうということ、これは端初そのものの持っている性格としてそうならざるを得ないんじゃないか[27]。

このように廣松自身にも歴史性と論理性をどう区別するかについては葛藤があったと推測されるが、歴史性と論理性が一致しかねないという端初論の宿命的構造は十分に自覚していた。同鼎談では、価値形態論の位置づけについても、価値形態が展開していく動的な過程よりも、マルクスは共時的な構造分析に徹していると廣松は述べている。商品のうちにエージェントのようなものが備わり、それが自己展開していくという議論では、商品のうちにある種の超越的なものを前提としていることになる。そうではなく、交換過程論で生産物から商品へと成ったものを、叙述の論理的順序のために『資本論』冒頭に据えたのである。それゆえ、価値形態論では商品が歴史的に展開していく過程ではなく、論理的な分析が行なわれていると廣松はみなしたのであった。動的なモメントは、『資本論』のその後の叙述に持ち越されることとなる。

四　二つの価値と共通の第三者としての抽象的人間労働

まずは、『資本論』冒頭で端初に据えられた商品の分析を、マルクスに即して辿っていく。第一章「商品」第一節「商品の二つの要因　使用価値と価値（価値実体　価値量）」では、使用価値と交換価値について説いている。「商品は、まず第一に、外的対象であり、その諸属性によって人間のなんらかの種類の欲望を満足させる物である」[28]とマルクスはいう。商品は、たとえば飲み食いする作るなどといった一つの有用物であるわけだが、その物の有用性が、その物を「使用価値」にするのである。「使用価値」はそれ自体としては、なんらかの社会的生産関係を表現するものではない。使用価値は、「ただ使用、または消費によってのみ実現される」のである。そして、「われわれが考察しようとする社会形態〔商品世界〕においては、それ〔使用価値〕は同時に素材的な担い手になっている——交換価値の[29]」。

「交換価値」は、「ある一種類の使用価値が他の種類の使用価値と交換される量的関係、すなわち割合」であり、偶然的なもの、純粋に相対的なものであるかに見える。交換価値を考察したとき、第一に「同じ商品の妥当な諸交換価値は一つの同じものを表している」。そして第二に、「それとは区別される或る実質の表現様式、「現象形態」でしかありえない」。

さらに、たとえば小麦と鉄という二つの商品をとってみたとき、それら二つの商品が交換されるという関係は、一クォーターの小麦＝aツェントナーの鉄という等式で表わされる。この等式は、同じ大きさの一つの共通物が、二つの違ったもののうちに存在するということを意味する。それゆえ、二つの商品は、その一方でも他方でもない共通の第三者に還元されるのである。この交換関係を特徴づけているのは、諸商品の使用価値の捨象であり、その後に商品体に残るものは、労働生産物という属性だけである。それでは、この労働生産物に残っているものとは何であろうか。マルクスはいう。

それらに残っているのは、同じ幽霊のような対象性のほかにはなにもない。区別のない人間労働の、すなわちその支出の形態とは無関係の人間労働力の支出の、たんなる凝固物のほかにはなにもないのだ。これらの物が表わしているのは、ただ、その生産に人間労働力が支出されており、人間労働が積み上げられているということだけである。このようなそれらに共通する社会的な実体の結晶として、これらの物は価値——商品価値なのである[30]。

このくだりを、廣松は「商品価値は抽象的人間労働という「社会的実体」の結晶であることが定立される」とまとめているが、その後で、この箇所の矛盾を指摘している。すなわち、「社会的実体の結晶」としながら、他方で「生理学的意味での人間的労働力の支出・凝結」としているのは矛盾ではないのか。これには、マルクスが俗流投下労働価値説と対決しつつ、他方で支配労働価値説や構成価値説とも対決していく必要があったという経緯があった。この箇所に関する暫定的な結論として、廣松は以下のように述べている。

> さしあたって行論の論理構造からいっても、価値が価値対象性として規定される所以の関係性、抽象的人間労働が措定される所以の社会的規定性は、少なくとも最低限、価値形態論における商品関係の討究を俟つことなくしては明示的に説くことはできない[31]。

つまり、マルクスの行論において、抽象的人間労働は価値形態を論じる前の第一節「商品の二要因論」で扱われているが、より明確に措定されるのは価値形態論においてなのである。

それでは、『資本論』冒頭で矛盾を孕みながらも提示された抽象的人間労働の社会的規定性とは、いかなるものなのだろうか。マルクスが価値形態論を定立するに至った経緯に即してみていきたい。

廣松によれば、マルクスが価値形態論を自覚的に定立するに至ったのは、『剰余価値学説史』（一八六二）執筆過程で行なわれたリカード価値論の再検討であった。そしてとりわけ、その機縁となったサミュエル・ベイリーとの対質は、マルクスの説く「価値」の存在性格、すなわち価値形態論が、唯名論と実念論との対立という中世以来の「普遍論争」を超克する地平を拓いているという。

ベイリーが価値を二物体間の距離になぞらえた議論は、『資本論』価値形態論の等価形態の箇所でベイリーの名を挙げるに値しめたものだという。しかし、廣松はベイリーが三者関係に気づきながらも二者関係の論理にとどまっているとして、限界点を指摘している。

ベイリーは、先に見た通り、二商品間の価値関係は、それが距離になぞらえられるとはいっても、決して単なる二物間の関係ではないこと、それは「諸商品一般 commodities in general」との関連 reference を含意することを述べている。この際、第三者たる諸商品一般は、単なる諸商品の代数和的集合ではない筈である。けだし、もしそうであれば、今問題の二商品と入れ換えていくとき、全くの循環に陥り、唯、すべての商品どうしの全般的な比較ということになり了るからである。そこで、ベイリーは、当の第三者を、直ちに貨幣で置き換えてしまう。だが、貨幣といえども、この文脈では、単なる一商品たるにすぎない。ベイリーは、こうして、二商品の価値関係が必然的に第三者との関連を含意すること、単なる二者関係ではないことに気付きながらも、結局は単なる二者関係の論理構制に押しとどめてしまう。[32]

マルクスは、ベイリーとの対質を踏まえて、こうした価値関係を成り立たせている共通の単位が何であるかを問う。そしてマルクスが価値の内在的尺度としてとらえるのが抽象的人間的労働である。ここで廣松は抽象的人間的労働の規定を具体化し、次のように述べる。

マルクスが価値の実体として、したがってまた、価値の内在的尺度として「労働」を云為するとき、その労働量は、現実に投下されて凝結している労働量ではなくして、それを現時点で再生産するとした場合、現時点の生産性の水準のもとで、再生産のために社会的に必要とされる労働の量なのであり、この「社会的実体」は決して不易な形而上学的実体ではない。それは、その内実においては、一種の社会的な関係規定なのである。[33]

このことの意味は重要である。再生産のために社会的に必要な労働量とは、固定的なものではなく歴史的・社会的な諸関係の結節ともいうべきものであり、それを廣松は「社会的諸関係の〝函数〟である」という。つまり、マルクスは、価値の実体を自明視する価値実在論とベイリー流の価値唯名論との相克を、一定の社会的関係からの被媒介的な反照規定である抽象的人間労働によって超克したのである。(34) かくして廣松は、関係的規定性たる共通の第三者として抽象的人間労働を位置づけたのであった。

五　価値形態論の四肢的構造

マルクス自身が『資本論』初版序文で断っているように、価値形態に関する一節、すなわち第三節「価値形態または交換価値」は『資本論』のなかで最も難解である。価値形態論で課題とされたのは、「貨幣形態の生成を示すこと」「諸商品の価値関係に含まれている価値表現の発展をその最も単純な最も目だたない姿から光まばゆい貨幣形態にまで至るまで追跡すること」(35)であった。廣松は、『資本論』再版で最も大幅な改訂の施された箇所が価値形態論であるとし、『初版』とその付録、および『再版』とを比較している。そしてその上で、「附録を含む初版と再版との理論構制は基本的な構造に即してみるかぎり、同一であるように看取される」(36)という。『資本論』の成立史に関説したのち、廣松は内田弘を援用し、マルクスは『資本論』で資本制社会という対象とわれわれの商品を見る認識構造（主体）とを同時に批判したとしている。廣松はこうした視座に立ち、「商品世界」の認識論的・存在論的な存立構造の基礎を価値形態論の位相で把握することを目指している。つまり廣松は、商品世界における当事主体の認識枠組とその主体の在り方を、価値形態論において解こうとしているのである。価値形態論においては、式が展開していくモメントをどのように捉えるかが肝要であった。とりわけ形態Ⅱから形態Ⅲへと式が逆倒するメカニズムをいかに説明するかは、論者によって主張が分かれる箇所である。

ここで価値形態論の大枠を整理しておきたい。マルクスの価値形態論は以下の四つの形態で構成されている。

形態Ⅰ　「単純な価値形態」

二〇エレのリンネル＝一着の上着

形態Ⅱ　「全体的な、または展開された価値形態」

二〇エレのリンネル＝一着の上着、または一〇ポンドの茶、または四〇ポンドのコーヒー、……または＝その他

形態Ⅲ　「一般的な価値形態」

一着の上衣＝
一〇ポンドの茶＝
四〇ポンドのコーヒー＝
等々の諸商品＝
｝二〇エレのリンネル

形態Ⅳ　「貨幣形態」

一着の上衣＝
一〇ポンドの茶＝
四〇ポンドのコーヒー＝
等々の諸商品＝
｝二オンスの金

マルクスの行論では、価値形態論の内部ではもっぱら「商品語」で語っており、第二章「交換過程論」にいたってはじめて「商品の守護者 Hüter 商品所有者を顧慮」する立論になっていると廣松はいう。すなわち、二〇エレのリンネルが一着の上衣に値するという関係をみたとき、「さきに商品価値の分析がわれわれに語ったすべてのことを、いまやリンネルが別の商品、上着と関係を持つやいなや、リンネル自身が語るのである。ただ、リンネルはみずからの思想をリンネルだけに通じる言葉で、つまり商品語で口にするだけである(37)」という。

これに対して、交換過程論においては、次のように商品所有者を登場させている。「商品は、自分で市場に行くことはできないし、自分で自分たちを交換し合うこともできない。だから、われわれは商品の番人、商品所有者を捜さなければならない(38)」。

価値形態論において「当事主体」をどう位置づけるかは、研究史上においても重大な争点であり、代表的なものとして『価値形態論と交換過程論』（一九五七）を著わした久留間鮫造と宇野弘蔵との論争があった。それは、先に挙げた一九四七年の「資本論研究会」での議論が元となって始まった論争である。廣松の価値形態論解釈もこうした論争を引き継いでいるので、触れておこう。研究会においては、交換過程論では欲望の主体としての商品所有者が考慮の範囲内に入ってくるが、価値形態論ではそれが捨象されているという鈴木鴻一郎の報告をめぐって、「商品所有者の欲望を捨象してはたして価値形態論が理解できるかどうか(39)」が中心的に議論された。久留間を含め大部分の研究会参加者が報告者の論に同意したが、宇野弘蔵は「商品所有者の欲望を抜きにしては価値形態は理解できない(40)」ことを強硬に主張した。結局、議論は未解決に終わったが、その後久留間は、一九五〇年一月に「価値形態論と交換過程論」を『経済志林』に連載し、応答したのだった。

廣松の解釈では、価値形態論における当面の課題と目的に照らせば、二商品の等置（Gleichsetzung）が存立しているという所与の事態から始めればよいという。廣松によれば、交換がどのように行なわれたかという事実問題は第二章の交換過程論で扱う事柄であり、二商品の等置という事態の意味する事柄を学的見地から分析するのがマルクスの方法である。そして、当事者の見地が直截の問題となるのは、物神性論からであると廣松は断言する。

商品所有者の「欲望」をめぐる宇野弘蔵・久留間鮫造の論争において、宇野弘蔵は交換過程論で扱われるはずの商品所有者の欲望を価値形態論に前倒しするという理解をしており、廣松もおおむねその論に拠っている。すなわち、「二商品の二商品の等置・交換の過程という事実の問題が、もとより、当事主体たる商品所有者の「欲望」をぬきにしては成立しえない」という。(41) しかし他方で廣松はこうも述べる。「価値形態論が、謂うなればquid juris〔権利問題〕に関わるかぎり、当事主体の欲望という対自的な意識次元は具体的な内実においては捨象されうる」(42)。

つまり、商品の交換は欲望なしには成立しえないとしながらも、その内実においては欲望と意識は捨象されうるという、一見矛盾するかに見える論を廣松は立てている。

ここで廣松は、「欲望」を当事者の立場と学知的立場という別の視点からみることによって、当事主体の意識と視座を切り分けているのだが、それはいかにして可能になるのだろうか。当事主体の意識を捨象しながら視座を確保するという手法を、廣松は次のように説明する。

マルクスは、当事主体の対自的な意識を捨象しうるかぎりで、「商品語」をリンネルに語らせる。そこには、当事主体の意識事態を勘案すれば、行論に無用の錯綜を持ち込みかねないという配慮があったのではないかと思われる。リンネルが「商品語」を語るということは、実際には、学知がフュア・ウンスな立場から、〝聴取〟vernehmen することであり、しかも、語るのがリンネルであるということにおいて、視座がリンネル所有者の側に構えられているわけである。マルクスとしては、リンネルに商品語を語らせるという手法をとることによって、実はこのような方法論的地歩を確保している次第なのである(43)。

つまり、学知がリンネルの「商品語」を〝聴取〟するという方法によって、当事主体である商品所有者の意識を捨象しつつ、リンネル所有者の視座を確保しうるのである。リンネルは自分の価値を〝自称〟したり〝宣言〟することはできず、上衣を価値物として自分に等置することによって被媒介的に自己の価値存在を措定しうるという。そして、この被媒介的規定を可能にしているのが、抽象的人間労働にほかならない。

リンネルと上衣、両商品とその生産者たる当事主体を想定するとき、二つの商品の等置は、具体的有用労働の所産たる商品の等置を意味する。そして、こうした具体的有用労働の等置を可能にしている共通の第三者が抽象的人間労働なのであった。マルクスが述べているように、商品の等置のうちに同等性関係があることを見抜いたのはアリストテレスであったが、それを可能にしているのが抽象的人間労働であることまでは見抜けなかった。アリストテレスの天才をもってしても、価値関係の分析を最後までなしえなかったのは、彼の生きた時代的な制約による。すなわち、アリストテレスは、奴隷労働を基礎とするギリシア社会にあって、労働の同等性に気づきえなかったのである。

等置関係を裏から支えるこの抽象的人間労働について、廣松は哲学的に読み解いている。

Aにとって上衣の生産・所有者たるBは、現与のリンネルと上衣との等置関係が、第二形態の一モメントとみなされるかぎり、没具体的＝抽象的な主体であり、そのような抽象的な生産主体の所産たる上衣は、労働生産物であるとはいっても、抽象的人間的労働の体化物としてgelten〔妥当〕する。もちろん、眼前の上衣はあくまで具体的な使用価値物たることをやめない。詳しくいえば、眼前の具体的な上衣という生産物が抽象的人間労働の生産物として、つまり、Bにとっての具体的有用労働の生産物がAにとっては抽象的人間労働の生産物として二肢的二重性の相で gelten〔妥当〕するのである[44]。

ここでリンネル所有者Aと上衣所有者Bとは相互共軛的、いいかえれば互換的な関係にある。二肢的二重性とは、廣松の哲学的なタームである四肢構造の一端であり、目の前にある現象をほかのなにものか「として」覚知するという認識の在り方をあらわしている。上の引用にある場面、つまりBが上衣を生産し、所有しているという状況がまずあって、それをAが自分の持つリンネルと交換するという場合を考えよう。Bは現実に働くことによって上衣を生産する。このとき上衣は具体的有用労働の生産物としてある。価値形態の第Ⅱ形態において、Aから上衣を見たとき、上衣はさまざまな商品、たとえば茶やコーヒーなどといった商品と同列に等置されている。こうした等置関係に置かれた商品は〈抽象的人間労働〉の産物であるとみなせるのだ。つまり、Aから見た上衣は、具体的有用労働の産物であると同時に〈抽象的人間労働〉の産物「として」Aに相対しているのである。これが「二肢的二重性の相で gelten〔妥当〕する」ということの意味である。相互にこのようにみたとき、それぞれ二肢的二重性の相で妥当する二つの商品の等置は、都合四つの契機、四肢によって媒介されていることになる。かくして廣松は、四肢構造によって価値形態論を解釈するのである。さらに敷衍して廣松はこう述べる。

この関係は、AとBにとって共軛的であり、AとBとが、単なる対自的な見地でも、単なる対他的な見地でもなく、対自的‐対他的、対他的‐対自的な、まさしく間主体的（共同主観的）な見地に für uns に立つことにおいて、両生産物の質的かつ量的な等置関係が存立しうるのである[45]。

ここでいわれる、対自的‐対他的、対他的‐対自的な、間主体的（共同主観的）な見地は、抽象的人間労働を媒介にした「廻り道」によって可能になっている。つまり、〈抽象的人間労働〉を前提にして、廣松は商品の四肢構造的な在り方を分析するのである。廣松によれば、この対他的被媒介性の構造をマルクスも明示的には説いておらず、ヘーゲルを援用して反照規定を取り上げるにとどまっているという。廣松が示しているのは、『資本論』でよく引かれる次のくだりだろう。「およそこのような反照規定というものは奇妙なものである。たとえば、この人が王であるのは、ただ、他の人々が彼にたいして臣下としてふるまうからでしかない。ところが、彼らは、反対に、彼が王だから自分たちは臣下なのだと思うのである[46]」。

しかし、抽象的人間労働による「廻り道」を介在させない、こうしたたんなる関係行為においては、対自－対他の反照に気づきにくいと廣松は指摘する。

「廻り道」の論理を廣松は価値形態論の展開式においても援用している。価値形態のⅡとⅢを比べたとき、単なる数式としてみれば、価値形態Ⅲ「一般的価値形態」は、第Ⅱ形態「全体的な、または展開された価値形態」の両辺を入れ換えたものにすぎない。しかし、このⅡからⅢへの逆倒の解釈は、価値形態論の解釈において重要な位置を占める。

価値形態論において、廣松は〈抽象的人間労働〉を媒介にした「廻り道」の論理によって、社会的関係性を前提として議論をすすめている。それゆえ、自分の商品が相手に売れるか否か分からないまま交換を決断する、つまり跳躍を迫られるという場面を、廣松は回避しているといえる。

ⅡからⅢへの逆倒に関して、別様の解釈をした論者に今村仁司がいる。今村は廣松と社会思想史研究会をともにし、学問的交流の深かった人物である。今村によれば、第Ⅱ形態は、暴力と闘争と死の形態であるとし、第Ⅲ形態へ移行するさいに「第三項排除」が発動すると述べている。今村にあって第Ⅱ形態は、いわば万人による万人の闘争状態といってよい。このカオス的社会状態からたたき出された第三項＝スケープゴートは、恣意的で偶然的であるという。この恣意性・偶然性・不確定性を今村は一言で要約して、第三項排除のゲーム性（Game, jeu, Spiel）であるという[47]。このとき、カオス状態である第Ⅱ形態から秩序のある第Ⅲ形態へと時間的に移行するのではない。叙述の分析的順序として第Ⅱ形態と第Ⅲ形態は区別されているが、社会形成の運動過程としては両者が同時的であるという。つまり、〈今・現在〉においては第Ⅱ形態・第Ⅲ形態が入り混じり沸き立った状態にある。こうした今村の解釈と比べると、廣松のⅡからⅢへの逆倒の解釈はいささか静観的であると言わざるをえず、〈非対称性〉を見出すことは困難である。[48] 廣松自身の解釈を引こう。

われわれにとっては、しかし、この第三形態というのは、第二形態で相対的価値形態の側に対自的にあったリンネル生産・所有者Aの対他的な事態を定式化したものである。それゆえ、上空飛翔的に眺めれば、ないしはまた、当事主体たちの即自的な意識にとってみれば、第二形態と第三形態とは同一事であるが、しかし、当事主体の視座に立って対自的な事態と対他的な事態との区別と統一を分析するフュア・ウンスな学知にとっては、両者は異相である。[49]

なるほど廣松は、抽象的人間労働を媒介にした「廻り道」の論理は時間的に継起する諸過程ではないと断っており、共時的存立構造の諸象面として価値形態の展開を分析している。それゆえ、先にあげた鼎談でも触れているように、マルクスは価値形態論に動的な展開をみるよりも構造分析に徹している、こう廣松は解釈しているのである。むしろ廣松が重くみるのは、こうした「廻り道」を成り立たしめている汎通的・社会的な関係行為である。

かの「廻り道」が成立する所以の、他者の生産物の価値物としての措定、他者の労働の抽象的人間的労働としての措定、これは、かの第二形態の無限系列で表現され、対他的には第三形態で定式化されるごとき、汎通的・社会的な関係行為においてなのである。[50]

こうして廣松は、価値形態論の解釈においても、第II形態と第III形態との逆倒を、社会的諸関係の函数である〈抽象的人間労働〉によって説明したのだった。つまり、社会的な関係性を前提として商品の交換が行なわれるため、商品の売りと買いの〈非対称性〉を廣松は非問題化したのである。それゆえ、廣松の価値形態論には、〈非対称性〉や当事者が社会システムを内から破る契機を見出すことはできない。というのも、廣松の価値形態論においては、商品の等置をつねに社会的関係規定である〈抽象的人間労働〉が裏から支えているため、商品世界を超出するといった当事者の意識は捨象され、その視座だけが確保されているのみであるからだ。等置、すなわち同一化の原理で価値形態論が分析されており、当事主体のモメントは後景にしりぞいている。

次節では、こうした価値形態論解釈を踏まえて、いかにして物象化を抜け出す途を理論化したのかを検討する。

六　物象化論と観念的扮技による役割理論

連載稿「資本論の哲学」は、マルクスの『資本論』第一巻第一章、第二章を扱うにとどまり、価値形態論および交換過程論においては商品世界内部の当事者が物象化から覚める契機を積極的には打ち出していない。廣松は次の段階として、「労働力の商品化」という物象化現相、それを支える資本制的商品「生産」社会の基底的編制構造へと向かうことを表明している。

『資本論の哲学』は、マルクス研究史を引き継ぎつつ『資本論』を哲学的に読解することにより、廣松自身の理論を進展させるものとなった。のみならず、同時代のさまざまな方面の研究に楔を打ち込むものでもあった。

同時期に社会学者の真木悠介が、後に『現代社会の存立構造』（一九七七）に収録される論稿を『思想』に連載しはじめる。その最初の論稿が「現代社会の存立構造——物象化・物神化・自己疎外」（『思想』一九七三年五月）である。

真木の同連載は、廣松『資本論の哲学』の末尾「暫定的定位——拾遺と補説のために」で検討されたほか、一九七三年七月に廣松と真木のあいだで行なわれた座談会「物象化・存立構造論としての『資本論』」（『思想』）においても、議論の俎上に載せられた。そのなかで問われたのは、歴史的な社会に内在しつつ、そこから超越する主体的実践はどのようにして可能であるかというテーマであった。ちなみに真木は、ヘーゲル学者である見田石介の子弟であり、扱う主題の系列によって、見田宗介名義と真木悠介名義を使い分けたことが知られている。座談会において真木悠介は、『現代社会の存立構造』の系列に属する、近代理性の地平を超えた理論構築を進めるという方法と、見田宗介名義で発表した「価値空間と行動決定」などの系列に属する、近代世界の内部に実存して、その矛盾を生きる主体を描くという方法を切り分けたと述べている。

真木の立論に対して、廣松は『資本論の哲学』の末尾および先の対談で、分業的協働の場面での役割行動に着目している。「分業的協働として営まれる対象的活動としての労働、そこにおける生産手段との関わり方および協働的な関わり方の編制構造が物象化する経緯と機構、この点を「役柄行動」として営まれる対象活動的協働の存立構造として押え、この場面でいわゆる「社会的権力」（soziale Macht）ないし『資本論』に密着していえば、近代的工業の技術的生産過程の編制の場におけるAutoritätの存立構造を押えておきたいと考えている[51]」。

廣松は、超越者の高みに拙速に同一化するという方法はとらず、社会システムに内在的な立場から実践の場に移る途を模索しているといってよい。あくまで当事者の立場から社会を揺り動かすことを廣松は目指している。ここでは、物象化を抜け出る可能性を廣松がどこに見定めたのか、その一端を探る。

廣松が物象化のなかで最も抜け出すことが難しいとみているのは、商品物神である。というのも、商品につきまとう物象化的錯視は、認識すれば抜け出せるといった生易しいものではなく、そうした認識すらも総社会的な関係の結節であるからである。廣松が価値形態論の読解で示そうとしたのは、商品世界に生きる人間の認識枠組であった。それゆえ、廣松は価値形態論においては商品世界から抜け出るような実践的なモメントを見出すことはなかった。しかし、廣松はそうした物象化に染められた世界を受け入れているわけではなく、物象化が消失した社会を目指していることは、次のことばからも伺うことができる。

> 今問題の物象化的錯視は、かつて過去の或る歴史的条件のもとでは存立していなかったし、将来の或る歴史的条件のもとでは、即自的な意識からも消失するものと予料される。「人々が彼らの労働や労働生産物に対してもつ社会的関係が、生産においても分配においても透明」なところでは、労働生産物の価値性格という物象化的な倒錯視は生じない[52]。

物象化的錯視が生じる機制についてみるために、廣松が『資本論』において最も重要視しているといってよい第一章第四節「商品の物神的性格とその秘密」の詳細を見ておこう。そこで、マルクスは次のように述べている。

> 商品は、一見すると、自明で平凡なものである。商品を分析すると、それがとてもやっかいな代物で、形而上学的な屁理屈や神学的な偏屈さでいっぱいであることが分かる。商品が使用価値である限りでは、その属性によって人間の諸欲望を満足させるという観点から見ても、人間労働の生産物としてはじめて、これらの属性を得るという観点から見ても、商品には、何ら神秘的なものはない。人間が自分の活動によって、自然素材の形状を自分にとって有用な仕方で変えるということは明白である。たとえば、人が木材から机をつくれば、木材の形状は変えられる。それにもかかわらず、机は木材のままであり、ありふれた感覚的なものである。しかし、それが商品として現われるやいなや、一つの感覚的で超感覚的なものに姿を変えるのである[53]。

机を使用価値としてみる分には、つまり実際に机として使う分には、どのように形を変えようともなんら神秘的なところはない。しかし、机を商品として扱ったとたんに、「超感覚的」な事物としてあらわれるのである。つまり、商品世界内的な日常的な意識にとっては、超感性的・超自然的な或るものとして、すなわち価値を持ったものとして商品はあらわれる。そして、その価値は、意識しようとして容易に払拭できるものではない。これは目の前の商品がたんに実際以上に輝きを放つといったことではない。われわれの周りにあるモノが商品であることを自覚していても、ふだん何気なく事物を使うだけで、商品の神秘的な性質、物神性につきまとわれていることになるのである。

それではこの商品の神秘的な性格はどのようにして生じるのであろうか。マルクスはこう説明する。

したがって、商品形態の神秘は、たんに次のことにある。つまり、商品形態は人間に、その人固有の労働の社会的性格を労働生産物そのものの対象的性格として、この事物の社会的な自然属性として、逆に反映するのだ。したがって、総労働に対する生産者たちの社会的な関係も、彼らの外側に存在している、対象に対する社会的な関係として反映させるということである。このような取り違え〔Quidproquo：廣松の訳語では倒錯視〕によって、労働生産物は商品となり、感覚的であり超感覚的なもの、あるいは社会的な事物になるのである。(54)

つまり、人と人との社会的関係、それも生産物をつくる異なる種類の私的諸労働の関係が、商品となった生産物の関係としてあらわれるのである。この現象こそマルクスの物象化であると廣松はみなしたのであった。互いに異なる私的労働が同等のものとみなされるのは、抽象的人間労働として持っている共通な性格へ還元されるこ

> とによってしかなされえない。そして、こうした置き換えは、異種の諸生産物を交換することによってなされるのである。
>
> 　したがって、人間が彼らの労働生産物を価値として互いに関係させるのは、これらの物が、彼らにとっては同種の人間労働のたんなる物的な外皮として見なされているからではない。逆である。彼らは、彼らの異なった種類の諸生産物を、交換において価値としてお互いに等置することによって、彼らのさまざまな労働をお互いに人間労働として等置するのである。彼らはそのことを知らない。しかし、それを行なうのだ[55]。

みられるように、諸生産物の交換によってみずからの私的労働を等置するという行為は、「知ってはいないが、しかし、それを行なう」。つまり無意識のうちに行なわれる。また、後の第二章「交換過程」で「太初に業ありき。だから、彼らは、考えるまえにすでに行なっていたのである」とあるように、交換は始原にあったものとされる。それゆえ、交換は歴史的現実的に行なわれたものとして前提とされたうえで、交換の存立機制が価値形態論において問われたのであった。

　廣松によれば、商品交換が汎通的に行なわれる社会においては、商品所有者たちはいずれも抽象的・脱人称的な第三者の仲介的評価を〝観念的に扮技〟し、みずからの評価基準たらしめざるをえない。二者関係の交換にみえる場合でも、価値形態論の二極的構造の複合として三極的な交換が行なわれている。偶然的な一回限りの交換であれば、二者関係でも行なわれるが、それがある程度安定的に行なわれるには、三極的な媒介が必要となる。つまり、各々の商品所有者は抽象的な第三者の立場を観念的に読み取るのだが、「この抽象的第三者が関心するのは価値物としての限りでの所有物であるから、各人は互いに他者の物品を価値物として、従ってまた、それの生産的所持者をこの等質的な価値の生産主体として、認知・承認する」[56]。このような商品所有者たちの相互的な認知・承認が行なわれることによって、商品世界が成り立っていると廣松はいう。しかし、商品所有者は抽象的第三者によって成り立つ商品世界にそのつど同一化するという機制になっており、廣松の立論に商品世界を内から突破する主体性を見出すことは困難である。

ところで廣松は、この機制と構造的に同型の議論を別の文脈で行なっている。それは、『資本論の哲学』執筆と同時期に発表された「存在の哲学と物象化的錯視――ハイデッガー批判への一視軸」（『現代思想』一九七三年一月）のなかの議論である。そこで主題的に検討されているのは、ハイデガーによる「道具的存在者」（Zuhandenes 用在）の「道具的存在性」（Zuhandenheit 用在性）の現象学的分析である。同論文では、ハイデガーの物象化的錯視が厳しくしりぞけられているが、それにはハイデガーの用在的世界了解を批判的に継承するという意図があった。

道具というのは、一つだけで道具として存在することは決してなく、「個々の道具に先立って、そのつどすでになんらかの道具全体性が暴露されて entdeckt いる[57]」というのがハイデガーの議論である。これは道具を道具として成り立たしめている道具全体性を前提とするものであるが、廣松はこのハイデガーの道具的存在性の議論を次のように批判している。

> われわれは、ハイデッガーの適所性の議論においては、道具的存在性の「ある」が暴露・発見されるという仕方で配視に対しておのれを示すとされていること、「存在」そのものとしては配視に先立ってそのつどすでに存在しているものと了解されること、この〝既在〟性を見とがめる[58]。

これはたとえば、貨幣という道具は、物を購買できるという性質を持っており、適所的使用によりそのことが暴露されるということになる。つまり、貨幣はもともと購買力という性質を備えており、それを商品世界で使うことによって、そのつどその性質があらわれるということである。しかし、廣松はこれは道具的存在性に関する一種の物象化的錯視であるという。言語にしても同様で、日本語という言語が既在するのではなく、発話され聴取されるそのつど生産・再生産されることと同一の論理になっているという。それゆえ、道具的存在性の暴露・発見は物象化的錯視であるとして、廣松はこう批判する。

> しかるべき適所全体性という場＝世界においてのみはじめてそれは道具的存在者として存在する。まさしく、単なる個々人の主観的営為ではなく、適所全体性という場、当の機能的構造的連関が、使用のそのつど道具的存在性をそれとして存在せしめるのである。しかるに、ハイデッガーは、既在の道具的存在性の発見であるとそれを錯視してしまっている。[59]

ハイデガーの道具的存在性の議論を批判したうえで廣松が導入するのが、「役割行動」の理論である。廣松は役割理論を導入するにあたり、カール・レーヴィットのハイデガー批判からの影響を一定程度認めたうえで、新たな視角から役割理論を捉え返す。「われわれは、共同現存在を、用在的世界における本源的な実践的在り方に即して「協働」Zusammenwirken と規定し、人間の対他的適所性 Bewandtnis を「役割」ないし「役柄」Rolle と規定する[60]」。廣松の規定によれば、人間の実践はことごとく協働的な役柄行動の一種であることになる。廣松がよく用いる農作業の比喩でいえば、農地は過去から送られてきた自然と協働していることになり、農具を使用することは、それを製作した人々と間接的に協働作業をしていることになる。このようにして、廣松は「協働的役柄行為」という概念を措定する。道具的存在者を適所的に適用する役柄実践が、道具的存在性を〝存在〟せしめつつ、それに出会うのであって、覆われていた既在性が発見されるのではないという。つまり廣松にあっては、役柄実践や役柄行為がまず先にあり、そのつど道具を使うことによって道具の性質があらわれるのである。覆われている既在性とは、廣松からすれば、その実、物象化的錯視にほかならない。
ハイデガーにおける「物象化的錯視」の排却を、廣松は「死」との関わりに即して、より詳しく説明している。「死」を「不安」というかたちで気遣いするという在り方をいかに捉えるかで、ハイデガーと廣松の立場は岐れる。

> 死への不安的気遣いという在り方、つまり、落命への恐怖ならざる「死との関わり」なる事態は、まさしく共同主観的な共同現存在においてあるのであって、決して〝未在的に既在する〟死を不安的気遣いが暴露・発見するのではない(61)。

ハイデガーにあって、死は未在的に〝既在〟するものである。しかしそうではなく、死への不安的気遣いという在り方が死を存在せしめると廣松はいう。どういうことだろうか。ハイデガーの言葉を引こう。ハイデガーは死を先駆的に覚悟する存在として現存在を捉える。「現存在の終わりとしての死は、現存在の、最も固有で、関わりがなく、確実で、そのようなものとして無規定的で、追い越すことのできない可能性である。死は、現存在の終わりとして、自分自身の終わりへと向かう存在者の存在の内にある(62)」。語の意味からして、人が生きているあいだは死んでいることにはならないことが首肯できよう。しかし、確実に迫ってくる死へと臨んでいる存在としてある以上、死が存在しているとハイデガーはいうのである。

これに対して廣松は、死への不安とは、共同現存在においてのみあるという。アヴァロンの野生児のようにただ一人のものは死に不安を覚えることはない。共同体に生きてはじめて、死への不安を覚えるのである。つまり実態としては、死を未在的な相で〝現在〟させるのだと廣松はいう。

すなわち廣松は、共同現存在＝協働現存在における役柄実践によって物象化的錯視は排却できるとしたのだった。

ここで廣松は、ハイデガーにおける「物象化的錯視」の排却のために役柄行動を措定しているのだが、『資本論の哲学』での行論と同様のタームを見出すことができる。それは、抽象的第三者の評価を「頭のなかで評価esteem」し交換するという「交換的等置の観念的扮技」を論じた箇所で散見される。すなわち、「観念的扮技」というタームである。(63)

> 道具的存在性が道具的存在性として存在するのは、役柄行動において道具を適具的に使用する実践の場でのことである。例えば、ハンマーの道具的存在性は、それを適具的に使用する実践の場で発見されるのではなく、当の役柄実践においてはじめて存在するのである。〔中略〕唯、ハンマーは、われわれがそれを見たとたんに〝使用〟という役柄行動を〝観念的に扮技〟することにおいて、あたかもそれ自体で物を打つ道具としての存在性を〝もっている〟かのように思い込んでしまうだけのことである。道具的存在性は、それを適具的に適所を得せしめる役柄行動との相関性においてのみ存在する。(64)

『資本論の哲学』では、商品世界において価値を備えた商品を交換的に等置するさいに、「観念的扮技」が行なわれるとされている。そしてその上で、物象化を抜け出るための方途として、生産場面における役割行動に着目したのであった。他方で先に挙げた「存在の哲学と物象化的錯視――ハイデッガー批判への一視軸」では、ハンマーの使用において、〝使用〟という役柄行動で「観念的扮技」が行なわれるとしている。前者においては、商品世界における物象化をまぬがれるのは困難であるとし、商品世界での交換ではなく、生産関係における役割行動をより重視して考えた。後者では、はじめから物象化的錯認の排却が目指されたうえで、その概念装置として役柄行動が取り上げられている。してみれば、『資本論の哲学』と「存在の哲学と物象化的錯視――ハイデッガー批判への一視軸」が発表された一九七三年の時点で、役割行動に着目していたとみなすことができるだろう。『資本論の哲学』と「存在の哲学と物象化的錯視――ハイデッガー批判への一視軸」は異なる文脈で論じられており、両者のタームを拙速に結びつけるのは捷径である。役割行動によって物象化を払拭できるところまで廣松も理論化できているわけではない。しかし、この時期廣松が、物象化を抜け出す可能性として役割行動に着目していたとみなすことはできるだろう。

商品世界に生きる人間が搦めとられている物象化から抜け出るには、物象化現象を認識することだけでは不可能であることを廣松は自覚していた。抜け出る方途について、廣松はこう述べている。

物象化を克服するためには、それの存在根拠をなしている現実的諸関係を現実に変革することが必須の要件である。旧来の現実的諸関係を解体しないかぎり、物象化現象が不断に生産・再生産される。(65)

このように、物象化を抜け出すには、その機制を認識するだけではなく、主体が投げ置かれた社会の物質的基礎にはたらきかける実践的営為が必要条件となる。

じっさい、廣松は『資本論の哲学』をめぐってなされた鼎談で、交換という視角では垂直的なモメントを出すことは難しく、生産場面、すなわち社会の物質的基礎の次元の変革が必要であると述べている。マルクスが『資本論』冒頭に商品を端初として据えたことについて第三節で論じたが、廣松は商品よりも生産関係の方が基底にあるという。そして、動的なモメントは生産関係において見出しやすいとして次のように述べる。

それが結局、私がこの本の初めに、生産一般から始めるか、商品から始めるかという議論に立入ったゆえんでもあるわけですけども、マルクス自身いっておりますように商品というのは単なる客体的な定在ではなくて、いってみれば社会的関係の結節にほかならないわけで、その場合の社会的関係というのは、広い意味での生産関係を包み込んでいるわけですね。

そうなんだけれども、商品論から始めるかぎり、いまおっしゃった垂直的な構造といいましょうか、そこへはなかなか踏み込んでいけない。だから、生産一般というのを先に置く方式に私は惹かれる思いを捨てきれないわけです。[66]

この後廣松は、社会の物質的基盤に実践的にはたらきかけるための概念装置として、役割理論の構築へと旋回していく。一九八三年の著作『物象化論の構図』の「跋文 物象化理論の拡張」では、マルクス・エンゲルスが構想した自然と社会との統一的な歴史の学を引き継ぐ意思を表明している。そのなかで、マルクスのいう社会的関係、すなわち「人々の対自然的かつ相互的な関係」に役割論的概念を読み入れることを企図している。「対自然的な関係」とは、舞台的に展《ひ》らかれた自然に内・存在することを意味する。それは、労働対象・手段としての自然、たとえば農耕などを想起すれば分かりやすい。過去から送られてきた歴史化された自然に対する実践も、役割行動の概念に包摂されうる。「人々の相互関係」とは、生活世界＝世界劇場の舞台に投げ置かれたさまざまな当事者たちを意味する。

当事者たちは、そのつど他者が帯びた多種多様な価値や表情に触発されて行動する。このときの他者は、目の前の他者、あるいは規範性を帯びた環視的第三者であり、自然であることすらある。そうした他者からの「表情」「期待」に巻き込まれるようにして、役割行動が遂行されるのである。

ここでいう当事者と他者とは、いいかえれば我と汝である。第五章でも異なる文脈で論じるが、廣松は我－汝に〈非対称〉の構造があることを前提として議論を展開している。我－汝の場面が最も如実にあらわれる場面として、廣松は役割行為を位置づけているといえよう。モメントを生む契機として、我と汝の関係に廣松は視座を据える。

我と汝が出会う場面で、汝が我に向ける表情性は一様ではない。それどころか、我が立たされている舞台によっても変わるという流動的なものである。我が汝の立場を観念的に扮技し、役割行動を起こすのだが、双方の思惑が一致するという保証はない。我－汝の共互的役割行動は、そうした矛盾・葛藤をつねに孕んでいるのである。『資本論の哲学』でくり返し論じられたように、交換的等置の観念的扮技で参照された抽象的第三者は、商品世界に共通の第三者であった。しかし、役割行動を誘発する他者は不断に流動し、同一のものではない。他者は過去から送られてきた歴史化された自然や、現実的にかかわる共同体をも含む。それゆえ、そうした他者から寄せられる混沌とした表情・期待を梃子にすることには、主体性の余地が残されているのである。

次章では、言語という視角から廣松の理論展開を辿り、表情論、役割行為論へと接続されていったすじみちを描き出すことを試みる。

第四章　廣松哲学はいかに言語的であるか
――「認識論的主観に関する一論攷」の射程

廣松渉の業績は、独自の認識論である共同主観性論、物象化論、役割行為論、そしてマルクスの文献学的研究などで知られていよう。廣松が生涯を通じて彫琢しつづけたこれらの諸概念は、未完の大著『存在と意味』に結実していくことになる。

廣松の生涯の思想形成を辿っていったとき、数々の概念の星座のうちに見出されるのは、さまざまな変奏のもと織り込まれた言語論である。廣松独自のいかめしい概念群のなかでは、一見すると目立たないテーマではあるが、言語論はあたかも通奏低音のように思想展開のうちに響いているといえよう。廣松が言語論を扱った論文は、学術的な論文を公表しはじめた時期である一九六〇年代から七〇年代に集中しており、その後も言語論の執筆は続いている。一九八〇年代には、フランスから構造主義、ポスト構造主義が流入していたことを受け、記号論が定まった領域を持たぬまま日本にも広まりつつあった。こうした思想的な状況を受けてのことと思われるが、廣松も記号論に関する論文の執筆やソシュールの研究者である丸山圭三郎との対談を二回にわたって行なっている。さらに、マルクス関連の著作においても、言語をメタファーとした叙述を多く見つけることができる。廣松が言語をもってすべてを説こうとしたとまでいうことはできないが、こうした経緯を見るなら、廣松体系のなかで言語はまぎれもなく枢要な位置を占めているといえよう。

本章では、言語という視角から廣松の体系を辿り直すことにより、初期から晩年に至るまで言語が廣松の主要な関心事であったことを描き出そうと思う。その手続きとして、廣松が言語に着手した端緒を彼の学部卒業論文「認識論的主観に関する一論攷」に見定め、その言語論がどのように展開されていったのかをみていく。その過程でわれわれは、カントや新カント派の学説に学びつつ、同時代的に流入してきていた構造主義や記号論といった思想潮流と対峙していた廣松の思考の軌跡を目撃することになるだろう。

一 「認識論的主観に関する一論攷」

一九五八年、廣松渉は東京大学文学部哲学科に卒業論文「認識論的主観に関する一論攷」を提出する。廣松二五歳のときであった。この論文が収められている著作集第一六巻の解説によれば、分量にして二〇〇字詰め原稿用紙で約五六〇枚という長大なものであった。廣松自身が序文で述べているところでは、当初の構想では、カントの訓古解釈を行なう第一部、西南学派を中心とした新カント学派の改釈を討究する第二部、「思い付き」を素描する第三部から構成される予定であった。執筆をすすめるなか、紙数の制約もあり、いずれを卒業論文として提出すべきか思い悩んだことが記されている。手堅いカントの改釈の第一部か、それとも思い付きを素描した第三部か。廣松が意を決して選んだのは、第三部であった。

つまり、提出を予定していた構想の一部分たる「思い付き」の第三部が長大な卒論として提出されたというわけである。新カント派の西南学派に数えられるリッカート、ヴィンデルバントへの参照も随所に見られることから、第二部に予定されていた内容も組み込まれたと推測される。さらに、廣松が晩年まで哲学体系のなかに取り入れたフッサールやカッシーラーといった哲学者がすでに多く参照されている。廣松が学部時代にマッハの研究に従事していたことはよく知られているし、卒論からは目配りの広さと勉強量の多さを伺うことができる。ちなみに、一九六一年四月に廣松が東京大学大学院人文科学研究科に提出した修士論文は、「カントの「先験的演繹論」」である。同論文は、カント解釈の体裁をとっているが、カントの分析判断・綜合判断の詳細な検討をはじめ、卒業論文からの課題意識が引き継がれていることが如実に見て取れる。とりわけ、各主観は、共同主観的に形成されることによってはじめて、共同主観的な「形式」を分有するという論点は、卒業論文の主題そのものである。つまり、廣松は、卒業論文で予定していた第一部の内容を展開して修士論文を構成したとみてよい。

こうした経緯をみるとき、あらためて廣松の早熟ぶりと学問的野心の強さに驚嘆せざるをえない。しかし、この論文を廣松の若き日の記念碑的労作として位置づけるだけにとどまるわけにはいくまい。晩年廣松自身がふりかえっているように、この卒業論文は言語論にほかならず、主著の一つ『世界の共同主観的存在構造』（一九七二）はそのリライトであるともいうのである。それゆえ、廣松の学部卒業論文の分析からはじめることで、廣松の思考の軌跡を追っていくのが、本章の試みである。

まずは「認識論的主観に関する一論攷」の成り立ちを見ておこう。全体は、序文、緒論、第一章「言語的意味の発生的考察」、第二章「言語的意味の存立的考察」、第三章「判断と認識」、第四章「補攷」から構成されている。みられるように、第一章、第二章で言語を主題的に扱っており、それを踏まえて第三章で判断論が考察されている。廣松自身の断り書きでは、第三章が暴挙であり、「初めの二章を読み飛ばしていただくために」という箇所もあることから、第三章の判断論がこの論文において核心部に当たるといってよい。ただし一方で、第二章の方が相対的に出来がよい旨を述べてもいる。つまり第一章、第二章で理論的道具立てを整え、第三章で踏み込んだ自説の展開を試みているといってよいだろう。

当該論文をひもといてまず目を引くのは、随所に挿入されたおびただしい数の範式である。論理学の式を援用しているのか、それとも廣松自身の独創によるものなのかは検証が必要であるが、ここでは措く。われわれのみるところ、この諸々の範式が廣松哲学の凝縮された形式なのである。廣松自身がのちに述べているように、『世界の共同主観的存在構造』の諸論文は、卒論のリライトであるという。こうした言をもって「認識論的主観に関する一論攷」に廣松哲学の萌芽をみることもできよう。事実、その後の廣松の思考展開をみれば、大樹の枝が分かれているさまになぞらえることもうなずける。(1) しかし、われわれがとりわけ焦点を当てたいのは、廣松がいかに言語に軸足を置いて、オリジナルな認識論を構想していたのかということである。

当該論文の課題は、冒頭部分で次のように掲げられている。

端的に真であるとは、ϕと主張する乃至ϕは真なりと主張するまさにその Behaupten ――勿論、爰では Aussagen から自由であって、Denken, Anschauen, Urteilen, Erkennen, etc. を未分のまま、差当り斯う呼んでおく――によって真であるの謂いであって、カントの判断力の類別〔廣松が参照している箇所にあるのは Die reflektierende Urteilskraft〕から名を藉れば reflektierendes Behaupten と云えよう。(2)

ここで廣松が探求の俎上に載せているのは、われわれなりにいいかえれば、主張内容、すなわち「然々であること」という命題を成り立たしめている者とでもなろうか。それがここでは、reflektierendes Behaupten〔反省的主張者〕(3) と言い表わされているのである。われわれが何かを主張するとき、現実的な主張者でありながら、それと同時にその主張を裏から支える der reflektierende Behauptende〔反省的に主張するところのもの〕でなければならないと廣松は述べる。どういうことだろうか。

すべての主張は、「ϕは真である」という主張に帰着するという仮定を考えてみよう。廣松は古くから伝わるクレタ人のパラドックスを例に引いて、問題の所在を明らかにしている。廣松の説明は緻密なものであるが、ここでは少々簡略化して示しておく。「私を含めたすべてのクレタ人は嘘つきである」という命題を考えてみるとき、この命題の内容が真であるとするなら、この命題を発しているクレタ人も嘘をついていることになる。そうすると、この命題の真偽は決定が不能となる。逆に、この命題の内容が偽であるとした場合、命題を発しているクレタ人は嘘をついていないことになり背理に陥る。このように、この命題の真偽は無限に退行していくほかない。命題の真偽を決定するには、無限の遡行を止めなければならない。そのためには、「der reflektierende Behauptende は、一回きり登場すれば足るのではない」と廣松はいう。廣松は論文の主題を、〈個的認識主観は、如何にして認識論的主観（der reflektierende Behauptende）として gelten するか〉を問うものとして掲げていた。つまり、個的認識主観はものごとを認識するたびごとに、認識論的主観としてもあらねばならないというのである。

この問いは、アメリカの文化人類学者グレゴリー・ベイトソンが精神分裂症者〔訳書による〕を分析したさいに定義した「ダブルバインド」理論とパラレルの構造にある。ベイトソンの「ダブルバインド」理論は、ラッセルの「論理階型理論」を基にしており、クラスとメンバーのあいだに連続性がないというものである。オブジェクトレベルとメタレベルとでは、論じる位相、すなわち〈論理階型〉が異なる。クラスはクラス自体の一メンバーにはなれず、いずれのメンバーもそのメンバー自体が属すクラスにはなることができない。分裂症者はこうした論理階型を識別する能力がないため、日常のコミュニケーションに支障をきたすという。(4) ベイトソンのダブルバインド理論は、貨幣論や形式化の諸問題とともに一九八〇年代の日本の思想界において人口に膾炙するものとなった。(5) たとえばマルクスは、『資本論』冒頭の価値形態論において、さまざまな商品（オブジェクトレベル）のなかから貨幣（メタレベル）が生成してくる過程を考察した。つまり廣松が立てた主題は、『資本論』にも流れ込んでおり、その後も連綿と受け継がれる普遍的な問いであったのである。

してみれば、廣松がマルクスの『資本論』を想起させる叙述を卒業論文の随所に盛り込み、他方でマルクスを扱った文章においても言語のメタファーを用いていることは、相即不離の関係にあるとみてよいだろう。卒業論文執筆の段階で、廣松がすでにマルクスの著作に通じていたことはいうまでもない。マルクスの唯物史観を踏まえつつ、論理的な分析に限定した言語論、判断論を卒業論文で扱ったというわけである。つまり、廣松が自覚していたか否かは定かではないが、後の思想形成を推進する潜勢力を、この論文は秘めていたということができよう。

さて、廣松は論文の主題をあらためて次のように定義づけている。「本稿の究極的主題は、如何にして個的認識主観は認識論的主観として gelten〔妥当〕するかの論考、否かかる認識論的主観の das Was の究明である」(6)。ここで注目したいのは"gelten"〔妥当〕というタームである。ここではさしあたり、左辺と右辺を結びつける等号として理解しておいてよい。廣松は、この時期から価値哲学の祖たるヘルマン・ロッツェの『論理学（*Logik*）』をよく参照しており、それは晩年まで引き継がれている。"gelten"とはロッツェを援用したものである。独自の『資本論』解釈を行なった『資本論の哲学』（一九七四）行文中の価値形態論解釈においても、リンネルと上衣の等置関係をこう説明している。「Aにとって上衣の生産・所有者たるBは、現与のリンネルと上衣との等値関係が、第二形態の一モメントとみなされるかぎり、没具体的＝抽象的な主体であり、そのような抽象的な生産主体の所産たる上衣は、労働生産物であるとはいっても、抽象的人間的労働の体化物として gelten する。もちろん、眼前の上衣はあくまで具体的な使用価値物たることをやめない。詳しくいえば、眼前の具体的な上衣という生産物が抽象的人間的労働の生産物として、いい、つまり、Bにとっての具体的有用労働の生産物がAにとっては抽象的人間的労働の生産物として二肢的二重性の相で gelten するのである」(7)。商品の等値関係に置かれたときに、ある具体的なものは、同時に抽象的なもの〈として〉ある。このように、二重の相にあることを"gelten"というタームで表わしているのである。

一九八二年に公刊された主著『存在と意味――事的世界観の定礎 第一巻』の行文では、「妥当」（Geltung）の概念についてロッツェを引いて説明している。「概念的普遍は、ロッツェの考えでは、存在するのではなく「妥当する」（gelten）であって、心的存在でも物的存在でもない。それは「妥当」（Geltung）という独特の存在性格を呈する[8]」。『存在と意味 第一巻』は認識論に限定された著作であるため、マルクス研究や『資本論』への言及は極力排されている。

みられるように、『資本論の哲学』と『存在と意味』という外在的にみれば異なる領域の著作においても、廣松は“gelten”という用語を議論の重要な場面で用いているのである。廣松が体系を志向した哲学者であることの裏面だろうが、卒業論文で掲げられた「如何にして個的認識主観は認識論的主観として gelten〈妥当〉するか」という主題はかくして廣松哲学体系を貫いていることが確認できる。

廣松は当該論文の緒論で「認識論的主観」を討究するにあたり、カント、新カント学派による Bewußtsein überhaupt〈意識一般〉の概念史を辿るところからはじめている。廣松は新カント学派の潮流にあるリッカートの論によりつつ、Bewußtsein überhaupt には二つの途、すなわち、先験心理学的〈原文〉な途、先験論理学的〈原文〉な途の二つがあるという。後には、この二つの途の対立の地平は乗り越えられるべきことがもはや前提とされているが[9]、卒業論文時点では精密に両者が検討されている。

行論において、廣松の思想展開を踏まえたうえで注目すべきは、「意識一般 Bewußtsein überhaupt」を実在する Gebilde〈形象〉としては立てていないということである。廣松は端的な無意識と区別した to be conscious〈意識にのぼること〉を“es gibt Gebilde”と表現している。廣松にならって例を引けば、夢中で観劇している場合に、“es gibt Gebilde”に気づかずに没入している場合と、（ハッと我にかえって）それに気がついている場合がある。廣松は前者を“es gibt Gebilde” an sich〈即自〉、後者を“es gibt Gebilde” für sich〈対自〉として、両者の関係を次のように定式化する。“es gibt Gebilde” für sich = “es gibt Gebilde” an sich + etwas のように erscheinen〈現象〉する。

この定式をわれわれなりに解釈してみよう。周囲の状況に埋没している心理状態から、自己の意識が前景化してくる。etwas とは、観劇に没入し観劇と自己が未分化である状態から、自己意識が立ち上がってくるときにあらわになる〈剰余〉のようなものであろう。廣松はこの etwas が重層的に現れるとして、次のように定式化する。

[{(“es gibt Gebilde” + etwas$_1$) + etwas$_2$} + etwas$_3$]

われわれが現実に生活しているとき、反省的に自己を振り返るという場面はそのつど起こってくる。いいかえれば、自己意識の前景化は不断に起こっているといえよう。それゆえ etwas も、次々とあらわれ出てくるというわけである。この etwas は後年廣松によって etwas Anderes〔以外の或るもの〕として概念化される。廣松は一九七二年に公刊された著作『世界の共同主観的存在構造』の行論中で、サルトルの「まなざし」論を援用して役柄的主体としての自己について論じている。鍵穴を覗いていることの羞恥心をサルトルは扱うが、廣松は違う例を擬説して自論を展開する。「私は見張番をしている。一向に別状はない。やがてうたたねしかける。突然、私は人眼を感じる。ハッと我にかえって、私は見張番らしい態度 Verhalt を執る」[10]。反省的に自己意識があらわれるのは、人間存在が対他的対自＝対自的対他としての役柄存在であるためであるという。

先に見たように、ハッと我にかえるということを廣松は定式化したわけであるが、そのモチーフをサルトルの「対他存在論」やレーヴィットの「共同現存在」を摂取しつつ彫琢していったということができよう。

Gebilde〔形象〕との関係でみておかなくてはならないのは、事物の意味はそれ自体としては Gebilde ではないという廣松の主張である。廣松は「認識論的主観に関する一論攷」冒頭の緒論において、意味は虚の焦点として現象する das Ideale〔意味〕であるという。虚焦点（focus imaginarius）とは、カントが『純粋理性批判』の「純粋理性の統整的使用」の項で使った用語であり、端的にいえば理念のことを指す。廣松にあって虚焦点とは、端的な無ではなく、所与に意味をあたえ認識を可能にする積極的《ポジティヴ》なものとして規定されている。それは晩年の著作『存在と意味』にいたるまで用いられた概念である。虚焦点をみるときに注意しなければならないのは、それは端的な無ではないものの、実体があるというものでもないということである。こうした消極的な言い方しかゆるされないわけだが、ただ虚焦点があるというVermeinung〔思想〕はGebildeとして成立すると廣松はいう。

廣松は「認識論的主観」を討究するにあたって、意味という第三帝国を「虚の帝国」という機知に富んだ表現であらわしている。いわく、das Idealeの意味を超越的な次元に求めるのではなく、「虚の帝国」で十分であるという。廣松はdas Idealeや「認識論的主観」といった概念が、超越的次元から天下り的に与えられるわけではないことを明確に述べる。「吾々の立場にとっては、超越的存在体は容る余地がない（§二一参照）」[11]。

超越を立てず世界に内在する立場から理論を構築するのは、廣松が生涯を通じて目指したところであったが、その道程はこのときすでに始まっていたのである。

如上のように学説史的な検討を経て、廣松はあらためて各章の課題を挙げている。第一章の課題は、虚の帝国の建国史から始め、Vermeinung〔思想〕の成立を辿ること。第二章では、虚の帝国の内部構造と、これと実の帝国との外交関係が課題となる。第三章では、虚実両帝国の一外交関係として、判断、認識が考察される。機知に富んだ言い回しは、若き日のみずみずしい思索が目に浮かぶようでそれ自体興味深くもある。

本節では、廣松の卒業論文「認識論的主観に関する一論攷」の成り立ちの概要を、のちの主要著作と重ね合わせながら考察してきた。次に、第一章、第二章の言語論と第三章の判断論をみていく。言語論と判断論は廣松哲学体系にあって相即不離の関係にあるが、行論の便宜上、言語論と判断論とを節を分けて扱い、それぞれの理論の展開を辿っていくことにする。

二　言語論

本節では、「認識論的主観に関する一論攷」の第一章「言語的意味の発生的考察」、および第二章「言語的意味の存立的考察」を検討の俎上に載せる。場違いの付録であると廣松自身が述べ、審査員にこの二章を読み飛ばしてもらう旨を記した但し書きまでつけているが、その後の言語論の展開と突き合わせてみると、言語に関連する中心的概念が荒削りながらもすでに提示されていることが見てとれる。

このような看過すべからざる点をひとつひとつ剔抉していくのが本節の課題である。まずはあらかじめ、「認識論的主観に関する一論攷」における問題設定が見やすい形で接続されている諸論稿を挙げておこう。まず一つ目は「意味論研究覚書」（『名古屋工業大学学報』一九六六年四月）である。同論文は、短いながらも、廣松が措定する言語の四つの機能や「意味」が普遍性と函数的性格を持つことを明らかにした。「認識論的主観に関する一論攷」は、独特の範式を駆使して廣松の哲学的構想が綴られていた。さらに、叙述も通常の論文とは異質なスタイルであったため、範式をもって廣松が何を目指そうとしているのか一見して判然としないところがあった。しかし、「認識論的主観に関する一論攷」の後にはじめて発表された言語論である「意味論研究覚書」においては、範式がまったく用いられておらず、叙述も明快なものとなっている。「意味論研究覚書」は、後に広がりを見せる言語論の骨子を凝縮した内容であるといえよう。

二つ目に挙げられるのは、一九六九年七月『思想』に発表された「言語的世界の存在構造——意味の認識論的分析の視角」である。同論稿は、時代と共振し一世を風靡した『世界の共同主観的存在構造』（一九七二）に収められている。『世界の共同主観的存在構造』は、収録論文を貫くテーマとして近代認識論の「主観‐客観」図式の超克が掲げられている。そのなかに収められた「言語的世界の存在構造——意味の認識論的分析の視角」には、言語から近代知を捉え直すという問題意識が前面にあらわれている。近代言語理論の基本シェーマはロックの言語哲学のうちに完成していると廣松はいう。ロックの論では、「言語とは、まずそれを用いる人の心のなかにある観念を表わす感性的記号にほかならない」(12)という。しかし廣松は、このような見方は、「外なる事物」「内なる観念」「言語的記号」という「世界‐表象‐記号」の三項図式にほかならず、近代の地平にとどまっていると見ている。つまり、「内なる観念」なるものは、そもそも存在しないというのである。そして、そのほかの言語学者の理説もロックの理説の変様であるという。この論文は「意味論研究覚書」の三年後に発表されたものである。両者を見比べてみると、重複する内容もあるが、ラフスケッチにとどまっていた「意味論研究覚書」をさらに敷衍したものであることが分かる。参照する言語学者の範囲も広がっており、日常的な場面に定位した具体例を盛り込むなど、叙述も分かりやすいものとなっている。学部卒業論文であった「認識論的主観に関する一論攷」にはじまり、勤務先の紀要雑誌に発表した「意味論研究覚書」、そして一般読書界向けに発表した「言語的世界の存在構造――意味の認識論的分析の視角」へと、廣松の言語論は問題設定を残しながら深められていったといえよう。その後も、一九七〇年代半ばからいくつかの言語論を発表し、単行本『もの・こと・ことば』（一九七九）に収録されて公刊された。同書からは、日本語学者の大野晋の議論や、固有名論やヴィトゲンシュタインの「言語ゲーム」論といった同時代の議論を参照し、みずからの言語論に組み込んでいることが分かる。

このようにみてくると、廣松の言語論は、卒業論文「認識論的主観に関する一論攷」を端緒として、同時代の言語学の知見をつねに参照しながら、螺旋上に発展していったことが分かる。こうしてわれわれは、言語論を深めていくことで廣松が手にした諸概念を、より精錬された形で捉えることができる。つぎに、こうして練り上げられていった過程を踏まえつつ「認識論的主観に関する一論攷」における言語論へとさかのぼって考察することで、廣松がどこに焦点を見定めていたのかを浮き彫りにしていこう。

まずは独特の範式を解読することからはじめよう。当該論文には、二四もの範式が挙げられている。それらは、論証の過程であらわしている事態を示すものだが、すべてを従前に理解するのは筆者の手に余る。はじめの二章の全所論は、二つの範式にまとめることができると廣松は述べているので、二範式を足場にしつつ解読をすすめていきたい。そして第三章の課題は、判断と認識をすべてこの範式に還元することであるという。その二つの範式とは以下のようなものである。

$$(a_i \text{ als } [\text{a}] \Leftrightarrow \text{A(a)}) \subset M_i \text{ als } [\text{M}]$$

$$(a_i \text{ als } [\text{a}] \not\Leftrightarrow \text{A(a)}) \subset M_i \text{ als } [\text{M}]$$

左辺は、所与の事物a_iに［a］という意味を与え、それをA(a)という呼び名で言い表わすことを表現している。右辺の*Mi*は、人物を表わしている。⊂で両辺が結ばれると、左辺の事態が［M］としての*Mi*に認識されるということになる。

梗概では、a_i, (a), [a], [M]の相互関係が論考されると述べられている。さらに、そのなかでこれらといわゆるMaterie〔質料〕, Form〔形式〕, Wesen〔本質〕, Inhalt〔内包〕, Gegenstand〔対象〕, etcとの関係が論考される。上の二つの範式のモメントとして廣松は四つを定式化している。

（イ）a_iと（a）との関係がHingeltung
（ロ）a_iと［a］との関係がFür-Haltung
（ハ）M_iと［M］との関係がAls-Geltung
（ニ）［a］と［M］との関係がEntgegengeltung

a_i　は極めて広義の「もの」　こと　心的事態（Gebilde）
A　は極めて広義の「音声」　所謂記号側面一般
⇔　は、a_i と a_k との同立のもとで等値化的に統一されていること
⇎　は、a_i と a_k との異立のもとで等値化的に統一されていること
∪　は（　）が M_i に所属（融即）されること

まず注目したいのは、gelten を変化させたタームが使われていることである。本章の一節で、gelten〔妥当する〕こそ「認識論的主観に関する一論攷」のキーコンセプトであることを示しておいたが、ここで gelten が変化したタームが使われているのは、その派生体であると考えてよいだろう。さらに上のタームが少しずつ形を変えて、『存在と意味』をはじめとする晩年の著作にまで使われるに至った。Hingeltung, Für-Haltung, Als-Geltung, Entgegengeltung というタームは、廣松による造語であろう。この時点では、これらのタームに日本語表現は当てられていないが、後にはドイツ語の読みを日本語表記のルビとする表記法へと変遷していった。かくして、gelten は「向妥当《ヒンゲルテン》」と「対妥当《ゲーゲンゲルテン》」というタームとなって定着したというわけである。

次に、第一章「言語的意味の発生的考察」と第二章「言語的意味の存立的考察」との関係について一言しておこう。マルクスが『資本論』を執筆するにあたり、叙述の方法について苦心していたことはよく知られている。廣松も叙述のスタイルには周到に気を配っている。第一章で発生的考察と掲げているのは、言語が事実として存在することを踏まえて事実問題（quid facti）として考察するということである。そのため、〈なぜ言語が存在するのか〉といったことはひとまず括弧に括られて、現に言語が存在するという地点から考察ははじめられる。廣松は子供が叫び声をあげることを言語形象の一例と見て、こう述べる。「叫喚が言語形象の中に算入されるのも、それが何ごとかの表出として、――例えば母親などに――把住される限りにおいてであって、単なる生理・物理

的形象が言語的形象に転成するためには、斯かる把住（者）が前提されねばならない。しかも、是は決して単なる論理的前提ではなく、事実的前提である。従って、言語の歴史的発生は、かかる事実的前提の成立によって劃される。しかるに、事実的前提たる「把住」は、「音声」と「もの」との等値化的統一に外ならない。是が、言語形象発生の事実的（且論理的な）端初である。だから、吾々の考察は、等値化的統一の原基的形態のそれを以って始まる」[13]。このくだりは、いやおうなく『資本論』冒頭にある次の叙述を想起させる。「資本主義的生産様式が支配的におこなわれている社会の富は〝巨大なる商品集成〟として現われ、個々の商品がその富の原基形態として現われる。われわれの研究は、だから、商品の分析を以って始まる」。

言語の発生の起原に関する廣松の文章と『資本論』の冒頭の文章を見比べてみると、廣松が言語の考察を『資本論』になぞらえていることが分かる。ポストモダニズム的言説において、貨幣や言語がパラレルな論理構造を持つものとして盛んに論議されたが、廣松が一九五八年の時点でこうした構造を自覚していたことは留目されてしかるべきである。

それでは、廣松は言語の発生をどのように捉えているのだろうか。廣松はこう述べている。

言語が成立するためには、一定の音声と特定のもの（ごと）とが、或る結合、に齎されることが必要である[14]。

この結合を廣松は独自のターム「等値化的統一」というタームで言い表わしている。「等値化的統一」というタームは「意味論研究覚書」（一九六六）で「記号と意味との本源的結合」を表わすものとして言及された後、表立っては用いられなくなったが、『存在と意味 第一巻』（一九八二）でふたたび頻繁に用いられている。言語成立のためにはさらに、この「等値化的統一」だけでは不十分であり、「音声」と「もの」とが結合された「等値化的統一体」がMに帰属することによって、Mは表現者であるとともに理解者となるという。「此の「帰属」

によって甫めて、Mは表現者となり、帰属者は理解者となる」。しかし、表現者であり、かつ理解者であるとは、どのような事態だろうか。

「認識論的主観に関する一論攷」（一九五八）での説明はやや言葉足らずだが、「意味論研究覚書」（一九六六）ではより丁寧な説明がなされている。「言語表現が言語表現として成立するのは理解者を俟ってである。言語記号にせよ意味にせよ、それは表現者に帰属せしめられるとはいえ、現実には理解者の意識に所属する。理解者が自己の意識に属する形象を表現者に帰属せしめることによって、云い換えれば自己の意識事実を表現者の意識だと見做すことにおいて、言語表現が成立する」[16]。つまり、言語を発したとしても、その意味する内容が帰属する理解者がいなければ表現したことにはならないということになろう。ここに廣松哲学の最も知られた概念である共同主観性のモチーフをみることができる。つまり、廣松にあって言語とは、発話者のみで成立するものではなく、他者の了解を必要とするものなのである。さらに、『世界の共同主観的存在構造』所収論文においては、同様のことがより明確に示されている。「「叙示されている事態」に関する措定意識、この入れ子型の全体が、発話者の意識事態として、聴取者の意識において、発話者に「帰属」せしめられること、この「融即」（participation）が「表出的意味の伝達」の内実をなす」[17]。

すなわち、如上の「等値化的統一体」のMへの帰属という事態は、Intersubjektivität〔共同主観性〕をあらわす事態にほかならない。ここにこそ、廣松共同主観性論の端緒を見るべきであろう。かくして、廣松の共同主観性がまさに言語を媒介にするものであることが証示された。

ところで、ここで使われているMとは「音声」と「もの」の「等値化的統一体」が帰属する理解者であるというが、その実、いったい何を表わしているのであろうか。先にみたように、廣松にあって言語は、発話者の発した意味内容が理解者に帰属することによって成り立つものであった。このことをより簡潔に次のように述べている。「レアールな観点からいえば、言語は、発話的に表現され聴取的に理解されるたびごとにそのつど、生産

〈再生産〉されるといわねばならない。しかも、表現者と理解者との〝共犯行為〟が成立するかぎりでのみ、またその場面でのみ、言語ははじめて真に実在する」[18]。表現者と理解者との〝共犯行為〟とは「言語的交通」のことを意味し、このとき表現者と理解者は「言語的交通の主体」となる。したがって、Mとは「言語的交通の主体」を表わしている。

言語がそのつど生産（再生産）されるとは、たとえば「日本語」なるものが実体としてあるわけではなく、そのつど発せられる個人の言葉によってわれわれの会話は成り立っているということである。そのつど発する言葉は、人によって訛りがあったりイントネーションに違いがあるわけだから、当然といえば当然である。それでは、なぜ個別の言葉が他者に伝わるのだろうか。それには、カッシーラーを援用して廣松が用いるFunktionsbegriff〈函数概念〉が好便な手がかりを与えてくれる。

廣松は「認識論的主観に関する一論攷」の第二章「言語的意味の存立的考察」においてこう述べている。「従って das Ideale は抑々、明確に、一義的に規定できない。吾々は函数的に、しかも近似函数としてのみ——というのは、数値が無限個たりうるのみならず項が亦無数なのだから—— das Ideale を、a_k を介して、規定しうるのみである。意味、das Ideale は、抑々、充全には把え得ないのである」[19]。たとえば、「日本語」を函数として考えてみよう。「日本語」という実体はなく、かぎりなく「日本語」に近いものが想定されている。個々の人間が話す日本語は千差万別であるわけだが、聴き手と会話が成立しているとき、それは「日本語」として他者に伝わっていることになる。まわりくどい言い方になるが、ここでいう「日本語」とは、個々の人間が話す言語が「日本語」とされているところのものである。

次に、言語が伝達されるとはどのような事態を意味するのか、いますこし詳細に立ち入ってみていきたい。廣松は「意味論研究覚書」（一九六六）において、言語の持つ機能として四つの機能を挙げている。それは、指示、述定、表出、喚起の都合四つの契機である。「認識論的主観に関する一論攷」（一九五八）の段階では言及されていなかったが、その後『世界の共同主観的存在構造』（一九七二）所収論文や『存在と意味 第一巻』（一九八二）における「言語の四重的機能」論へとそのままの形で展開されていく。ここでは『世界の共同主観的存在構造』における説明を参照しよう。

廣松によれば、言語の持つ機能は、①対象的事態を叙示する機能、②対象的事態に関する発話者の措定意識や感情状態を表出する機能、③聴取者に一定の精神的感応や身体的反応を喚起する機能、の三つにまず大別されるという。さらに①の叙示機能は、陳述さるべき関心の対象を指示する機能とその対象をしかじかの或るものとして述定する機能に分かれるという[20]。言語的交通が行なわれる場合、これらの四つの機能は渾然一体となっている。われわれが言葉を発するとき、こうした機能を意識しているというわけではない。あるコンテクストにおいて発せられた言語を分析した場合に、このような機能を見出すことができるということである。言語の表現が聴き手に伝わる機制を、廣松はこうまとめている。「言語の諸機能は、しかも、単に並存しているのではなく、指示を核とする陳述の全体が発話者に帰属するものとして表現され、以上の三契機を含む表現内容の全体が理解されることによって聴取者に一定の反応が喚起される――というように謂わば「入れ子型」の構造になっている[21]」。ここでわれわれは、「陳述の全体」という表現に注目しよう。言語が発せられたとき、指示対象に「述定的意味」が結合される。このとき、指示対象と「述定的意味」は、「叙示されている事態」をなしている。このように何かをたんに指示することも、一つの事態として捉えられるのである。廣松は、こうした機制を超文法的主語－述語構造と言い表わし、主語－述語構造は「判断意味成体」をなしているという。かくして、言語の伝達は判断論へと接続されているのである。

三　判断論

「認識論的主観に関する一論攷」全三章のうち、暴挙であるとしながらも、おそらく廣松が最も論じたかった問題系が判断論である。その後も、一九七一年に発表され、『世界の共同主観的存在構造』へと収録された「判断の認識論的基礎構造」、「判断における肯定と否定――日本語の「是認・否認」構制の〝特質〟に定位して」（『理想』一九八〇年一月）と執筆が続く。さらに『弁証法の論理』（一九八〇）や『存在と意味 第一巻』（一九八二）において、かなりの紙幅を割いて判断論を展開した。廣松が断続的に判断論に取り組んでいることが分かるだろう。研究の過程で発達心理学、精神病理学、現代物理学などさまざまな分野へと越境していく点に、廣松の思想形成のひとつの特徴がある。こうした特徴を考えると、卒業論文の段階から主著『存在と意味』にいたるまで一貫して判断論の討究を続けたことからは、判断論という問題系に廣松が並々ならぬ関心を寄せていたことが伺える。では、なぜ廣松はこれほどまでに判断論に執拗にこだわりつづけたのだろうか。

もとより判断論への着目は、廣松の独創というわけではない。学説史的にふりかえるなら、アリストテレスの命題論に端緒を求めることができるし、カントの批判書を経て、新カント派まで引くことができるだろう。日本では、京都学派の二大巨峰として戦間期から日本の哲学をリードした西田幾多郎と田辺元も判断論に言及している。西田幾多郎は『善の研究』（一九一一）において、二つの表象を統一する思惟の作用のうちで単一のものを判断として位置づけた。(22) 田辺元も「措定判断に就て」（一九一〇）で判断論に着手し、「種の論理と世界図式――絶対媒介の哲学への途」（一九三五）において、西田の「述語の論理」を暗に批判しながら判断論を扱っている。田辺は、主語の論理と述語の論理は否定的なものを考慮に入れない同一哲学的論理であるとして批判的である。田辺にあって、判断とは次のように繋辞〔である〕の論理を意味する。「絶対媒介を本質とする論理は、未だ推論に展開せられざる判断の段階においても、媒介の所在としての繋辞に判断の中心を認めるいわゆる繋辞の論理でなければならない[23]」。

判断論に関して言えば、西田や田辺が独自の哲学を打ち立てるためにウィリアム・ジェイムズやヘーゲルといった西洋哲学を参照しつつ論じていることに比べると、廣松は判断論の学説史的な議論を踏まえて慎重に検討を行なっている。判断論史に対する廣松のサーヴェイの広さは目を瞠るものがあり、「認識論的主観に関する一論攷」（一九五八）「判断論の認識論的基礎構造」（一九七一）「判断における肯定と否定」（一九八〇）の諸論稿においては、それが特に際立つ。検討されている代表的な論者と概念を挙げてみれば、ジグワルトの命名判断（Bennungsurteil）、ヴィンデルバントの事実判断／価値判断という二重の判断、リッカートの価値判断、フッサールの事態（Sachverhalt）、マイノングの対象論（Gegenstandstheorie）、仮定（Annahme）、ボルツァーノの命題自体（Satz an sich）、ブレンターノの態度決定、ラスクの超文法的主辞－賓辞論など枚挙に暇がない。

『弁証法の論理――弁証法における体系構成法』（一九八〇）では、カントの綜合判断、ヘーゲルの原始－分割（Ur-teilen）などに言及した後、全一二信（書簡に擬した連載稿のため、章ではなく信で分けられている）のうち三信が函数論、判断論、「主辞－賓辞」論となっている。主著の『存在と意味 第一巻』（一九八二）にいたっても、全九章中二章が判断論に関する叙述となっている。

『存在と意味 第一巻』（一九八二）では、学説史的討究は前面には打ち出されてはおらず、主に参照軸となっているのは、ラスクの超文法的主語という概念に限られる。このときにはすでに、先学の学説が廣松独自の判断論へと昇華されていたとみてよいだろう。こうした思考展開をみると、判断論を哲学体系の一部として完全に取り込んでいることが分かる。これほどまでに執拗に判断論にこだわったのはなぜだろうか。それは、先回りして述べておけば、認識が判断を俟って成立するものと廣松が考えているからである。『存在と意味 第一巻』ではそのことが明確に述べられる。「認識の分子的基本単位はむしろ「判断」であって、概念は判断の構造的一契機が自存的な形象とみなされたものにすぎない」。「認識論的主観に関する一論攷」の第三章が「判断と認識」と銘打たれているのもそのためだろう。それがまっすぐに『存在と意味』の認識論の考察へと結実していったのである。次に「認識論的主観に関する一論攷」の叙述につき従うことから始めて、判断論の展開を辿っていきたい。

『存在と意味』で判断論を扱った箇所では、「SハPナリ」という表現が頻出する。これは、主語‐述語によって成り立つ判断の構造を考察するためであり、廣松の文法体系へのこだわりは異様な相貌を呈している。そしてそれは、「認識論的主観に関する一論攷」での判断論に淵源するものであったのである。廣松は同論文第三章「判断と認識」の冒頭でこう述べている。「〝直接所与〟としての〝主辞表象〟（上のx）が、主辞dies〔コレ〕によって賓述に供される、という表現をとろう[25]」。廣松がS is Pという表現にこだわるのは、もとを辿れば、カントが『純粋理性批判』B一二九で定言的判断の機能を主語‐述語の機能としたことに端を発している。

〝S is P〟と表現するときに、Sという対象を表象し、他方でPという対象を表象して、〝S is P〟は二つの表象の結合関係であるとみる見方には、廣松は明確に反対する。上の引用にあるように、所与としてのコレがあるときに、それがどのように認識されるのかを廣松は問題とするのである。『存在と意味』の行論で異様な厚みを持って論じられる「S is P」という文法構造の分析は、さかのぼれば「認識論的主観に関する一論攷」の次のような表現に源流を持つものである。「S is Pにおいては、賓述とは、主辞被指示体（これがsachlichには賓辞被示体でもある）に賓辞被表体がhingeltenし、以ってそれが、賓辞被指体となることに外ならない[26]」。

独特の表現が理解を困難にしているが、廣松によるいくつかの判断論と照らし合わせながら、意味するところを明確にしておこう。まず、被示的意味、被表的意味、被指的意味については、「認識論的主観に関する一論攷」第二章§一二ですでに説明がなされているが、それをさらに敷衍した「判断論の認識論的基礎構造」（一九七一）における説明がより簡明である。われわれなりにパラフレーズしつつみていきたい。

まず「被示的意味」について。われわれが主語によって何かを指示するとき、第一次的には特個的な対象であるという。たとえば、「この犬」といった指示がそれにあたる。このように対象が特個的に指示されているかぎりで、概念の「第一次的外延」としての「被示的意味」と呼んでいる。

次に被表的意味について。このタームは、後に「述定的意味」と形を変えている。これは従来の用語で言えば、概念の「内包」を意味する。廣松は、「主語対象が述語概念によってそれとして述定されるところのこの規定性の一総体[27]」を「述定的意味」と呼んでいる。これも回りくどい表現であるが、たとえば目の前にいる犬を見たときに、われわれはそれを犬であると述定することができる。目の前の四本足の動物を猫ではなくて犬とみなすことができるのは、見た人間がかくかく然々の特徴を持った動物が犬であるということが頭にあるからである。このように、頭に思い描いている「犬」が「述定的意味」ということになる。

最後に被指的意味について。たとえば、はじめに目の前の犬をみたときに、「この犬」と指示するのが「被示的意味」であった。そしてしばらくその犬を見ていると、犬はさまざまに動き回り、はじめに見たときと見え姿が変わってくる。しかし、依然としてその犬は「犬」にほかならない。このように、「述定的意味」が目の前の犬に肉化されると、はじめの見え姿は偶有的なものだとされてしまう。それから「犬」と指称される目の前の犬は、第二次的外延としての「被指的意味」であることになる。

“S is P”という判断の意味成体は、これら三つの意味的契機によって成り立っているが、いずれも実在的 real なものではなく、理念的 ideal なものであるという。判断意味成体は、“S is P”という文法体系をもって表わされていることからも分かるように、言語過程と不可分である。先に共同主観性が言語と切り離せないものであることをみてきたが、判断と共同主観性とはどのようにかかわるのだろうか。

廣松のみるところ、個々の「私」の判断は、そのつど、それが共同主観的にも妥当であろうということを「観念的に扮技」することによって成り立っている。「観念的に扮技」とは、回りくどい表現になるが、そうであろうというところのものを先取り的に読み取るということである。そのさい、共同主観的な判断主観一般というものは、超越的な次元にあるものではなく、歴史的・社会的に近似的に形成されてきたものであるという。これは、「認識論的主観に関する一論攷」の主題であった〈個的認識主観は、如何にして認識論的主観として gelten するか〉という問いとパラレルな構造を持っている。それを直截に言い表わしているのが次の文章である。「判断意識において判断主観が即自的に自己をそれとして僭称しているところのこのイデアールな主観性、判断意識において即自的に提有されているこの構造的契機――それはちょうど、言語学が言語の構造論的分析において、ideal speaker-listener という理想化されたラング主体を不可欠的な構造的契機として見出すのと類比的であるが――われわれは、それが言語的交通を媒介とする判断の共同主観性の体験に基礎をもち、この体験の構造的契機を理念化 idealisieren したものであるかぎりで、このイデアールな判断主体を「判断主観一般」と名づけ、判断意識の構造的分析の虚焦点 focus imaginarius 的な記述概念として用いる」[28]。

前節では言語によって共同主観性が成り立つことをみてきたが、みられるように、判断もほぼ同じ機制で成り立っているのである。つまり個々の判断主観は、判断するそのたびごとに、「判断主観一般」が妥当であるとみなすところを「観念的に扮技」しつつ判断しているといえよう。

四　構造主義との対質から表情論、役割行動論へ

前節まで、「認識論的主観に関する一論攷」から展開していった廣松言語論の変遷をみてきた。一九八〇年代になると、廣松の言語論は新たな局面を迎える。それは、廣松の内的な要因によるというよりも、外在的な要因によると思われる。一九六〇年代、構造主義やポスト構造主義などの思想潮流が日本にも流入してきており、廣松も早い段階からその流れに応じる形で論文を発表していた（「人間主義対科学主義の地平を超えるもの――世界・

内・存在と歴史・内・存在」『現代の理論』一九六八年七月)。

構造主義は、知の広範な領域を覆った思想運動ともいうべきもので明確に定義することは難しいが、言語などに通底する形式を取り出す思考方法であると一応はいうことができよう。構造主義の源流として挙げられるのは、まずは構造主義言語学を拓いたソシュールである。さらに、部族間で女性を交換するものとして婚姻を分析し、その方法には規則があることを描き出したレヴィ＝ストロースの構造人類学がある。

廣松のソシュールへの言及は、「認識論的主観に関する一論攷」においてすでに確認できる。しかし廣松は、もともと構造主義とのかかわりでソシュールに着目したというわけではなかったように思われる。ソシュールへの着目は、廣松が文学部の学部生であった頃、言語学者である時枝誠記と服部四郎がソシュール解釈をめぐって論争をしていたことに由来しているのではないか。国語学概論の講義で時枝のソシュール批判に対して質問をしたことを回想しており、ソシュールの言語学に当初から強い関心を抱いていたことが伺える。[29] 廣松は、デュルケームの社会的事実の概念からみずからの物象化論を着想したという。そして、デュルケームとソシュールの理論に近いものを感じたことから、ソシュールへと接近していくことになったのである。これらの事情に鑑みれば、構造主義の隆盛からソシュールへと立ち戻ったというよりも、廣松はもともと言語学への関心を抱いており、自身の言語論にソシュールの理論を取り込んでいったとみることができよう。

構造主義やソシュールとの関係で見過ごすことができないのが、ソシュール研究者であり独自の言語哲学を展開した丸山圭三郎との学問的交流である。丸山は『文化のフェティシズム』(一九八四)で、ソシュールの言語学を援用しつつ文化諸現象を分析した。丸山によれば、人間は、シンボル化能力としてのコトバを持ったことで動物とは異なる分節をすることになり、現実に起きている事象を過剰な〈意味＝現象〉として捉えるようになった。[30] 物象化現象やフェティシズムを扱っているという点で、廣松と丸山は共通している。しかし、廣松がとりわけ資本主義社会で生じる物象化現象を念頭に置いていたのに対して、丸山はコトバを持ったことで生じるフェティシズムを対象とした。丸山は『文化のフェティシズム』で廣松の理論を多く参照しているが、なにより二人の理論の共通点や相違点が明らかになったのが、二回にわたって行なわれた対談である。

一つ目は、一九八四年四月の『思想』第七一八号に掲載された「《対談》記号・意味・物象――構造主義を超えて」であり、この号の特集は「構造主義を超えて」と銘打たれていた。二つ目は、一九八五年四月の『思想』七三〇号に掲載された「《対談》文化のフェティシズムと物象化」である。この対談も特集のテーマである現代社会論を糸口に始められている。二つ目の対談が発表される前には、丸山の『文化のフェティシズム』が公刊された。畢竟、二回目の対談では、丸山の著作が俎上に載せられている。

本節では、二つの対談をもとに廣松と丸山の理論を比較することで、構造主義との対質を経て廣松の言語観がどのような形をとったのかをみていく。

対談では、丸山の重要な概念である〈身分け〉構造と〈言分け〉構造に焦点が当てられた。われわれ人間を含む動物は、ある環境に投げ込まれた存在としてある。そのとき、投げ込まれた周囲の環境を分節化して認識しているわけだが、その分節には二種類あるとして丸山が提示したのが、〈身分け〉構造と〈言分け〉構造という概念である。ここではまず丸山の定義をみておこう。丸山は〈身分け〉構造を次のように定義している。「第一次分節が生み出す構造は、種のゲシュタルトで、これは人間が他の動物と共有する（ゲシュタルト自体は相違しても）〈身分け〉構造である」[31]。ここでいう「身」とは単に身体のことをあらわすのではなく、身体と心の分離以前のものとされる。種に固有の〈生の関与性〉にもとづいて周りの世界を分節化するのが〈身分け〉構造なのである。〈身分け〉構造は、人間と動物に共通しており、言語以前のものであると丸山は明確に述べている。

丸山は、コトバを持つ存在として動物とは異なる特異性を人間に認めている。人間はコトバを持ったことによって、〈身分け〉構造とは別に、過剰な〈意味＝現象〉群を持つことになった。それが〈言分け〉構造である。丸山は作業仮説と断りを入れつつ〈言分け〉構造をこう定義した。「その網の目は「シンボル化能力とその活動」

という広い意味でのコトバによるゲシュタルトにほかならない[32]」。丸山は第二次的分節である〈言分け〉構造を、たんに周りの環境を識別するだけではなく、実践的なレベルでの行動をもたらすものとして位置づけた。「〈予見と計画〉に基づいて現実を変化させる行為こそ、人間だけがもってしまったシンボル化能力としてのコトバが生み出す過剰な〈意味＝現象〉に基づく行動であった[33]」。このように丸山は、人間の二重分節の在り方として、〈身分け〉構造と〈言分け〉構造という二つの概念を提示した。とりわけコトバによる分節が、〈いま、ここ〉という時間・空間を超えた、いまだ見ぬものを表象することを可能にしたという。それを丸山は〈非在の現前〉と言い表わしている。つまり、現実に働きかける実践的なモメントはコトバによって可能になると捉えたのである。

先に挙げた対談のなかでも、丸山の二つの概念が中心的な論点となった。廣松は、丸山の議論はフェノメナルな場面から説き起こしている点でソシュールを超えているのではないかという。廣松のみるところ、ソシュールは依然として事物と観念という二元的な図式を残しているが、丸山は二元的な分離以前のフェノメナルな場面に立っている。「〈身分け〉ということをおっしゃるときに、〈事物〉と〈観念〉という二元的分離以前の場面に自覚的に立っておられる点です[34]」。廣松自身、近代認識論における主体と客体という二元論を超えることを目指していたが、丸山もそうした二元論分離以前の段階から出発している点で共通する。そして廣松は、自身の分節化の二つの区分が、丸山の二つの概念に対応するという。「〈フェノメナルな世界〉のいちばんベーシックな相として、――これも権利は丸山さんのおっしゃる〈身分け〉と同じですけれども――、前言語的なフェノメナルな分節という次元を一つ置いておりまして、私流にいえば、そこの中で言語的分節も成立してくる。その点で〈身分け〉と〈言分け〉とおっしゃることが、コグニティヴ（認知的）な場面で言う限り、私のいう「言語介在以前的な分節」と「言語介在以後的な分節」とほぼ重なると思います[35]」。つまり、廣松もフェノメナルな世界を分節する契機として言語をどう位置づけるかに着目しているのである。丸山は、周りの環境を識別するだけではなく、現実的に変化させる道具として言葉を捉えた。そして、〈言分け〉構造を生み出すシンボル化能力を〈ランガージュ〉と名づけ、特定の共時的文化の中で構造化されている言語を〈ラング〉と区別して定義している。[36] 分節化とは網の目を通してみることであり、そうした作用を丸山は〈als〉構造という。これは、廣松が事物をそれ以上の何かとして捉えるというときの、〈als（として）〉構造と非常に似通っているように思える。しかし、丸山が〈als〉構造があるということを前提とするのに対し、廣松は網の目の網が生じる原基的な機制が〈als〉構造の根底にあるのではないかと疑問を呈している。「レアールな与件を単なるそれ以上のイデアールな何かとして把握できるということ、〈als 把握〉ができるという能力をもってシンボル化能力と広く定義したいわけです」[37]。このように廣松は、〈als 構造〉を把握する能力として象徴的機能を位置づけ、丸山のいうランガージュよりも広い概念であるとした。廣松は言語を重くみているが、言語以前の機制を捉え返そうとしているといってよい。

廣松は、丸山の〈身分け〉構造〈言分け〉構造と自身の「言語介在以前的な分節」「言語介在以後的な分節」とが重なると述べていた。ここでわれわれは、その前提として「コグニティヴ（認知的）な場面」において、と廣松が限定を入れている点に注目したい。丸山が実践優位の概念としてコトバを捉えたのに対して、廣松は認識の場面に限定して言語を想定しているのである。

このことは、「認識論的主観に関する一論攷」をはじめとした言語論を辿り直すことで浮き彫りになった、共同主観性が言語を媒介としたものであるという廣松の主張と、相即不離の関係にある。前節までみてきたように、廣松の認識論は言語をもとにして構築されている。丸山との対談のなかで、さらに前景に現れてきたのが、廣松は言語を身振り言語的な次元や表情言語的な次元まで含めて広義に捉えているということである。[38] 廣松の他者認識の理解にあっては、他者の認識は表情や身振り言語といった次元で可能となる。『存在と意味 第一巻』（一九八二）においてすでに、表情や身振り言語をもとにした認識論を展開していたが、丸山との対談や記号論の流行を経たのちに公刊された『表情』（一九八九）は、表情現象や言語論に加え、ギブソンのアフォーダンスや記号論学者U・エーコのコードの問題をも配視しながら叙述されている。同書で廣松は、ユクスキュールの環境世界

（Umwelt）論やハイデガーの用在（Zuhandensein）論を意識しつつギブソンのアフォーダンスを扱っている。〈身分け〉構造を打ち出すさいに丸山が援用したのがユクスキュールの環境世界論であったことを踏まえれば、丸山との対談を経たのちに、廣松独自の方法で言語以前の場面に定位して理論を構築していったとみてよいだろう。

それでは、廣松は言語の射程をどのように捉えているのだろうか。先にも見たように、丸山はコトバを持ったことに人間の特異性を見出し、言語や記号をモデルとして現代社会の具体的な文化現象を分析した。これに対して廣松は、言語や記号をモデルとする場面をコグニティヴ（認知的）な場面に限定している。本章でみてきたように、廣松独自の認識論である共同主観性は、共同主観的な言語的交通によって個々の主観が同型化していく機制を明らかにするものであった。共同主観性が成り立っている場面では、言語モデルが有効であると廣松はいう。しかし他方で、世の中の文化現象全般においては、共通のコードを持たない者同士の対立が起こりうる。それゆえ、コードが共有されていない者同士では、言語的交通による同型化が想定できないことになる。廣松は言う。「そういう場面まで含めて文化現象全般、歴史的・社会的な現象全般を議論していく際のモデル設定ということになると、どうも言語とか記号とかに即したモデルでは狭くなる危険性がある」[39]。つまり廣松は、文化現象や歴史的・社会的な現象を包括的に捉えるモデルとしては、言語モデルでは狭くなるとみているのである。コードが共有されるには、すでに既存のコードが水平的に成り立っていることを前提とする。コードが共有されていない者同士のあいだで新たなコードを垂直的に形成するには、間主観的・間主体的な実践的営みが必要となる。その分析のために廣松が展開したのが、役割行動論である。つまり、晩年廣松が注力した役割行動論には、言語で捉えていた共同主観性の次元を超え出ていくという意図があったといえよう。

このような廣松の理論展開は、構造主義、ポスト構造主義への見方にもあらわれている。構造主義は言語体系等に通底する形式を取り出すものであったが、静態的であるという批判を受けた。そうした批判を受け、ダイナミックなモメントを出そうと台頭してきたのがポスト構造主義である。廣松はこういった同時代の思想潮流を受け止めつつも[40]、それに追従することなく、次のように述べる。「動態的な構造主義、構造の内在的自己止揚の構制を方法論的に理論化した構造論としては、物象化論と相即するマルクスの構造論が何といっても最大の注目に値する。管見にふれるかぎり、自称ポスト構造主義は、個別的な論点では評価できる業績を挙げているとしても、パラダイム的な次元でいえば遠くマルクスに及ばない。〔中略〕俗流〝構造主義〟を超える鍵としては、役割論的な協働の編制に立脚した動態的な物象化論ということになります[41]」。つまり廣松は、既成の体系としてのコードの構造分析ではなく、そういった体系を不断に生み出している協働や実践の場面に目を向けることを説いたといえよう。そして、下部構造から構造変動をもたらす概念装置として役割行動論に注目し、その理論構築へと注力していったのである。

以上、廣松が言語に着目した端緒を学部卒業論文「認識論的主観に関する一論攷」に見定め、のちに展開された言語論、判断論の諸論稿と突き合わせることで、数多ある範式ゆえに近寄りがたい印象を与える論述のなかから廣松の哲学的モチーフを剔抉した。〈個的認識主観は、如何にして認識論的主観として gelten するか〉という廣松の主題は、その後の言語論、判断論に関する諸論稿のうちに脈々と受け継がれていることが明らかとなった。廣松の言語論、判断論は、独特なターミノロジーや叙述のスタイルと相俟って、一点から眺めるなら一知半解なものになりかねないが、先にあげた主題を導きの糸としつつ全体像を辿っていくことで相互に有機的に結びついていることが示された。共同主観性という廣松哲学を代表する概念の背後には、つねに言語論が控えていたのである。さらに、丸山圭三郎との学問的対話や構造主義、ポスト構造主義の流入を受け止めつつみずからの立場を明示することで、廣松の言語論は射程がより明確になっていった。それゆえ、認識論の言語以前の場面に表情論を強く押し出し、実践論においては役割行動に可能性を見出すこととなったのである。

第五章　役割存在としての主体性論
——『世界の共同主観的存在構造』と『役割存在論』

一　廣松役割理論の意義

廣松渉が一九八六年から九回にわたって連載した「役割理論の再構築のために——表情・対人応答・役割行動」（『思想』一九八六—一九八八）は、晩年注力した役割理論を凝縮した業績であるといえる。廣松は、同論稿を、主著である『存在と意味　第二巻』（一九九三）の準備のために書いたとしている。この論稿において廣松は、他者との関係によって人間の行動や人格が規定される機制、また、そうして形成された行動様式が制度や共同体をかたちづくっていく機制を論究している。

それ以前に廣松は、実質的に主著のひとつといってよい『世界の共同主観的存在構造』（一九七二）で、サルトルの「対他存在」論を乗り越える意思を示している[1]。

ここで廣松が持ち出すのが「役柄」というタームである。のちの『思想』連載稿でより深く考察されている「役割行動」を打ち出すに至ってはいないが、廣松役割存在論の原型が展開されているといえるだろう。廣松の例を引き、概説しておく。

「私は見張番をしている。一向に別状はない。やがてうたたねしかける。突然、私は人目を感じる。ハッと我にかえって、私は見張番らしい態度Verhalt《ママ》を執る[2]」。

この例を、廣松はこう説明する。サルトルであれば、「他者‐によって‐見られて‐いる」存在としての自己、つまり「対他存在」として、この行動を説明するであろう。うたたねしかけていたことを他人に見られたのではないかという恐れ、あるいは羞恥が「ハッと我にかえる」という状況を生む。対して廣松自身は、この行動は「役柄存在」としての自己を意識することが原因であり、たんなる「被視的自己」を意識するのではないと反論している。つまり、サルトルにおける対他存在を、廣松は「役柄存在」と「被視的存在」の「二肢的構造」によって理解しているのである。のちの『思想』連載稿では、さらに「役柄存在」を「役割行動を期待されている存在」と広義に設定している[3]。そのうえで廣松は、この「役割的存在」という概念装置を基盤として、役割行動が物象化した相における人格的自我を考察した。この考察において廣松は、期待を察知する端初的な場面である表情現象に着目する。そしてさらに、役割行動を自明視し静態的に分析するのではなく、その成り立ちを分析するために発生論的議論[4]を援用している。廣松は同論稿において、人格的実体を検討するために、G・H・ミードに代表される「客我自己と主我自己」の問題系に触れている。ミードの論を踏まえつつ、表情現象など発達心理学的な知見を援用している点が、ミードらの社会学的自我論との相異であろう。以下行論では、G・H・ミードの自我論を取り上げ、廣松役割理論との比較を試みる[5]。

二　G・H・ミードの自我論

二―一　ミード自我論の出発点

ミードの自我論は、自我の社会性と人間の主体性を同時にかつ相即的に捉えている点に特徴がある。デカルトの「ワレ思う、ゆえにワレあり」の言葉に代表される自我の孤立説では、自我を社会に先行するものとみなしている。それに対してミードは、人間の自我は他者との関わりによって社会的に形成されるものとする。その過程で人間の主体性が生み出され、さらに他者や社会に影響し、社会を再構成するとミードはいう。

そもそも、自我の孤立説は、近代認識論の「主観－客観」図式に根ざしている。廣松も近代認識論の超克を掲げており[6]、ここにミードの問題意識との類似性を見出すことができよう[7]。

ミードは、他我認識の自明視をしりぞけるために、コミュニケーションの分析から始める。「主観－客観」図式による他者理解は、具体的な他者によるものではない。あくまで、他者がそうするであろうという行為者当人の想定にもとづいている。ミードの論からすれば、自我の生成を問題にしているにもかかわらず、その自我（行為者当人）を自明視している点で論点先取に陥っているとみなせるのだろう。それでは、ミードはこの「主－客」図式をどのように乗り越えたのだろうか。ミードが思考とコミュニケーションとの関係について論じている箇所を参照しつつ[8]、コミュニケーションの最たるものといえる言語に着目しよう。言葉がある観念を意味しており、それが他の個人において同じ観念を引き起こすときに、その言葉は「言語」として機能するといえる。

ミードは、社会過程内部において個人の行動がいかにして相互に適応するかに焦点を当てている。その適応において中心的要素となるのが「意味」であり、ミードは次のように定義している。「所与の人間有機体のジェスチャーと、そのジェスチャーによって他の人間有機体に示されるものとしての、この有機体の引き続く行為との間の関係の領域に発生し、存在する」[9]。そして、「意味」が人間の社会的経験における有意味シンボルと同一化することによってのみ、「意味」は意識となる。つまり、個人の意識や思考も他者とのコミュニケーションによって形成されるとミードはいう。このようなミードの思考方法は、ゲシュタルト心理学[10]を下敷きにしていることに拠っていると考えられ、主著の『精神・自我・社会』において一貫している。他方で廣松も、言語に定位したうえで、人間の意識は本源的に社会化され共同主観化されているという。[11] この点でも両者は思考の方向性を共有しているといえよう。ミードはこのような思考方法について特に言及していない。一方で廣松は、あくまで「近代的世界了解」の先入観を批判した上で、言語の機能に立ち入る旨を強調している。

言語的交通とは、諸個人が、〝対象的世界〟について没言語的に（ないしは言語以前的に）考えた〝意識内容〟を、言語的記号という〝道具的手段〟を用いて（たとえ、それが心的な entity とされるにせよ）交信することだという二重に顚倒した表象が生ずる。〔中略〕言語的交通の媒介によって共同主観的に意味づけられてゲシュタルト的に分節化している。〝近代的世界了解〟の先入観をしりぞけ、かつは物象化された言語観をしりぞけて如実の相を直視するとき、われわれにとっての世界 Welt für uns、この意味でのフェノメナルな世界は、エネルゲイアとしての言語的活動を離れては現前しない。われわれが基底的な世界図式 Weltschematismus として定立するレアール・イデアールな二重の二肢からなる四肢的構造聯関は、その現実態においては、言語（活動）を構成的契機としている。[12]

廣松は、言語を物象化し道具として捉えているわけではない。しかし、みられるように廣松哲学の根幹にある四肢的構造聯関においても言語を媒介にしている。廣松にあって、言語はつねに基底にある。

二―二　一般化された他者

これまで、人が他者との意味あるコミュニケーションを通じて意識を形成する、というミードの論を辿ってきた。しかし、人はさまざまな異なる他者と関わっているため、それぞれの他者に対応して形成された意識は、全体として統一性を欠くのではないのだろうか。われわれのこうした問いに対して、ミードはこう述べる。「完全な自我を構成する、またはそれに組織化されるさまざまな要素的自我は、全体としての社会過程の構造のさまざまな側面に対応する完全な自我の構造のさまざまな側面なのである。こうして、完全な自我の構造は、完全な社会過程の反映なのである」。[13] つまり、ミードは個人の人格と社会集団とを類比的に捉えているといえる。さまざまな社会諸集団が全体として統合され構造を保っているがゆえに、おのおのの集団における要素的自我の集合体も、全体として維持しうる。この構造が保てなくなり、構成要素的自我へと分裂する現象が、人格の解体であるといえよう。

これまで、他者とのかかわりによって自我が形成されるという論を追ってきた。先述のように、個々の他者関係で形成された構成要素的自我の統合体が、完成された自我とされるわけだが、さらに、構成要素的自我が統合される機制を追っていく必要があるだろう。というのも、個人の人格と社会集団とを類比的に捉えることは、静態的な分析としては可能だが、その発生過程への分析が置き去りにされているからだ。この点について、ミードは他者を具体的な場面で考察することから始めている。ミードは、言語に加えて遊戯とゲームという二つの例証を見出した。[14] 自我形成において、第一段階として遊戯、第二段階としてゲームが位置づけられる。先に言語の例で述べたように、遊戯とゲームは、他者に呼び起こす刺激と自分自身に呼び起こす刺激とを結びつけていく。このような段階を経て、子供は多様な期待をまとめあげ、組織化された「一般化された他者」の期待をつくりあげていく。ミードによれば、このゲーム段階においてはじめて、自我の発達が十全な形で成し遂げられる。さらに、子供段階の自我形成に留まらず、大人の自我形成も自我の社会性の問題として同様に考えられるとしている。われわれは、さまざまな集団や共同体に所属しているが、「一般化された他者」というのは、それらの集団、共同体全体の態度を表わすものとされる。ミードは次のようにいう。

一般化された他者は、諸原理によって統御される行為を導くものであり、このような反応の組織化された集合をもつ人は、道徳的な意味で、人格をもつといわれる人なのである[15]。

すなわち、ミードの論に立てば、集団の成員全体の役割期待を統合するに至ったものが、道徳的に人格を備えている、と解釈できる。しかし、このように自我の社会性を強調しすぎると、人間の主体性を軽視することになるのではないかという危惧が生じてくる。この点について、ミードは「客我」と「主我」という概念を提示している。項をあらためて検討する。

二–三　客我と主我

ミードによれば、人間の自我には「主我」（I）と「客我」（Me）という二つの側面があるという。「主我」は他者の態度に対する有機体の反応であり、「客我」は人がみずから想定する他者の態度の組織化された組み合わせである。他者の態度は、組織化された「客我」を構成する。客我は、先に述べた「一般化された他者」をみずからの内側に一つの視点として内面化したものである。それは自分の行為を内側から見つめ評価するものであり、いわば検閲官のような役割を果たす。次に、人はその「客我」に対して「主我」として反作用する。そして、さらにまた「主我」の行為に対する他者の反応が取り込まれ「客我」を構成する。つまり、「主我」と「客我」は、お互いを前提とし相互作用する、という再帰的な形で成立しているのである。

さて、われわれが問うているのは、自我の社会性を強調しすぎるがあまり、人間の主体性が後景にしりぞくのではないかということであった。社会性、主体性という観点から考えると、「客我」が社会性の役割を担い、「主我」が人間の個性や独自性を示すものであるといえるだろう。ここでわれわれは、次のようなミードの論に注目したい。

このようなものが、「me（客我）」が経験のなかに現われるのと同じ意味では、「I（主我）」は経験のなかに現われないという事実の基礎である。「me」は、われわれ自身の態度のなかに反応を要求している、共同体の明確な組織化を表わしているが、起きる反応は、ただ単に突発的に起きるものである。それに関しては、確実性はなにもない。(16)

つまりミードは、「主我」の反応が不確実なものであるという。不確実性を備えた「主我」が、人間の創発的内発性を表わしているといえるだろう。この創発的内発性によって、自我は新しく生まれ変わる。さらに、個人はつねに社会的態度に反作用し、この協同的過程のなかで、個人が所属している共同体にも影響を及ぼす。かくして、「主我」の創発的内発性を源泉として、「主我」と「客我」の再帰的構成、さらに個人と共同体の再帰的構成が成り立っているのである。

二―四　共同体と個人

前項では、人間は「主我」の創発的内発性をもとに共同体と再帰的に関わっている、というミードの理論を追ってきた。それでは、個人が所属する共同体は自明であり、選択不可能なものなのであろうか。創発的内発性を認めたとしても、所属する共同体がすでに決定されているとするならば、人間はその限られた共同体のなかでしか主体性を発揮できないことになる。むろん、人生の岐路において共同体を選択するということは可能ではある。しかし、それ以前の根源的段階にまでさかのぼり、生まれ落ちた所与の共同体についてはどのように考えられるだろうか。この点について、ミードにつき従い、共同体を周囲の環境としてより広義に捉えて考えていく。

個人が環境からの影響を受けるということを認めるとして、問いたいのは次のようなことである。環境に適合的な個人が偶然存在したためその後も存在しえたのか、それとも、個人が適合可能な環境を選択し、そのなかへと入ったのだろうか。この点について、ミードは「有機体の性格がその環境を決定する」[17]という。環境によって個体を説明する進化の言明に対して、個体はその「主我」が反応できる環境を選択することができる、とミードはいう。この選択という言葉の意味する内容に注意しなくてはならない。ここでミードがいう選択とは、何か特定の環境を選び取るということではない。個体は、みずからにとって好ましい対象に近づく一方で、好ましくない対象から距離をおき、みずからの行為との関連で環境を組織している。こうして、対象との距離感をはかりながら、みずからに都合のよい環境を作っていくのである。つまり、種という観点から考えると、環境が種の個体自体のために存在しているかぎり、環境は個体にとって選択的な性格を有しているといえるのである。

さらにミードは、種が環境を選択しているという事実を、具体的な共同体の議論に敷衍している。特定の状況に対する共同体全成員の側からの共通の反応があり、これをミードは「制度」と呼んでいる。社会はさまざまな共同体や社会的活動で成り立っているため、社会にはさまざまな社会制度が存在する。その諸制度における成員の態度を取得するかぎりにおいて、個人はその制度を有する共同体に属しているといえるのである。これは次のようなことを意味する。個人の自我の発展は共同体に依存する。またそれは、彼自身の反応が制度化された集合を個人が呼び起こす程度に依存している。つまり、人は成長するにつれて小さな共同体から大きな共同体へと入り込んでいき、その割合に応じて、「より大きな自我」を獲得していくのである。完全に主体的であるとは言えないが、個人が反応できる最適な共同体への所属が選択的に決定される、ということが言えるだろう。

以上、本節では、個人が他者との具体的なコミュニケーションを通じて他者の態度を内面化していく過程、そして、共同体に所属し再帰的に自我を形成していく過程をたどってきた。しかし、ミードの論理にはまだ検討すべき課題が残されているように思われる。それは、他者期待を内面化する機制、共同体への選択的適応の機制について、詳細な議論がなされていないということである。この点について、廣松はより原理的な考察を行なっている。

三　役割行動とは何か

ミードにおいて抜け落ちていた、期待を内面化する機制、共同体に選択的に適応する機制について、廣松はより原理的な議論を展開している。そのさい、認知反応の分析によって提示しているのが、「表情性現相」という概念である。

三－一　表情性現相

廣松の扱う「表情性現相」は、役割行動や間主体的な共互的自他関係の形成と展開を考えるうえで、端緒的場面であるといえよう。まず、廣松は表情にかんする種々の誤解をしりぞけることからはじめる。既成観念においては、表情とは〝内なる情動〟が〝体表に表出〟されたものであるという〝内‐外〟〝心‐身〟の構図で捉えられてしまっているという。しかし、人間に表情が現われる場面では、知覚と情動とは分離していないと廣松は述べる。結論をはじめに述べると、「表情性現相」[18]は、「知覚相」「情緒価」「行動価」の「〝融合態〟」なのである。そして、この「表情性現相」は人間の身体的表情とは限らず、「一切の現相が悉く表情性を帯びて感得される」[19]という。これについては、廣松の卓抜な例を引いて示すのが好便であろう。

日頃見慣れすぎた光景では印象が薄いので、裏山にでも登って久し振りに沢伝いに降りてみよう。——巨きな、ガッシリとした岩がドッカリと行く手を塞いでいる。近づくと、ピッタリ張りついた苔の襞にドスグロく跼《せぐくま》っていた地蜘蛛がアワテテ駆け下りる。岩の根元にはカワイラシイ傘がニョッキリと立っていて、ソーッと息を吹きかけると、ユラユラと揺れ、いつまでもいつまでも震え続ける。岩の向うには、サワヤカな緑、その葉蔭に白い花がヒッソリと綻《ほころん》デいる。サーッと頬を撫でて微風が通り過ぎると、スガスガシイ草の香がホンノリと漂う。ヒラヒラと蝶が舞い上り、スーッと舞い下りる。澄んだ空にはノンビリと鳶が輪を描いている。——フェノメナルな体験世界は表情性に満ち充ちている。現相界は、森羅万象、情緒価と行動価を帯びている。[20]

ここで「ガッシリ」「ヒラヒラ」などで表現されている感覚は、対象を知覚したのちに沸き起こるのではない。廣松によれば、対象の把捉とともに対象自体にその性質が備わっているように感じられるのである。上の情景の描写で廣松が示そうとしたのが、「フェノメナルな体験世界は表情性に満ち充ちている」ということである。そして、このような「表情性現相」が最も如実に現われるのが、人間の表情である。私たちは、人の顔を見たとき、目や頬の上がり具合などを個別に検証した上で相手がどのような感情を抱いているかを判断する、というわけではない。状況や当事者によって程度の差はあるにせよ、顔を見た瞬間に相手の感情を理解できるはずである。このような事情を踏まえれば、期待察知の機制を基底的に理解するために、「表情性現相」の構制を参照することに同意できるだろう。

先述した、「表情性現相は、〔中略〕知覚相、情緒価、行動価の〝融合態〟であ[21]」るという論について、より詳細をみていこう。「知覚」・「情緒」・「行動」を分離したものと捉える考えを廣松はしりぞけるが、これは認識論を論じるさいに批判の俎上にあげる「三項図式」に対応している。「三項図式」とは、意識と認識を「外的対象－心的内容－意識作用」という構図で捉えるもので、先に批判しておいた近代認識論流の「主－客」図式とも相即している。ここでは、廣松が「三項図式」を揶揄するさいに用いるカメラ・モデルの知覚観を参照しよう。カメラ・モデルとは、「知覚とは、対象的事物から認識主体へと刺激が到来し、その到来した刺激が知覚心像というかたちで結像する」という通念的な理解を比喩的なモデルで表わしたものである。しかし、これは自家撞着に陥っている。まず、〝カメラが外的事物をフィルム上に写す〟という構図は、これを外部から眺める意識主体を想定してから言えることであり、この意識主体の視点こそ説明されるべき問題だからである。つまり、解決すべき問題を前提条件に据えている点で、論理的に破綻している。また、カメラ自体に意識主体が内蔵されていると考えても同様に破綻している。それでは、カメラ・モデルの知覚観を踏まえると、「三項図式」はどのような点で認識論上のアポリアを招くのであろうか。「三項図式」においては、意識主体はみずからの内に写った像のみ直接に認識できるとされていた。これに沿うと、他人の意識を理解するには、他人の〝内側に入りこんで〟見ることが要求される。しかし、このようなことが不可能なことは明白であり、せいぜい他人の意識を推定・想像するしかない。ここに独我論へと傾斜する危険性を秘めているのである。よって、「三項図式」を採った場合には、他者（広義には「フェノメナルな体験世界」）の表情性を感得することなどは不可能となるのである[22]。

それでは、情動が刺激受容的な覚知でないとすれば、いかにして表情を認識するのであろうか。これについて、廣松は振動系モデルでの説明を行なっている。すなわち、「皮膚的界面を越えた巨きな振動装置系[23]」と表わしているように、他者さえも自身の感覚の制御圏に入れたような反応を人間は示す、というのである。このことを廣松は「求心的な知覚相と遠心的な反応相との緊合性[24]」と表現している。廣松は神経系の考察をもとにしてこの事態を微細に説明するのだが、ここではその説明は割愛し例を引いて示そう。廣松は盲人の例を挙げる。盲人にとっての杖は、ものを触知するさい、彼の身体的自我の一部をなす。私たちが指の先でものを触るように、杖でものに触れる。この例から、中枢から筋系を介して進行する遠心過程と、そのフィードバックの求心過程のループが身体の外部にまでせり出していることが分かる。このことは、触覚以外の感覚に対しても同様に見られる。それを廣松は次のようにまとめている。

身体的自我は知覚的世界の全域にまで拡大・伸長されうるのであって、その際には、杖先や指先における触知と同様、すべての知覚形象が能知的所知＝所知的能知となる[25]。

このように指先、杖先、さらにチーム編成的な活動[26]において、人間の感覚が他者に帰属することを了解すれば、情動が自身の内部に感受されるのではなく、他者に帰属するという機制にも同意できるだろう。つまり、他者の表情さえも、いわばゲシュタルト的に認識するのである。

これまで、他者の表情を感得する機制を追ってきた。次に、他者の期待を察知し、役割行動に移すまでの機制を検討する。

三－二　期待察知と役割行動

「表情性現相」を考察するさいに、情動が他者に帰属することを見てきた。期待の察知についても同様の機制を援用することができる。つまり、他者の欲求や自己への期待を認識するのではなく、はじめから他者に帰属するかたちで期待が察知されるのである。このことから、期待の察知をもとにした活動が他律的であり、決意的な活動が自律的であるという通念的な考えをしりぞけることができる。また、廣松は期待察知の機制をもとに役割行動を導き出していくのだが、「地位」などの既存の制度をもとに役割行動を説明する議論には批判的である[27]。ここにも廣松の思考の特徴が現われているといえよう。廣松は「地位」や「部署」といった静態的な構造を分析して役割行動を説明することにとどまるのではなく、役割行動が生じる発生論的過程を辿っているのである。

さて、前項では、共鳴的・共振的な同調反応によって他者に情動が帰属することをみてきた。廣松はさらに、行動発達論上の例[28]を用いて、信号的送受という機能的次元における対人共応を、より詳細に展開していく。この例においては、象徴的記号を獲得していない段階[29]の幼児の行動を扱っている。そのさい、象徴的記号に媒介される、より高次の段階において廣松が持ち出すのが、「模倣的協応」と「対抗的即応」という社会的行動である。

「模倣的協応」と「対抗的即応」を順に取り上げ、詳細を検討する。

「模倣」は、社会心理学および社会学で、重要な概念として扱われてきた。実際、学説史上、社会学的にも心理学的にも、模倣の扱いについてはさまざまに議論がなされてきている。たとえば、フランスでデュルケームの向こうを張って『模倣の法則』を著したガブリエル・タルドがいる。『模倣の法則』においてタルドは、模倣の考察に先鞭をつけ、文明論的な視野にまで及ぶ体系を構築している。[30] 廣松もタルドに触れているが、模倣を唱えた特定の論者に与しているわけではない。

本章の二節で扱ったG・H・ミードにあっても模倣の分析から出発しており、[31] 当時の心理学的説明を次のように批判している。すなわち、人々が模倣するのは、人々がたまたま同じことをする（ないし他人の物真似をする）という性質を備えているからと断定している点が誤っている、と。そうではなく、「模倣は、他者が彼に影響を与えるように、彼自身に影響を与える個人に依存している。したがって、彼は他者の影響のもとにあるだけでなく、彼が同じジェスチャーを使用する限りで、彼自身の影響のもとにあるのだ」[32] とミードは主張する。つまりミードは、みずから想定する他者の態度の組織化である「客我Me」概念を、模倣行動においても適用しているといえよう。一方で、廣松はさらに深い次元から捉え直すことを、次のように提案する。

> 模倣は、決して、実体的個体の、〝知性的に自発的な行為〟でもなければ、〝本能的に自動的な行動〟でもない。模倣的動作は、対他者的関係場において触発されるものであって、共振的同調現象と連続的であり、高次的形態にあってさえ一種の深層催眠的拘束の機制に俟つものであって、実体的内発性の発露ではない。とはいえ、模倣行動は、いわゆる自我形成の現場的階梯でもあり、自覚的役割行動の形成過程とも相即するものであって、われわれとしてはこれの討究を逸せない。[33]〔傍点引用者〕

ここでわれわれが注目するのは催眠現象である。廣松がいうように、人の行動のすべてが狭義の催眠現象であるということは言えないにしても、人の行動（とりわけ対人的・社会的行動）は広く一種の催眠的な誘導に規制されているといえる。廣松は催眠現象を三つに分類し[34]、その機制を模倣行為から説明している。まず発生論的な議論を見ておく。嬰児は目の前にいる他人の身体的動作をお手本にしながら、それと同型的になるように自身の身体的動作を調整する。これを廣松は「模倣的調整行為」と称し、「共鳴的同調行動」の次の段階にくるものとして扱っている。そのうえで廣松は、「模倣」を暫定的に次のように定義する。

定義風に言えば、模倣的調整行為とは、当事者たちのうち少なくとも一方が、相手の行動と自分の行動とが同型的になるよう、自分の行動を意識的に調整している行為である[35]。

この「模倣的調整行為」を通じて、人は慣習的な行動[36]を身につける[37]。「模倣的調整行為」は、定義にあるように意識的な側面が強く、それが条件反射的に行なわれるようになった段階を、催眠的と表わしている。そして廣松は、さらに高次的形態としての模倣行動を「模倣的協応」とする。

これまで、廣松が「共鳴的同調行動」「模倣的調整行動」を踏まえた広義の模倣行動として「模倣的協応」を位置づけていることを概略的にたどってきた。「模倣的協応」は、先述のように催眠的拘束を強く受けており、自律的行動とも他律的行動とも判断のつきにくいものである。次に「模倣的協応」と密接不可分であるとする「対抗的即応」を検討する。「対抗的即応」と「模倣的協応」とは本来切り離して考えるべきものではないとして、廣松は次のようにいう。

「対抗的即応」と「模倣的協応」とは、系譜的にも構造的にも、並行的・同位的ではなく、交錯する。従って亦、対抗的即応という概念と模倣的協応という概念とは、単純な上下関係にも単純な同位関係にもなく、外延的にも内包的にも複雑に交錯する。(38)

つまり、「対抗的即応」と「模倣的協応」とは、双方が複雑に交錯した、一種のセミ・ラティス構造を有しているといえよう。しかし、ここでは廣松につき従い、「対抗的即応」をより重視して考えていきたい。「対抗的即応」は、通常の「模倣的協応」に比べて投企にもとづく意志行為としての緊張度が高いため、高次の段階での「役割期待の察知‐即応的役割遂行」の構制を考える上で好便である。いいかえれば、役割期待に対する行動の選択肢が「模倣的協応」よりも多様であり、その点で期待察知から役割行動に移す過程の分析に適していると考えられる。

「対抗的即応」において重要なのは、眼前の他者の行動に対する「予期的知覚相」への即応という構制である。「模倣的協応」と異なっているのは、「予期的知覚相」との「同型化的調整」ではなく、みずからの行動形態を、予期される相手の出方に応じて意識的に調整するという点である。ここで廣松は具体例としてお頂戴遊びを取り上げている。お頂戴遊びとは、手中の物を相手に手渡すよう、逆にまた、お頂戴の仕草で他人から物を受け取るよう、訓育するものである。〈ねだる〉と〈与える〉のどちらかを選択的に行為するわけだが、これはどのような意味を持つのであろうか。

嬰児が、他人の〃ねだる〃動作を〈ねだる〉動作として覚知し、そのかぎりで、自分の〈ねだる〉動作と〃同一のゲシュタルト的所識態〃で覚識しているとき、嬰児は何も動作パターンの同一性を純粋認識的に認知しているのではなく、自分でねだるさいに現識するあの希求的・期待的・督促的な情動的意識態を（端的にスッパサを感じるのと同じような具合に）体験していることであろう。このモメントを認めるかぎりで、人は、〝g男は相手のねだりに応じて……〟と云為するのであり、そのかぎりで〈ねだり〉の察知とは、単なる或る動作態の知覚的認知ではなく、それをも構造内的契機とする〝希求的・期待的・督促的な意識態勢〟の現成なのである[39]。

つまり、相手にねだるさいにみずからが相手に対して持つ期待を、相手が自分にねだるさいにも、自他を含みこんだ形、すなわちゲシュタルト的に感得するということである。先に、「三－一 表情性現相」でみてきたように、情動が他者に帰属するのと同じ構制で期待が他者に帰属し、それを感得するのである。

以上、期待察知の原初的場面を考察してきた。次に、期待を察知し役割行動に移す場面をみていく。ここでも、廣松は「能期待者－期待内容－所期待者」の「三項的連関相」での現識という説明を行なっている。このとき、能期待者（期待する側）と所期待者（期待される側）とがはじめに存在し、そのあいだに期待内容が生じると考えるのは誤りである。期待内容に共軛的に巻き込まれる形で、所期待者が役割行動を遂行するのである。

そもそも、「能期待者」「所期待者」なる規定態は「期待」の現成に先立って自存するわけではない。「期待内容」の「対他的－対自的」な帰属を俟って甫めて、身体的個体相での〝相手－自分〟ないしは〝自分－相手〟が「能期待者－所期待者」という相補的・共軛的な規定性を受け取るのである[40]。

それでは、この期待内容はそもそもどのように生じるのであろうか。期待内容は全一態であり要素に分解できないとしながらも、廣松は便宜的に詳細な分類[41]を行なっている。なかでも、これまで「表情性現相」「予期的知覚相」と追ってきた流れを踏まえて、「予期的表象像」を取り上げて考えていくことにする。

先にとりあげたお頂戴遊びは一対一の対人関係であったが、一般的に役割行動を考える場合には、複数の当事者を想定するべきだろう。廣松も、一対一という二極的な構造で論をすすめていても、現実に行なわれているのは三極的な構造であり、二極関係は協働的役割行為連関態というネットワークの一部であると述べている。前章で論じたように、廣松は『資本論』の価値形態論解釈において、二極関係と三極関係を叙述上の便宜をはかって論じ分けている。協働（Zusammenwirken）は役割行動による分業的協働であるとし、一対一の関係の背後には協働連関態がひかえているという。協働連関態に関する注で廣松はこう述べている。

本稿では、二個体間の対面的な共互行動を先ず截《き》り出す流儀で議論を運んできたのであったが、それはマルクスが「価値形態論」において二項的関係から起論しているのと同趣の方法論的配備であって、実践的な二個体関係なるものは、実は、協働的役割行為連関態というネットワークの一局部を截《き》り取ったものにほかならない。そこでの各項は、実は既に、ネットワーク全体からの反照規定の結節とも謂うべきものである。新生児と母親の対面的行動といえども、母親の役割行動はまさしくネットワークに規制された行動なのであって、単なる生身の二個体関係ではない(42)。

これは、廣松の価値形態論解釈と相即している。第三章で論じたように、『資本論の哲学』（一九七四）において、廣松はすでに役割行動に着目していた。『資本論』解釈における理路は、一貫して引き継がれているといえるだろう。すなわち役割行動は、三極構造を持つ社会的な反照を前提として成り立っているのである。

役割行動の検討に戻ろう。複数の当事者を想定した場面を廣松は舞台的場面として設定する。ここで舞台的場面における「予期的表象像」というのは、次のようなことである。みずからの行動に対して、周囲の他者から何らかの反応が向けられる。これが舞台的場面に表情性を帯びたかたちで現われる。これは、いわば場の雰囲気とでも呼ぶべきもので、対人的行動において経験的に形成される。先に扱った催眠現象との関係で言えば、場に期待内容が帰属し、それによって催眠的に行動が誘発されるのである。われわれは、日常生活のさまざまな場においてその場にふさわしいふるまいをするが、それはこの舞台的場面に現われる期待内容を察知して、役割行動をとっていると解釈できる。以上、期待察知から広い意味での役割行動へと移す過程を考察してきた。次節では、より具体的な場面に即して、特定の集団において役割行動を遂行する機制について考察する。

四　集団内での役割行動と役柄の物象化

四―一　賞罰《サンクション》

前節において、日常生活の場面では広い意味で役割行動が遂行されているということを概観してきた。本節では、具体的な集団内において役割行動がどのように行なわれるのかを、廣松につき従って考察していく。まず、前節で扱った舞台的場面との違いを明らかにしておく必要があるだろう。舞台的場面に期待内容が帰属して表情性を帯び、その期待に沿う形でわれわれは行動する、ということを概括してきた。これは、期待察知をもとに行動しているという面ではたしかに役割行動の範疇に入る。しかし、舞台的場面のもとでの役割行動は、あくまで「ああすればこうなる」という予期にもとづいており、それはすでに経験的に獲得されたものであるといえる。本節では、集団内において役割期待を察知し役割行動をする、そして集団に個人が馴致される、まさにその経験的過程を考察する。

集団内での役割行動の考察に入る前に、必要な概念を整理しておこう。前節で扱った「ああすればこうなる」という「予期的表象像」が形成される機制を考察するためには、賞罰《サンクション》のはたらきを参照するのが好便である。廣松は、サンクションを次のように定義している。

広義のサンクションと謂うとき、――先刻来の行論中でも既にインプリシットに叙べた形になっているが――われわれとしては、「褒賞－許容－委棄－懲罰」というスペクトルで考える。この広義のサンクション概念に即する場合、笑顔の表情による継行の許容や、無記な態度による継行の委棄のごときも対向的なサンクション行動の内に算入される所以となり、対向的反応の殆んど一切がサンクショナルな意義をもつ、と言うことも出来よう(43)。

このようにサンクションを広義に捉えると、対向的反応のほとんどがサンクションである、ということになる。つまり、他者を眼前にした行動のほとんどが、サンクションを意識して遂行されているといえよう。これは、他者を前に何らかの行動をするとき、他者が自分に対してとるあらゆる反応が、自分の行動を省み調整する上で意義を持つということである。たとえば、人々が行き交う街の雑踏のなかを歩くとき、周囲の見知らぬ他者から呼びとめられず視線を向けられないということでさえも、雑踏での歩行が許容されている、と解釈できる。もし仮に、突然道ばたに座り込んだりすれば奇異の目を向けられるだろう。さらに、大澤真幸も述べていることだが(44)、他者が具体的他者からより抽象化された形の他者として、自己の行為に効力を持つ段階へと展開していく。

以上により、サンクションが、広く対向的行動において意義を持つ、具体的他者だけではなく抽象的他者としてみずからの行為に効力を持つ、ということを概括した。次に、より狭義のサンクションが具体的集団において効力を発揮し、個人が集団の規則に順応していく機制を見ていく。

サンクションは、言語によるもの、身体的直接行動によるもの、など多岐多様にわたっているが、ここでは、特に「笑い」というサンクションを取り上げる。廣松がいうように、日本においては、幼児期以後の社会生活におけるサンクションは主として「笑い」であると言える。「笑い」が意味する情動を正確に分類することは困難であるが、便宜上、正負のサンクションに対応させて「笑い」を参照する。「笑い」は「期待的予期」の充当や「期待的予期」の外れという正・負の両義性を備え、われわれの行動に影響を及ぼす。この点について詳細を述べよう。「笑い」がサンクションの機能を果たすのは、次のような理由である。人が自分の行動がもとになって他人の笑いを引き起こしたということを感知したとき、その他人の笑いが悦びの笑いであった場合には自分も愉悦感を感じ、他人の笑いが嘲りの笑いであれば自分は恥辱感を感じる、という機制が存在する。これは「三―一　表情性現相」で扱った情動覚知の機制と同様に理解できる。悦びは他人の期待に応えたさいの正のサンクションとして、嘲りは他人の期待に背いたさいの負のサンクションとして発せられるためであり、その後の自分の行動に規制的な影響を及ぼすというのである。つまり、われわれは他人から悦びの笑いを受けても、嘲りの笑いは受けることのないように、みずからの行動を調整し、他人によって期待されている相におのずと統制していく。このように、「笑い」を端緒として、サンクションの働きを理解することができる。次項では、集団内においてサンクションが個人を集団に順応させていく機制を考察していく。

四―二　集団への所属

ここで主題化したいのは、集団内でいかにしてルール的行為規範が遵守されているのか、ということである。ある集団が存在し、そこへ諸個人が参加・脱退することは当然起こることである。そして、その集団にはある種のルール的行為規範が存在し、つねにそのルールが守られている。しかし、人に先天的にルールを遵守する徳性が備わっているとは思えない。この個人の参加・脱退とルールの遵守との関係は、いかなるものであろうか。

ここでまず、廣松にならい、想定されうる回答を挙げておこう。参加しルールを遵守しつづけることが利益であるという「打算的判断」、集団の目的を考えてルールの遵守が利益であるという「合理的判断」、ルールは遵守せねばならないという「義務感」。このようにルールを遵守する当人の意識はさまざまである。しかし、ここで問いたいのは、これらの意識を成立させる深層的な機制である。その検討のために、ルールを破った場合のことを考えてみる。ルールを破った当人は、集団のメンバーから直接的あるいは間接的なサンクションを受け、それ以後はルールを守るよう強制されるか、みずからルールを守るよう反省する。そうでなければ、彼はその集団から放逐されるだろう。そして放逐に簡単に応じるようであれば、彼はもともとその集団に参加する気がなかったのだとみなされ、あたかも集団のメンバーではなかったかのように扱われる。

こうして、集団に所属しつづけようとするかぎり、つまり、集団から放逐されまいとするかぎり、ルールに従うことを強要される。このさい、集団に参加しつづけようという意向を持つことは、ルールを遵守するという誓約を交わすことと同義である。このようにして、「打算的判断」・「合理的判断」・「義務感」からルールを守るのではないにしても、〝誓約〟集団内部に留まろうとするかぎりは遵守を強制される。そして、放逐者・脱退者を生みつつではあれ、存続する〝誓約〟集団の内部ではともかくルールが遵守されているという状態に帰結するのである。

さて、ここで、サンクションを主題化する補助線として、ミードの理論との比較を試みたい。共同体に選択的に適応する機制について、ミードは、有機体による環境の選択という議論を個人と共同体との関係に援用する形でまとめている。しかし、ミードは、有機体がみずから反応できる環境を選び取るということを、アナロジーとしての域を超えて、個人と共同体との関係に適用してしまっているのではないだろうか。個人が共同体に適応する機制に関して、より詳細に検討する必要があるように思われる。たしかに、遊戯・ゲームをモチーフとして役割を取得しながら集団のなかで自我を作り上げていくという点では、ミードは独自性を打ち出している。しかし、集団内で役割を取得していくのはそもそもなぜなのか、という機制に関して論理的に飛躍があるのではないだろうか。共同体において個人が自我を獲得していく過程について、ミードがまとめた箇所をみよう。

> 組織化された自我を作り上げていくものは、その集団に共通な態度の組織化である。人が人格をもつのは、彼が共同体に属するからであり、彼がその共同体の諸制度を彼自身の行為のなかに引き継ぐからである。彼は共同体の言語を、それによって彼が自分の人格を獲得する手段として取得し、それから、他者のすべてが供給するさまざまな役割を取得する過程を通じて、彼はその共同体の成員たちの態度を獲得するにいたる。ある意味で、このようなものが、人間の人格の構造である。特定の共通の事物にたいして、それぞれの個人がもつ特定の共通の反応があり、そして、その個人が他者に影響を及ぼしているときに、彼のなかでこれらの共通の反応が自覚されるかぎりで、彼は自らの自我に目覚める。[45]〔傍点引用者〕

ここで注目したいのは、「共同体の諸制度を彼自身の行為のなかに引き継ぐ」という点である。ミードによれば、個人の行為は諸制度に包摂されるかたちで成り立っているという。さらに遡って考えるために、制度に個人が馴致されていく機制についてミードが述べている箇所を引こう。

> 個人にたいする共同体のこの反作用が、われわれが制度的形態と呼ぶようなものになったとき、共同体の発展における最大の前進が達成される。このことによって、われわれが意味するものは、共同体全体が、特定の環境のもとで、個人にたいして同一の仕方で行動するということである。諸君の財産を盗んだものにたいしては、それがトムであれディックであれヘンリーであれ、共同体全体はいっさい差別をしない。これらの条件のもとで、共同体全体の側には同一の反応がある。われわれは、このことを制度の形成と呼ぶ。[46]

ここで、ミードのいう「制度（＝共同体全体の同一の反応）[47]」が、廣松のいうところの、サンクションを前提としたルール的行為規範にあたるといえるだろう。個人は制度に反応できるときに共同体に所属することができ、そのなかでの自我を獲得する、とミードはいう。しかし、制度から逸脱した個人の行為がいかにして矯正されていくか、という点について具体的には論じてはいない。この点を、廣松はより具体的にまとめたのであった。すなわち、集団のルールに違反した行為はサンクションを受けるということを、個人は、直接的あるいは間接的に理解する。(48) そして、そのサンクションを内面化し、集団のルール的行為規範（ミードの用語では「制度」）に適応していくのである。

四－三　役柄の物象化

「三－二　期待察知と役割行動」において、「地位」などの既存の制度を前提にして役割行動を捉える見方を、廣松がしりぞけているということを指摘しておいた。ここでは、役割行動が「役柄」を物象化し、さらに「地位」「制度」をも物象化していく過程を、廣松の論にしたがって考察する。

まず、日常的な意識にもとづいた通念的な役割理論を例示しておこう。役柄というものが、すでにあるものとして意識されるようになる。すると、周囲の当事者たちの意識においては、その役柄から役割期待が生まれるかのような錯覚が生じる。

しかし、これまで廣松の論にしたがって考察してきたように、そのつどの期待的察知による行為、つまり「役割行動」が、まず先にある。そして、そのつどの役割行動が総合されて「役柄」というものが意識されるようになる。これは、三－二で述べた、舞台的場面が表情性を帯びたように感じられることと同様に考えると理解しやすい。それぞれの場所にはじめから期待内容が付属しているわけではないように、役柄にはじめから役割期待が付属しているわけではない。いいかえれば、一定の行動を期待される役柄に人が入りこむのではなく、流動的な役割行動が先にあるのである。

さらに、「役柄」は他の「役柄」と区別されて並存しているわけではなく、それぞれが結びついて、ある種のネットワークを形成している。役柄は他の役柄と相関的に措定され、あたかも〝装束〟のなかに人物が入りこんだように現認される。そしてそれが、いわゆる「役柄」が物象化されたものとしての「地位」や「部署」を意味するのである。もちろん、役柄と役柄が相関しネットワークを形成しているということは、当事者には意識されず、反省的に見たときに覚識されるものである。このネットワークを、廣松は「分業的協働」「協働的連関態」といった言葉で表現している。(49) 第六章で触れるが、役割行動によってつくられるネットワーク「協働連関態」は、晩年の主著『存在と意味 第二巻』（一九九三）において、利益共同体として捉えられている。われわれのみるところ、自己と他者の協働（Zusammenwirken）によって形成される協働連関態は、共同体の一種であるといえ、廣松はそれをポジティヴに位置づけているのである。

さて、第三節での発生論的考察から始めて、われわれは他者と関わることによって共軛的に役柄・地位・機構へと組み込まれていくということをみてきた。これは、ミードが「小さな自我から大きな自我」ということばで表わしたことを、より精密に理論化しているといえる。そしてこの物象化の過程こそが、「〝主体〟の多重的階型性と共同主観的自己形成の現実的過程構造(50)」という廣松の着想の根幹にあたるのである。

ここで、われわれの根源的な問いへと立ち戻ってみよう。サンクションへの反応の仕方で、個人の多様性が認められるのは確かである。しかし、その反応の仕方自体が過去の選択によって規定されているとすれば、個人の主体性や自由意志といったものは、そもそも存在しうるのだろうか。結局のところ、無限に遡っていくだけで、個は消え去ってしまうのではないだろうか。われわれは、所与の条件をみずからどのように解釈することができるのだろうか。所与の共同体のなかで自律的に生きることは可能なのであろうか。次節では、これらの問いをもとに、自己同一性と自由意志について検討する。

五　自己同一性と自由意志

五－一　自己同一性と人格的実体

行論において、われわれは生まれてこの方、具体的・抽象的他者からの役割期待に応えることにより、さまざまな役柄を纏っていくということを辿ってきた。さらに、所定の役柄に同一化することにより、その役柄に理想的な人格へと自己陶冶していく。もちろん、先に詳述してきたように、純粋な自己自身による陶冶ではなく、深層的機制がはたらき、自律的とも他律的ともつかぬ形で実現されていく。

さて、ここで問いたいのは次のようなことである。個人の人格がさまざまな役柄の束に還元できるのだとすれば、個人の自己同一性を保っているものはいったい何であろうか。第二節で参照したミードは、一般化された他者を自己に内面化することによって多面的人格が統一性を保っていると結論づけた。そして、その個人の自我と社会とを類比的に捉えて整合性を与えたのであった。この点に関して、別の箇所でも、次のように述べている。

あらゆる自我が社会過程によって、または社会過程の見地から構成され、社会過程の個人的反映である――というよりむしろ、あらゆる自我は、社会過程が表示する、この組織化された行動型の反映であり、それはそのそれぞれの構造のなかに、この行動型を包括しているのだが――という事実は、すべての個人的自我がそれ自身の特殊な個性、それ自身の特異な型をもつという事実と、両立しないことは少しもないし、また矛盾する関係にあるわけでもない(51)。

あらためて述べておけば、社会が組織化されており、その社会と関わりつつ行為する個人の自我もまた組織化されている。そしてさらに、それを統合するものとしての個人的自我の個性も両立しうる、とミードは述べる。非人格的である社会と人格的存在である個人とを類比的に捉えるという〈非対称性〉については、「主我」の創発的内発性がエージェントとなり個人と社会の再帰的構成を生む、として個人と社会を連結し、論理をまとめたのであった。しかし、このように「主我」を自明視し、そこに個人の個性を帰着させてしまう理論に廣松は反論する。両者の論を比較するために、まず、廣松の卓抜な比喩を引こう。

比喩的に言えば、〝実体〟とはむしろ〝関係の結節〟とも謂うべきものである。〝関係の結節〟と聞くと、人々はとかく〝網の結び目〟を連想し、それは没個性的・斉同的であるかのようにイメージしてしまう。しかし、多岐多様な諸関係の諸結節は、まさにそれら多様的＝不斉一的でしかも多岐的に縺れ合った諸関係の結節として、一つ一つがユニークたりうるのである。実体であれば合同的・同型的でありうるが、関係の結節は少なくとも位置性においてユニークであり、類似的ではありえても、必ず個性的である。(52)

この廣松の比喩にミードの論を対応させれば、次のようになるだろう。ミードの論にあっては、役柄の束が縺れ合う網の目を解きほぐして見てみると、結節があったところに「主我」が存在する。逆に形成過程を追えば、「主我」に役柄の束が巻きついて関係の結節を形づくっていく。「主我」が個性的であるがゆえに、関係の結節も個性的なものとなる。これに対して、廣松は関係の結節自体がユニークであるという。廣松の論では、役柄が他者との共軛的役割行動によって共同主観的に構成されていく。このミードと廣松の比較を踏まえると、次のようにはいえないだろうか。廣松にとって、人格のどこまでが先天的であり、どこからが後天的であるかは本質的な問題ではないのではないだろうか、と。この点についてさらに考察を進めよう。廣松は個人の人格について次のように述べている。

「人格」は断じて「役割関係の結節・束」には還元しきれない。それはまさに〝総世界的な各種諸関係の複合的・錯合的な結節〟なのであり、そのことにおいて「人格的特性」「個性」が定在するのである。[53]

ここで「〝総世界的な各種諸関係の複合的・錯合的な結節〟」と表現しているように、廣松は「フェノメナルな現相世界」全体の一部として、その内部にただ存在するものとして個人を捉えている。より踏み込んでいえば、廣松はあくまでも個人の内在性に定位するのである。そこには、ミードのように自我の主体性と社会性を順序付けて説明しようとする意図は感じられない。機械論的に個人と社会を結びつけるモデルは、個人の自由を謳う近代的市民観に依拠している。廣松はそうしたモデルは採らず、有機的組織体になぞらえて[54]間主体的な錯合体を捉えているのである。

ここで、先に引いた「位置性」という言葉に注目したい。われわれのみるところ、この「位置性」がまさに個人的特性を意味している。有機的組織体においては、類似的な部分はあってもまったく同一の部分がないように、人々が織り成す協働連関態から切り取った部分を個人とすれば、個人もまた必ず個性的なのである。

さらに、廣松がミードの「主我」に対して批判的である点を挙げよう。先に述べたとおり、ミードは「主我」に人格的実体を見出している。この自明視された「主我」に人格的実体を据える点を、廣松は次のように批判する。

われわれは、ミード式の「客我－主我」という構成での「主我」の位置に立つものとして、一般化していえば「経験的自我－先験的自我[55]」という図式での「先験的自我」の位置に立つものとして、実体的人格－人格的実体を措定すべき謂われはない。

人格的特性や〝人格的実体〟ということがわれわれにとってアクチュアルに問題となるのは、よしんばミードの謂うmeでこそなければ、いわゆる「経験的自我」次元での「主体」に即してである[56]。

つまり、廣松は「フェノメナルな現相世界全体」の一端として個人の人格を捉えているため、先験的（超越論的）自我を持ち出す必要性を否定しているのである。廣松の論にしたがえば、これはもっともなことであろう。廣松は、身心分離以前的な段階から発生論的考察を始め、「フェノメナルな世界」との共軛的な役割行動に定位する。そのうえで役柄的人格の取得へと上昇していく論理を展開する。あくまで廣松は、「フェノメナルな世界」との関係で思考しているので、世界を先験的（超越論的）に捉えることはしないはずである。よって、人格的自己同一性についていえば、厳密に「実体」といえるような不変な自己同一性は存在しないと廣松はみる。あるのは、比喩的に〝関係の結節〟というような、ゲシュタルト的同一性である。そして、関係の結節が可変的であるがゆえに、ゲシュタルト的同一性も可変的なものとなるのである。

五―二　自由意志

第四節の末尾で、共同主観的自己形成の先行条件を〈所与の条件〉という言葉で提示した。あらためて問えば、廣松の議論において、原初的な主体性というものは存在するのだろうか。ミードは、生まれ落ちた環境自体が種の選択的性質を帯びており、その点で種としての主体性が認められるという。さらに、「主我」の特性によって原初的主体性を担保したのだった。それに対して廣松は、先験的（超越論的）自我を個人に見出さない。『世界の共同主観的存在構造』（一九七二）においてすでに、廣松はこう述べている。

現実の認識主観を問題にするかぎり、どこまでが生来の同型性にもとづくものであり、どこからが後天的な間主体的同型化の結果であるか、これを戴然と区別することは不可能であろう。[57]

つまり廣松は、主観と共同主観を「截然と区別することは不可能」としてまとめているわけである。なぜ不可能であるのか。これについて廣松は、「選択的自由」と「自発的自由」に分けて、個人の自由意志の問題を検討している。詳細を見てみよう。

まず「選択的自由」である。人が何らかの決意的な行動を起こすさい、可能な選択肢がすでに存在していると思念すること。また、特定の選択肢を選んだのちに反省するとき、他の選択肢をとることも可能であったと、人が思念すること。この思念という事実は存在する。ここで問題となるのが、本当に可能な選択肢はすでに存在していたのか、そして、行動を実行に移し、後から反省したとき、他の選択肢をとることが可能であったのか、ということである。この「可能的選択肢」というのは、あくまで行動に移す前を想定したときの「予期的表象像」である。つまり、表象像というかぎりでのみ可能であるにすぎない。たしかに、厳密に同一の条件であるならとりうる行動も必然的に同一である、ということはできない。しかし、そのことが、可能的選択肢が行動する前から客観的にみてすでに存在している、ということの積極的な証拠になるわけではない。「選択的自由」を検討して分かるのは、「客観的偶然性」の余地があるということ、および「選択的自由」という当事者の思念がある、ということだけである。

次に「自発的自由」を検討しよう。人が「内発的起動感」を体内に覚知するという意識事実を認めたとしても、実際にその自発的な起動が存在するのであろうか。むしろ、覚知しているのは、身体的な状態つまり体内感覚の覚知にすぎないのではないだろうか。つまり、「内発的起動感」を体内に覚知するというのは、偶発的な身体の始動や何らかの誘導的な機制によっているだけかもしれない。偶発や誘導によらず、純粋に自発的で自由な行為であるということを示すためには、いわば〝内なるエージェント〟が実在し、それが意識的に起動するということを実証しなくてはならない。ここで〝内なるエージェント〟を実証することは困難であるが、〝内なるエージェント〟によるものとされる現象も他の要因で説明がつく、ということはいえる。「三－一　表情性現相」で扱ったように、内発的に始動するとされる「心因性の身体現象」さえも、身心が随意的なものとして説明できる。[58]よって、「内発的起動感」を説明するために〝内なるエージェント〟を持ち出すことが唯一合理的ではない、ということまでがいえる。

以上の「選択的自由」「自発的自由」の考察を経て、「自由意志」が実在するということは確証できないということまでがいえる。とはいえ、「自由意志」を排した「決定論」を正当化するわけではなく、「客観的偶然性」の余地が残るかぎりでの「非決定論」をいうことが許される、というわけである。

「区別が不可能」という玉虫色の解決にみえた主観と共同主観性の関係において、強調したいのは次の一点である。原初的な主体性に関して提示した所与の条件は「客観的偶然性」を孕む余地があり、[59]その棄却不可能な「客観的偶然性」に纏われつつ、われわれの認識や自我は共同主観性を帯びている。

本章のこれまでの考察は、主に個人の自我や自由意志に焦点を絞ったものであった。しかし、廣松は個人の自由意志の問題にとどまっているわけではない。廣松はいう。「決定論・非決定論という悪しき二者択一論法schlechte Alternativeを去って、歴史法則の存立構造と諸個人の行為との媒介的聯関性を端的に主題化しなければならない」。[60]つまり個人の「選択する自由」を検討してみても、それは一義的には決定されていないということにすぎない。個人は、あくまで歴史的・社会的に媒介されている、というわけである。さらに廣松は、マルクス・エンゲルスのことばを引き、次のようにいう。

旧来の歴史的・社会的現実においては、人間が自由であるか否かという哲学的論議、決定論か非決定論かというスコラ談義が、そもそも噴飯物であったと言わざるをえない。たとえ非決定論や絶対的自由意志が形而上学的な〝真理〟であったとしても、奴隷、農奴、賃労働者にとって、いや、支配階級の諸個人にとってさえ、彼らの現実的生活にとって、それがなにがしかの意味をもちえたろう？　「従来、諸個人がそこへと結集していた擬制的共同社会は、諸個人に対して必ず自立化し、対立してきた。それは、しかも、他の階級に対する一階級の結集であったが故に、被支配階級にとっては全くの幻想的共同社会だったばかりか、ひとつの桎梏にほかならなかった。来るべき真の共同社会においてはじめて、諸個人はその連帯のうちで、また連帯を通して、同時に、彼らの自由を得るのである。〔中略〕自由の問題は、かくして、マルクス主義においては、与件とその対象的認識のスコラ談義ではなく、プロレタリアートの geschickte Bestimmung、先駆的決意性 laufende Entschlossenheit の問題となる。」[61]

「来るべき真の共同社会」において、連帯のうちで諸個人は自由を得ることができるという。このような個人の自由とはいかなるものであろうか。章をあらためて、考察を続けよう。

第六章　役割理論からマルクス主義国家論へ

一　国家論の難題と役割理論への定位

一九八六年五月、廣松渉は「役割理論の再構築のために」と題される長大な論稿を『思想』に連載しはじめた。それまで廣松のアカデミズムでの業績は、『ドイツ・イデオロギー』の文献学的研究にはじまるマルクス研究や認識論・存在論哲学が主だったものであり、発達心理学の知見を盛り込んだ同論稿は、『存在と意味　第二巻』(一九九三)の予備門をなすものと予告されているとはいえ、廣松の理論体系のなかでどのような位置づけを与えられているか、さほど注目されていないように思われる。

廣松哲学に内在しつつ廣松役割理論をさらに展開した研究としては、山本耕一「協働・役割・国家」(廣松渉『唯物史観と国家論』一九八二所収)、森末伸行『法フェティシズムの陥穽――「法哲学としての社会哲学」へ』(一九九三)、山本耕一『権力』(一九九八)、星野智「役割と権力――廣松渉の役割論と権力論をめぐって」(『現代権力論の構図』二〇〇〇所収)が挙げられる。いずれも廣松役割理論の独自性を描きだしているが、廣松哲学体系において役割理論の持つ射程を、十全に論じてはいないように思われる。さらに言えば、廣松が最晩年になぜ役割理論に注力したのか、いまだ一定の見解に至っていないのではないだろうか。

突如連載を開始した論稿「役割理論の再構築のために」も、その端緒を一九六八年にみることができる。廣松への敬愛心溢れる評伝を著わした熊野純彦は、同連載が収められた『廣松渉著作集 第五巻』の解説でこう述べている。「役割理論への廣松のコミットは六八年の論文（「人間主義対科学主義の地平を超えるもの」）にまでさかのぼることができる。当の論文は、廣松のマルクス理解のおおすじを一般読書界に提示した一文としても、大きな意義を持っていることはいうまでもない。その論稿の末尾に、廣松実践哲学の主要な概念装置のひとつである役割概念への言及がすでになされていることは、廣松における実践哲学とマルクス理解との関連について、すでに多くをかたっていよう。廣松役割理論は、じつは、廣松物象化論と同時にその構想が登場したものなのである」[1]。

ここで指示されている論文「人間主義対科学主義の地平を超えるもの――世界・内・存在と歴史・内・存在」（『現代の理論』一九六八年七月）[2]は、構造主義の隆盛を受けて、人間主義と科学主義という近代イデオロギーの地平を超えるものとしてマルクス主義を位置づけたものである。そこでは、ハイデガーがいかにして近代イデオロギーの地平を超克しようと試みたかがまず検討され、さらにマルクス主義との比較が行なわれている。廣松によれば、ハイデガーは共同主観的・人称以前的な「ヒト」を非本来的であるとして斥け、「先駆的決意性」において日常的頽落を超脱する単独者としての自己を本来的なものとして持ちだす。しかし、それは本源的に一人称の自発（決意）性としての純粋意識であり、近世的な意識－対象（Subjekt-Objekt）の図式に回帰していると、廣松は指摘する。それに対して、マルクス主義は、共同主観的前人称的な、「物に憑かれた」在り方を本源的な在り方として脱近世的にとらえかえすことによって、「歴史」をはじめて世界観的な問いの主題とし、根源的な問いの対象と視界を転換した。マルクス主義は、歴史・内・存在の根本的な把握に徹し、存在者としての歴史、歴史化された自然に定位することではじめて、歴史を歴史として解明する途を拓いたという。

そして、マルクス主義の優位性を説くこの論稿の末尾で、歴史・内・存在である人間がいかにして歴史にかかわるかを分析する概念装置として「地位」と「役割」というタームが用いられたのである。そこで廣松はこう述べている。

歴史・内・存在者としての人間は、単にヒトとして行為しているのではなく、社会学者の用語でいえば、一定のstatus and roleにおいて、しかも「強制」(contrainte)された思惟と行為の様式maniers《ママ》 de penser et de faireにおいて活動している。人びとの「誰」がそもそも歴史的・社会的・共同主観的であり、そのような「誰」かとして人びとは日常不断に行動している。また、歴史・内・存在に開らける如実の世界の各分節も、本源的に意味を懐胎(Prägnanz der Bedeutung)しており、必ず「何か」として在る。[3]

廣松は、脱人称化されたヒトとしてではなく、歴史的な文脈に投げ込まれた存在として人間をとらえる。一定の「地位」と「役割」に投げ込まれた人間は、その場の強制力を受け、行為を規制される。その行為を役割行為としてとらえる見方が、ここではじめて提示されているのである。

ここで「役割理論」の歴史について軽くふれておきたい。役割概念は「個人と社会」を媒介する概念として重要視され、社会学における一定の研究領域を形成してきた。役割理論は、まず一九五〇年代にアメリカで展開され、六〇年代に(旧)西ドイツに移り社会学理論の中心的な検討課題となったという。[4] 役割理論には、大きく二つの理論的アプローチがある。第一に、役割を制度や地位といった物象化された構造に付属するものと考える理論的立場であり、それはT・パーソンズ、R・マートン、R・ダーレンドルフなどに代表される。第二に、役割に関する個人主義的な観点に立ち、役割の社会的規定性を考慮しながら、個人による役割形成を問題化するものである。これはG・H・ミードやA・シュッツの理論、およびシンボリック相互作用論に代表される。こうした理論的な系譜において、廣松役割論は両者の立場を理論的に統合するものであるとされる。[5]

廣松は、先行する役割理論を踏まえて独自の役割理論を展開していった。とはいえ、「役割」に対して「地位」

が先行するというアメリカ社会学の説をしりぞける廣松役割理論の独自性は、この時点ではまだ見られない。その展開は「歴史的世界の協働的存立構造――物象化論の哲学への基礎視角」（『思想』一九七〇年八月）などを俟つことになる。

熊野純彦によれば、廣松役割理論は「パーソンズやミードといった社会学系のそれというよりは、むしろレーヴィットのハイデガー批判に源泉のひとつを有するもの[6]」であるという。じっさい、廣松は、「間主体性と役柄存在　人間存在論への覚書Ⅱ」（『現代思想』一九七四年八・九月）において、ハイデガーの高弟であるレーヴィットの「共に在る人間の役割における個人」（Das individuum in der Rolle des Mitmenschen, 1928）から、〝ペルソナ〟〝役割〟といったカテゴリーを取り出している。また一九七五年三月には、「哲学奨励山崎賞」受賞記念シンポジウムのなかで次のように述べ、レーヴィットの概念を援用し実践論にアプローチする旨を表明している。「ロール・セオリーというのは、ミードとかああいった連中からはじまったのではなくて、ハイデガーの『存在と時間』が出たあくる年に、彼の弟子でありましたカール・レーヴィットがハイデガーのああいう世界了解に対して、とくにミットザイン（共同存在）、ミットダーザイン（共同現存在）という概念を、どうリアルに展開していくかというモチーフのもとにもち出したという経緯があるわけですね。私としてもレーヴィット的な意味でのロール・セオリーを、ひとつの手がかりにして換骨奪胎的に議論を展開していきたいと思っているわけですが、これでもってマルクスの「協働」論や社会編制論、さかのぼっては人格論をも具象化できるものと予期いたします[7]」。のちに主著『存在と意味　第二巻』（一九九三）においても、レーヴィットを踏まえつつ「我－汝」関係を「役割共互関係」に即して存在論的に規定し返す、という課題を掲げている。

こうした役割への着目と並行して廣松は、一九六九年から一九七二年にかけて「マルクス主義における人間・社会・国家」を五回にわたって『情況』に連載したほか、「〈市民社会・国家体制〉への視角」（『大阪市立大学新聞』一九七〇年一月）、「『ドイツ・イデオロギー』の国家論」（『国家論研究』一九七四年一二月）を発表するなど、マルクス国家論研究に集中的に取り組んでいる。(8)しかし、『情況』連載稿が収められた『唯物史観と国家論』(一九八二)序文で、国家論の構築は三〇年来の一大懸案だが、『唯物史観の原像』(一九七一)第二章第三節「社会の生産的協働聯関態と階級国家」および「〈市民社会・国家体制〉への視角」(『大阪市立大学新聞』一九七〇年一月)での立論を凌駕する態勢にはなく、国家論を具体的に論定するには程遠い域に止まっていると述べた。じっさい、国家論をめぐる諸論稿を収録した『唯物史観と国家論』も、体系的な叙述構成にこだわったそれ以外の著作とは異なり、廣松の執筆部分は「補説——未だ書かれざる章に代えて」で閉じられている。そしてそれを補うものとして、山本耕一の論稿「協働・役割・国家」が付されている。この論稿は、「社会という「協働」聯関態を「役割」編制という視角で把え返しつつ、社会的威力 soziale Macht の存立性とその物象化に定位して「国家」の権力と構制を体系的に把握していこうとする意想」に関しては廣松と同趣のものでありながら、廣松自身が展開しえなかった議論を独自に展開したものであると序文で紹介されている。

また、「鼎談　近代政治思想とマルクスの国家観」(『国家論研究』一九七五年六月)では、国家論の学説史研究で停滞し、別方面からのアプローチとして役割理論の理論化へ向かったことを表明している。

私事になりますけれども、マルクス国家論の再構成というのは、わたしにとっては二十年来の懸案でして、さっき津田さんに向って自己批判的にぼくの方がさきに間違えたといいましたけれども、『日本の学生運動』というのを書いた時、着眼そのものは必ずしも間違っていなかったと今でも思いますが、マハトとゲヴァルトとのマルクスにおける一義的な区別的用法云々とやらかしているんです。〔中略〕ぼくにとって、国家論というのは、その頃からずーっと一貫して基本的な課題の一つなんです。しかしどうしても壁を破れない。しようがないから学説史みたいなところをまず押さえておこうと思って『情況』に連載をはじめたのですが、カントまで追ってきたところでストップしてしまっている。フィヒテとドイツ・ロマン派が今のところネックです。〔中略〕いわゆる役割的な編成の構造、これは分業の構造の基礎的な構造でもあるわけだし、そういう、ロールの構造、とくに生産の現場における構造からいわゆる政治的な行動の場面におけるロールの構造までが、どのように物象化していくかということから、国家権力の問題のみならず、規範的な拘束性というまさに無意識の層にわたるイデオロギッシュな拘束性の存立構造、これを押さえてみたいとおもっているわけです。(9)

このように、一方で国家論の学説史を丹念にたどるという作業を行ないながら、他方で生産現場における役割行為の理論化を行なうという廣松の着想は、端緒となった一九六八年以降も着実に受け継がれていった。以上を踏まえ本章では、廣松が役割理論を扱った経緯から辿り直し、一見かけ離れているかに見える国家論との内的連関を示すことを目的とする。(10)

二　国家《スタトゥス》＝機関説と国家《キヴィタス》＝統体説から唯物史観へ

廣松は、先に挙げた鼎談において、個と個の関係の場から始め、階級の次元へさらには国家という幻想的過程の次元まで全部を包括できるような体系性をもって展開するという議論は、国家論の範囲では、すでに一八世紀までのイギリスの理論家たちが一応やり切っていると述べている。また廣松は国家論を扱うにあたって、日本語の日常的な語感から想起される国家観念とヨーロッパの国家観念とは含蓄を異にするとし、近代ヨーロッパにおける国家観念の学説史的検討を行なっている。

廣松によれば、近代ヨーロッパの国家観念は、スタトゥス（status）の系譜につらなる国家＝機関説ともいうべき観念と、キヴィタス（civitas）の系譜につらなる統体としての国家＝共同体の観念との二つの類型に分かれるという。スタトゥスとは元来、統治機構、統治権力を意味し、キヴィタスは内容的には res publica ＝公け事、公共の事柄を意味する。

廣松は、この二種の国家観念を、それぞれホッブズとアダム・スミスに代表させる。ホッブズは、彼の社会＝国家思想を集大成した著作『リヴァイアサン』（一六五一）において、人間は自然状態において「万人の万人に対する戦争状態」にあると述べた。ホッブズにあって、諸個人は、自然的な能力に即するかぎり基本的には平等であり、この「平等な人間」とは、自然的・本源的には自立的なアトム的諸個人である。

廣松は、国家《キヴィタス》＝統体説の典型たるホッブズの理論をこうまとめている。

> このようにして、元来、平等にして自立的な諸個人が、自然権を十全に保証しえんがために、相互的に権利を譲渡しあい、「結合契約」によって形成する「一つの大きな人工的人間」artificial man ――共同体というよりもむしろ、諸個人の疑似有機体的な統一体――これが civitas 系の国家論すなわち国家＝統体説の一典型をなすホッブズのいう国家である。[11]

これに対して、アダム・スミスは孤立化された自然人が社会契約を行なうという発想をとらず、人間ははじめから社会－家族的な生活を営んでいたと考えている。とはいえ、はじめから国家が存在していたというわけではなく、社会の一定の発展段階を俟って成立する。狩猟経済社会においては、所有としての所有も、階級としての階級も存在せず、それゆえ、権威と服従はほとんど存在しなかった。それらがあらわれるのは、牧畜経済社会である。

社会が狩猟経済の段階にあった場面では、財産としての財産が殆んど全く存在せず、社会成員の相互的侵害が生ずるとしても、それは「身体または名声」の侵害でしかありえず、加害者は何らの経済的利益をうけない。それゆえ、人びとは、たとえ他人の名声に対する「ねたみ」にかられ、或いはまた何らかの「うらみ」から、他人を侵害することがあるにしても、この無所有、無階級の社会においては、人びとは「相互に傷つきあい、害しあおうと構え」ているようなことはない。

牧畜経済の社会になり、財産としての財産、しかも貧富不平等の財産が成立すると、事情が一変する。ここでは、財産侵害への志向が傾向的必然となる。一方における「富者の貪欲や野心」、他方における「貧者の労働の嫌悪、目前の安逸や享楽の選好」、これら「財産の侵害を刺激する情念」は、執拗に作用し普遍的な影響を及ぼす。(12)

財産の不平等が生じる牧畜経済社会においては、相互侵害の構えが歴史的事実として存在する。そうした相互侵害を調停するものとして、「市民政府」が成立するのである。

廣松によれば、ホッブズにおいてもスミスにおいても、人間像のモデルとなっているのは、産業資本家と賃金労働者ではなく、自営商工業者である。つまり、「自発的な創意と活動によって自立的に生計を営みつつ、〝等価交換〟を通じて社会的対人交渉聯関に入る平等な人格」がモデルとされている。このようにみたとき、キヴィタスとしての国家了解と、スタトゥスとしての国家了解の根底にある国家論の地平は、同一のものとなる。両者の相違点といえば、「〝一般意志〟〝共同利害〟の具現体を「人工的人格」としてのキヴィタスという擬制に置くか、それともスタトゥスという establishment に置くか」という違いにすぎない。ホッブズとスミスに代表させた近代的国家観を、廣松は次のようにまとめている。

近代＝ブルジョア的国家観は、近代ブルジョア的に了解された人間、つまり、本来的に同型的で自立的な諸個人、このようなものとして自発的な主体たる人間諸個人が、彼らのヒューマン・ネイチャーにもとづいて、有意的活動によって創出したものとして「国家」を了解する。(13)

すなわち、近代においては自立的な個人が措定されるが、そうした了解からはキヴィタスとスタトゥスの二つの国家了解も同一のものとみなされるのである。両者とも「自由な主体」たる人間が基体となっており、社会や国家は二次的な存在とされる。そして、近代的な主体として了解された諸個人の人格的複合として社会を表象する見方、すなわち近代＝ブルジョア的な社会観の地平そのものを超え出るものとして成立したのが、唯物史観にほかならない。廣松は、マルクス・エンゲルスが唯物史観を確立したのは、スミス、ヘーゲルを踏まえてのことであるとみている。(14)

ヘーゲル主義の洗礼を受けて思想形成をとげたマルクス・エンゲルスにとっては、しかし、ルソー的公民の共同体観をそのまま採ることができない以上に、スミス的な夜警国家論をそのまま採ることはできない。唯物史観を確立する過程にあったマルクス・エンゲルスは、あらためてヘーゲルの市民社会＝悟性国家という発想を対自的にとらえかえしつつ、そのことにおいて status 系統の国家論と civitas 系統の国家論とを止揚統一する途についたということができるように思われる。(15)

唯物史観においては、人間のとらえ方、社会のとらえ方が、根本的にブルジョア的社会観とは異なっている。それも、ブルジョア的社会観と一対一に対決して漸進的に生みだされたのではなく、「新しい地平の天才的な開示」と相即的に成立したと廣松は述べる。

唯物史観においては、自立的な諸個人がまずあって彼らが社会関係を取り結ぶのではなく、動力学的な相互関連の方が――アリストテレス的な意味で――「個に先立つ」のであり、諸個人は、この函数的・機能的関係の「項」として、関係によって先立たれるものとして了解される。[16]

ここでは、廣松哲学における重要なモチーフの一つである「関係の第一次性」が、唯物史観の解釈にも援用されていることがみてとれる。マルクスは「社会」を諸個人の諸関係の一総体として規定し、諸個人の実体化を斥けた。ここにおいて「関係の第一次性」に徹した新しい視座に立っている、と廣松はみる。

次節では、近代＝ブルジョア的社会観を踏まえて思想形成を行なったマルクス、エンゲルスが、唯物史観を生み出すに至ったみちすじを追っていくことにしたい。

三　マルクス国家論追考

マルクスの『資本論』は、第五二章「諸階級」で終わっている。そこで諸階級として挙げられているのは、賃金労働者、資本家、土地所有者であり、それらが資本主義的生産様式を基礎とする近代社会の三大階級をなしているという。そこには、国家の税で生活する警察や官僚などは含まれていない。これまでの研究でも、マルクスの『資本論』からは国家論が引き離されているということは、つとに論じられてきた。そしてその見解は、今日においても揺らいでいない。[17] しかし、これはマルクスが国家を捨象したということを意味しない。国家論はマルクスの構想のうちにあるが、ついにはその積極的な叙述をなしえなかっただけである。廣松も、国家論に対するマルクスの姿勢について、こう述べている。

それは、マルクスにしても事柄がむずかしいから十分体系的にはやれなかったんじゃないでしょうか。でも、さっき、経済学のプランの問題をおっしゃいましたけど、マルクスは国家論までいくつもりだったわけですし、一八四四年末か四五年頭頃の時点ですでに例の国家論のプランみたいな覚書がありますよね。プランは実現しなかったけれども、マルクスとしては、少数者の支配体制であるにもかかわらずそれがあたかも多数者による少数者支配的な倒錯視を生ずる問題や規範的な拘束の問題は、少くとも資本制社会に関する限りは、国家の次元にこそいきませんけれども、ある程度説明しているのではないでしょうか。(18)

マルクスは初期には政治的国家を対象としていたが、『資本論』においては市民社会・経済的下部構造の分析・解剖に徹したのである。

次に、マルクスが社会論・国家論の構想を固めた背景を、廣松の叙述に従って追っていくことにしたい。マルクスは、ヘーゲルの法哲学との対質を通じて、その社会・国家論を形成してきた。ヘーゲル法哲学の根本的な批判に向かったのは、現実との対決における行き詰まりがあったからである。それは、一八四〇年代に入ってフランスからドイツに輸入されてきた共産主義思想や社会主義思想に対してマルクスは態度を決める必要があったが、依然としてヘーゲルの軌道内にとどまっていたということ、そしてフランスの共産主義思想や社会主義思想を研究する機会を持たなかったことなどである。また、一八四二年一〇月には木材窃盗取締法が州議会によって林所有者の都合のよいように改変された。これは、それまで落ち木を拾って生計の足しにしていた貧しい人々の権利を踏みにじるものであったという。この事例について、マルクスは「木材窃盗取締法にかんする討論」(19)を寄せている。こうした現実に突き動かされて、マルクスはヘーゲル法哲学の批判的検討へと向かったのだった。(20)

一八四三年から四四年の初期の社会論には、『ヘーゲル国法論批判』『ユダヤ人問題』『ヘーゲル法哲学批判序説』『経哲手稿』『ルーゲ評註』『神聖家族』などの著作が挙げられる。一八四二年から四三年に編集長を務めた『ライン新聞』時代まで、マルクスはほぼヘーゲル法哲学の大枠内で社会問題に対している。一八四三年後半には、ヘーゲル国法論との逐条的な対質を試みつつ、固有の社会・国家観を対自化しはじめる。『ヘーゲル国法論批判』とは、ヘーゲルの『法の哲学』（一八二一）の第二六一節から第三一三節までの部分に批判的なコメントを付したものであり、その対象は「第三部倫理、第三章国家、A それ自身としての国内体制、a君主権 b統治権 c立法権」の箇所にあたる。マルクスは『ライン新聞』時代に、ヘーゲル国法論批判に本格的に取り組んだのだった。

ヘーゲルの市民社会論に関する廣松の整理によれば、ヘーゲルの市民社会論は、『法の哲学』の「第三部人倫」の第二ステップとして家族、市民社会、国家というトリアーデのうちにあらわれるという。市民社会は、次のような三つの契機を含む。

A、個々人の労働によって、またほかのすべての人々の労働と欲求を満足させることによって、欲求を媒介し、個々人を満足させること――欲求の体系。
B、この体系に含まれている自由という普遍性の現実性、すなわち所有を司法の介入によって保護すること。
C、この体系に残存している偶然性に対して、あらかじめの配慮をすること、そして、警察と組合によって、特殊な利益をひとつの共同的なものとして管理すること。〈『法の哲学』第一八八節[21]〉

廣松は唯物史観を念頭に置き、ここから三つの契機を取り出している。

第一に、ヘーゲルにおいては「市民社会」と「国家」とが明確に区別されること。ヘーゲルのいう「市民社会」は単なる経済の王国ではなく、司法・内務行政をも内に含む「悟性国家」である。市民社会においては、諸個人がおのれ自身の利益、すなわち「利己的目的」を実現しようとすることによって、期せずして「全面的な依存の体系」が設立される。市民社会は「万人の万人に対する闘争場」として存立する。

第二に、「市民社会」が、欲求と労働の体系として性格づけられ、労働の論理にもとづいて展開されていること。市民社会の成員の欲求の充足が行なわれるのは、「他の人との欲求と意志の所有であり産物であるところの外物という手段によってであり、また、欲求と満足とを媒介するものとしての活動と労働によってである」(一八九節)という。それゆえ、「欲求の体系」であるところの市民社会は、労働の体系としてである。生産活動の抽象化を扱った一九八節を、廣松はこうまとめている。「こうして、一方では、諸個人の欲求が多様化し、しかも増大するにもかかわらず、他方では、各人の労働とその生産物が一面的に局限されるという結果になり、欲求を満足させるためには、相互的依存、相互的関連を余儀なくされる。それは、しかも、全くの必然、外的な強制となる」[22]。

第三に、「市民社会」が、その内在的な矛盾そのものによって、弁証法的に自己止揚をとげるべきものとして位置づけられていること。ヘーゲルにあって、「市民社会」は具体的普遍たる「人倫的精神」、「人間」の頽落した在り方、疎外態であって、人倫的精神は必然的にこの疎外態から自己を回復するという。具体的な事象として、一方において富の過剰蓄積が、他方において失業労働者、窮民が累積するが、このようにあらわれる矛盾を「市民社会」は原理上解決することができない。それゆえ、市民社会が「人倫的理念の即自対自的な現実態」たる「国家」共同体へと、自己止揚を遂げなければならない。それをヘーゲルは示そうとする。

ヘーゲルの法哲学にあるこうした「構え」を踏襲しながら、マルクスは社会論・国家論に取り組んでいった。マルクスは、ヘーゲルによる「市民社会」と「国家」の区別を踏まえて出発する。『ヘーゲル国法論批判』執筆時点でのマルクスは、国家としての国家、「政治的国家」という抽象(分離)は「近代の所産である」とし、それと相即して、人間もまた二重的な存在に分裂すると考えていた。そこでは、人間が市人(Bürger)と公人

(Staatsbürger) とに分裂する。

当時マルクスは、人間を「類的存在」として規定するフォイエルバッハの人間観に影響を受けていた。それゆえ、「市人と公人」の分裂を再統一しようとした。マルクスから見て、ヘーゲルの「国家」共同体は、理想化されたプロイセン的君主国家の埒を出ない。このヘーゲルの「君主制」に代えて、マルクスは独特の「民主制」を対置した。ここにおいて、「類が実存として定在」し、市人と公人、市民社会と政治的国家との分裂が止揚されるという。

『経哲手稿』執筆以前のマルクスは、市民社会の構造について社会経済的に究明しうるには至っていなかった。しかし、経済学の研究に鋭意集中しはじめた一八四四年になると、社会の経済編成構造について理解を深めるようになる。廣松は、「『経哲手稿』においては、ヘーゲル市民社会の所説が、古典派経済学を通じて得た具象的な知識内容をこめて、いうなれば敷衍されたかたちで再現されている」とみている。しかし、四四年時点では、諸個人相互の社会的連関構造について、断定的な叙述に終始しており、十全に把捉するに至っていないという。こうして、マルクスは「社会の階級的対立構造の歴史的形成の問題をも射程に収めつつ、人間の社会的定在を現実的に保証する諸個人の間主体的関連の構造とその原理を究明すべき局面に逢着した[23]」のである。

一方、エンゲルスも、思想形成の出発点となったのはヘーゲル哲学であった。エンゲルスの初期の著作・論文にはヘーゲルの市民社会論の直接の影響はみられないが、一八四二年末から四四年夏にかけてイギリスの一大工業都市マンチェスターに滞在したことで、「市民社会」の実情に接することになる。そこでエンゲルスは、私的所有者の社会であることにおいて、市民社会では競争が激化することを洞察するに至った。四三年には、いちはやく、来たるべき「革命は政治革命ではなくして社会革命」でなければならず、もはや平和革命は不可能であり、暴力革命が必然的であることを説いている[24]。

こうして、マルクスとエンゲルスは、別の途をとりながらも、ヘーゲルを媒介とさせつつ社会理論の構築へと向かったのだった。欲求と労働の体系である市民社会が必然的に生み出す矛盾、すなわち富の過剰蓄積と貧困の過剰蓄積という問題の同型性(25)は、ヘーゲルからマルクス・エンゲルスに継承されたとみてよいだろう。この点について、廣松は次のように述べている。

国家共同体による市民社会の止揚というヘーゲルの路線は、相応に具体的な議論内容と相俟つことによって、類と個との人倫的統一という意想をマルクス主義的共産主義に結実せしめるうえで、極めて大きな媒介的役割を果したことが認められねばなるまい(26)。

このように、「市民社会」つまりブルジョア社会の内在的自己止揚という問題設定が、ヘーゲルからマルクス・エンゲルスに受け継がれ、唯物史観の視座が確立されたのである(27)。

次に、マルクス・エンゲルスの社会理論たる唯物史観の内実について検討する。

四　唯物史観における〈生産〉

これまで、近代＝ブルジョア的社会観を批判的に継承するマルクス・エンゲルスの思想形成を辿ってきた。

マルクスの先行者であるアダム・スミスにあっては、経済とは商品交換を意味した。マルクスにおいては、経済とは生活手段の「生産」が基底にある。この点において、マルクスは世界観の次元においても新しい地平を拓いている。

生産とは、第一に「対象的活動」であり、また「生産的労働は実践的な投企 Entwurf であり、対象変様的＝自己変様的な一種の創造的活動である[28]」と廣松はいう。創造的活動であるとはいえ、完全に無から有をつくりだすわけではなく、投げ込まれた自然的・歴史的条件のもとで、生への欲求にかられて行なわれる。

また生産とは、第二に「協働 Zusammenwirken」であるという。それは、一見個人の孤独な営みに見える場合でも、分業的な協働として行なわれる。たとえば、田畑を耕すという行為であっても、みずからが生まれる前からある土地と、他人が作った農具、あるいは伝承された作業様式といったものは、他者との共同作業であるとみなすことができる。

廣松は、生産について抽象的にこうまとめている。

生産は、このように、間主体的・歴史的な協働としての対象的活動であり、この対象的活動そのものを通じて、人間は自然を歴史化しつつみずからをも変様的に生産・再生産していく。生産とは、こうして、単にパンを得るための手段といった次元のものではなく、人間存在の在り方、歴史的に送られてくるものへの投企的応答として現在を将来へと媒介する人間存在の世界との関わり、この存在論的な関わり方の根底的な構造そのものを表現するものである。

このような存在論的意義をもつ「生産」という実践、これがマルクス・エンゲルスの社会観ひいては世界観が定位するところの視座にほかならない[29]。

ここでは、ものを作るといった限られた意味ではなく、投げ込まれた歴史的文脈への人間存在の関わり方やはたらきかけといった広い意味で、〈生産〉ということばが使われている。

そして、この間主体的＝共同主体的な対象的活動を通時論的にとらえたものが、いわゆる「歴史」であり、共時論的にとらえることで「社会」が形象化されるという。

廣松によれば、このように間主体的な対象的活動をとらえることによって、近代市民社会のアトミズムに照応する〝社会唯名論〟、そして社会有機体説のように社会を実体化する〝社会実在論〟を双方ともに乗り越える地歩を、マルクス・エンゲルスは確保したという。間主体的協働の函数的・機能的連関の「項」を実体化する錯視によって社会唯名論が、機能的連関の総体を実体化することによって社会実在論が生ずるが、マルクス・エンゲルスはこの二重の実体化を斥けた(30)。というのも、マルクス・エンゲルスは「二極的な形態で錯視される与件の真実態は諸個人がそこにおいて参与 teil-nehmen, part-take するところの協働聯関であること(31)」を看破したからである。

ここで、われわれは「参与 teil-nehmen, part-take」という表現に注目したい。廣松は個人の「協働聯関」への関わり方を「参与」ということばで表わしており、ここに役割をになう存在としての人間というモチーフの萌芽を垣間見ることができる。同時期にアメリカ社会学の役割理論を踏まえ役柄について論じた「歴史的世界の協働的存在構造——物象化論の哲学への基礎視角」(『思想』一九七〇年八月)においても、次のように役割理論の援用を宣言している。「人間活動の汎通的な形式的・構造的規定としての role-taking という概念を採用し、これを援用しながら歴史的主体の在り方にアプローチすることにしよう(32)」。

当該論文では役割ではなく役柄という表現を用いているが、「参与」という表現を用いた箇所とほぼ同様のことを述べている。「役柄の扮技は、間主体的な協働という機能的な連関によって先立たれる「函数の項」としてのみ role-taking, Teilnehmung なのである(33)」。ここで引用した両箇所ともに、「間主体的な協働」が「参与」や「役柄」に先行していることを述べている。つまり、廣松が role-theory を生産の次元に組みこんで使ったタームが「参与」や「役柄」であるといってよいだろう。そして、こうして彫琢されていった役割理論は、理論そのものの構築ではなく歴史的実践のためにほかならなかった。廣松の意想は、端的に次のような発言にあらわれている。

社会的関係というものは多岐多様であり、きわめて豊かな定在諸形態をもっているけれども、敢えて一般化して構造的に把握すれば、それはロール（役割）の編制態として第一次的に押さえることができると思います。こういう含みでの関係の第一次性、これに定位して存在論的な討究を進めていこうというのが、私のモチーフをなしております。特に実践論的なアプローチということでポイントになるのは歴史的実践ですから、そこではいよいよもってロールの動態的編制と構造的変動が問題になって参ります。(34)

廣松は、社会的関係を役割の編制態としてとらえる。役割行為とは、我と汝の出会いの場面における共互的な行為であるから、我と汝がそのつど取り結ぶ関係も同時に基底的なものとなる。したがって、廣松のタームである「関係の第一次性」は、役割行為と相即不離の概念であるといえる。

その後廣松は、『存在と意味　第二巻』（一九九三）で、『唯物史観と国家論』（一九八二）と『思想』連載稿「役割理論の再構築のために」（一九八六）の役割理論をみずからの哲学体系において展開する。そのなかで、協働と役割を強く結びつけ、こう述べている。

協働の殆んど一切の定在が〝分業的協働〟として取り扱われうるとすれば、――そこには現実の統一的上位目的が存在せず、たかだか機能的〝合目的〟性しか認知されないものが含まれるとはいえ、〝分業的協働〟の内部編制に即するかぎり担掌される行動がまさしく役割行動にほかならない以上――殆んど一切の協働連関態は役割担掌編制態として存立している所以となる。(35)

協働とは、自己と他者がお互いに役割行動をとりながら目的達成を目指すものであるといえるため、「協働連関態」は一種の利益共同体の態をなしているといってよい。かくして、間主体的・歴史的な協働としての対象的活動である〈生産〉と役割理論とが、接続されることとなったのである。

これまで主に検討してきた『唯物史観と国家論』だけでなく『存在と意味 第二巻』（一九九三）においても、廣松は役割行為を重視する見方を一貫してとっている。「言語行為なるものを軽視する心算はない[36]」と断りを入れながら、商品交換モデル、言語ゲームモデルの社会論・社会行為論では、共互的役割行為が構造内に含みうる「支配－服従の可能的構造」および「社会的矛盾葛藤の可能的構造」という〈非対称性〉が隠蔽されてしまうという。たとえば、言語行為において文法は規則性が見えやすくモデル化しやすいが、万人に共通であるため、文法の規範体系はコンフリクトを含まない。

かくして廣松は、役割行動の構造内に必然的に孕まれる「支配－服従」という〈非対称性〉に、ダイナミズムの余地を残したのである。では、役割理論をもって、いかにして権力や国家の問題を扱ったのだろうか。

五　社会的権力、国家権力、役割

近代的市民社会論の論理構制においては、生産活動の場面は私事《ブラック・ボックス》とされ、社会編制の基礎的な構造から捨象されている。アダム・スミスにあっても、分業や生産的活動を問題にしながらも、商人社会的関係で市民社会の編制原理を考察している。

マルクスの場合は、商品所有者としての〝商人的な対人関係〟の場面ではなく、生産の場面における人間関係に着目している。資本主義社会においては、資本家と労働者の関係に組み込まれ、いかに労働力商品を売買し対等な関係にあるとはいっても、労働者は資本の論理に搦めとられてしまっている。労働者は商品生産を行ないながら、無意識のうちに、賃労働－資本関係そのものを再生産するという構造のなかにいる。

廣松によれば、マルクスの上部構造－下部構造という図式、すなわち唯物史観における社会構成体の構造論的把捉は、ヘーゲルの国家－市民社会という構図が下地になっているという。[37] しかし、市民社会という下部構造の上に政治国家という上部構造が乗っているという見方は、誤りである。上部構造－下部構造とは、建築の比喩的な表現であって、下部構造の実質的な内容である「生産諸関係」の現実的な動態的編制に即してとらえかえされねばならない。こう廣松は述べる。また、マルクス・エンゲルスは、上部構造を破壊するために下部構造を改変するという「原因－結果」の悟性的な因果連関で考えてはいない。そのような発想では、上部構造というものと下部構造というものを、はじめから物象化してしまうことになる。そうではなく、上部構造と下部構造とのあいだには複雑な相互作用が介在する、という弁証法的発想をとる。下部構造である物質的生産の場における人々の営為によって、いかにして上部構造が生み出されるのかを論じるために、廣松は上部構造の諸形象の一つである「権力」を取り上げる。

ところで、廣松も挙げているように[38]、権力に対する着眼は、エンゲルスの『権威論』においてすでにみることができる。

若干の社会主義者たちは、しばらくまえから、彼らが権威原理とよんでいるものにたいして、本式の十字軍を開始した。彼らにとっては、あれこれの行為を非難するには、それが権威的だと言うだけで十分なのである。そのような手っとり早い取り扱い方法が、どうしてもこの問題をもうすこし詳しく検討しなければならぬほど乱用されているのだ。ここで問題とされている意味での権威とは、われわれの意志に他人の意志をおしつけるということである。権威は、他方において従属を前提としているのである。ところで、この二つのことばがどんなに不愉快なひびきをもち、それらの表現している関係が従属させられる側にとってどんなに不愉快であるにしても、はたしてこれらの関係なしにやっていく手段があるのか、われわれは――社会の今日の条件のもとで――この権威がもはや無対象となり、したがって結局消滅しなければならなくなるような別の社会状態を、はたしてつくりだすことができるのかを知ることが、肝心のことである。現在のブルジョア社会の基礎となっている経済的諸条件、工業および農業の諸条件を調べてみると、それらが個々人のばらばらの活動をしだいに結合した活動によって置き換えていく傾向が認められる。〔中略〕革命は、たしかに、あらゆるもののなかで最も権威的な事柄である。革命は、住民の一部が他の部分にたいして、銃や銃剣や大砲を手段として、すなわち、およそありうるかぎりの権威的な手段によって自分の意志をおしつける行為である。そして、勝利した党派が自己の闘争をむだに終わらせたくないならば、彼らは、その武器が反動家たちにひきおこす恐怖によってこの支配を維持しなければならない。パリ・コミューンが、ブルジョアジーに対抗して武装した人民のこの権威を利用しなかったならば、それはただの一日でももつづいたであろうか？それどころか、われわれは、コミューンがこの権威を十分に広範に利用しなかったことで、それを責めてよいのではなかろうか？[39]〔傍点引用者〕

ここでエンゲルスは、権威《アウトリテート》という言葉につきまとう不快な響きを認めながら、それなしですますことができるものなのかを問うている。人を動かす力としての権威の不可避性を、エンゲルスは反語的に問いかけているのである。つまり、未来社会においても権威が存続することを暗黙裡に示唆しているといえるだろう。マルクスもまた、『資本論』第一二章「分業とマニュファクチュア」において、社会的生産活動にはある種の権威が不可避であることを述べている。[40]廣松はマルクスの『資本論』およびエンゲルスの『権威論』を挙げ、社会的権力を主題化する。

マルクス・エンゲルスは国家権力の基礎的な構造をなす社会的権力、soziale Machtを、分業的に編成されている諸個人の協働から生じるところの協働的合成力、これが幾重にも屈折して現われるものであることを洞察し、社会的生産活動の編成構造に即して、国家権力の規制力を究明する途を拓いております[41]。

このように、社会的生産の場における権威にマルクス・エンゲルスが着目していたことから、廣松は権力を説き起こす。社会的生産活動に組み込まれた諸個人が協働し、それらが重なり合ったベクトル和として社会的権力を定式化していることが確認される。

さらに廣松は、より微細なメカニズムに目を向け、「「権力」とは、とりあえず、人に一定の行為を強要する可能的・潜勢的な力の一種である」とする。「権力」は、はじめから自存するものではなく、人と人とのあいだの関係において存立するものであり、「一者が他者に一定の行為を強要するかぎりでその一者が〝持つ〟〝或るもの〟の相で表象される」という。このさい、権力とは物象化されて表象されたものであって、真実に存在しているのは、「一者の存在と営為が他者に一定の行為を強要するという間主体的な関係態だけである[42]」。

このように廣松は、権力を捉えるさいも、社会的な生産の場における人と人とのあいだの関係に定位する。そして、そこでキー概念として取り出したのが「役割」である。

「権力」は、日常的には余り意識されないのが普通であるにしても、準反省的意識においては、こうして、物象化して表象される傾動をもつとはいえ、その実態を最も一般的な構図でいえば、「役割期待」(role-expectation)にもとづく当該「役割取得」(role-taking)の対他者的強要という事態に根差すものである。一者が他者に期待する役割行動を強要するという関係態がここにおいて一者が他者に対する強制の潜勢力を持つと表象されるかぎりで、一者は他者に対して「権力を持つ」と謂い、当の〝強制的潜勢力〟を「権力」と呼んでいる[43]。

一個人と一個人との関係でみた場合は、両者のあいだに権力的関係が存立することになるが、現実には、「人々は複雑な網状に相互的関係を形成している」。ここで、人々がさまざまな役割をになって生活していることからして分かるように、「我－汝」の役割関係は、場に応じてさまざまに入れ替わる。それゆえ、関係をリジッドにとらえるのではなく、「その都度その都度の行為に即しての、機能的な協働連関の現成、そこにおける間主体的な存在構造[44]」に留目すべきである。そして、多くの人々のあいだで生じる相互的な役割期待・強要は同調性を帯び、一種の規範となってあらわれる。こうした非人称化・脱人称化された強要力が「社会的威力」（soziale Macht）にほかならないという[45]。廣松は「物質的生産の場における協働的編制」に定位し、「社会的威力」を基底にすえる。そして、この「社会的権力は、生産活動の協働的編制が歴史と共に旧いかぎり階級社会の成立以前から存立したし、未来の無階級社会においても（具体的な在り方はもちろん変化するが）存続する（この件についてはエンゲ《マ》スル《マ》『権威論』を参照）」という[46]。

つまり廣松は、社会的権力を、近代以前から未来の無階級社会にいたるまで貫徹する概念として措定している。権力の在り方を理論化したのは、ひとり廣松に限られるわけではない。同時代に権力の問題系を扱った思想家にミシェル・フーコーとルイ・アルチュセールがおり、廣松は彼らの議論を配視している。「フランス構造主義の科学主義や素朴な客観主義では、勝義の構造変動が説けないことも確かです。ミッシェル・フーコーの「構造的変動」やルイ・アルチュセールの「構造的移行」の議論など、彼らなりに構造的変化の問題を射程に入れようとしていたことを見落としてはなりませんけれど、説き切れていないことは否むべくもありません」[47]。廣松は当該論文で、構造変動論を定式化するにあたり、物理学的な「場」の理論、生物学、熱力学系、言語体系などにモデルを求めているが、問題の設定上、権力の問題系は扱われていない。とはいえ、廣松は論文の末尾で、言語ゲーム・モデルに代わりうるモデルとして「役割行動」論が機能すると予期し、「そこ〔資本制社会の立体的社会構造〕における社会的権力に支えられた政治的権力の存在構造、これを具体的に解析しつつ「実質的包摂」の機序を闡明」[48]することを課題としている。してみると、権力という視角から廣松とフーコー、アルチュセールを比較することには、一定の妥当性があるだろう[49]。

先にも述べたように、廣松は人と人のあいだで生み出される力を Soziale Macht として最広義の概念として用いた。それに対して、フーコーの場合は、むしろ権力によって個々の身体を訓育するという点に力点がある。フーコー自身は、これを規律・訓練型権力の「微視的物理学[50]」と呼んでいる。「人体は権力装置のなかに含みこまれ、その装置は人体を検査し分解し再構成するわけである。フーコーはいう。一つの《権力の力学》でもある《政治解剖学》が誕生しつつあるのであって、その《解剖学》は、単に他の人々にこちらの欲する事柄をさせるためばかりでなく、こちらの望みどおりに、技術にのっとって、しかもこちらが定める速度および効用性にもとづいて他の人々を行動させるためには、いかにしてこちらは彼らの身体を掌握できるか、そうした方法を定義するのである。こうして規律・訓練は、服従させられ訓練される身体を、《従順な身体》を造り出す[51]」。両者を比べると、フーコーが、近代における監獄・工場・学校などの諸制度を精緻に分析することによって、服従させられ訓練される身体を描きだしたのに対して、廣松は諸個人の相互行為によって生み出される社会的威力を、近代の現象に限定せず扱っている。廣松の「社会的威力」は、一対一のあいだでつむぎ出されるミクロな位相での力から、国家権力や社会的な規範といったマクロな位相までを、射程にいれた概念であるといえる。

さて、国家権力を「権力」構造の一つの形象として考察する場合には、どの次元に目を向けるかが問題となる。『唯物史観と国家論』末尾で廣松は、マルクス・エンゲルスが役割行為の編制の基軸を据えるのは、物質的生活の生産の場面であると述べている。たとえばアルチュセールもまた、上部構造は相対的に自律しており、経済的土台が最終審級における決定をになうとしているが、下部構造を重くみる点は廣松と近しいものといえよう[52]。それでは、廣松の論において、生産の場面の役割行為からいかにして国家社会があらわれるのであろうか。廣松はこう述べる。

階級階層間の、降っては、成員個々人間の深刻な利害対立を孕んでいる以上、国家社会なるものは、およそ真正の共同体ではなく、マルクス・エンゲルスが指摘する通り、幻想的な共同体（illusorische Gemeinschaft）にすぎないのだが、しかし、マルクス・エンゲルスが併せて指摘しているように、それは単なる幻想というわけではなく、一定の物質的利害の共同性に客観的基礎をもつのである[53]。

ここから、廣松が国家を協働連関態の一種としてとらえていることがみてとれる。マルクス主義国家論における「国家の死滅」論も、国家のとらえ方と不可分であるが[54]、このように国家社会が幻想的な共同体であるという見方をとる以上、国家を直接の標的とするのではなく、国家社会という協働連関態のメカニズムをみなければならない。廣松のみるところ、国家社会も一種の利益共同体である。「国家社会という協働連関態に組み込まれていることが、個々人にとって生存という利害（生存という個々人が共有する利害）に適っている[55]」のに加えて、他国からの〝脅威〟にさらされている状況では、国家の隆盛が全国民の共同の利益になるからである。それゆえ、「国家が運命共同体として思念され、国家の隆祥が〝共同目的〟として志向されることになる[56]」。

ここで、補助線としてアルチュセールの議論を参照したい。アルチュセールは、物理的暴力を用いる〈国家装置〉と、可視的な形では物理的暴力を用いない〈国家のイデオロギー諸装置〉（ＡＩＥ）を概念的に区別している。〈国家のイデオロギー諸装置〉（ＡＩＥ）として、学校装置、家族装置、宗教装置、情報装置などを挙げているが、それらは物質的諸制度のなかに「深く根を下ろしている」という[57]。アルチュセールは、国家の抑圧装置は一つであり、国家のイデオロギー装置は複数存在することを強調する。〈国家装置〉は「中央集権化され、唯一の中心から意識的かつ直接的に導かれた一個の機関［身体］として姿を現す[58]」。それに対して、〈国家のイデオロギー諸装置〉のあいだには、「不可避的な相互干渉が存在しているにもかかわらず、客観的に異なり、相対的に自律しており、単一で意識的な指導部を伴った、組織化され中央集権化された一個の機関を構成してはいない」[59]という。そして佐藤嘉幸によれば、この複数形の〈国家のイデオロギー諸装置〉に注目するとき、諸装置間に孕まれる諸矛盾には「構造変動の可能性」が賭けられているという。[60]つまり、アルチュセールは、物質的な諸制度のうちにダイナミズムの余地を残している。

それではアルチュセールは国家権力をどのようにとらえているのだろうか。アルチュセールはこう結論づける。「抑圧装置を破壊するだけでは不十分であり、さらに〈国家のイデオロギー諸装置〉を破壊し置き換えなければならない」[61]。すなわち、アルチュセールは上部構造である国家権力を破壊するとともに、下部構造である物質的諸制度をも同時に破壊しなければならないという。

これに対して廣松は、国家権力の「上から」の奪取とは、近代＝ブルジョア社会における政治的秩序と経済的秩序、すなわち国家共同体と市民社会の分離に条件づけられており、その実、物神化された国家を相手にしているにすぎないという。問題は別のところにある。廣松がめざすのは、「生産的協働態の〝下から〟の再編、いわゆる生産点における革命的再編」である。

唯物史観にもとづいた国家論からすれば、一定の歴史的条件——生産協働態のしかるべき在り方——が確立されないあいだは、たとえ一時的に国家の〝廃止〟を〝実現〟したとしても、必然的に国家は再生せざるをえない。そして、このような国家再生の物質的基盤が消失し、新しい社会的生産協働聯関態を基礎に、国家を真に廃絶する歴史的条件が生まれたとき、それは共同利害の共同体が即自対自的に実現された事態に照応するものであって、国家的なもの Staatswesen は単なる生産の共同管理体となり、もはや国家としての国家ではなくなる。すなわち、国家は「眠り込み」「死滅」する。[62]〔傍点引用者〕

つまり、権力の一形象としての国家を廃絶するだけでは、根本的な解決にならない。物質的基盤が改変されないかぎり、国家は早晩再生するからである。暴力装置である国家を消失させるには、我と汝のあいだに〈非対称性〉を孕んだ共互的役割行動を梃子にして、物質的な基盤に構造変動をもたらさなければならない。ここに廣松は、革命の可能性の条件をみたのである。

暴力装置である国家権力を破壊するだけでは不十分であるという点において、アルチュセールと廣松は近いところにいる。しかし、アルチュセールが社会にはりめぐらされた諸装置の分析を行ない、〈国家装置〉と〈国家のイデオロギー諸装置〉を同時に破壊しなければならないとしたのに対して、廣松は構造変動のモメントがどこにあるかの理論化に注力した。そして、「新しい社会的生産協働聯関態」を基礎にして国家を廃絶することを目指したのである。

国家の死滅を射程距離に入れた革命理論においては、国家権力の中枢的諸機関、諸組織の粉砕とプロレタリア権力の樹立を論理上の前件としつつも、ブルジョア的支配体制の実体的基礎である生産点での編制構造をこそ改変するプログラムが要求されるということ、この点には敢て留意を求めておきたいのであります。(63)

「生産点での秩序の破壊」によって目指されるのは、「社会主義的新秩序」「真の共産主義的共同社会」であると廣松はいう。(64) しかし、こうして掲げられた社会構想が具体的に何をあらわしているのかは、いまだもって明確であるとは言い難い。

廣松は、社会学の役割理論を参照しながら、レーヴィットの「我‐汝」関係などを着想の源泉として、独自の役割理論を彫琢していった。それには、マルクスの国家論を論じるという三十年来の懸案があったにもかかわらず、国家論の学説史的アプローチが停滞したという背景があった。

廣松は、社会行為論・社会関係論をモデル化するさいに、商品交換、言語ゲーム・モデルではなく、生産を基底に据えている。それは、国家という上部構造の一形象を射程に入れた場合、下部構造たる物質的生産の場面が問題となるからであった。生産は、通時的にも共時的にも広く他者との協働であるとみなすことができ、より踏み込んで概念化すれば、人間の行為はすべて役割行為であるといえる。また、役割行為においては、支配-服従関係が胚胎しており、その役割関係もそのつどさまざまに取り結ばれるため、〈非対称性〉は至るところにあらわれる。

こうした社会的矛盾《コンフリクト》をモメントとし「新しい社会的生産協働聯関態」を創出する。それにより、協働連関の一種である国家を眠りこませ死滅させること、これが廣松の戦略であったといえるだろう。とはいえ、「新しい社会的生産協働聯関態」ということばで廣松が具体的に何を構想していたのかは明らかになっておらず、社会的矛盾《コンフリクト》がある以上、構造変動はつづくことになる。こうした矛盾が消失したとき、どのような社会があらわれるのだろうか。

次章では、廣松が目指した「新しい社会的生産協働聯関態」とはいかなるものなのか、「近代の超克」論における共同体論をもとに、その具象面を描き出していく。

第七章　廣松渉の「近代の超克」論
——高山岩男『世界史の哲学』、三木清の「東亜協同体論」と比較して

廣松渉に『〈近代の超克〉論——昭和思想史への一断想』（一九八〇）という小著がある。近代の超克とは、一九四二年七月に、河上徹太郎の呼びかけによって開催された座談会の名称である。座談会の議論自体は散漫なもので収斂しなかったが、その後、京都学派や日本浪漫派などに波及し、当時の思想圏を象徴する言葉となった。廣松の著作は、近代の超克の一連の議論を整理したといった体のもので、廣松の哲学的立場から批判したものとはいえない。しかし同書は、近代の超克論にふたたび注目を集める画期となったといえよう。その後、近代の超克論が論じられるときには、一つの里程標として参照されつづけている。

本章は、『〈近代の超克〉論』をもとに、廣松哲学と京都学派の哲学を比較する。まずは、ここで京都学派の思想を扱う意義を明確にしておこう。本書は、廣松の思想におけるダイナミズムを炙り出すことを目的としている。行論で見てきたように、廣松は実践へと開かれた理論体系の構築を目指し、初期から思想を育んでいった。さらに廣松は、生涯を通じて、近代的世界観、近代資本主義の克服を掲げていた。

他方で、京都学派の哲学者たちも、近代の行き詰まりが大戦を招いたとして近代の超克を唱えていた。高山岩男ら京都学派の哲学者たちは、すでに体系化していたみずからの思想・哲学をもって、大戦下の情況に人々がどのようにコミットすべきかを論じた。

つまり、廣松と京都学派は理論の構築のみを目指したのではなく、現実と理論とを相互に行き来することを目指していたのである。それゆえ、両者を比較することにより、〈近代の超克〉論の分析を、廣松が自身の理論形成にどのように活かしているのかを探ることができるだろう。

ところで、廣松は歴史に関して唯物史観や歴史法則論を論じてはいるが、廣松自身が置かれた歴史的文脈についてはほとんど著作を著していない。マルクスやエンゲルスの評伝などの実証的な著作は多いものの、それらは廣松自身が生きた文脈とは異なる時代・場所を扱ったものである。さらに廣松は、京都学派とは学統的にも異なる潮流にあったので、『〈近代の超克〉論』は学術的な次元とは別に、現実的にも緊張感の高い著作といえるだろう。

廣松は、認識論や独自のマルクス解釈をはじめとした膨大な業績を残しており、主著である『存在と意味』（一九八二、一九九三）は政治色を感じさせない理論的な論述に傾斜している。しかし、その続編として予定された『存在と意味　第三巻』が発表されることはなかった。

他方で、一九八〇年には歴史を扱った著作である『〈近代の超克〉論』を公刊し、一九九四年三月一六日には「東北アジアが歴史の主役に」を朝日新聞夕刊に発表している[1]。つまり廣松は、『存在と意味』の執筆と並行して、現実政治にコミットする文章を発表したのである。廣松の『〈近代の超克〉論』は、京都学派の〈近代の超克〉論が再度注目される契機となった。「東北アジアが歴史の主役に」は、センセーショナルな内容のためか、さまざまな論議を巻き起こすこととなる。記事のなかで「東亜共栄圏」といった戦時下の言説を想起させる表現が使われているため、京都学派との関連を探る論稿が多く発表された。

京都学派の哲学者は、東亜で日本が指導的な役割を果たすことを主張した。廣松は、その代表的論客として高山岩男（一九〇五―九三）に注目している。それゆえ本章では、京都学派の哲学のなかでも、第二次世界大戦の合理化に理論的な基盤を与えたと目される高山岩男の哲学をとりあげる。

一　廣松渉の「東北アジア論」

一九九四年三月一六日、廣松は「東北アジアが歴史の主役に」（以下「東北アジア論」）と題する論考を朝日新聞夕刊に発表した。主著にあたる『存在と意味』の完成を待ち望まれるなかで突如発表された論考は、今なお明確に位置付けられていないように思われる。同論考はヨーロッパ的な価値観に代わるものとして、アジアの価値観を称揚するものであり、「東亜共栄圏」や「東亜の新体制」というセンセーショナルな表現が使われていた。それゆえ、戦時中に国際政治学者の蠟山政道、京都学派の三木清らが打ち出した思想原理である「東亜協同体」論を想起させ、さまざまな論議を巻き起こすこととなった。そのような比較を誘発した東北アジア論で、廣松はこう述べている。

新しい世界観、新しい価値観が求められている。この動きも、欧米とりわけヨーロッパの知識人たちによって先駆的に準備されてきた。だが、所詮《しょせん》彼らはヨーロッパ的な限界を免れていない。混乱はもうしばらく続くことであろうが、新しい世界観や価値観は結局のところアジアから生まれ、それが世界を席巻することになろう。日本の哲学屋としてこのことは断言しておいてもよいと思う。／では、どのような世界観が基調になるか？　これはまだ予測の段階だが、次のことまでは確実に言えるであろう。それはヨーロッパの、否、大乗仏教の一部などごく少数の例外を除いて、これまで主流であった「実体主義」に代わって「関係主義」が基調になることである。〔中略〕／単純にアジアの時代だと言うのではない。全世界が一体化している。しかし、歴史には主役もいれば脇《わき》役もいる。将来はいざ知らず、近い未来には、東北アジアが主役をつとめざるをえないのではないか。／もちろん、世界観や価値観が、社会体制の変革をぬきにして、独り歩きをするわけではない。世界観や価値観が一新されるためにはそれに応ずる社会体制の一新を必要条件とする。〔中略〕／東亜共栄圏の思想はかつては右翼の専売特許であった。日本の帝国主義はそのままにして、欧米との対立のみが強調された。だが、今では歴史の舞台が大きく回転している。／日中を軸とした東亜の新体制を！　それを前提にした世界の新秩序を！　これが今では、日本資本主義そのものの抜本的な問い直しを含むかたちで、反体制主義のスローガンになってもよい時期であろう。(2)

この記事が掲載されたのち、廣松が主だった言説を発表していないため、その真意をめぐり多くの論考が提出されている。そのなかでも、「東北アジア論」を契機として、あらためて廣松と京都学派の思想的な親近性に着目する論稿がわれわれの目を引く。代表的なものとして、星野智「「東亜の新体制」と東アジア共同体――廣松渉の東北アジア論」、山本耕一「二つの《近代の超克》論――廣松渉と京都学派」（『情況』、情況出版、二〇〇四年八・九月号所収）などが挙げられる。

星野論文は、「東北アジア論」をもとにして、廣松の理論的背景の解明と、さらに掲載時以降の時代背景へと論を進めている。京都学派の一人として数えられる三木清の「協同主義」と、それに対する廣松の批判的な言明とを比較しつつ、両者は「近代の超克」という問題意識において共通しているという。また、廣松の「近代の超克」論の基本的認識は、「人間を理性的な存在とみる啓蒙主義的な人間観にたいして、人間存在を有機体的あるいは共同的な存在とみなす考え方であった」としている。さらに、廣松による近代の歴史的考察として『近代世界を剝ぐ』（一九九三）を取り上げ、ウォーラーステインの世界システム論との理論的親近性を論じた上で、廣松の「東北アジア論」は、「二一世紀にはヨーロッパ中心の世界システムに代わって、アジアで新しいシステムが形成されるというのは、西欧中心の世界システム論から踏み出した問題提起である」と評している。しかし、星野によれば、廣松は「ヨーロッパ中心の近代世界の構造とその限界」を描きだしながら、「東亜の新体制」の理論化はできておらず、またその提言は、現在進行しつつある「東アジア共同体」構想を進めるものでもないという。(3)

山本論文は、マルクス主義を媒介として廣松と京都学派の理論を比較し、両者の相違点を次のように論じている。「京都学派は、実体主義の批判という視点を、あるところまでは廣松＝マルクスと共有していたと評価することができる。〔中略〕この場合、実体主義の批判に徹していないというのが、廣松＝マルクス的立場からすると京都学派批判ということになるだろう。高山を例にとるなら、その理論体系にあって、すくなくとも「民族」・「国家」・「天皇」は実体化をまぬかれていない。〔中略〕いずれにせよ、関係主義をもって〈近代の超克〉の指標とする廣松＝マルクスからすれば、京都学派の議論は、近代知の地平ののりこえに失敗していると評さざるをえないのである(4)」。

廣松自身、『〈近代の超克〉論――昭和思想史への一断想』において、紙幅の半分以上を京都学派の紹介と批判にあて、なかでも高山岩男に関しては、十章中の一章を割いて、著作の『世界史の哲学』を考察している。山本論文は、それを踏まえて廣松と高山岩男を比較し両者の相違について言及している。しかし、あくまでも廣松＝マルクスの視座から京都学派批判を行なったものであり、高山の哲学体系と当時の言説空間を踏まえた論述は行なわれていない。

戦時期の思想潮流である「近代の超克」については、戦後から現在に至るまで数多くの論者が扱っており、廣松の著作もその一つとして位置づけられる(5)。座談会「近代の超克」および同時期の「世界史的立場と日本」には、各界から論者が招かれており、雑誌『文學界』同人や京都学派の哲学者らが名を連ねている。「近代の超克」座談会において、出席者たちの発言がいっこうに収斂しなかったのは、発起人である河上徹太郎自身が述べるように、「近代の超克」という提題が杜撰であったためである。つまり、提題に対して抱いた各々の近代観が異なるからであった。今日まで、「悪名高い」と形容される一因であろう。

本章では、座談会にあらわれている錯綜した言説の網の目を微細に追跡することよりも、廣松の著作『〈近代の超克〉論』を紐解くことにより、〈近代の超克〉論の分析を廣松が自身の理論形成にどのように生かしているのかに焦点を当てる。そのうえで、『〈近代の超克〉論』『存在と意味』「東北アジア論」の連関を探ることにより、廣松が構想していた共同体や社会の在り方を炙り出す。

そのための方法的手続きとして、『〈近代の超克〉論』中で廣松が扱っている高山岩男の『世界史の哲学』、三木清の「東亜協同体論」と廣松の理論とを突き合わせ、相互に比較する。それにより、三者が近代をどのように捉えていたのか、また近代の先に見据えていたものは何かを剔抉する。

三木・高山が論稿を著した戦時期から廣松が「東北アジア論」や『存在と意味』を著すまでには、六〇年ほどの年月があり、置かれていた時代状況も当然ながら異なる。晩年廣松は、九〇年代のソ連・東欧崩壊という歴史的現実や、ウォーラーステインの「世界システム論」などの理論を踏まえたうえで理論構築を進めていた。これらに鑑みれば、廣松の理論的立場から一九三〇年代の東亜協同体を構想するとすれば、どのようなものになるかをあらためて描き出す意義があろう。そこで本章では、廣松・高山・三木を同じ座標において比較することを試みる。

二　京都学派の〈近代の超克〉論

京都学派とは、一九四〇年前後から京都大学を拠点として活動した哲学者集団である。京都学派の学統は、戦後も脈々と受け継がれており、外延を明確に規定することは難しい。さしあたり、学派形成に主要な役割を担った人物に限れば、第一世代として西田幾多郎、田辺元が、第二世代として三木清、高坂正顕、西谷啓治、鈴木成高、高山岩男、下村寅太郎が挙げられる。本節では、京都学派の具体的な活動を、廣松の著作『〈近代の超克〉論――昭和思想史への一断想』（一九八〇）などをもとに辿っていく。

まず、「近代の超克」論がいかなるものであったのかを、当時の時代背景と照らし合わせつつ概括しておく。戦時期日本における社会思想の言説空間を分析した米谷匡史の枠組を参照すれば、(6)「戦時期」とは盧溝橋事件からポツダム宣言受諾にいたる日中・太平洋戦争期（一九三七―四五年）を指す。この「戦時期」は一九三〇年代から第二次大戦にいたる、社会秩序をめぐる世界大戦の時代であり、そこで問われたのは社会秩序の在り方であった。具体的には、「ロシア革命と世界恐慌をへた一九三〇年代は、世界資本主義の危機が露呈し、コミュニズム、ファシズム、修正資本主義（ニュー・ディール）が競合する時代」であり、その社会秩序の葛藤が世界戦争をひきおこしたのであった。このような時代背景のなかで、日本が「総力戦体制」に向けてとった諸政策が「東亜新秩序」である。それでは、「東亜新秩序」と京都学派の関係はいかなるものであったのか。

戦中、高山が京都学派哲学者の一員として海軍省およびその政策理念に深く関わっていたことは、よく知られている。本来アカデミズム内の学究である高山が海軍や現実政治との関係を持つに至った遠因は、一九三七年六月の第一次近衛文麿内閣成立に求められる。問題は、ここでなぜ近衛文麿内閣に京都学派が関係していったかである。それは「西田と近衛の特別な人間関係」に由来しているという。近衛が京大に入学したときに、西田がその保証人であったのみならず、卒業後も私的なつながりがつづき、近衛は西田に生涯尊敬の念を抱いていたのであった。(7)

第一次近衛文麿内閣（一九三七年六月―一九三九年一月）の具体的な政策をたどれば、一九三八年一一月に「国民政府といえども拒否せざる旨の政府声明」、すなわち「東亜新秩序建設の声明」を発表している。その内容は、中国との戦争目的を「東亜永遠の安定を確保すべき新秩序の建設にあり」と規定するものであった。そして、近衛内閣の理論的ブレーン集団として理論構成に加わったのが、近衛の親友である後藤隆之助が主催した「昭和研究会」である[8]。この会に西田門下から参加したのが、三木清（一八九七―一九四五）であった。昭和研究会は、一九三九年一月に「新日本の思想原理」を発表したのを皮切りに、一九三九年九月には「協同主義の哲学的基礎」を、一九四〇年九月には「協同主義の経済倫理」を著している。一九四一年には、これら三つの論文が合本で公刊され、後に「東亜協同体論」へと発展していくことになる。いずれも初版時は昭和研究会名義で発表されたものだが、三木清も執筆に加わっている。「新日本の思想原理」の主張内容とは、「時間的には資本主義問題の解決、空間的には東亜統一の実現」を課題として、近代のゲゼルシャフト（利益社会）とゲマインシャフト（共同社会）を東亜文化が総合すべきである、というものであった[9]。この主張が「協同主義」と命名されたのである[10]。同論考では、こう結論づけられている。「日本は東亜の新秩序の建設に於て指導的地位に立たねばならぬ[11]」。すなわち、三木や蠟山を中心とする昭和研究会は、近衛文麿内閣が打ち出した「東亜新秩序」を理論的に裏づけるものとして「東亜協同体論」を構想し、日本の道義的使命を呼びかけたのであった。

一九三九年、昭和研究会が『東亜協同体思想研究[12]』を極秘出版したさいには、三木清のほかに高山の論文「日本文化の発展に就いて」も収録されている。高山の論考は、三木とほぼ同趣旨のものであった。

それでは、「近代の超克」論における京都学派の主張はどのようなものであったのだろうか。「近代の超克」とは、広義には大東亜戦争を推進したイデオロギーを指すが、一九五九年に中国文学者の竹内好が行なった整理をもとに三つに大別できる。

まず一つ目が、雑誌『文學界』で行なわれた座談会「文化総合会議シンポジウム――近代の超克」によるものであり、「近代の超克」の名称はここに端を発している。座談会には、司会役の河上徹太郎をはじめ、各分野の知識人が参加した。京都学派からは西谷啓治、鈴木成高、下村寅太郎が名を連ねている。

二つ目が「世界史的立場」と呼ばれるもので、雑誌『中央公論』に一九四二年一月号、四月号、一九四三年一月号の三回にわたって掲載された座談会を指す。座談会のタイトルは順に、「世界史的立場と日本」「東亜共栄圏の倫理性と歴史性」「総力戦の哲学」である。参加者は京都学派の高坂正顕、鈴木成高、西谷啓治、高山岩男であった。同座談会は、宣戦の高揚した雰囲気のなかで行なわれた知的放談という側面が強い。

最後に、あらゆる思想を破壊することで「近代の超克」を目指す「日本浪漫派」が挙げられる。その代表格が保田與重郎である。

これら三つの「近代の超克」論に対する竹内の分析は、次のように逆説的なものであった。「「近代の超克」の最大の遺産は、私の見るところでは、それが戦争とファシズムのイデオロギーであったことにはなくて、戦争とファシズムのイデオロギーにすらなりえなかったこと、思想形成を志して思想喪失を結果したことにあるように思われる」(13)。つまり、「近代の超克」が戦争とファシズムのイデオロギーを代表するものとして悪名高いにもかかわらず、実質上はその機能を果たしておらず無内容に終わっている。こう竹内はみなしているのである。日本は近代化の過程でヨーロッパに対して劣勢意識を持ち、みずからの思想を生むことが叶わなかったと竹内はみている。それゆえ、日本における主体の形成を竹内は目指していた。竹内は「近代の超克」でこう述べている。「思想が創造的な思想であるためには、火中に栗をひろう冒険を辞することができない。身を捨てなければ浮かぶことができない」(14)。竹内の見方では、座談会での議論は現実から遊離した知識人の知的遊戯にすぎない。こうした竹内の論を踏まえつつ、廣松による座談会「近代の超克」評をみていく。

まず廣松は、戦時下の日本における「近代の超克」論議の課題意識の水準を示すために、『文學界』座談会用に準備された鈴木成高の文章を引いている。鈴木は同稿でこう述べる。「それ〔近代の超克〕は例へば政治においてはデモクラシーの超克であり、経済においては資本主義の超克であり、思想においては自由主義の超克を意味する」(15)。廣松は「近代の超克」のこの定義をもとにして論をすすめているが、座談会の実質的内容については、次のように厳しい批判を向けた。『文學界』誌上の座談会は、理論的にはまとまりの悪いものであったとはいえ、そして「近代の超克」論が、〝大東亜戦争〟のイデオロギー戦線の一翼を担ったとはいえ、論者たちは決して単に〝聖戦〟を勝利的に戦い抜き、欧米を排して日本が覇を唱えれば済むというような安直な考えで自足していたわけではない。〔中略〕率直にいって、座談会は単にまとまりが悪いというだけでなく、内容的にみても余り実りのあるものとは評価できない[16]」。

「近代の超克」論は無内容に終わっているという竹内の評と比べれば、廣松は「イデオロギー戦線の一翼を担った」と一定の影響を認めてはいる。こうした竹内と廣松との相違は、竹内が日本と中国との複雑な関係に分け入ったうえで座談会を分析しているのに対して、廣松は京都学派の哲学内容の分析に注力していることに一因があるだろう。廣松は、座談会の分析から当時の具体的な状況の分析へと進むのではなく、京都学派の著作のテクスト・クリティークへと向かったのである[17]。

実際、廣松は、座談会の議論は未展開であるとし、出席者らの既存の理論体系と相互検証する必要があると結論づけている。さらに廣松は、高坂正顕を論じた章において、「近代の超克」の問題意識は共有しながらも、実践的契機から見るかぎり、京都学派の理論は「抽象談義」に陥っており、また「自己閉塞」を免れていないと厳しい評価を下している[18]。

次に、「京都学派のなかでも際立った体系家」であるという高山岩男に対する廣松の分析を簡単に追っていきたい。高山岩男は一九四二年に刊行された『世界史の哲学』の序文で、次のように述べている。「今日の世界大戦は決して近代内部の戦争ではなく、近代世界の次元を超出し、近代とは異なる時代を劃さふとする戦争である。前のヨーロッパ大戦は、世界戦としては劃期的のものであつたが、その根本性格に於ては近代内部の戦争であり、近代の延長たる性格を超出するものではなかつた。〔中略〕今次のヨーロッパ大戦は近代に終焉を告げる戦争でありまたさうでなければならぬ。このことは我が日本を主導者とする大東亜戦争では極めて明白であつて、何らの疑義を挟まない[19]」（傍点引用者）。

高山のこの宣言は、同年に行なわれた『中央公論』座談会での時事的な発言と合わせて考えてみれば、第二次世界大戦を正当化しながら自身の哲学体系を著しているとも受け取れる。高山の哲学が大戦を合理化する役割を担ったとすれば、高山自身は大戦を合理化する意図で『世界史の哲学』を世に問うたのであろうか。この点に関して、高山は次のようにいう。「本書の内容は実は大東亜戦の勃発前にできたものではあるが、今新たに読み返してみて、内容上訂正すべきものは何ものもないと感じた[20]」。「世界史的立場と日本」座談会での高山の過激な発言を見るかぎり、このような記述を即座に受け取ることは慎むべきであろう。とはいえやはり、高山をはじめとする京都学派の思想内容と、「大東亜戦争」の理念内容との相互の影響関係は、「近代の超克」論を分析するにあたり見過ごすことができない。

それでは、高山の哲学内容と「近代の超克」論、さらに大戦の理念との関係を、廣松はどのように結論づけているのだろうか。廣松はこう述べている。「戦前・戦時における「近代の超克」論が「日本の国体」を合理化するイデオロギーとして存立した事情を見定めるためには日本浪漫派ならびに文學界グループの思念を討究する必要があるとはいえ、大戦の合理化としては高山歴史哲学にとどめをさすというべきであろう[21]」。すなわち、「近代の超克」座談会、「世界史的立場と日本」座談会、日本浪漫派という三つの思想潮流のなかでも、とりわけ高山岩男の歴史哲学が大戦を合理化する役割を担ったと廣松はみているのである。

三　高山岩男の『世界史の哲学』

廣松は、一九九四年三月一六日の朝日新聞掲載記事「東北アジアが歴史の主役に」において、「ヨーロッパ的」な「世界観」の「一新」を掲げ、「歴史」の転換についての意思を表明している。本節では、廣松のこれらの主張を踏まえて高山の哲学を検討する。

一九四二年の座談会「世界史的立場と日本」（『中央公論』）において、高山はヨーロッパ世界に対して、次のように過激な言葉を放っている。

高山　近代といふものを形造つたヒューマニズム、特に自我中心といふものに根本的な矛盾が含まれている。〈中略〉要するに初めから完成されてゐるような人格とか民族とかを前提にして出発する思想、つまり個体主義的な思想、ここに誤謬の元がある。個人にしても民族にしても、自由平等といふ思想はこの前提から出てゐる。この前提が凡そ人間の現実を無視した前提なんだ。所を得るとか得しめるとかいふやうなことは、このやうな前提には全然含まれてゐない。何といふか、頭から完成したものを考へるんだから、初めから所を得てゐるといふやうな考へ方になつてゐる。ところがそれが平等で彼我何らの差別もないといふのだから、本当の「所」といふものがない、「所」の意義をなさぬ。この考へ方は凡そ歴史といふものを考へ得ない思想だが、「時」ばかりではなく、「所」も考へられない思想だ。ここにそもそも誤謬の元がある。かういふ現実に全く無関係な前提に立つて理想を立てるから、理想といふものが少しも現実を指導する道義的な力をもたない。倫理と権力、理想と現実とが対立するままになる。[22]

このように高山は、「アングロ・サクソン」的「個体主義的な思想」にもとづいた「近代デモクラシー」は「人間の現実」を無視しており、「歴史といふもの」さらに「時」と「所」を無視していると批判する。

ここでいう「歴史といふもの」「時」「所」とは、具体的には何を指しているのだろうか。座談会「世界史的立場と日本」と同年に公刊した理論的著作（『世界史の哲学』一九四二）において、高山は次のように述べている。「歴史性を単なる時間性から区別せしめるものは、実は人間精神の空間性との行為的総合なのであつて、歴史は常に時間と空間との総合の構造をもつものである。歴史性を特に時間性とするならば、空間性とは一般に地理性に外ならないであらう。この意味で、歴史は常に地理との行為的総合に成立するものと考へることができる」[23]。つまり、たんに「個体主義的」に「人間精神」を前提するのではなく、「人間精神」がおかれた「地理性」と構造的に総合したものが「歴史性」であり、その本質は「主体的行動性」にあると高山はいう。さらに高山は座談会「世界史的立場と日本」で、「現実」の立場から乖離した「理想」を手厳しく批判し、「理想といふものが少しも現実を指導する道義的な力をもたない」と述べている。

それでは、「理想」と現実を意識した「主体的行動性」を、高山はどのように区別しているのだろうか。「主体的行動性」が「自発的精神」からのみ行なわれ得るという「理想主義」的立場は「必要条件」にすぎず、それが「十分条件」を備えるには、「歴史性」の本質を正しく捉えなくてはいけないと高山はいう[24]。高山にあっては、「精神的・身体的なものが真の主体」であり、そのような主体が歴史を駆動するのである。そして、「人間の自発的精神と自然的環境との接触するところが身体であ」り、「人間の主体的行動とは、身体を媒介とする精神と自然との総合に外なら」ないという[25]。このように、「身体」が置かれた「地理性」と、そこにおける人間の「主体的行動性」により「歴史の動力」が機能するというのが、高山の主体論である。

しかし、高山の主体論においては、主体がいかにして形成されるのかという発生論的な考察は行なわれておらず、歴史を駆動する主体の存在が自明視されているのではないだろうか。廣松が『存在と意味』で身体的自我や主体の問題を微細に叙述していることと比べれば、高山は歴史を動かすということに傾いていると言わざるをえない。

かくして高山は、自発的精神と自然的環境とを媒介するものとして人間の身体を位置づけた。さらに高山は、人間の歴史は大地と結びついてのみ駆動されるとしたうえで、島国であるという日本の国土の位置の特殊性を称揚する。島国であることで日本は独自の文化を築くことができ、大陸と隔てられていることにより平和で文化的な交渉が可能になった。それゆえ、東亜では共同の文化的世界が成立したと高山はいう。つまり高山にあっては、東亜を結びつけるのは、共同の文化なのである。

　地理的な要素と人間の主体性を相即的に捉える見方は、後の著作においても引き継がれており（『場所的論理と呼応の原理』一九五一）、高山において一貫しているといってよい。その視角が「呼応」という概念にほかならない。「呼応性の場所的論理は行為や実践の論理、すなわち行為や実践がそれに拠ってなされる道理と、同時にその則るべき規準とを示す論理であるといわなければならぬ。〔中略〕呼応的同一性は「存在」であると同時に「当為」であるといってよい」[26]。さらに、「自然は必然性の体系でなく、可能性の体系として与えられ[27]」るとし、その「可能性の全体系は、形式的には非歴史的決定的なものであるが、内実的には歴史的相対的なものである[28]」（傍点引用者）という。このように高山は、歴史的相対的な体系は、全体としては決定されており、各地域では多様である点が、世界史的に重要であるとする[29]。

　高山は、個人をアトム的な主体とみる近代的な人間観を厳しく批判した。高山にあって、主体とは生まれ落ちた大地に根ざしたものだったからである。そのような主体とは、抽象的なものではありえず、地理性によって支えられたものである。このような高山哲学は、「世界史的立場と日本」座談会における次のような発言に現われている。

高山　ポテンツ（歴史の構成力）の問題だが、フランス敗れたりといはれる場合に、フランス敗戦の根本原因となつたものは何か。ランケの言葉でいへばつまりモラリッシュ・エネルギー、道義的生命力の欠乏にあつたと思ふ。政治と文化との間に隙や対立ができていて、文化と政治がバラバラに分離した。文化も政治も共に健康な生命力を失つた。即ち道義的な生命力を失つてしまつた。〔中略〕何も今日に限らず、いつでも世界史を動かしてゆくものは道義的な生命力だ。かういふ力が転換期の政治的原理になりはしないかと思ふ。

モラリッシュ・エネルギー、健康な道義感、新鮮な生命力といつたものを、もつともつと日本の青年達はもつて欲しいやうに思ふ。[30]

このように、高山は、フランスにおいて「歴史の構成力」が文化・政治の次元で衰退したのは、「モラリッシュ・エネルギー」の衰退が根幹にあるとし、大戦下日本の状況下で次のように主張する。「歴史的相対的」である「地理性」をそなえた日本から「モラリッシュ・エネルギー」すなわち「道義的生命力」を発揮し、「世界史」を転換していかなければならない、と。

続く一九四二年一一月二四日に行なわれた「総力戦の哲学」座談会において、日本は「ヨーロッパの帝国主義の攻勢を挫いた唯一の国民[31]」として、アジアで指導力を発揮すべきであると高山は主張している。そして、戦争において日本が果たす役割について、次のようにいう。「日本的な戦争指導をどこまでも高めてゆくならば、今度の戦争はかならず勝つ。彼らもやがては我々の言ふことを認めるやうにならざるを得ない。それが日本の真理性に由るんだ、とかう考へるんで、僕の考へ方は非歴史的に抽象的にではなく、日本の歴史自体に即してのみ考へるといふ行き方[32]」である。つまり、「理想」を単に掲げるのではなく、「日本の真理性」に由る「モラリッシュ・エネルギー」を大戦下において発揮することを、高山は声高に主張していた。

以上のことから、高山が大戦下のヨーロッパによる世界支配に対して対抗意識を持ち、日本を主軸とした東アジアの連帯が唯一対抗しうると考えていたことは明らかである。しかし、現代に生きるわれわれからすれば、日本が東アジアを支配する新たな帝国主義を掲げているようにも受け取れる。それでは、高山は「世界史の転換」を主張し「共栄圏」や「広域圏」を経ることで、どのようにして世界史を転換していくことを構想していたのだろうか。日本の特殊性を媒介にして、それを拡張していくことが普遍性につながると考えるならば、「東亜共栄圏」は帝国主義的運動の一過程にすぎないといえる。そのような考えは、日本の特殊性を無批判に称揚するものであり、国家の実体化を免れていない。以下では、これらの問いを念頭に置きつつ、高山が「日本の真理性」を媒介とし、いかにしてそれを普遍的な世界史に接続しようとしたのかを考察する。

人間が置かれた自然は「可能性の体系」であり、そこにおける主体的行動によって歴史が勢力を持つと高山はいう。そして、その「可能性の体系」は実際上「歴史的相対的」なものであるとされ、そのもとで個々の特殊的世界史が並存するという論が、高山の「世界史多元論」である。これも一見するとたんなる相対主義にすぎず、「世界史多元論」を理論的には主張しながらも、そこで主体的実践を日本が発揮することは、やはり大戦を合理化して日本が永続的に主導権を握ろうとする絶対主義に陥るように思われる。

この点に関しては、高山自身、転換期の歴史意識にはつねに「相対性の意識」と「絶対性の意識」が結びついて存在するとし、その相互分離の危険性について次のように述べている。「この意味で、本来歴史主義に於て統合せられてゐる相対性と絶対性とは、歴史的相対主義と超歴史的乃至非歴史的な絶対主義との対立に堕し易いのである。時代の転換期に於てさへ、絶対性の意識は、或は過去の古い時代を絶対化するロマンチックな精神として、或は単に未来の理想を永遠化する空想的な理想主義の精神として出現する」[33]。高山の哲学は歴史性をとりわけ重視しており、「歴史意識に徹する精神的態度としての歴史主義」が、相対性と絶対性の対立を統一させようとするがゆえに逆に分離する危険性があるという。そのような危険性を意識しつつ、大戦下でのロマンティシズムやユートピア的な理想主義に主体的実践を見出すのではなく、歴史性を意識した相対性をもとに絶対性を建設していくことを、高山は目指していた。

それでは、高山の歴史主義は、ヨーロッパに対抗して東亜の新秩序を建設するという「東亜新秩序論」および「東亜協同体論」に、いかなる理論的基盤を与えたのだろうか。以下では、これまで考察してきた高山の理論が、ヨーロッパ対東アジアという対立図式にどのように反映されているのかを検討する。

高山をはじめとする京都学派が、「総力戦体制」を〈近代〉が窮地に陥っている「世界史の転換」と捉え、戦争の終結と〈近代〉の超克とを重ねあわせていたことは、『世界史の哲学』の実証的根拠になりうるだろう。[34] いいかえれば、『世界史の哲学』の哲学内容と第二次大戦の戦況を相互に重ね合わせて検討する意義がある。『世界史の哲学』における「東亜新秩序」の位置づけを明確にするために、まずは高山が定式化した「世界史の転換」の構造をみていく。高山によれば、世界史は「国史」–「特殊世界史」–「普遍的世界史」の三層の構造を持つという。「特殊的世界史は国史と普遍的世界史の中間に介在するものであつて、特殊的世界史の理念は、一面で国史に国史を超えた世界史的側面を理解せしめ、国史を単に国史的観点より見る見方から解放せしめて、国史に国史的・世界史的な学問的観点を開くと共に、他面で現代世界史の成立と意義とを真実に把握せしめる学問的立場を開くと思ふ。そしてこのやうな特殊世界史の理念の樹立を最も必要とするものは、実は我が国の史学であると思はれる。日本は嘗て東亜世界史の中で発展し、次にヨーロッパ世界史の中で発展し、今日普遍的世界史の成立に主導的な行動をなしつゝある[35]」。さらに、このような世界史の構造においては、ヨーロッパ近代史は「特殊世界史」であり、「普遍的世界史」すなわち「現代世界史」の先史であるとされる。また、近代世界の理念は、非世界史的であるが、「現代世界史」に働く世界理念は、歴史的であり世界史的であるという。[36]

つまり高山は、「特殊世界史」が並存する「世界多元論」を採ったうえで、より高次の段階として「一元化」した「普遍的世界史」を見据えているのである。ここでわれわれは、「普遍的世界史」が「同質化といふやうな水平化、或は抽象的一般化」を許すものではなく、「最も具体的な世界である」という点に注目したい。[37] ヨーロッパ近代史は、「自然的封鎖的」な地域の多元性を、「ヨーロッパ近代の機械技術」と「それを基礎とした資本主義経済」が一元化する傾向性を見せたが、それがヨーロッパ的なものにほかならなかったために、「近代世界史」が「特殊世界史」たる「ヨーロッパ世界史」にとどまったと高山はいう。[38]

以上の議論から、高山の目指した「東亜新秩序」の位置づけが明らかになる。「ヨーロッパ世界史」は「資本主義経済」を基盤とした「帝国主義」であり、それが大戦という隘路に逢着している。それゆえ、東亜を中心とした「共栄圏」たる「特殊世界史」を構想することが、新たな世界秩序たる「普遍的世界史」への動力であると、高山は見ていたのである。「地域的・風土的な特殊的共同性」と「歴史的・運命的な特殊的共同性」とを基礎とした「東亜新秩序」を以って大戦を終結させることで、ヨーロッパ的な限界を打破しえなかった〈近代〉を乗り越え、「普遍的世界史」へと接続することを、高山は目指していた。

高山にあって、歴史が展開した先にある「普遍的世界史」は、水平的・抽象的なユートピアのようなものではなかった。畢竟、「東亜新秩序」も、ユートピアのようなものとして構想されたものではない。それは、大戦を終結させ、「普遍的な世界史」へと歴史を動かすモメントとして打ち出されたものだったのである。

四　三木清の「東亜協同体論」

廣松は、『〈近代の超克〉論』第六章「三木清の「時務の論理」と隘路」で三木清を扱っているが、廣松自身の思想形成や理論的道具立てを考えれば、そこで不当ともいえる厳しい論評を与えている。[39] というのも、京都学派のなかで最もマルクス主義に接近していったのが三木であり、師である西田幾多郎に逆影響を及ぼしたほどであったからである。事実、三木は、マルクス主義を世界史の統一的理念をもった「殆ど唯一の哲学」と規定し、マルクス主義との競合によって日本帝国主義の自己変革を目指していた。[40] 三木のマルクス解釈に対して異論があるにしても、廣松はそれすら十分に行なわずに三木に対して批判的なスタンスを取っているのである。それゆえ、廣松の理論的立場と三木の東亜協同体論との差異をあらためて検証する必要がある。

近衛内閣のシンクタンクである昭和研究会名義で発表された「新日本の思想原理」は、今日では蠟山政道や三木清が中心となってまとめられたことが知られている。その続編「新日本の思想原理　続編——協同主義の哲学的基礎」のなかではこう述べられている。「表現作用は形成作用であり、それは種々の方法によつて媒介されねばならぬが、その究極の目標は形態である。科学もすでに或る形を作ると見られるが、それは特に技術と関係附けられることによつて具体的に形と関係附けられている。形態の概念は実体の概念と関係の概念との綜合として把握さるべきものであり、それは関係の概念のごとく機能的なものであるが、単に抽象的法則的なものでなく、また実体性のないものでなく、実体的にして機能的なものである。〔中略〕東亜の新秩序の認識は形成である」[41]。このパンフレットで三木は、主観的なものと客観的なものを統一することを目指している。このモチーフは、近代的世界観である主観‐客観二元論の超克をライフワークとした廣松に重なり合うところがある。三木が実体の概念と関係の概念の綜合として「形態」という概念を打ち出そうとしていることは、廣松が提唱した「実体から関係へ」というテーゼを想起させる。してみれば、廣松が「実体から関係へ」というテーゼや関係の第一次性を提示するときに、三木哲学に対する言及がみられてよいはずである。しかし、『〈近代の超克〉論』の行論では、『構想力の論理』に三木哲学の限界があると断定するのみで、具体的な哲学内容にまで踏み込んだ分析は皆無といってよい。

廣松の三木に対する見方とは、以下のごとくである。「三木清をはじめ「昭和研究会」に参加した転向左翼においては、今や共産主義そのものも超克さるべき与件として扱われている。その際に、三木がマルクス主義を極めて矮小化《わいしょうか》して〝批判〟している」[42]。しかし、先にも述べたように、三木のマルクス主義の解釈とは、決してマルクス主義を貶めるものではなかった。むしろ、単に乗り越えられるべきものではなく、東亜協同体論のために競合すべき対象と三木はみなしていた。

また、廣松が批判の俎上に載せる「新日本の思想原理」は、共同討議の産物であり三木自身の主張が前面に打ち出されたものとはいえない[43]。この時期の三木の思想を分析するには、「新日本の思想原理」だけではなく、同時期に発表した東亜協同体論に関する諸論考が参照されてしかるべきであろう。廣松はこの検証を行なっていない。それゆえ、本節では、三木の東亜協同体論を検証したうえで、廣松の理論との比較をあらためて行なう。

三節で見たように、高山の『世界史の哲学』は、日本を称揚することに傾いている。それに対して、三木は日中を架橋する思想の必要性を説いた。中国との関係についても、三木はそれが帝国主義的侵略ではなく、善意によるものであるという。「日本の対支行動の善意はわが国民の誰もが黙解している。求められているのは、この「善意」の「思想的」基礎であり「思想的」表現であるのである」[44]。さらに三木にあっては、日支あるいは東洋の統一が最終的な目的であるわけでは決してない。日本と中国を架橋する思想とは、日本、東洋、世界と接続されていくものではない。そうではなく、はじめから世界的妥当性を有する思想を日本が担わなければならない。こう三木は考えている。「いま我々の信念を率直に述べるならば、日本を救い得る思想は支那をも救い得る、否、全世界をも救い得る思想でなければならない[45]」。

三木のこの文章は、東亜協同体論を明示的に述べる以前のものであるが、「日本自身になんら帝国主義的思図の存しない」という方向性は、東亜協同体論においても展開されている。

一九三八年一一月三日に近衛内閣が「東亜新秩序」声明を発表すると、それを理論的に裏付けるものとしてさまざまな東亜協同体論が噴出する。そのなかでも、昭和研究会の中心的な役割を担った国際政治学者である蠟山政道が一九三八年一一月号の『改造』に発表した「東亜協同体の理論[46]」が嚆矢であるとされる[47]。三木の東亜協同体論は、同年一一月号の『知性』に掲載された「日支を結ぶ思想」および同年一二月号の『改造』に掲載された「東亜思想の根拠」で口火を切る。「日支を結ぶ思想」で三木は、日中戦争によって高まった中国の民族主義に対して、日本の民族主義をもって対抗するのではなく、「日支両民族を結ぶ思想[48]」をもって応じるべきであると主張した。

高山の「世界史多元論」においては、歴史的に相対的である「特殊的世界史」が並存する。その先にある普遍的世界史へと歴史を展開するモメントとなるのは、日本の「主体的行動性」であった。高山の論では、日本の特殊性が明確に称揚されている。それに対して、三木のヴィジョンでは、日本と中国は対立するものではない。三木はこういう。「しかるに必要なことは、東亜協同体という全体を考えるにしても、その中において日本が日本の独自性を失わないことは固より支那に対しては支那の独自性が認められることであろう。すなわち部分はどこまでも全体の中に包まれながらどこまでも独自のものであるという論理が要求されている。そしてこの論理を移して考えるならば、一つの全体国家の内部においても個人の独自の自律的な活動が認められるということにならねばならない」[49]。つまり、日本が唱える東亜協同体という全体が中国を包摂するのではなく、日本と中国は東亜協同体のなかにあってそれぞれの独自性を失わない。部分としての日本や中国が、全体である東亜協同体のなかで共存共栄するのが、三木の東亜協同体論の特徴である。個人というミクロの次元においても、個人は全体国家へと取り込まれるわけではなく、全体のなかにあって自由を享受する。

三木は、西洋のファシズム国における様な、民族主義を特色とする全体主義を批判する一方で、「我々はもちろん全体主義が個人主義や自由主義に対して勝れたところを有するのを正直に認めなければならぬ」[50]という。三木が目指す全体主義とは、民族によって閉じられたものではない。それは、東亜協同体という全体を踏まえた全体主義である。全体主義の原理は、論理構造において閉鎖的な体系であるということを三木は認めている。しかし、三木がみているのは、東亜協同体という地域的な次元にとどまらない。「東亜協同体は世界的な連繋において考えられねばならぬ」[51]。このように三木は、つねに「世界」を視野に入れた東亜協同体を構想しているのである。

三木は、東亜協同体論を明確に打ち出した論文「東亜思想の根拠」で、東亜協同体は普遍的原理を持ち、開かれたものとしてあるべきだと主張する。「東亜協同体は東亜に建設されるものとして特殊的であり、或る閉鎖性を有するものであるにしても、それは普遍的原理を含むものとしてどこまでも開放的であつて世界の諸国の自由に出入し得るやうなものでなければならぬ」[52]。

このように、三木の東亜協同体論は、はじめから世界的な普遍妥当性を目指して構想されたものであった。三木のみるところ、近代的世界主義においては、諸個人は結合しているとはいえ、本質的にはそれぞれが分離している。個人がまず独立したアトムとして考えられ、社会はそうした諸個人が取り結んだものとされる。近代的な世界主義は、このようなアトミズムの体系をなしている。三木が東亜協同体によって乗り越えようとするのは、こうした近代的な世界主義である。その先にあるのは、全世界が一体となった全体社会にほかならない。

それでは、抽象的な次元で掲げられた「世界」の普遍性とは、いったい何によって実現されるのだろうか。内田弘によれば、その可能性を秘めているのは、三木の技術哲学である(53)。

三木は『技術哲学』(一九四一)でこう述べている。「我々の身体の諸器官が道具として相互に密接な関係に立ちつつ分業を行ふと見られるやうに、社会的身体の道具も相互に道具聯関に立ちつつ分業の基礎となつている。分業の発達は社会的連帯を破壊すべきものでなく、むしろ元来社会的連帯の中において可能になるのである。そして技術の発達は、交通手段の発達等において一見明かであるように、社会を世界化してゆく結果になるのである。世界が次第に世界的になつてゆくといふ歴史の発展は技術の発達なしには考へられないであらう。人と人とは物を作ることにおいて現実的に結び附く。人間は技術を媒介として結合するのである(54)」。つまり、三木の人間観とは、技術によって結びつけられた存在というものである。社会的連帯は、技術を媒介とした分業と相即不離の関係にある。三木が東亜協同体を構想するにあたって基礎にあったのは、日本の伝統的価値や精神を梃子にして東亜を統一するという考えではない。そうではなく、価値中立的な技術的活動をもとにして東亜、ひいては世界を結びつけようとした。全世界が一つとしてありながら、そのなかに生きる個人は自律的に活動している社会。三木が東亜協同体の先に目指したのは、このような社会であった。

五　『〈近代の超克〉論』から『存在と意味』へ

これまで、京都学派の哲学と言説を取り上げて考察してきたが、次に問いたいのは以下のことがらである。京都学派の〈近代の超克〉論が「東亜新秩序」に接続した機制と、廣松のエスノナショナルとも誤解されかねない「東北アジアが歴史の主役に」とが類似的であるならば、廣松と京都学派の決定的な違いはどこにあったのか。また、〈近代の超克〉論を批判的に摂取したはずの廣松が構想した新体制とは、いかなるものであったのか。

廣松は京都学派の哲学がヨーロッパよりも水準が高く、〈近代の超克〉論もよりアクチュアリティがあるとみなしている。その一方で、「モラリッシュ・エネルギー」といった「情意的な面」をもとに大戦を合理化し〈近代〉を超克しようとしたものの、理論的な面では「近代知の地平」にとどまっていると京都学派を批判している。

京都学派の「近代の超克論」を直接批判しているわけではないものの、廣松は全体主義を批判する論考で次のように述べている。「対外的緊張関係を媒介にして即自的に意識される民族国家という〝共同体〟、それが実際には階級的編制構造をもち、資本の論理を動軸にして存立している場合には、この擬似的〝共同体〟への滅私奉公は、階級的支配・被支配の現構造を強化しつつ資本の論理を維持すること、これ以外の帰結をもたらしえよう筈がない」[55]。世界大戦という緊張関係において、対外的に「東亜協同体」といった共同体を構想し、総動員体制などをもとにした投企を大衆に訴えかけたことは、対内的には「国家共同体」といったものをも自明視することになった。「国家共同体」は、支配者階級にとっては利益共同体であるが、被支配階級にとっては「幻想共同体」であるとみなせるがゆえ、京都学派の主張は大戦を合理化するイデオロギーにすぎず、資本主義社会を本質的に止揚することにはならない、と廣松は主張する。廣松は全体主義を批判するこの論稿でマルクスを援用し、大戦下とはいえ民族国家的全体を自明視しそこへと投企していくことは、社会把握の点からしても誤っているとする。

さらに廣松は、三木清の後輩筋にあたる久野収との対談において、三木が人間の個人性と社会性とをつなげる点で整理ができておらず、それゆえ「東亜協同体論での協同体の社会内的編成の在り方」を捉えきれていないと指摘した[56]。すなわち、東亜協同体論は資本主義社会体制の内実を捉えきれず、「協同主義」をもって大戦へのアンガージュマンへと人々を誘導している。これが廣松からの批判の要諦である。

資本主義社会においては、「資本家－賃労働者」あるいは「支配者－服従者」の垂直的な〈非対称〉的な関係が前提とされているにもかかわらず、全体主義はそういった社会関係を無視し、国家を実体化するという事態に陥っていると廣松はいう。つまり、京都学派の主張は、社会把握よりも大戦の終局という目的を優先するがあまり、彼らがヨーロッパ的限界であると批判した資本主義社会そのものを把捉しそこねていると廣松はみている。

かくして廣松は、全体主義的イデオロギーを批判した上で、個々人と全体とを調停しうる理想社会として「真の人倫的共同体」の実現を提示したのだった。そのさい、「真の人倫的共同体の実践的実現は、右の立言を通じて、インプリシットには措定されているように、旧来の即自的な協働を即自対自的 an und für sich に組織化することによって「個即類」の「可能的構造を即自対自化すること」に懸る。協働の即自対自化ということは、人々が総体的志向性の対自的な把握にもとづいて肢節的に役割－進取（part-take, teil-nehmen, role-take）する事態と相即するといえよう[57]」。つまり「真の人倫的共同体の実践的実現」は、個々の人間が「役割－進取」し、協働することによってなされるという。この後、廣松は生産場面における役割理論の構築に注力していくことになる。

それでは、『〈近代の超克〉論』で行なった京都学派に対する批判は、廣松の理論内部において、どのように活かされているのだろうか。

二年後の一九八二年に公刊された『存在と意味　第一巻』では、歴史的な事象には触れず認識論を扱っているため、京都学派を想起させる表現は見られない。しかし、廣松が京都学派の〈近代の超克〉論を分析したさいに見せた視角を『存在と意味　第一巻』での論述のうちに垣間見ることができる。したがって、本節では、『存在と

意味 第一巻』で提示した哲学的諸概念と廣松の〈近代の超克〉論を重ね合わせることにより、廣松の理論的立場から構想した「東亜協同体」を描き出すことを試みる。

廣松によれば、現実の「事象」を捉えるためには、それを意味づける「虚焦点」のようなものが要請され、それとの相関関係たる「四肢的構造連関」のもとで現実の認識が可能になるという。「虚焦点」とは、カントが『純粋理性批判』の統整的理念の箇所で用いている用語であり、廣松もそれを踏襲しているといってよいだろう。廣松は「虚焦点」を端的な「無」のようなものではなく、積極的な規定性を持つものとして定義している。つまり、廣松の京都学派批判に即していえば、京都学派の「東亜協同体」とは「虚焦点」を実体的なものとみなし、そこへ投企していくことを唱えたものであった。それゆえ廣松は、「東亜協同体」は哲学的根拠を持たずして大戦を合理化する「物象化的錯視」であると批判したのである。京都学派が「東亜協同体」を唱えたとき、実際にはいまだ存在していない「事象」を構想していたといえるが、この点に限界があると廣松はみている。

それでは、廣松の理論的立場から「東亜協同体」を構想するとすれば、どのようなものになるのか。以下で、われわれなりに理論化してみたい。

廣松は、「事物」「事象」「事態」といったものの在り方について、明確に位相を分けて定義している。その定義によれば、「事物」の分節化は言語以前的にもある程度進捗しているのに対して、「事象」は本源的に言語によって媒介された存在態であるという。また、「事態」がイルレアール・イデアールな形象であり、超時空間的であるのに対して、「事象」はレアールであり、時空間的であるという。[58]「東亜協同体」とは、日本を中心とした東アジア圏を指すから、時空間的な「事象」として構想されよう。それでは、この「事象」へと人々が投企していくことは可能なのだろうか。「事象」は現実の時空間において、どのように位置づけられ、それを認識する主体との関係はいかなるものなのだろうか。これらの点に関して、廣松の理論を定式化しておきたい。廣松によれば、「事象」は「仮相的空間」と「実相的空間」とに二重的に帰属しており、その位置は二重写しの相にあるという。

「表象的な空間的風景世界における射映的な〝見掛上〟の位置は、当の表象的世界に〝見える〟がままの位置であり、当の表象的風景世界に内属しているが、〝実際上〟の位置は、当の表象的世界を超えた場所、表象的世界の〝外部〟にあるものと覚識される。〔中略〕〝世界〟が〝仮現的・射映的な空間的世界〟と〝実相的・所識的な空間的世界〟とに、二世界化されるに及ぶ[59]」。いいかえれば、「仮相的空間」とは認識主体のパースペクティヴから眺めた空間的布置であり、「実相的空間」とは俯瞰的に眺めた空間的布置である。

われわれが問うているのは、「東亜協同体」が廣松の理論内部においてどのように位置づけられることになるのか、またそこへと投企していくことは可能なのかということであった。前者の問いに対しては、廣松の次の議論が参考になる。「延長性や位置性をそなえた世界大の純粋な場所的空間という表象は、後述の通り、実は布置的位置空間との二重写しの機制に俟つものであるが、当座の論脈で言い切っておけば、有限な「図」としての場所的空間を理念化しつつ拡大したものにほかなるまい[60]」。

『存在と意味』の行論において、空間とは、事物と空間といった形で截然と区別できるものではない。空間は、事物が置かれる脱質料的な「場所的空間」と事物の布置関係や位置関係が物性化された「位置的空間」とが融合した相にあるという。さらに廣松にあって、空間とは「世界大」に拡大しうるものとして定義されている。『存在と意味』では、西洋や東洋といった地理的な要素には触れず議論が叙述されているため、「世界大の純粋な場所的空間」が「東亜協同体」である必然性の是非は問うべくもない。しかし、そこへ投企するという点をさしおけば、日本という視座からより拡大した「東亜協同体」を構想すること自体は、理論的には可能であるといえる。

次に後者の問いである。そのようにして構想された「東亜協同体」へと投企することは可能であるのか。つまり、認識主体のパースペクティヴからは「仮相的空間」に留まっている「事象」へと投企し、それを「実相的空間」へと拡大していくことは可能であるのか。眼前には見えていないようなユートピア空間を構想し、そこへと投企することが、どのように理論化されうるのかみていきたい。まず、補助線として、廣松の「企投」[61]概念についてみておこう。「企投は目標状景の表─象《フォル・シュテレン》を要件とする。〔中略〕当の目標状景は、眼前の知覚情景内の特定部分ないし特定対象物の将来的状相（予期的将来相）として、眼前の知覚的空間内部の特定の位置に〝置かれて《シュテレン》〟いる場合もあれば、単なる想像的表象として、眼前の知覚的風景とは分離・独立している場合もある」[62]。

このように、「企投」は目標状景が表象されていることを必要条件とし、その目標状景は目の前に開かれていても、また離れていてもよいとされる。つまり、「東亜協同体」という実体が目の前に見えていなくとも、「企投」するには問題とはならない。そして、より重要なのは次の点である。「企投は、或る未在的状景を表象し、その未在的状景を実現することにおいて、一定の目的を達成しようと決意する意識性活動である」[63]。みられるように、「企投」は目的を達成しようとする意識的な活動であるとされている。しかし、そうした「目的」はどのようにして生じるのだろうか。廣松が京都学派の「東亜協同体」を「物象化的錯視」であるとして批判したさいの眼目は、それが大戦を合理化するために京都学派の知識人が捏造したイデオロギーであるという点であった。つまり、支配的立場にある京都学派の知識人が大衆をイデオローギッシュに誘導しているのであり、実際に総動員体制へと動員される大衆が自由意志から内発的に「企投」するわけではないのである。

以上により、廣松の理論的立場から次のような論が導かれよう。「世界史の転換」という「目的」から「東亜協同体」を唱えた京都学派の立場と動員される大衆の立場とは、パースペクティヴの次元からして異なっており、双方の「目的」もまた異なっている。それゆえ、動員される当事者の立場からは、戦争に参加するという「目的」は必ずしも要請されない。

かりに「東亜協同体」を構想するとしても、「日本の精神性の優位」といった点ではなく、言語や商品交換あるいは生産的労働といった具体的な実践行為の目的となるものが要請されるのである。「企投」のモメントとなる原理について、『存在と意味 第一巻』の行論で、廣松は〝通用する真理〟と〝妥当する真理〟との区別を挙げている。〝通用する真理〟が共同世界に生きる人々に相対的であるのはもちろんだが、〝妥当する真理〟もまた歴史的・社会的・文化的な共同世界の人々の現実の在り方と相対的であるという。そして、諸個人がそれぞれ掲げる〝妥当する真理〟が共同体の在り方を変動せしめるとされる。しかし、その原理については、第一巻の認識論ではなく第二巻の実践論においてなされるとして、予示するにとどまっている。間主観的構造は単一の構造を持つが、現実の在り方は不断に流動的で多層的であると廣松はいう。そのとき構造にはたらきかけ流動性をもたらすのが、〝妥当する真理〟にほかならない(64)。

『存在と意味 第二巻』において廣松は、社会制度的体制の変革を志向する実践を基礎づけるために、人倫的諸価値のうち「正義」を最高位に据えている。「超越的第三者」への同一化を拒み、諸個人がそれぞれの立場から主体性を投企することを求める廣松にあって、「正義」を最高位の価値として提示するのは、唐突な印象を受ける。「正義」を最高位の価値とするならば、〝妥当する真理〟とは空虚な題目に堕してしまうだろう。

『存在と意味 第二巻』で廣松が論じたのは、商品世界に生きる当事主体が共同体の価値的規範に同型化し、価値性を帯びた主体として存在するということであった。

当事主体は役割行為を行なう存在であり、共互的な役割行為には、つねに支配－服従の関係があるため、社会的な矛盾《コンフリクト》をはらんでいる。それを梃子にして企投することが可能になるのであった。

そして、実践的に企投するモメントを示すのが、価値的に高い正義的行為であると廣松はいう。『存在と意味 第二巻』の末尾では、超越的絶対主義をしりぞけつつ、通用的な価値体系から超出した次元に「妥当的価値」を据え、わけても価値的に高いのは正義的行為であるとした(65)。このようにパラダイムを越えた次元に「正義」という抽象的原理を据えたのは、「情意的」なものを持ち出しているとして京都学派を批判したことと自己矛盾を犯しているといえよう。

かくして廣松は、社会体制の変革を促すモメントをつむぎだし、主体それぞれの立場から実践へと向かうことを呼びかけたのであった。「全世界が一体化」するなかで求められている新しい世界観とは「関係主義」をもとにした価値観であると廣松はいう。「東北アジア論」における主張はたしかに、自家撞着に陥っている。しかしそれは、『存在と意味』の理論化を進める途上で打ち出された「妥当的真理」を体言するものであったといえよう。

本章では、京都学派の「近代の超克」論を廣松の視座から再検討することで、『〈近代の超克〉論』から『存在と意味』、そして「東北アジア論」へと至るみちすじを辿ってきた。京都学派をはじめとする「近代の超克」論は、知識人が戦争を合理化したものであると廣松はみていた。一九九四年の廣松の「東北アジア論」は、京都学派の「近代の超克」論を想起させるものであったが、その比較により明らかになったのは次の点である。高山は、地政学的な側面から日本の文化や精神を称揚し、大戦の終結を目指した。三木は、技術を媒介にした分業によって結びつけられた「世界」を構想した。それは、日中戦争にはじまる日中との関係を意識し、三木の理論が帝国主義的なものでないことを強調し、戦略的に打ち出されたものであったといえる。

廣松は、知識人が先導するものとして理想社会や共同体を捉えていたのではなく、社会的な編制に組み込まれた個々の人間による役割行動によって変革が可能になると考えていた。

廣松によれば、近代資本主義社会において人々の意識は物象化に染め上げられているという。そして、商品世界に生きる主体が物象化された意識を払拭するには、組み込まれている生産的場面において役割行為を遂行することが不可欠であると主張した。高山や三木は、近代資本主義社会が隘路に陥っていることにより大戦が引き起こされたと見ており、廣松もそれを踏襲しているといってよい。しかし廣松は「東北アジア論」や『存在と意味』において、地政学的な日本の優位性を唱えているわけではない。この点で高山とは立場を異にしている。廣松は大戦を合理化する役割を果たしたとして高山哲学に着目していたが、むしろ社会的分業から世界を結びつけようとした三木の理論に重なるところがある。人間の個人性と社会性とをどのようにつなげるかという点で廣松は三木に異を唱えたのであったが、目指していた社会観は、京都学派のなかでは三木のものと最も近いといえる。廣松が目指した社会とは、全体性へと個が取り込まれていくものではなく、人々が共同体の総体的な志向を自覚しつつも、それぞれはミクロ次元での役割行動を行なっている社会、このようなものであった。

次章では、やや射程が広くなるが、文明論的な視野をもって展開された廣松の唯物史観を検討する。

第八章　生態史観と唯物史観——廣松渉の歴史観

一九八六年、廣松渉は、人類学者梅棹忠夫の論文「文明の生態史観」（一九五七）との批判的対質を目指した著作『生態史観と唯物史観』を公刊した。同著は、人類学や射程の広い文明論の知見を盛り込んでおり、廣松の著書のなかで独自の位置を占めているといえよう。本章は、発表時に日本の論壇で注目を浴びた梅棹生態史観を、なぜ廣松があらためて取り上げたのかに着目し、生態史観を批判的に摂取したのちに、廣松がどのような歴史観を展開したのかを描き出す。

廣松は晩年、哲学体系の総決算として『存在と意味』全三巻を構想していた。三部構成のうちの第一巻「認識的世界の存在構造」が『存在と意味　第一巻』として一九八二年に、第二巻「実践的世界の存在構造」の三分の二にあたる部分が『存在と意味　第二巻』として一九九三年に公刊された。廣松は、その間に公刊した著作『生態史観と唯物史観』（一九八六）を、主著である『存在と意味』の第三巻（「文化的世界の存在構造」）第二篇「人倫的世界の存在構造」のなかの一部と密接に関係するものと位置づけている。『存在と意味』第三巻が刊行されることがなかったことに鑑みれば、その体系構築の断絶を補完するものとして『生態史観と唯物史観』を再考する余地があるだろう。たとえば、『生態史観と唯物史観』に収められた附論「生態学的価値と社会変革の理念」では次のように述べられている。

現代における共産主義の理念は、いわゆる〝人間生態学系の危機〟に鑑みるまでもなく生態学的価値規範に則った生活態勢のグローバルな確立を明示的に標榜しつつ〝人類史的危機〟の打開と理想的社会の樹立を展望するものでなければならないであろう。(1)

この附論のなかで廣松は、原子力発電への批判を行なうなど、エコロジー的な危機に警鐘を鳴らしている。そこで課題となるのは、「物質的生産の場における社会的編制の抜本的な変革」であり、それには「生態学的価値基準」がともなうべきであるという。

ここで廣松は、個人の意志や行動の指針となるような倫理的な意味での理想社会を唱えているわけではない。そうではなく、主体と環境との相互作用をつうじて遷移《サクセッション》が起こりダイナミズムを生むという生態学的理論を踏まえ、そのもとで構想しうるような社会観を論じている。しかしその一方で、『存在と意味 第二巻』「実践的世界の存在構造」(一九九三)では、社会制度体制内において動態性を生むものとして「妥当的価値」を理論化し、さらに人倫諸価値のうちでも「正義」を最高次のものとして個人に委ねている。つまり、『存在と意味 第二巻』においては、近代資本主義社会とは別の社会体制を構想するために個人の倫理や価値の問題へと立ち戻ったといえる。『唯物史観と生態史観』も『存在と意味』を体系化するプランのなかで書かれたわけであるが、ミクロの次元において個人がいだく価値の問題とマクロ次元における社会体制の問題とでは懸隔があるように思われる。廣松にあって、社会構成体はどのように展開し、各時代の社会に生きる人間諸個人はどのように歴史にはたらきかけるのだろうか。こうした問いをもとに、本章では、廣松が歴史をどのように捉えながら生態史観を摂取したのかをあらためて論じていく。また、『生態史観と唯物史観』執筆前後に発表している歴史論と比較することにより、廣松の歴史観形成に生態史観が与えた影響を浮き彫りにすることを試みる。

一　梅棹生態史観のインパクト

まず『生態史観と唯物史観』で行なわれている議論を取り上げよう。この著作において廣松は、道具をもって対象にはたらきかける人間像を描き出している。それにより、自然環境にはたらきかけ、歴史を動かす存在として人間を捉えたのであった。著作のなかで廣松は、梅棹忠夫が提唱した生態史観を検討しているが、従来生態史観と唯物史観とは本来相いれないものとして捉えられてきた。生態史観は生態学の遷移《サクセッション》理論を文明の発展に応用するものであり、人間のはたらきかけといったミクロの次元は扱われていない。それに対して、唯物史観を唱える廣松は自然環境にはたらきかける人間に定位したのである。廣松自身はマルクスの生態学的側面に注目しつつも、一九三〇年代にソ連を中心として国際的な規模で行なわれていた「アジア的生産様式論争[2]」や梅棹の生態史観を思想史的文脈に置きなおし、独自の理論を提示している。迂遠になるが、梅棹生態史観が打ち出された時代背景に遡ってみていく。

廣松によれば、戦後の日本インテリは戦前以来の西洋コンプレックスを抱えており、一九五〇年代後半には劣等感と自負心とが綯い交ざった心境にあったという。こうした状況下で発表された梅棹の論文「文明の生態史観」は当時の論壇で論争を巻き起こすこととなった[3]。

加藤周一は、梅棹の論を「議論の全体には承服しかねる」が、「アフガニスタン、パキスタン、インドを旅して得た実感は貴重」であると評価している。また、日本と西洋との比較ではなく、他のアジア諸国との比較から始めた点で、それまで同じ問題を扱ってきた多くの学者・評論家とは一線を画しているという。さらに、日本を「高度の文明」を持つ地域であると定めている点が、日本の優位性とまでは言わぬまでも、西洋に遅れているという意識への「有効な解毒剤」として作用する面があると述べている[4]。

竹山道雄は、梅棹の論を周到には検討していないにもかかわらず、それに依拠する形で自説を展開している。竹山はこう述べる。「これはずいぶん大胆な断定であり、さまざまの検討を要すると思うが、いかにもなるほどと思わせるところがある。それは、われわれがこれまで漠然と感じてはいながら、はっきりと捉えなかつたことを、言ひきつたからであろう。われわれは感じていた――日本の歴史はアジアの中で一つだけ特別である。西欧の歴史の概念は日本にはしばしばそのまま当てはまるが、他のアジア諸国には当てはまらない。西欧と日本のあいだには、ふしぎな歴史の並行現象がある[5]」。つまり竹山は、梅棹が文明発展の平行性を唱えている点を、自説に引きつける形で援用し、日本文化を論じているといえる。しかし、これについては竹内好からの次のような批判がある。「梅棹自身は、価値問題への介入を極力警戒して」おり、生態学の方法を忠実に守りながら、実地調査を行なった。それに対して、竹山説は梅棹説のリアリズムを利用したにすぎないという。「その手続きをふみ越えて、いきなり梅棹説を歴史解釈へ引きつけて利用するのは、政治的であるばかりでなく、学問的にも当をえていない[6]」。廣松もこうした竹内の批判を踏まえて竹山の論に異を唱えたのであった。

加藤と竹山の論文は、梅棹理論を踏まえて日本文化を論じたものである。さらに、史観としての生態史観を取り上げたものに上山春平「歴史観の模索――マルクス史観と生態史観をめぐって」（一九五九）と太田秀通「生態史観とは何か」（一九五九）がある。上山の論は、梅棹理論を、マルクス史観やアジア的生産様式論、さらに「水利社会」論を唱えたウィットフォーゲルの理論とを比較し、より包括的な文脈に据えるものであった。最終的に上山は、マルクス史観と生態史観との統合を目指している。太田の論は、上山の論稿を踏まえて構成されており、マルクス主義との比較を行ないつつ、梅棹生態史観の理論的実証的欠陥を世界史上の事実と照らし合わせながら指摘している。これら二つの論文は、梅棹理論を内在的に扱い、マルクス主義との相違や類似点を整理しつつ、生態史観の可能性を汲み取るものである。廣松もこれらの論文を『生態史観と唯物史観』で検討し、自説へと展開している。また、今日の研究では、ウィットフォーゲルと梅棹の共通点として、両者が（騎馬）遊牧民の世界史的役割に気づいていたことも指摘されている。[7]

以下では、生態史観をめぐって提出された視点を追いながら、廣松理論の独自性をみていきたい。

二　梅棹生態史観

さて、廣松理論と梅棹生態史観との対質に進む前に、まずは梅棹理論の中心となる概念とその成立の経緯を見ておこう。先に述べたように、梅棹理論が日本の知識人の注目を集めたのは、それまでの西洋と東洋という伝統的な区分とは別の文明史学を打ち出したからである。梅棹が論文を発表した背景には、アーノルド・トインビーの比較文明論へのアンチテーゼという性格があった。梅棹は次のように述べている。

わたしは、トインビー氏の来朝およびその学説をもって文明論における西欧側からの挑戦と受けとった。トインビー理論からの言葉だけを借用するようなことになるが、わたしはとにかく、応答の名のりだけはあげよう、という気になったのである。[8]

もちろん、たんに西洋に対する対抗意識から生態史観を打ち出したわけではないだろうが、それ以前にアフガニスタン・パキスタン・インドを調査旅行した経験を踏まえ、東洋の視点からトインビー説に違和感を覚えたというのは首肯できる話である。実際、加藤周一は梅棹のそうした実感に着目している。また、梅棹自身が後日の講演で述べているように、[9]伝統的な日本の知識人は、日本とヨーロッパを比較する傾向があり、広大なアジア諸地域に目を向けることはほとんどなかったが、生態史観では、日本よりもアジア諸地域をどうみるかが問題となっているという。

生態史観は、わたしの意識が日本からはなれることによって、あるいは日本ナルシシズムからぬけだすことによって、うまれてきたものだ、ということもできるようであります。（中略）生態史観というようなものは、わたしは、なによりも単なる知的好奇心の産物であるとかんがえています。どのような意味であれ、実践の指針となることなど予想もしていなかったのに、それがいったん発表されると、たちまちにして実践「論」の波にまきこまれてしまう。これは、生態史観に対する反響としては、まことに意外なものであったのであります[10]。

みられるように、梅棹は実践を意識して生態史観を打ち出したわけではなかった。それにもかかわらず、日本特有の論理で実践論へと回収されていったのである。

次に梅棹の文明の区分を見ていこう。梅棹は、旧世界を「第一地域」（西ヨーロッパおよび日本）と「第二地域」（それ以外の全域）の二つの地域に分けている。「第一地域」の特徴は、「みんな帝国主義的侵略をやった国」であり、現代における経済上の体制が、高度資本主義であるという点にある。その国々では、ブルジョアが実質的支配権を握っている。第一地域において、資本主義体制に先行し、ブルジョアを育成したのは封建体制であった。これに対して「第二地域」の特徴は、内部で平行的に「古代文明」を発祥させたことにあり、ツァーのロシア、清朝の中国、ムガール朝のインド、スルタンのトルコといった「巨大な専制帝国」がいくつも壊れてはできるという経過をたどった。第二地域では、高度資本主義国になった例はひとつもないという。

梅棹の区分は、第一地域と第二地域ではそれぞれの内部において「平行的進化」が起こるという現象、そしてこの地域には歴史的展開の著しい相違があることを指摘するものである。「わたしは、明治維新以来の日本の近代文明と、西欧の近代文明との関係を、一種の平行進化と見ている」[11]と述べているように、梅棹は日本と西欧の近代化は平行して起こるとしている。この点が当時の日本の知識人を惹きつけたのであった。

梅棹は歴史の法則として生態史観を提案し、共同体それぞれの内部で歴史が発展するという「平行的進化」を裏付ける理論として「サクセッション（遷移）」を唱えている。サクセッション理論とは、梅棹の定義によれば、「一定の条件のもとでは、共同体の生活様式の発展が、一定の法則に従って進行する」というものである。サクセッション理論で梅棹が対象としているのは、「共同体の生活様式の変化」である。梅棹は次のように述べている。

要するに、サクセッションという現象がおこるのは、主体と環境との相互作用の結果がつもりつもつて、まえの生活様式ではおさまりきれなくなつて、つぎの生活様式に移るという現象である。すこしむつかしくいえば、主体・環境系の自己運動ということだ。条件がちがうというところでは、運動法則がちがうのは当然である。[12]

梅棹は、サクセッション理論が動物・植物の歴史を法則的につかむことに成功したことをさらに援用し、人間の共同体の歴史にも適用しようとしている。しかし、地理的な位置や気候風土が異なる地域にサクセッション理論を適用することには無理があるようにも思われる。この点について、梅棹は、第一地域と第二地域とではサクセッションの機能の仕方に違いがあるという。

サクセッション理論をあてはめるならば、第一地域というのは、ちゃんとサクセッションが順序よく進行した地域である。そういうところでは、歴史は、主として、共同体の内部からの力による展開として理解することができる。いわゆるオートジェニック（自成的）なサクセッションである。それに対して、第二地域では、歴史はむしろ共同体の外部からの力によって動かされることが多い。サクセッションといえば、それはアロジェニック（他成的）なサクセッションである。[13]

梅棹にあって、高度資本主義の体制を持った第一地域は共同体の内部の動力によって共同体の歴史が展開する。他方で、巨大な専制帝国が盛衰をくり返した第二地域は、歴史は共同体の外的な動力によって展開するという。サクセッションの要因をより詳細に追求するところまでは至っていないが、多系的な発展を視野に入れている点は明確に認めることができるだろう。しかしやはり、トインビーを意識し早産であることを知りつつも発表したと自身が述べているように、「生態史観序説」は、細かい論点に未決の問題が残されており、全体として大づかみなアイデアという域を出ていないように思われる。たとえば、廣松は以下の点を指摘している。

総じて、梅棹氏の論考は、生態学の理論を歴史観の場に援用するという着眼を表明しつつも、人間社会と自然環境との相互作用の動態を対象化しておらず、人間の歴史的営為が環境的条件に規定されつつ逆に環境を改造していくダイナミズム、そこにおける人間社会内部の生態的再編制とその遷移、肝心と思われるこの論件が殆んど手つかずのままである。[14]

梅棹生態史観が斬新であるのは、「第一地域」「第二地域」という文明の区分を行ない、それぞれ自成的・他成的なサクセッションにより歴史が展開していくという点にあった。廣松はこれに対して、梅棹生態史観には人間社会と自然環境とを媒介する人間の歴史的営為に関する視点が欠けていると批判したのだった。廣松は自然をたんなる自然環境として捉えるのではなく、歴史化され過去から送られてきたものとして捉えている。してみれば、自然と人間の相互の関係を廣松が重く捉え、梅棹の論を批判していることも頷けよう。

切り詰めていえば、廣松の論は、人間社会と自然環境とを人間の歴史的営為が媒介し、歴史が展開するというものである。それでは、この論に定位したさいに、そもそも歴史の主たる動因となるのは一体いかなるものなのか。仮に人間の個体が自律的・内発的に活動しているとみなすとすれば、歴史の動因も個人に帰することになる。他方で、一定の歴史法則にしたがって歴史が展開していくとするならば、個人の自由は後景にしりぞくことになろう。また、梅棹の自成的・他成的なサクセッション理論に対して、廣松はサクセッションをどのように定義しているのか。これらの問いを念頭におきつつ、単系発展と多系発展というマルクス史観の解釈に対して、廣松がどのような立場に立っているのかを以降で論じていきたい。

三　マルクス史観の単系発展説と多系発展説

人類社会の発展過程を一つのコースと捉えるマルクス主義を単系発展説とみなすか、そうではない多系発展説とみなすかは、マルクスの史観を解釈する上で一つの重要な争点であった。廣松は、単系発展と多系発展のいずれかを明示的に採っているわけではないが、歴史法則を定式化することにはネガティヴな見方をとっている。

私は単純な単系発展論でもないし、完全な多系発展論でもないけれども、自然科学主義的な手法で安直に歴史法則を定式化しようとするのではなく、総体としての人間の歴史というものをもっと具体的な状況のなかで考えることに努めるのが先決要求だと思うのです。(15)

梅棹においては、先に確認したように、「第一地域」（西ヨーロッパおよび日本）と「第二地域」（それ以外の全域）ではサクセッション（遷移）の機能の仕方に違いがあるとされ、「第一地域」では共同体内部での力により自成的に発展し高度資本主義へと到達する一方、「第二地域」では共同体外部からの力により他成的に発展するという。この点について上山春平は、次のように述べている。

ウィットフォーゲルと梅棹の理論は基本的な点で一致しているが、人類社会の多系的な発展過程について、ウィットフォーゲルがマルクス主義から出発して理論を立てているのに対して、梅棹は生態学におけるサクセッション理論をモデルとして理論を立てている点に、両者の着眼の相違がみいだされる。[16]

つまり上山によれば、多系的な発展という観点では梅棹とウィットフォーゲルは一致しており、その理論構築の方法が生態学的なサクセッション理論かマルクス主義かという点で相違しているという。また上山は、梅棹生態史観とマルクス主義理論を統合することでウィットフォーゲルの理論を超える可能性を示唆し、梅棹のサクセッション理論が生活様式の矛盾から起こることと生産力と生産関係の矛盾を分析するマルクス史観とのあいだには同型性があると指摘している。上山によれば、ウィットフォーゲルは、マルクスの「唯物史観の公式」を二つに分けて適用しているという。「唯物史観の公式」とは、マルクスが『経済学批判』（一八五九）序文で掲げたテーゼであり、経済的社会構成はアジア的、古代的、封建的、近代ブルジョア的生産様式という過程をとって進歩するというものである。ウィットフォーゲルは、この「唯物史観の公式」を援用し、アジア的を「水利社会」中心部（中国、インド、エジプト、メソポタミア等）専用、封建的からブルジョア的を「非水利社会」的な西ヨーロッパと日本専用としたのである。

梅棹やウィットフォーゲルの理論は、それぞれが依拠する理論的モデルは異なるが、あくまで文明の発展を捉えようとする姿勢は共通している。つまり、歴史の発展動因を生活様式や社会構成といったマクロの次元に求めているといえよう。それでは、こうした両者の文明史観と比べると、廣松はどのような立場に立っているのであろうか。まず判然としておく必要があるのは、生態学をめぐる廣松と梅棹の違いはどこにあるのかという点である。梅棹は、生態学でいう遷移《サクセッション》を単なる類比や比喩としてではなく、歴史を法則化するためのモデルとして扱っている。

サクセッション理論が、動物・植物の自然共同体の歴史を、ある程度法則的につかむことに成功したように、人間の共同体の歴史もまた、サクセッション理論をモデルにとることによつて、ある程度は法則的につかめるようにならないだろうか(17)。

このように梅棹生態史観は生態学的な議論を一種のモデルとして扱っているのに対して、廣松自身は人間生態系のサクセッションとして歴史を見ようとしている。つまり廣松は、生態系をモデルとして法則を立て、歴史を記述するのではなく、具体的な歴史の展開自体を人間生態系のサクセッションとして捉えるという立場に立っているのである。また、人間生態系というものは、他の動物や植物の生態系と比べるとき、非常に著しい種差的な特質があるという。そうした種の違いを踏まえて人類史を見ていく点に、廣松の独自性があるといえるだろう。より踏み込んでいえば、廣松は人間の営みによって展開するものとして歴史を捉えているといえる。

次に、人間と動物の違いを廣松がどのように捉えているかという視点にもとづいて生態学と人間生態学との違いを検討していきたい。

先に述べたように、人間社会と自然環境との相互作用の動態を対象化していないとして、廣松は梅棹を批判したのであった。さらに唯物史観の解釈を加える形で、廣松は次のように述べている。

唯物史観が定位する〈人間－自然〉態系は、動物生態学としての人間生態学が「人間－自然」関係を此学の局限された射影でしか捉えないのにひきかえ、まさに総体的であり、そこでは人間のいわゆる精神的文化、そしてまた、社会的編制、等々が総合的に Auffassen〔把握〕される。視角をかえて言い換えれば、かかる総合的な、共時的・通時的な〈人間－自然〉態系、それが Geschichte〔歴史〕にほかならない[18]。

このように廣松は、『生態史観と唯物史観』において、人間の精神文化や社会編制といった視角から、総合的に〈人間－自然〉関係を捉えようとしている。それでは、梅棹のサクセッションが生活様式という漠然とした次元から歴史の動因を理論化しているのに対して、廣松はどのように人間を自然環境に位置づけているのか。また廣松自身はサクセッションをどのように捉えているのだろうか。廣松が生態学を参照している箇所にさかのぼってみていきたい。生態学へのはじめの言及がみられるのは、『事的世界観への前哨』（一九七五）所収の「歴史法則論の問題論的構制」である。そこで廣松は、「その都度の植物共同体が自然的環境条件との相互作用の結果として生存条件を変化させ、新しい世代がそれに適合的な在り方をしていく autogenic な変位[19]」という生態学者クレメンツのサクセッションの定義に則り、通時論的な遷移（succession）の例を挙げている。われわれが注目するのは、植物が生育する初期条件が異なっていても、極相（climax）は同様の形態に至るということである。さらに共時論的な構造を見た場合には、「その生死つまり存在・非存在（Daß-sein）にいたるまで、草木の現存在は、相互的連関作用の一総体たる生態系の分肢的存在として規定されている[20]」とし、マルクスが人間を社会的諸関係の総体として捉えた見方は、こうした生態学的な見方と相即するという。同稿では、梅棹生態史観に触れてはいないが、廣松が生態学的なモデルに仮託して歴史論を展開していることがみてとれる。しかしそれは、生態学的なモデルを積極的にとっているからではなく、諸個人をアトムとして前提する機械論的なモデルと歴史総体を実体化する有機体モデルを克服するためであり、「協働連関の機能的・函数的総体性」に具象性を与えるためだという。廣松は社会唯名論的な議論と社会実在論的な議論を双方ともにしりぞける。廣松が描く人間とは実体として存在するものではなく、「間主体的な協働連関に内存在する」ものである。この「協働連関」とは、たんなる個人の総和ではなく、複雑に絡み合う歴史的・社会的な文脈を持ち、高分子的・錯分子的な構造を持つ。そして、「諸個人はこの「函数」的な機能的連関の「項」として〔歴史に〕part《マ》-take-in《マ》〔参与〕している[21]」という。晩年、廣松は役割理論の理論化に注力し、「役割理論の再構築のために――表情・対人応答・役割行動」(『思想』一九八六―一九八八)を著わしているが、そのとき役割行為を指すタームがpart-takeであった。つまり廣松は、歴史的・社会的な「協働連関」にかかわる人間の在り方は役割存在であるとみなしているのである。『生態史観と唯物史観』においても、歴史の法則性を捉えるためには、生態系と役割行動を同時に扱わなければならないと述べている。

> 歴史の法則性を学理的に把握するためには、〈対自然環境的‐間人間主体的〉な生態系を共時的な構造に即して分析し、それを通時的な動態に即して積分すること、これが方法論上の論理構制となる。但し、謂う所の「共時的構造」なるものは、〈対環境的‐間主体的〉な「役割」行動(役割編制)の物象化において存立するのであり、この次元にまで遡っていえば、歴史の法則性の定立は「役割」行動の一総体の物象化の機制とその定在様式の確定と相即する[22]。

生態学自体は、今世紀にダーウィンやヘッケルを始祖として学問として確立されたため、マルクス・エンゲルスが唯物史観を形成した頃には、生態学体系を知ることはなかった。しかし、梅棹生態史観と廣松の唯物史観を踏まえ『文明の海洋史観』(一九九七)を著した川勝平太によれば、一八五九年に進化論を唱える『種の起源』

を出版したダーウィンと一八六七年に『資本論』第一巻を出版したマルクスは相互に知的な影響関係があったという[23]。彼らが同時代にロンドンで過ごしていたことは事実であり、マルクスがダーウィンの『種の起源』に感銘を受けていたことはおそらくたしかであろう。一方で、ジェフリー・M・ホジソンの研究では、マルクスとダーウィンのあいだに実際の交流はなかったことが指摘されている。廣松の見方では、マルクス・エンゲルスの唯物史観には、生態学的な了解が背景にある。「人間の本質的存在は社会的諸関係の総体である」というマルクスの提題も、こうした生態学的な了解に即して理解することができる。とはいえ、初期条件が異なっても極相に至るというサクセッションの理論に焦点をあて、これを人間社会にそのまま適用するならば、ある種の決定論的な歴史観に与するように思われる。つまり、人間存在の能動的な動因を捨象した場合には、生態系のサクセッションのたんなる類比として人類社会の歴史観も捉えられるということになる。サクセッションを人間社会に適用すると人間の能動的側面が後景にしりぞくという点に関して、廣松はどのように考えているのだろうか。廣松はこう述べている。

> 人間社会の歴史を論考する場合には、当然、人間の意識的営為ということが問題になる。だが、この際、われわれとしては、かの精神と物質との二元的区別を歴史的世界の領界に持ち込んで、歴史現象を精神的現象と物質的現象とに存在的に截断する見地を卻ける。というのも、いわゆる精神的現象と物質的現象とを包括する歴史的現象の総体が謂うなれば「生態系」的な在り方をしているのであり、マルクス・エンゲルス流にいえば「本源的に社会的生産物であるところの意識」は、「意識された存在」(das bewußte Sein) なのであって、歴史的生態系に内在する一契機だからである。
>
> ここでとりあえず「遷移」との類比でいっておけば、各世代は、先行する諸世代が自然的環境条件との相互作用を通じて形成した生存条件を与件としつつ、しかも、同一世代の生態系的構成メンバーの営為との共

軛性においてのみ「歴史を作り」うる。[24]〔傍点引用者〕

つまり廣松は、生態学における「遷移」との類比によっては人間の歴史を論じつくすことはできず、「人間の意識的営為」を俎上に載せるべきだというのである。それでは、廣松にあって自然環境と社会編制との区別はいかになされているのだろうか。廣松はマルクス・エンゲルス『ドイツ・イデオロギー』の提題を踏まえ、次のようにいう。

> ところで、対自然的・間人間的な協働連関の動態を、そのポテンツに即して生産力、その共時的関連に即して生産関係と呼ぶ次第であるが、この「各個人ならびに各世代が次々に所与のものとして見出すところの生産諸力」は、協働が即自的であるかぎり、諸個人に対して物象化された相で現出し、「人々の意思や動向から独立な、それどころか、人々の意思や動向を主宰する、固有の道順を辿る一連の展相と発展段階の契機を閲歴する」こととなる。ここにおいて、観察者的立場に対して、歴史の法則性が与件として与えられるのである。[25]

生態学における「遷移」を社会編制にまで適用した場合には、その通時論的な動因は生産力であり、共時論的には生産関係であるということができる。自然環境や生産関係・社会編制を含む広義の環境に諸個人が投げ込まれ、そこにおける生産活動を通じてふたたび環境にはたらきかける。このさい、生産活動を行なう当事者にとっては、生産諸力などの所与の環境は物象化された位相で現われ、当事者の行為を外部的に拘束する。当事者にとって生産関係の改変や社会編制の変革は、当事者に意識される法則性をもって起こるのではない。あくまでも観察者的立場から見た場合に、事後的にその変動の軌跡が歴史的法則として見出されるのである。

さて、これまでの論から、廣松は個人の自律的な活動あるいは環境のいずれか一方のみに歴史の展開を帰しているわけではないということができる。「人間が環境を作るのと同様、環境が人間を作る」というマルクスの提題にあるように、個人の側からか環境の側からかという相互作用の先後関係は、当事者の立場からは確定できない。それでは、人間社会と自然環境を生産という場に即して総体的に把握することを企図する唯物史観において、人間の能動性はいかにして認められるのだろうか。また所与の環境に完全に規定されるとすれば、歴史の展開は単系発展であるといえる。他方で、歴史が多系発展的に展開するとすれば、個体の主体的能動性あるいは自由といったものはどのような形で認められるのであろうか。次節では、所与の環境に投げ込まれた人間が環境にはたらきかける在り方を、廣松がどのように理論化しているのかをみていきたい。

四　「表象的環境」への実践的投企

先に述べたように、廣松は、人間の生産活動すなわち労働を人間社会と自然環境を相互媒介するものと位置づけ、そのうちに動態性をみている。対自然的活動としての労働は動物と人間を分かつものといえるが、所与の環境に働きかけることは、社会的な視点からはどのように捉えられるのだろうか。廣松はこう述べる。

人間は、生活技術・産業技術を目的意識的に発揚することによって、自己の生活実態を天然自然的諸条件から相対的に〝自由化〟する。この目的意識的な自然改造と目的意識的な環境適応という点で、〈人間－自然〉生態系は、一般の動物生態系とは区別を要する。もちろん、目的意識的な実践が介在するとはいえ、この〝創造的〟実践をモメントとしつつ、大枠においては依然、〈生体－環境〉の相互規定的・相互変様的な構造と遷移の埒内に存在するのであり、「歴史」は生態系の〝宿命的〟な構図を脱し得るわけではない[26]。

ここで言われているように、生活技術や産業技術を革新しようとする行為、たとえば生産活動を工夫するといった目的意識的な行為は、所与そのままの自然条件を生産にとってより効率的なものとする。こうした人間生態系における目的意識的な適応が動物生態系とは区別されるのだが、依然として人間は〈主体–環境〉系の「歴史」のうちにあるという。

では、より明確には、人間と動物とを分かつ特徴とはどのようなものなのか。廣松が着目するのは、労働手段としての「道具」と人間相互間の特異な社会性である。この「道具」と社会性は密接に結びついており、道具の発達にともなって、社会的編制も改変するという。

人間の対自然的活動を媒介する中項Mitte＝Mittelたる労働手段の在り方が、同時に間主体的な編制の構造をも規定する。それは、生産の現場における直接的な協業・分業の編制を規定し、また、この社会的・間人格的編制の在り方によって反照的に逆規定される[27]。

すなわち、道具を使用する分業編制に組み込まれることによって、人々は生産活動を行なう。そして道具の使用価値もまた、こうした社会的・間人格的編制のうちにあってはじめて生じるのである。たとえば、人が道具を使うさいには、生産の現場で妥当であるとされる既存の使用方法といった外部的な拘束を受ける。そのうえで、連続的に道具を使用することにより、使用方法も工夫され改善されていく。いわば、使用方法の「歴史」が展開していくわけであるが、使用方法といったものはそのつど使用者にとって物象化した相で現われ、使用者を外部的に拘束することになる。このように、特定の社会的編制に投げ込まれた人間は、周囲の環境からだけではなく労働手段の在り方にも規定されているのである。さらに、廣松は人間生態系の特質について次のように述べる。

> 人間の場合、感性的知覚に現前する世界だけでなく、観念的に構築された世界をも環境としつつ、この「表象的環境」とのあいだにも一種の生態系を形成していること、このことが人間生態系の一特質として銘記されねばならない。(28)

観念的に構築された「表象的環境」をも含めて生態系を作っているということは、動物と人間を区別する上で、とりわけ重要である。というのも、「表象的環境」をも環境として捉えられるとすれば、ある種の社会構成体を表象しながら、そこに向かって実践的に投企するということが可能になるからである。そして廣松によれば、ここにこそ人間生態系の特質があるという。(29)

> われわれの見地から分析すればそれは共同主観的に形成された観念的世界であるにしても、当事者たちの日常意識にとってはれっきとした外部的環境世界の一部をなしている。〔中略〕規範意識といったことをも含むこの表象的世界への内存在という点で、単に言語をもつといった次元をこえて、人間生態系の特質があると思うのです。(30)

個々の人間が表象する社会構成体は、どのような歴史観を採るかによって異なるものとなるだろう。個人の歴史意識がどのように社会にかかわるのか、次節で検討する。

五　廣松渉の歴史観

廣松はマルクスの「唯物史観の公式」を踏まえつつも、それをそのまま歴史の法則として捉えて歴史を説明するのではなく、協働連関態における人間の個々の営為の物象化された合成力を歴史の法則と捉える。ここでは、『事的世界観の前哨』（一九七五）に収められた「歴史的法則論の問題論的構制」での歴史法則論を参照しよう。ここで廣松は、前近代、近代の歴史観を取り上げている。「超越的な主宰者」[31]が法則を支配した前近代にあって、個人の運命は「定め」として決定づけられているという。ギリシャ悲劇のオイディプス王の逸話を廣松は引く。テバイで生まれたオイディプス王は、デルポイでおぞましい神託を受け、その成就を避けるために旅に出る。しかし、結局は悲劇的な結末を迎えてしまう。このオイディプス王の悲劇にみられるように、旅の過程が一義的に決定されていなくとも、「定め」というかたちで結末は決定されているというのが、前近代的な法則観であった。

これに対して近代的な世界観にあっては、超越的な主宰者は消し去られ、その意志は世界に内在する法則性として了解される。近代科学の世界観では、因果的連鎖が支配し、すべてが決定論的に構成される。しかし他方で、近代世界においては自律的な人間像が謳われる。廣松はこう述べる。

> 近代的世界観は、アニマ的能因の放逐にともなって、動物をも機械的存在として了解する傾動をもつとはいえ――そして、人間をも機械的存在とみなすときに機械論的決定論が完現するわけであるが――、人間に関してはとかく精神的存在としての主体的能動性を認めようとする。ここにおいて、少くとも人事に関するかぎり超越的な決定性を免れているという了解に照応して、いわゆる〝神から自立せる人間〟の非決定論が主張されることになる。[32]

自然科学では決定論を、人間に関しては非決定論を認めるという見方が、近代において起こった。それゆえ、自然と人間を一貫して捉える見方をとろうとすれば、決定論か非決定論かの二者択一を迫られざるをえない。こうした二項対立を乗り越えることが、廣松にとっての近代の超克であり、生涯を通じて抱いた課題意識であった。これまで見てきたように、廣松は決定論的な見方に与するわけではなく、歴史を駆動する人間の営為に視座を据えている。

それでは、個々の人間が歴史にかかわる在り方を廣松はどのように見ているのであろうか。廣松は、歴史の法則を立てることができるのは、人々の対自然的・間主体的な協働的営為が物象化された相で意識にあらわれるかぎりであると断言している。つまり、人々の慣習化された行動といった目に見える事象としてあらわれるものは法則化できるという。しかし、廣松は、われわれ諸個人につきまとう物象化を免れることは困難であるとしていた。してみれば、われわれが自分の意識やあらゆる事象に起こる物象化を把握することが困難である以上、廣松はリジッドに歴史法則を立てることはしないはずである。実際廣松は、大上段に歴史法則を立ててあらゆる事象を説明するのではなく、個々の事象を記述する方式をとる。

> われわれは、歴史の因果的法則性なるものが措定されるのは人々の対自然的・間主体的な協働的営為が物象化された相で意識に映現するかぎりにおいてであるということを対自的に把握するがゆえに、——未在的に既在する法則なるものの謂うなれば〝遠隔作用〟によって未来的歴史の法則性が存立するかのような論理構成を暗黙の前提とするところの、科学主義流の〝法則的支配〟の了解を卻けるという域にとどまらず——物象化された歴史的一現象を以って作用原因となしそれに対応する歴史的結果なるものを配位していく立論の構えを端的に卻ける。われわれとしては、原理的な次元では、あくまでかの協働連関態の生態系的動態その

ものに定位することを宗とすべきであり、このかぎりで、いわゆる因果法則的説明主義を卻けて、函数連関的記述主義の態度に徹する。[33]

マルクスが「唯物史観の公式」で述べたように、社会構成体が通時的に展開していく歴史の変遷を、傾向性として捉えることもできる。しかし、廣松は歴史に傾向性があることは認めつつも、「唯物史観の公式」は「〝歴史記述〟の準拠枠 frame of reference 以上のものではありえない」[34]と断定する。廣松が採るのは、社会構成体の具象的な在り方を記述する方法である。超越した視座から歴史を記述するのではなく、ある歴史的・社会的文脈に織り込まれた人間が、あくまで内在した視点からそのつどの現象を記述するというもの、それが廣松の歴史観である。同様の歴史観は、それ以前の論稿にも見ることができる。たとえば『マルクス主義の地平』(一九六八)所収の論稿「歴史法則と諸個人の自由」において、廣松の拠って立つ唯物史観は、個人の「観念的な動因力」を積極的に認めるものであり、多岐多様なものである。そして、個人の〝自由行為〟を認めるために廣松が採るのが「多価函数的連続観」である。「多価函数的連続観」とは、「行為をいわば状況の多価函数として把捉しうる」というもので、一定の状況下では〝選択の自由〟の余地があるということを意味している。[35]

本章で見てきたように、生態史観に対する批判で廣松が主張したのは、人間は生の欲求に迫られ自然環境との物質代謝(Stoffwechsel)を不断にくり返す存在であること。そうした人間の在り方が、生態史観では看過されているということであった。人間は、動物と異なり「表象的環境」に投企するという未来への志向を持つ。そして道具を使い社会体制や自然環境にはたらきかけることによって、歴史を駆動していくのである。超越的な立場から歴史を法則化するのではなく、歴史・内・存在としての人間が、そのつどの歴史的・社会的な文脈の具象的な在り方を記述する。これが廣松の歴史観であった。

以上、梅棹生態史観を廣松が批判的に摂取した道筋を辿ってきた。従来、梅棹生態史観はマルクス史学と対立するものとして捉えられてきたが、廣松は生態史観を唯物史観と対立するものとしてしりぞけるのではなく、むしろ唯物史観のうちに生態学的発想が通底しているとして自身の歴史法則論に組み込んでいることを明らかにした。また、『生態史観と唯物史観』（一九八六）以前の著作『事的世界観への前哨』（一九七五）においても生態学を援用しており、廣松が梅棹生態史観の検討と並行して歴史観を彫琢していた形跡がうかがえる。

梅棹生態史観と廣松の唯物史観が異なるのは、生態史観が生態学のサクセッションをモデルとして文明の発展に直接適用するのに対して、廣松は人間生態系のサクセッションとして歴史を捉えているという点である。つまり、廣松は自然環境や社会編制にはたらきかける人間の営為に視座を据え、歴史を捉えている。歴史的・社会的な状況に投げ込まれ、「表象的環境」へと投企するものとして人間を捉えている点に、廣松の歴史観の独自性があるといえよう。

生態史観において人間の能動性に焦点が当てられることはなかった。それに対して、廣松は「多価函数的連続観」という見方によって個人に自由の余地を残した。こうした見方は、そのつどの事象を記述する「函数連関的記述主義」という廣松の歴史観にも接続されているといえよう。さらに、生態史観の批判的な検討および歴史法則論を展開するなかで廣松が着目していたのが、役割存在としての人間である。過去から送られてきた環境や周囲の人間に対して行なう役割行為が、廣松が描く人間像のモチーフであった。それゆえ、廣松にとっての歴史とは、一定の歴史的・社会的文脈に投げ込まれた存在たる人間が、そのつどの状況において役割行為を意識的に遂行することにより駆動されるものであった。

第九章　ソ連・東欧崩壊後におけるマルクス共産主義・社会主義の再解釈

一　冷戦構造の崩壊と廣松渉のマルクス論

一九九一年、ソ連共産党の解体とソヴィエト連邦の崩壊により、資本主義体制とソ連・東欧体制の冷戦構造は終焉を迎えた。一九八〇年代末に東欧から始まった民主化の嵐が二〇世紀の世界史的事件であることは、衆目の一致するところと見てよいだろう。

この頃、廣松渉は、哲学体系の総決算と目される『存在と意味』第三巻の公刊を待ち望まれていたが、ソ連・東欧崩壊という状況を見るやその完成を先送りにした。それに代えて世に送り出したのは、マルクスが理論構築を行なった時代からロシア革命、ソヴィエト政権成立までをたどった『マルクスと歴史の現実』（一九九〇）、廣松自身のマルクス研究を凝縮したと自負する『今こそマルクスを読み返す』（一九九〇）、『マルクスの根本意想は何であったか』（一九九四）などのマルクス論、そしてソ連社会主義・共産主義を論じた諸論考であった。このような論考が、時務に応じたものであることは想像に難くない。

実際、この時期の廣松のソ連論は賛否両論を巻き起こした。たとえば、マルクス主義政治学研究者[1]である加藤哲郎は、一九九一年にオーストリア、ドイツで開催された学会報告で、廣松が掲げた新たなマルクス主義をいち早く肯定的にとっている。

哲学者廣松渉が、「帝国主義列強の包囲下で強行された本源的に無理なスターリン主義体制」「官僚的国家社会主義」の破産を宣告し、「今やあらためて真にマルクス主義的な世界革命が日程に上る」と勇ましく述べたのは、ある意味では、非スターリン主義オールド・ボリシェビキの知的誠実を示すものであった。

（「思想の言葉」『思想』一九九〇年二月）(2)

その一方で、六〇年代に学生運動を共にし、一九六九年には全共闘運動をめぐる討論「〈討論〉個体の喪失から連帯へのめざめ」（『日本の将来』一九六九年八月）でも廣松と同席している長崎浩は、批判を浴びせた。そこでは、廣松と既述の加藤哲郎の文章を引きつつ、自身の立場を表明している。長くなるが、関連する箇所を引いておく。

もとよりここに「原則論」が登場して、マルクスの社会主義の理念は死んでいない、スターリン主義などによる歪曲からその金無垢を今こそ救い出すべしと主張するかもしれない。たとえば廣松の式辞みたいな文章から引いて見る。

茲に、真正のマルクス主義者は、現状では少数派であろうとも、資本主義批判の存在論的意想を顕揚し、共産主義革命の原姿的理念を高く掲げ、それを弘布し、理想社会の実現を世界革命において成就すべく愈々奮励努力する所以となる。

資本主義の体制と理念を止揚し、エコロジカルな要件をも充足する相で、真正の自由・平等・博愛を現実化する未来社会像、すなわち、マルクスの提示した共産主義的理想社会像を具象的に彫琢すること、これがソ連・東欧の〝改革〟を正道に就かしめるためにも、喫緊の一当為であることを自覚する。

（「思想」一九九〇年二月号）

しかし私は、資本主義の体制を止揚し、マルクスの理想社会像を彫琢するため「奮励努力する」とか、「自覚する」とか、そういうことは聞きたくない。私たちは三十年も、こういうことに「空騒ぎ」あるいは「奮励努力」してきたではないか。「理想社会の理念」はこの経緯のなかで枝分れしたりねじれたり、今日とのつながりを失ったりした。今、理念について彫琢したり奮励努力するとしたら、どんな形の理念であれひとが理念に捉われるというそのことについて、思考をぐらせた果てでしかありえない。三十年間の空騒ぎの跡に理念をたぐり寄せるような思考は、どんなに抽象的であっても、畑ちがいの分野のものであっても、大学教授の専門の仕事であったって、そんなことはかまわない。私たちはそこに理念の彫琢の跡を嗅ぎ分ける嗅覚くらいは身につけている。

ブルジョアジーでもプロレタリアートでもない「市民」の概念、「市民社会のなかでの階級的・民主主義的闘争」――これこそが、「大衆民主主義」が資本主義のもとでゆきわたり、現存社会主義のこれまでの政治体制が清算され、「市民社会」化しようとしている時、エスニシティやフェミニズムやエコロジーのラディカルな問題提起と挑戦を受けて、「人間の顔をした社会主義」を志す人々が、改めて考えなければならない、今日的問題である。この意味では、東欧革命を、「社会主義の再生」の方向で位置づけることができる。すなわち、「市民社会主義」である。…（東欧の）「フォーラムによる革命」は、「世界市民主義」にもとづく「地球市民」たちの「永続民主主義革命」の、現代的出発点とみなしうるのである。

（加藤哲郎『東欧革命と社会主義』一九九〇年、花伝社）

結構なことであるが、これは大学教授の口から出まかせである。エコロジーの挑戦を受けたユーロ・コミ《ママ》ニズムの末も、わが国ではこんな調子なのである。「人間の顔をした社会主義」を志す者の「今日的問題」などと、臆面もなくよくも言えるものである。廣松の言葉を墨で書いた式辞とすれば、これはふれあい市民広場のイベントの祝辞である。(3)

このように、長崎はソ連・東欧崩壊後なおも「理想社会の理念」を語ることに対して厳しい目を向ける。それには、一九六八年当時、長崎自身がユートピアについて論じていたことが背景にあると思われる。当時長崎はこう述べていた。

> ユートピアは近代の地平で自己を破壊し実現しようとする人間の行為のうちで構想され、かかるものとしてユートピアは叛乱の自己表現である。叛乱者は自己の疎外態を意識し、人間の分裂の総体を把握せずには自分を実現することができない。この把握こそ意識的なものとしてのユートピアの構想力である。この構想力は、つねに自己反省をともなう行為が産出するものであるために、たしかに空想のたわむれや狂気の発作なのではない。しかしだからといって、ユートピアの構想は未来の設計図や綱領のプログラムといった次元でなされるのではない。だから、ユートピアを「空想的」「非合理的」といって非難するのは馬鹿げている。ユートピアは、叛乱者がかかえこんでいる弁証法の受苦から生まれでる叛乱者の呻吟なのだ。(4)

つまり、「自己を破壊」することや「自己反省」をもとにして立てられるユートピアは、未来像といった次元のものではなく、近代に生きる人間、すなわち「叛乱者の呻吟」であるという。こうした長崎の見方は、一九七〇年前後の廣松の主張と通ずるものであった。一九七〇年前後に新左翼運動の理論家として学生運動を支持した廣松は、「自己否定」を契機とした社会変革を唱えていた。[5] しかし、それは特定のユートピア像を積極的に掲げてのものではなく、その後も廣松は自身の社会構想を公けにはしていない。つまり、ソ連崩壊を受けて出された言説は、理念や理想社会について述べることに対する二〇年ほどの禁欲を経たあとのものであった。

一九九二年には、こうした社会体制の変動を振り返り、次のように述べている。

筆者は、ソ連の置かれてきた国際的・国内的な歴史的悪条件を顧慮しつつも、マルクス主義的共産主義者を自任する者であればこそ、スターリン時代このかたのボリシェヴィキの施策ならびにそれを追認するかたちに仕立て上げられた所謂〝マルクス・レーニズム〟思想体系を殊更に厳しく批判し、マルクス主義の原姿的思想・理論の復辟と継承的展開に半生を賭して来た。加之、既成社会主義諸国での下からの再革命を実践的課題の一半とする新左翼運動にコミットして来た。が、国家社会主義の既成体制が斯くも脆弱にして昨今見る如き自己崩壊を遂げることは予想していなかった。今や現実となったこの変動をも与件として世界革命の綱領と組織が再編されねばならない。[6]

ここで「国家社会主義の既成体制が斯くも脆弱にして昨今見る如き自己崩壊を遂げることは予想していなかった」と述べてはいるものの、廣松はソ連社会主義社会を看過してきたわけではなかった。一九七〇年に著した『現代革命論への模索――新左翼革命論の構築のために』では、すでにソ連を「変畸せる社会主義」であると規定し、「自己崩壊を遂げる」とはいわないまでも、「生産力の発展による自動的な正常化」は不可能であると断じている。そしてその責は世界プロレタリアートの前衛にもあるとし、社会主義諸国内部での下からの革命の必然性を説いた。

> ソ連社会の変畸は、為政者の個人的資質といったものに窮局的な原因が存在するものではないこと、これはあらためて記すまでもない。生産力水準が低く、社会的生産ファンドの蓄積に乏しい後進国における革命が、先進国革命との結合が成就されないという条件のもとで、厖大な軍事的負担に耐えつつ蓄積を強行すべく余儀なくされる場合には、つまりソ連が余儀なくされた「一国社会主義建設」のもとにおいては、しかるべくして変畸を生ずる。〔中略〕
>
> この点に鑑みるとき、ソ連社会の変畸は、強行的な一国社会主義建設を余儀なくさせた世界プロレタリアート、なかんずくその前衛の共同責任であり、単に非難してすむ問題ではない。とはいえ、現実の問題として、ソ連社会はもはや生産力の発展によって自動的に正常化するという期待を許さぬほど変畸の度を強めており、先進国革命との結合によってすら、もはや直接的・無媒介的には正常化が困難であるように思われる。〝社会主義諸国〟少なくともその若干においては、帝国主義列強内における革命の成功を俟って、下からの革命的な変革が必要とされるであろう[7]。

廣松はソ連・東欧の崩壊は「一国社会主義」を余儀なくされた点に要因があるとし、先進国の前衛が介入しても正常化できないとみている。廣松がソ連社会主義に期待を寄せていないことがみてとれよう。むしろ廣松は、その破綻を理論的に捉え直そうとしている。

もっとも、廣松は、一九四六年に「青年共産同盟」に加盟した当時、「ソ連社会主義のバラ色の未来を信じて疑わなかった[8]」という。しかし、後年にはその考えが変わり、一貫してスターリン主義体制を批判的にみている[9]。たとえば同じ文章ではこう述べる。

私は、一九六四年このかた、ソ連や東欧などを「変畸せる社会主義国」と規定し、官僚的支配層を打倒する「下からの革命的変革なくしてはもはや社会主義の正道に復し得ぬほどにまで変質している」旨を折々に書いてきたが、括弧つきの「社会主義諸国」の現体制を正確な社会科学的概念でどう規定すべきか、いまだに成案を得るに至っていない[10]。

さらに、「社会主義諸国」の規定が困難であることに加え、ソ連の崩壊は「原理的に言えば、そもそも世界革命から孤立された形で進められた「一国社会主義建設」の本質的な無理に淵源する[11]」と廣松は断じている。マルクス主義哲学者として自己規定していた廣松が、その後一九八〇年代に発表する論稿は、多くが哲学的なものであった。この時期廣松は、時評的な発言・論稿を発表してはいるが、おそらくは主著『存在と意味』の完成に心血を注いでいた。こうした執筆状況において、一九九〇年前後に矢継ぎ早にマルクス論・社会主義論を発表したのは、マルクス主義の実験場と見られたソ連の崩壊からマルクス主義の形勢が不利になったことを危惧してのことと思われる[12]。廣松は、こうした情況をマルクス主義のたんなる破綻ではなく、「第二段階のマルクス主義運動」が終焉し、段階が移り変わったものとみている。

今や、この意味での「第二段階のマルクス主義運動」が終焉期を迎えているのである。ベルリンの壁の崩壊は、啻にスターリン主義体制の破綻を象徴するのみならず、このことをも表意し、以って、マルクス主義運動が近未来において「第三段階」を画するであろうことを予兆するものである[13]。

周囲からの要請を受けたとはいえ、想定していなかったソ連・東欧の崩壊という外的な要因により未来社会像についてあらためて論じたとするなら、そこに廣松の理論と社会観との連関を探ることも可能だろう。たとえば

『廣松渉コレクション第二巻 社会主義の根本理念』の編集・解説を行なっている政治学者、星野智は、廣松がそれまでフランス革命の三つの原理、すなわち自由・平等・友愛という原理を社会主義論の俎上には載せていなかったにもかかわらず、あえてそれを取り上げたのは、旧ソ連・東欧の崩壊という事実によって廣松自身がマルクスの未来社会論に関する議論の必要性を痛感したことを示しているという(14)。そこで本章では、ソ連・東欧崩壊を目の当たりにして廣松が展開したマルクス論を紐解き、廣松自身の未来社会像を浮き彫りにすることを目的とする。

二　マルクス共産主義・社会主義論の再解釈

当時、ソ連・東欧崩壊を見て、マルクス主義の終焉を叫ぶ風潮が前景化していた。

しかし、マルクスの理論を社会主義理論として援用し、それを現実へ適用した姿をソ連に求める見方に、廣松は否を唱える。むしろ資本主義とソ連・東欧はともに畸形的な形態であり、双方が収斂しつつあるという。

ここでは、具体的な事情や経過の分析に立入る余裕がありませんけれど、歴史的な帰結として、ソ連や東欧の社会は社会主義の本来的理念からすれば反対物と言ってもよいほど歪んだ社会体制をうみだしてしまいました。

先に申しましたように、資本主義の側も元来の資本主義の理念からすれば変貌した存在形態になっており、ソ連や東欧の諸国の側も変畸しておりますため、両体制の間にいわゆる「収斂」現象が見られるようになってきておりました。〔中略〕ともあれ、しかし、いわゆる戦後体制がここ三分の一世紀を通じて漸次的に構造的変動のヴェクトルを辿ってまいりましたところ、近年、その変動が急激に加速化される局面に至りました。
　最初あたりで申した通り、東欧・ソ連の激変は、この構造的変動の一環なのであります。[15]

「国家社会主義」諸国も資本主義化しており、両体制は収斂していくと廣松は見ている。このように、一国だけではなく、世界的な連関で構造変動を捉える見方は廣松に限られるわけではない。たとえば、宇野弘蔵のもとで学び、宇野理論の流れをくむ経済学者に岩田弘がいる。岩田と廣松は、学統は異なるものの、一九七四年の同時期に学術誌『国家論研究』（論創社）への執筆歴がある。岩田も基本的には、世界的なシステムである資本主義的商品経済関係をトータルに廃棄することなしには、社会主義を実現することはできないという立場をとっている。[16]

一九九一年、要請を受けて催されたと推測される公開討論会の冒頭で、廣松は次のように述べた。

　社会主義理論の新構築という大層なテーマになっておりますが、本日は一般公開の討論会でもありますので、成案を提示する流儀においてではなく、問題を提起してご一緒に考える機縁を供するという形で発題させて頂きます。〔中略〕
　さて、本日のタイトルは「社会主義の……」となっておりますけれども、実は私自身は社会主義という言葉を使うのは嫌いなのです。そういうことまで、マルクスに義理立てする必要はないのかもしれませんが、マルクスは私の知るかぎり、自分自身を社会主義者というふうに規定したことはありません。〔中略〕私としては「社会主義理論の再構築」というような、社会主義という言葉を本当は使いたくない。[17]

こうした廣松の言葉からは、マルクスと社会主義とを短絡的に結びつけることに対して明確に否定的な立場を採っているということが伺える。ソ連・東欧の失墜とマルクスの理論とを相即的に結びつけるのではなく、一度同時代的な文脈から切り離してマルクスの論を分析する方法を廣松は採っている。実際、マルクスをあらためて論じた小著『今こそマルクスを読み返す』（一九九〇）の冒頭では、マルクスを論じる理由について、学界レヴェルでの読み返しが進んでいることに加えて、こう述べている。

「マルクスの思想・理論は破綻した」という〝認定〟が昨今のソ連・東欧の〝再資本主義化〟の動向を機縁にして、いよいよ弘まりつつある現況を私は強く意識しております。〔中略〕マルクスの思想を復元するだけでなく、彼の暗示してみせた新しい理論的地平、新しいパラダイムを継承的に展開・充当して行くことこそ真の課題です。(18)

このように、マルクスの思想・理論が歪んだものに貶められているという事実に鑑み、ソ連・東欧崩壊を機にマルクスの再解釈を廣松は課題としている。

したがって、ここではまず、マルクスの社会主義論を廣松の考察につき従いながら追っていくことから始めたい。廣松は、『マルクスと歴史の現実』（一九九〇）のなかで、こう述べる。

今日では、私どもは社会主義という言葉と共産主義という言葉をごっちゃに使う傾向がありますが、マルクスは自分の立場としては共産主義という言葉しか使いません。マルクスも、社会主義という言葉を批判の対象として使うことはもちろんあります。唯一ポジティヴに言っているのが初期の『経哲手稿』のなかで、社会主義としての社会主義という議論の出てくる個所です。概念規定は全然ないんですけど、ともかく、『経哲手稿』には、社会主義という言葉がポジティヴな意味で使われている、私の知る限り唯一の例があります[19]。

社会主義や共産主義といった言葉が独り歩きするなか、廣松はあくまで文献学的にマルクスの言葉に根拠を求めようとしている。そしてその上で、マルクスが採るのは、社会主義ではなく共産主義であると述べる。それでは、マルクスが思い描いた共産主義社会とはどのようなものであったのだろうか。それは、一八七五年、ゴータでラッサール派とアイゼナッハ派が合同して作った『ゴータ綱領』に対してマルクスが向けた批判、通称『ゴータ綱領批判[20]』において述べられている。

> ここで問題にしているのは、それ自身の基礎のうえに発展した共産主義社会ではなくて、反対に、資本主義社会から生まれたばかりの共産主義社会である。したがってこの共産主義社会は、あらゆる点で経済的にも道徳的にも精神的にも、それが生まれてきた母胎である旧い社会の母斑をまだ身につけている。〔中略〕こうして、同じ労働を負担し、したがって社会的消費基金に同じ持ち分をもつばあいでも、ある者は他の者より事実上多く受けとり、ある者は他の者より富んでいる等々ということが生ずる。これらすべての欠陥を避けるためには、権利は平等であるよりも、むしろ不平等でなければならないだろう。
>
> 　しかしこのような欠陥は、長い生みの苦しみののち資本主義社会から生まれたばかりの、共産主義社会の第一段階では避けられないものである。権利は、社会の経済的な形態とそれによって制約される文化の発展よりも高度であることは決してできない。
>
> 　共産主義社会のより高度の段階において、すなわち諸個人が分業に奴隷的に従属することがなくなり、それとともに精神的労働と肉体的労働との対立もなくなったのち、また、労働がたんに生活のための手段であるだけでなく、生活にとってまっさきに必要なこととなったのち、また諸個人の全面的な発展につれてかれ

らの生産諸力も成長し、協同組合的な富がそのすべての泉から溢れるばかりに湧きでるようになったのち——そのとき、はじめて、ブルジョア的権利の狭い地平は完全に踏みこえられ、そして社会はその旗にこう書くことができる。各人はその能力に応じて、各人はその必要に応じて！[21]

ここでマルクスは、共産主義社会を二段階に分けて設定している。低次のものとして、資本主義社会から生まれたばかりの共産主義社会があり、高次の共産主義社会においては、個人が分業に隷属することがなくなるという。廣松によれば、高次の共産主義社会は、一八四〇年代以来のマルクスの文献において表象されてきたものと重なるという。たとえば、一八四四年に著した『経済学哲学手稿』で、人間疎外論的な発想から人類史を描くさいに掲げた共産主義社会も、ここでの高次の段階と重なることになるだろう。共産主義社会についてのマルクスの見方のこうした変遷を「経済学の研究が進み、理想的な共産主義社会を実現するためには前段階での条件整備が必要なことの自覚が深まった結果」[22]であると廣松はみている。しかし、この高次の共産主義社会ですらも、具体的な像を結んでいるわけではない。その背景には、マルクスの一貫した態度がある。『ドイツ・イデオロギー』（一八四五—四六）でマルクスは、共産主義は「現在の状態を止揚する現実的な運動」であるとした。エンゲルスも『ドイツ・イデオロギー』の時点以後、終生「固定的な分業のない社会」ということで理想的未来社会像を思い描いていたという。[23]このことについて、廣松は次のように述べている。

マルクスおよびエンゲルスは、いわゆる空想的社会主義者たちとは違って、未来社会の詳細な見取図は描かない態度で一貫しております。われわれ人間のイマジネーションというか構想力は、歴史的未来に対してあまりにも射程が短すぎるということを彼らは理解しておりました。私どもは共産主義革命の、言うなれば存在論的な意義を自覚化しうれば足るのであって、共産主義社会の未来像そのものをくわしく訪ねる必要はな

いと思います。(24)

このように、廣松は共産主義社会の未来像を積極的に立てることよりも、その存在論的条件を明らかにすることを重くみる。

マルクスは具体的な未来社会を描かない。そのことを、貧弱なユートピアにとどまっているとみる批判もある。たとえば、学生時代から廣松と接点を持ち、ロシア・ソ連史研究者となった和田春樹は、マルクスおよびマルクス主義の弱みについてこう述べる。

マルクス主義は社会主義を革命によって実現すべき目標として提示した。しかし、マルクスは社会主義社会についてのユートピアにはいかなる具体性も、イメージも与えなかった。むしろそうすることを峻拒したのである。〔中略〕それにしてもマルクスがユートピアの難題を単純な楽観論ですりぬけている印象は否めない。その意味で言えば、マルクス主義はユートピア思想としては、むしろ後退を現していると言わざるをえない。(25)

和田はマルクスと社会主義との関係について述べており、マルクスの用語法には社会主義はないとする廣松とは、マルクス解釈において異なるところがある。しかし、マルクスの思想にあって、ユートピアが具体的な像を結んでいないとする点では、両者は近いところにいる。

和田の主張を踏まえて行なわれた対談では、マルクスのユートピアをどう捉えるかということに、焦点が当てられた。廣松は、具体的な未来像を描かない点にマルクスの葛藤を読み取っている。

私としてはマルクスが中央計画経済ということを全然言わないのは、彼のエタティズム〔国家社会主義〕批判と関係するように思いますし、プルードン的と申したこととつながるんです。国家が計画経済をやるのはとんでもない、というのがプルードン派なんですね。マルクスはプルードンをほとんど天敵のようにしてずっと批判し続けてきたんですけれども、『資本論』を書き、色々と考えが煮つまった後では未来社会のことを言おうとすると、プルードンがある時期から言っていたことと非常に近くなってしまう。そういう事情もあって自分の意見をあまり言えなかった。そこが和田さんの言われる貧弱なユートピアのひとつの理由ではないかと思いますけれどね。(26)

これらの文章からは、ある種の共産主義社会の未来像を掲げて、そこからさかのぼって現状を批判するという態度ではなく、モメントとして共産主義革命を捉え、その可能性の条件を自覚化することを説く廣松の解釈がみてとれる。問題となるのは、こうしたマルクス解釈を採った廣松が、どのような未来社会像を掲げているかである。次節では、共産主義社会の母胎であり、批判の対象である資本主義についての廣松の分析を見ていく。

三　近代的市民社会像イデオロギーの暴露

マルクスは『ゴータ綱領批判』で、高次の共産主義社会においては、諸個人が分業に隷属することがなくなり、能力に応じて働き、必要に応じて働くことになると述べた。それでは、個人の自由を謳った近代市民社会をマルクスはどのようにみていたのだろうか。『資本論』でマルクスは、近代市民社会の自由・平等・友愛イデオロギーを「自由・平等・所有・ベンサム！」と揶揄的に述べている。それは次のような具合である。

労働力の売買が、その限界内で行なわれる流通あるいは商品交換の領分は、実際、天賦の人権の真の楽園だった。ここで支配しているものは、自由、平等、所有、そしてベンサムだけである。自由！　なぜなら、ある一つの商品、たとえば労働力の買い手と売り手は、彼らの自由意志によってのみ規定されているだけだからである。彼らは、自由な、法的に対等な人格として契約を結ぶ。契約は、彼らの意志がそこにおいて一つの共通な法的表現を与えられる最終結果である。平等！　なぜなら、彼らはただ商品所有者としてお互いに関係し、等価物と等価物を交換するのだから。所有！　なぜなら、彼らはいずれも、自分のものを処理するだけだから。ベンサム！　なぜなら、両者のどちらにとっても、関心事はただ自分のことだけだから。[27]

このように、近代市民社会の自由・平等イデオロギーについて、マルクスは冷淡な態度をとっている。資本主義社会においては、二種類の違った商品所有者がいる。すなわち生産手段を所有する資本家と「労働力商品」を売る労働者である。労働者はみずからの労働力を自由に売ることができるとされる。しかし実際には、労働者は労働力を再生産するために必要な生活必需品を買い戻す分を得るのみであって、それを超える剰余価値は資本家に搾取されている。ここで資本家は「指揮・監督する者」として、労働者は「指揮・監督される者」として労働過程に入る。しかし、さしあたってはあくまで労働力という特殊な商品の売買、受け渡しの現実化なのであって、人格的支配・隷属の関係ではない。

マルクスは、『資本論』で「労働者はただ意識のある器官として自動装置の意識のない器官と並列させられ、この器官といっしょに中心的動力に従属させられているだけである[28]」と述べている。このように、労働者は自由な意識をもった労働主体であるとされているとはいえ、実際は資本のメカニズムのなかの歯車のような装置になっているのである。このことをマルクスは「実質的包摂」と呼ぶ。こうした労働者の状態を外在的に捉えた場合、器官や部品として機構に実質的に組み込まれているとみなせるのである。このことを廣松は次のように概括した。

こうして、近代資本主義的産業の作業現場における労働者の包摂は、外部的観察の描像で記述するとき、全体的な作業機構の〝器官〟や〝部品〟に擬られることのできるような相での実質的包摂を現成せしめております。(29)

近代資本主義社会では、賃労働者といえども資本家と対等な人格とみなされ、労働力商品を資本家に売る自由を持つとされる。近代市民社会における自由・平等とは、このような構造のイデオロギー表現である。このことをマルクスは喝破したのであった。

廣松は、こうしたマルクスの洞察を次のように要言している。

マルクスが『資本論』において開示したかった重要な意想の一つは、こういう〝近代的市民社会像〟のイデオローギッシュな自己欺瞞性を、資本制社会の構造を実態分析してみせることで、完膚なきまでに暴露することにありました。それも、単に暴露・告発するのではなく、また、単に実現さるべき理想的社会編制を対置・構想するのではなく、資本制社会の現構造が、その物象化された進展の赴くところ、いかなる構造的再編を余儀なくされつつあるか、いかなる社会体制の可能的条件を生み出しているか、これを見定めるのがマルクスの意想でした。(30)

先にも述べたように、廣松の解釈によれば、マルクスは具体的な理想社会を立てて近代市民社会像を批判するわけではない。そうではなく、自由・平等・友愛といったことが、ことさらな要求にならなくても済むような状態こそが実現されなければならない、とマルクスは考えているのである。それゆえ、マルクスは資本主義社会の構造分析に徹している。

廣松は、こうした近代市民社会をただ批判するだけではなく、近代世界が展開することによって別の社会編制を構築する条件が形成されたとみている。

だが、近代世界はその展開を通じて、人々が自営業者とは別の存在形態で「奴隷制」から解放された新しい地歩に立ちうる条件、近代的資本主義とは別様の社会編制を構築する現実的諸条件をも歴史的に形成した。[31]

資本主義対社会主義という対立構図を立て、ソ連型社会主義が崩壊したことで資本主義が優位であるとみなす趨勢に対して、廣松が異論を唱えていることは見やすいところである。そこで廣松は、真のユートピアを構想する途を採るわけでもない。まずは資本主義社会の在り方を徹底して構造分析することを重くみている。そのことによってのみ、次なる社会が開けてくると廣松は考えた。

四　国家社会主義への視角

一九九三年、廣松は和田春樹との国家社会主義をめぐる対談で、「ソ連社会について国家社会主義と規定するのはそうポピュラーではなかった」[32]として、国家社会主義の用語の確認から始めている。和田は八〇年代の前半から、「国家主義的な社会主義というニュアンスで「第一次大戦中のドイツ人の「国家社会主義」と関連させるようになった」[33]と述べている。それに対して廣松は、「私の場合は晩年のエンゲルスやエルフルト綱領での用語がヒント」であったとし、「少し遅いのですがやはり国家社会主義《シュターツゾチアリスムス》ということばを使うようになった」という。[34]たとえば次のような発言を見れば、廣松の規定がよく分かる。

ラッサールみたいにビスマルクと結んで、いってみれば国営化みたいなことをやらせたいと志向する者もありました。あるいは、国営化とは全然違うんですけれども、やはり社会という大きな資本家に諸個人が賃労働者としてかかわらざるをえないようなプランがプルードンによって出されていました。社会とか国家とかが資本所有者であって、それに個々の労働者が賃労働者としてかかわるという形態にある限り、そんなものは所詮は賃金奴隷制なんだとマルクスは言います。晩年のエンゲルスが参与した『エルフルト綱領』のなかでは「シターツゾツィアリスムス」、国家社会主義という——シターツカピタリスムス、国家資本主義ではなくて——全資本が国有化されているような社会は、シターツゾツィアリスムスといえるかもしれないけれども、我が党はそういうものと共有するものはないという言い方をしているということも、この際テイク・ノートしておきたいと思います。これはスターリン主義みたいなものを考えるときに、マルクス・エンゲルスの道具立てがどうであったかということを見るうえでの、一つの手がかりになると思います[35]。

『エルフルト綱領』において、エンゲルスは国家社会主義を志向していない。この事実をもとに、廣松はスターリン主義との対質を試みている。ここで、国家社会主義は国家資本主義とは区別されている。その後も国家社会主義をエンゲルスの線に沿って用いており、国民社会主義《ナチオナールゾチアリスムス》とも区別している。

EC諸国では社会民主主義の政権が主導する方向に向かっており、北欧や東欧を巻き込んだ統合ECが、「国家社会主義」（シュターツゾチアリスムスであって、ナチオナールゾチアリスムスではありません）の方向に進む公算が大きいと思われます。晩年のエンゲルスが厳しく批判しているように、これは名ばかりの

〝社会主義〟にすぎない代物ですが、これがあの「収斂」を促進する結果になるものと予測されます。[36]

先に述べたように、原理的に資本主義を批判する場合、資本－賃労働関係の問題を扱うことは避けられない。そこから、マルクスの国家社会主義に対する批判も出てくる。社会主義という立場をマルクスは採っていないという廣松の指摘も、この線上にある。

それから国家社会主義に対するマルクス・エンゲルスの批判もご承知のとおりです。国家社会主義ということで生産手段を国有にしてしまったとしても、そこでの労働者と国家との関係が賃労働－資本関係と同じであれば、これはやはり一種の奴隷制であるから国家社会主義ではダメなんだ。私有財産制を廃止して全生産手段を国有化しただけではダメである、というのがマルクスの若いときからの一貫した主張なんですね。最初に申した社会主義に対するマルクスのアレルギーもこのことと深く関係しております。[37]

国家社会主義では、国家と労働者の関係が結局は資本－賃労働関係になってしまい、奴隷制にとどまっている。つまり、私有財産制を否定し全生産手段を国有化しても奴隷制の域を出ない。それでは、私有財産制を廃止して、国家資本主義や国家社会主義に陥ることなく資本主義を真に止揚するには、一体どうしたらよいのだろうか。廣松は、上部構造の再編を政治革命、下部構造である生産関係の再編を社会革命とし、資本主義国家を成立させたのがブルジョア革命、共産主義社会を成立させるのがプロレタリア革命であるとする。廣松によれば、マルクスは、国家を廃絶するためにも、生産関係そのものを変革する社会革命こそが要件であることを説き、その可能性と歴史的条件を分析している。いわく、資本主義国家を成立せしめた「ブルジョア革命」は上部の〝重し〟を除去し、新しい政治機構で置き換えるものであり、政治革命は社会革命を追認するものであった。

それでは、資本主義社会の次段階である共産主義社会を成立させる「プロレタリア革命」はどのようなものだろうか。廣松は次のように述べている。

共産主義社会を形成するためには、まず政治革命で国家権力を握り、プロレタリアート独裁という過渡期を通じて、下部構造を変える社会革命を推進し、以って旧体制の復活、旧国家権力の復興の根を絶つことが必要です。そのようにして、階級的分裂が存在しない状態、つまり、階級国家が必然的に形成されなくなる状態、これの実現を待ってようやく国家の廃絶が可能化・現実化する次序となります。〔中略〕そこで、やむをえず、当初には比較的少数の自覚的・指導的分子が独裁的体制で反革命分子を抑圧しつつ、広汎なプロレタリア大衆が新支配者たるにふさわしく成長するのを促進しながら待つこと、これを余儀なくされる次第です。この独裁期を乗り切ることができなければ、旧体制が復活して元の木阿彌にもどってしまうことでしょう。ですから、是が非でも、「プロレタリアート独裁の革命的過渡期」を乗り切ることが当為です。(38)

すなわち、「プロレタリア革命」では政治革命をまず成就して、新しい下部構造を形成しなければならない。そこで不可避となるのが「プロレタリアート独裁の革命的過渡期」である。革命的過渡期を乗り越えることによって、下部構造が再編される。これが社会革命であり、それにより旧勢力は物質的基盤を失い、新体制に内在化するという。こうして独裁が不必要になり、無階級社会が到来するのである。次節では、こうした「プロレタリアート独裁」という概念についてより詳しくみていく。

五　過渡期としてのプロレタリア独裁

マルクスは、資本主義社会から共産主義社会への転換において、プロレタリアートの独裁がその役割を担うと述べる。廣松によれば、マルクスもエンゲルスもプロレタリアート独裁そのものを明確に定義しているわけではない。

資本主義社会と共産主義社会のあいだには、前者から後者への革命的な転化の時期がある。この時期に照応してまた政治的な過渡期がある。この過渡期の国家は、プロレタリアートの革命的独裁以外のなにものでもありえない(39)。

このように、マルクスがプロレタリアート独裁を自明のもののように書いているため、解釈が分かれうると廣松は述べる。なるほど、プロレタリア独裁とは誤解を招きかねない表現ではある。概念規定が曖昧であることを廣松はまず確認し、その由来を探っている。

廣松は上のようなマルクスの規定を踏まえて、「独裁」とはディクタトゥールの訳語にあたるが、国家権力の階級的本質そのものを表わすものではなく、権力執行の在り方と密着した具体的な概念であると述べる(40)。そして、ディクタトゥールという言葉とは、そもそも古代ローマのディクタツーラ、さかのぼってはディクタトルに由来しているという(41)。

プロレタリア独裁を主張するときには、「独裁」という日本語から一般に連想されるニュアンスとは異なる含意がある。廣松は言う。

いかなる民主主義的共和制――日本みたいに天皇がいたり、イギリスみたいにクイーンがいたりしたら知りませんけれども――、完全な共和制みたいなところであっても、政治権力の性格としてはブルジョワ階級の独裁なのであり、それと同じように、プロレタリアートが権力を握った場合には、権力規定としてプロレタリア独裁と言うのであって、政治形態としては大いに民主的でありうる、とされます。その場合、独裁というのは、日本語の「独」とか「裁」とかから連想されるようなニュアンスはあまりないように言われます。ディクタトゥーラという言葉は、しかし、ローマ時代にどうだったかは知りませんが、少なくとも四八年革命の前後に、マルクスがたとえば『新ライン新聞』あたりに書いている評論のなかでのディクタトゥールという言葉の使い方にしても、当時のフランス人などの用語にしても、やはりジャコバン独裁とかいうようなイメージであって、個人がどうかは別としてきわめて少数者の、言ってみれば超法規的な強力な支配というようなニュアンスは、当時も免れていなかったと思います。マルクスはワイデマイヤー宛の手紙で、資本主義から共産主義――マルクスには社会主義社会ということばはありませんから――への過渡期はプロレタリア独裁でなければならないだろうと言って、そのことの必然性を認めたのは自分の功績と言っております。(42)

日本語の「独裁」から想起される意味とは異なる意味で「独裁」という語が使われているとはいえ、マルクスがディクタトゥールという言葉を使うさいも、少数者の支配というニュアンスを免れていないという。プロレタリア独裁に関するマルクスのオリジナリティは、資本主義から共産主義への過渡期はプロレタリア独裁でなければならないと断じる点にある。そして、プロレタリア独裁とはプロレタリアが権力を掌握した場合の権力規定をいうのであって、民主的な政治形態と相反するものではないと廣松は解釈する。したがって、少数者の支配を超えるものとしてプロレタリア独裁を捉えるマルクスの規定に、廣松は沿っているといえる。

ところで、廣松がプロレタリア独裁について主題的に論じたのは一九七六年が最初だが、その背景には、日本共産党が「プロレタリア独裁」を党の綱領から削除したという経緯があった[43]。

われわれとしては、それゆえ、昨今、イタリア、フランス、日本という先進資本主義諸国の共産党が一斉に「プロレタリア独裁」を党の綱領から削除する動きを見せている情況を前にして、マルクス主義とプロレタリアート独裁論の問題性を再確認しつつ、展望の一端にまで触れておきたいと思う[44]。

この論文で廣松は、それより二カ月前に日本共産党機関紙『赤旗』に掲載された不破哲三の論文「科学的社会主義と執権問題――マルクス、エンゲルス研究」を取り上げている。その箇所を引こう。「実際、全集で四一巻四五冊にものぼるマルクスとエンゲルスの著作、論文、手紙、ノートの全体に目を通すなら、この二人が、社会主義革命と社会主義建設の時期の国家権力についての自分たちの見解を、「プロレタリアート執権」の用語を使って説明したケースが、一般に予想されている以上に少ないことに気づく[45]」。この不破の文章について、「当の事実は、研究者のあいだではもともと常識に属する事柄である」と廣松は批判している。

これに対して不破は、マルクスがプロレタリアート執権論をブランキ主義の影響のもとに作り上げたとする廣松の解釈を、逆立ちした歴史解釈だと反批判を行なった。不破は言う。

だが、広松氏が、このブランキ＝マルクス論で、ブランキをマルクスのプロレタリアート執権論の理論的先行者として押しだしながら、ブランキが、マルクス、エンゲルス以前に、プロレタリアート執権についてのべた文章を、ただの一例も、引用していないのは、たいへん特徴的です。この一事にもみられるように、広松氏の主張は、もっぱら主観的推論でくみたてられたもので、歴史的事実にてらせばただちに崩壊する、虚

構の論理といってよいでしょう。(46)

また、不破の反批判を支持する形で、党中央委幹部会員である榊利夫は、『赤旗』上で四回にわたって掲載された「執権論とブランキ的虚妄　広松渉氏（『朝日ジャーナル』）の一文に対して」で廣松のプロ独論を批判している。榊によれば、マルクス＝エンゲルスのプロレタリアート執権論は「ブランキ派の用語法が媒介になったものと思われる」という廣松の推量が誤りであり、廣松は少数者革命論や少数専制的ディクタツーラ論に陥っているという。(47)

翌一九七六年八月、日本共産党中央委員会理論政治誌『前衛』の討論で、榊はさらに執拗に批判した。

> もう一つ、先ほども述べた『朝日ジャーナル』（六月四日号）の広松渉氏の論文があります。広松氏は、マルクス、エンゲルスのプロレタリアートの・《ママ》ディクタツーラ論は「ブランキ派の用語法、さかのぼっては、バブーフ主義者の用語法が媒介になった」などといって、いかにもブランキがプロレタリア執権論の理論的先行者であるかのようにいっています。しかし、広松氏はブランキがマルクス、エンゲルスよりも前に、プロレタリア執権についてのべた文章を、一例も引いていません、これでは証明になりません。
>
> ブランキ派は、むしろ一八七〇年~七一年のパリ・コミューン以後の時期に、マルクスやエンゲルスから借用して「プロレタリア執権」をいい出したのであり、しかも、かれらにあってはマルクスやエンゲルスがプロレタリア執権にもたせた民主的で広範な概念を、少数者革命論的にねじ曲げたのでした。歴史は、広松氏のいうこととはまったく逆であることをしめしています。(48)

これらの批判に対しては、一九七六年九月に『情況』編集部によるインタビューが組まれており、廣松は「全人民を武装させたというようなところにアクセントをおくとか、いつでも代表を解任できるとか、大衆と権力との関係に即してマルクス・エンゲルスは評価したわけでして、そういう内容をはなれて形式的な面で認定しようとするのは筋違い」であるとして、少数者革命論に陥っているという批判をしりぞけた。ブランキとの関係についても、次のように答えている。

これもよく読んでみれば、プロ独という思想そのものに関して、どちらが先に言い始めたかという議論にはなっていないでしょう。この時点でのブランキー派には、マルクスの側からの影響が現われていることは確かだと思います。御大ブランキー本人からして、後期になるとマルクス経済学の影響を受けているほどです。(49)

つまり、マルクスとブランキの影響関係は単純な一方向的なものではなく、相互的なものであるという。また廣松は、マルクスとブランキとの交流といった郷土史的な研究も進んでいるとしている。

そもそも、廣松は共産党指導部から批判の対象となった論文「マルクス主義と「プロ独」の問題」で、マルクスが「プロレタリアート独裁」という言葉を使う時機をうかがっていたことを挙げている。

マルクス・エンゲルスが「プロレタリアート独裁」という言葉を一八五一年から一八七〇年までの期間（第一の〝休用期〟）に公的な文書で使用しなかったのは、この概念が世間では〝極左〟のブランキー主義と余りにも強く結びつけて理解されていたことへの配慮があってのことであろう。(50)

つまり、プロレタリアート独裁という概念はマルクス・エンゲルスの内にすでにありながらも、極左と見られたブランキ主義と同一視されるのを避けるために、彼らはみずからの言葉として使うことを留保していたのである。そして、マルクスがプロレタリアート独裁の具体的な在り方、現実にあらわれた姿を発見したのが、一八七一年のパリ・コミューンであった。この経緯を廣松は次のように述べている。

ところが、パリ・コミューンは、〝バブーフ‐ブランキー〟流の少数者独裁とは異質の、「真に民主主義的な」プロレタリアート独裁を現示してみせた。マルクス・エンゲルスは、ここにおいて「ついに発見した」のであり、『ゴータ綱領批判』においても『エルフルト綱領批判』（一八九一）においても、プロレタリア独裁の思想そのものを曖昧にする日和見主義的な自派幹部に対して、ブルジョア国家のうちでは〝最良〟の「民主共和制」といえども、プロレタリアート独裁のための好便な一手段以上のものではないこと、いわんや官僚主導の立憲君主制でしかない現状においては平和革命の幻想を振りまいてはならないこと、この点を厳しく指摘しつつ、資本主義社会から共産主義社会への「革命的転化の時期における国家は、プロレタリアートの革命的独裁以外のなにものでもありえない」ことを諭して一歩も退かなかったのである。[51]

このように廣松は、パリ・コミューンにマルクスのプロレタリア独裁論の現実形態があるとして、あらためてその有効性を説いた。それは、次のように、廣松が理論家としてコミットした新左翼運動が担うべき「マルクス主義の第三段階」を推し進めるためであった。

新左翼は、もとより、レーニン教条主義を事とするものではないが、その本流は、レーニン主義の革命性を現代的諸条件のもとで発展的に継承しつつ、スターリン主義的独裁による革命の簒奪を防止するためにも、マルクスの説いた、かのコミューン型プロレタリア独裁の構想を継承・展開しつつ、それの実現を実践的に追求してやまないであろう。

顧みれば、マルクス主義の運動は、かなりの以前から、レーニン主義の段階につづく第三段階の模索期を迎えている（前掲拙著を参照されたい）。だが、いずれにせよ、「プロレタリア独裁論」——本稿では立ち入る余裕を欠くが、マルクス・エンゲルスの原型がレーニン達によって、より具体的な形に〝展開〟されて今日に及んでいる——、これが「第三段階」においても、第二段階におけると同様、新旧両派の象徴的な分岐・対立点となるであろう。今や公然と賽が投ぜられたのである。(52)

廣松によれば、マルクス主義が第三段階を迎えている時期において、新旧左翼を分かつのは、プロレタリア独裁の解釈にほかならない。それゆえ、廣松はプロ独の解釈に立ち戻ったといえる。共産党がマルクス・レーニン主義のプロレタリア独裁を放棄したのに対して、新左翼は、マルクスが一八五〇年に定式化した「永続革命」の戦略に拠って、中間的政権を「プロレタリアート独裁」に転化させようとするだろうと廣松はみている。

六　永続革命、世界革命へ

廣松がプロレタリア独裁を重視するのは、前衛による権力の過渡的掌握によって、ヘゲモニーを漸進的に左方へ移動させていくという戦略があったからである。そしてその先に構想されているのが、永続革命である。永続革命とは、マルクスとエンゲルスが、「一八五〇年三月の「共産主義者同盟」中央委員会への呼びかけ」、通称『回状』で述べた思想である。『回状』によれば、民主主義的小ブルジョアは、プロレタリアのために全社会を変革するつもりはなく、できるだけすみやかに革命を終わらせようとしているという。そしてそこでプロレタリアが取るべき途が次のように示される。

> われわれの利益とわれわれの任務は、多少とも財産を所有するすべての階級が支配的地位から追いのけられ、プロレタリアートが国家権力を掌握し、一国だけでなく全世界のすべての主要国のプロレタリアの結合がいちじるしくすすんで、その結果、これらの国々でプロレタリアどうしの競争がやみ、すくなくとも決定的な生産力がプロレタリアの手に集中されるまで、革命を永続させることである。われわれにとって必要なのは、私的所有を変更することではなくてまさにそれを廃絶することであり、階級対立をごまかすことではなくて階級を廃止することであり、現存の社会を改善することではなくて新しい社会を建設することである。[53]〔傍点引用者〕

ここでマルクス・エンゲルスは、小ブルジョア的民主党が影響力を持つ状況下で、プロレタリアートがどのような態度をとるべきかを問題視する。そこで呼びかける戦略、手段とは次のようなものであった。

> 労働者は、新しい公式の諸政府と並行して、市町村参事会や市町村議会の形であれ、労働者クラブまたは労働者委員会をつうじてであれ、独自の革命的な労働者諸政府をうちたて、こうして、ブルジョア民主主義的諸政府からただちに労働者の支持を奪いさるだけではなく、労働者の全大衆をうしろにひかえた権力機関によってはじめから監視され威嚇されているのだということを、これらの政府に理解させなければならない。[54]

すなわちそれは、中央政府に対する臨時政府という形で二重権力を樹立し、下から突き上げながら圧力をかけるという戦略である。ここで臨時政府を確立するのは、当初は比較的少数の自覚的な前衛であり、大衆が広く新たな支配者になるまで独裁的体制を担う。「プロレタリア独裁」という用語をこの時点ではまだ使ってはいないが、事実上同じものを含意している。こうした「プロレタリアートの独裁的過渡期」を乗り切ることが、永続革命の要件となる。そして、『回状』は次のように永続革命を呼びかけ、締めくくられる。

しかし、労働者が最後の勝利を得るためには、彼ら自身がいちばんに努力しなければならない。すなわち、自分の階級利益を明らかに理解し、できるだけはやく独自的な党的立場を占め、一瞬間といえども民主主義的小ブルジョアの偽善的な空文句にまよわされずに、プロレタリアートの党の独立の組織化をすすめなければならない。彼らの戦いの鬨《とき》の声はこうでなければならない——永続革命、と。[55]

マルクス・エンゲルスは、革命という言葉で武装蜂起のようなものを拙速に持ち出しているわけではない。労働者がまずかかわるものとして挙げられているのは、市町村参事会、市町村議会、労働者クラブ、労働者委員会といった目前にある小さな集合体である。それらをつうじて労働者諸政府をたて、革命を永続させていく。そして、その先には、一国だけでなく、全世界のプロレタリアの連帯がある。新しい社会の建設を説いてはいるが、手の届かない大きな理想を掲げているわけではない。廣松はこうした永続革命を「「共産主義革命の構想」のうち、未来社会像というより、それを実現するプロセス、手段に関わる議論[56]」であるという。

つまり、比較的少数の自覚的・指導的分子が独裁的体制を取るのは、少数革命論を目指しているわけではなく、永続革命の一つのステップとするためなのである。こうしたマルクスのプロレタリア独裁論および永続革命論を、廣松はソ連共産党崩壊後の現代世界にも援用している。

党組織のありかたというものは、一気に権力を握る戦略の場合と、永続革命の戦略の場合とでは、違いがありうる。今の先進国での革命は、マルクスの構想やロシア革命の進展とは異なった形態をとるにしても、永続革命的進展という様相は共通しうるのではないか。永続の様相を計算に入れて前衛党組織論を構築する必要があると思うのです。そのうえ、これは先にもちょっと申したことですが、権力を奪取したあと、国家の死滅を具体的に推進して行くための党のありかた、これも事前に定式化され了解事項になっていなければならない。〔中略〕私どもとしても、ブランキや一時期のマルクスそのままではないにせよ、現代世界における永続革命の路線、しかも大衆叛乱型の革命に見合った前衛党組織論を具体的に構築することが課題だと思います。(57)

このように、現代世界における前衛党組織論をあらためて考案しなければならないとする。さらに、南北格差・生態系の破壊といった危機が弥縫できなくなった現代では、資本主義の矛盾を一国で解決することは不可能だと廣松はいう。ここでは、マルクスが述べた意味とは別の位相で世界革命が問題となっている。

後進国の反乱からストレートに世界革命になるなら話は別ですけれども、何といっても先進国の革命が鍵になる。宗教というほどのレベルに行けば、「べき」の話であり理念の話ですから、先進国側で一国主義的ではなく世界的にものをみて、先進国の生活のレベルを一時下げてでもというほどの理念がコンセンサスにならなければならない。(58)

マルクスが掲げ、一九七〇年代に廣松もそれに則っていたような、下から突き上げる形での「プロレタリアート独裁」を乗り切るという戦略だけではなく、現代では先進国における革命も一国ではなく世界的なものでなければならない。そして、未来共産主義社会においては、道徳的・倫理的な規範に人々が随順することによって秩序が保たれるという。そのさい軸になるのは、マルクス主義の第三段階である、とくり返し廣松は述べる。

新社会主義なり新共産主義なりということになるかも知れないですけれども、歴史のダイナミズムではルネッサンスとか、原点に戻るとか、なんとかの正統な継承であるとか言うような形でしか現実な結集軸ができにくいということもまた確かだと思うので、ぼくから言いますと、やはりマルクス主義というのがその旗幟になると思うのです。マルクスの思想が資本主義批判としては非常に原理的に抉っていることは多くの人が認めるところだし、世界観的にも新しいパラダイムを拓いており、巨大思想としての権威と膨大な信奉者をすでに持っている。ユートピアとしては貧弱だと言われるし、過渡期についても具体的なプランが描かれていないことが指摘されるし、過渡期をどう終らせるかの方策も不明確だと言われますけれども、そこを具体的かつアクチュアルに埋めたもの、それがネオ・マルキシズム――僕としては第三段階ということばを使っていますが――の中身になるのではないでしょうか。あるいはなって欲しいと願望しています。(59)

廣松は、マルクス主義がユートピアとしては貧弱であり、過渡期の具体的なプランもないという指摘に対して、肯定的な理想社会を対置して答えているわけではない。しかし、それでもなお、新たなマルクス主義を固守するのである。

このような廣松の構想は、理論的主著である『存在と意味　第二巻』(一九九三)の末尾でも抽象的に述べられている。

本節の行文を通じて闡《あき》らかな通り、著者としては、人倫的諸価値のうち「正義」を以って最高位に据える。〔中略〕このさい、謂う所の「達成可能性」なるものは、「通用的」判断においては屢々〝達成不可能〟〝夢想的な高望み〟とされがちである。それゆえ、それが「達成可能」であること、「達成可能な高い価値」であること、このことを現示し、以って、それの達成が「正義的行為」であることを証示するためにも、実践的・現実的にそれを達成してみせることが要件となること往々である。——本節ではたかだか「正義」の形式的規定とそれの妥当条件の形式的構図を陳べたに留まり、最高価値の内実とそれの実質的完現を呈示・描出するには至っていない。これを図るには、「文化的世界の存在構造」の討究（第三巻）を通じて価値体系を整序する作業を要するが、次篇における「制度的世界」の検覈《けんかく》はその一前提となる筈である。[60]

廣松は、内実の呈示を先送りにした形で性急に「正義」という価値原理を打ち出した。それは、マルクスが生きていた時代とは異なる様相を帯びた現代において、世界中のあらゆる場所からの構造変動を促すために、廣松が理論的次元でつむぎ出したものであるように思われる。

本章では、ソ連崩壊後の廣松の言説を辿ってきた。廣松が社会的な情勢の激変を受けてそれまでの自説を枉《ま》げた跡は見当たらず、一九九〇年代の主張も、理論的な道具立ては一九七〇年代のものとそう大きくは違わない。むしろ、ソ連崩壊を機に、あたためていたマルクス論を開陳したという方が適切であるようにも思われる。廣松は、一国ではなく世界的な連関における革命を唱えていた。そして、世界革命が真に達成された暁には「国家のない社会」「国家なき世界統一社会」が生まれ、そのとき国家は眠り込むように消滅するという。

廣松は一九七〇年代、新左翼運動の戦略として、マルクスのプロレタリアート独裁、永続革命、世界革命といった概念を用いていた。そして一九九〇年代には、時勢に応じる形でそれらの概念を彫琢している。しかしながら、「真にマルクス主義的な世界革命」、マルクス主義の第三段階、そして晩年に打ち出した最高位にある「正義」といった抽象的な原理は、内実のないままになっている憾みがある。それまでの廣松の思想は、プロレタリア独裁や永続革命の理論で見たとおり、下から（内から）漸進的に革命を進めるものであった。それは、大仰な理想社会の実現を拙速に迫るものというよりも、目の前の具体的な歩みをすすめるものである。それゆえ、最高位の価値としての「正義」といった、いわば上から（外から）の原理は唐突な印象をぬぐえない。

廣松の早すぎる死により未完に終わった主著『存在と意味』とマルクス解釈とをつなぎとめるものを、廣松の内部に探っていく作業が必要だろう。

次章では、最晩年の主著『存在と意味』第一巻、第二巻を読み解き、世界内在的な立場からダイナミズムを生む契機を、廣松理論の最深部において検討する。

第十章　『存在と意味』における内在的超越

以上の考察を通じて、廣松渉がどのようにして哲学的概念を練り上げていったのかを追跡することができた。マルクスの文献学的研究によってアカデミズムに登場する以前から、廣松は実践へと拓かれた理論の構築を目指していた。行論のなかで浮かび上がってきたのは、廣松が共同主観性や物象化論などの哲学的モチーフを彫琢しながら、行為のダイナミックなモメントを描き出そうとしている、ということである。

われわれは所与の世界に投げ込まれ、生を紡ぐ。近代社会に生きるわれわれの認識は、物象化によって染め上げられている。そのなかで個々の主体は、いかにして物象化された意識を取り払い、内在する立場から社会を揺り動かすことができるのだろうか。廣松は、生涯にわたる哲学的思索をつうじてこの問いを探求しつづけたといってよい。それゆえ、われわれは廣松哲学を貫くモチーフとして「内在的超越」ということばを充てたいと思う。

「内在的超越」というモチーフを剔抉した後に、議論の俎上に載せるのは、主著であり最晩年の著作となった『存在と意味　第一巻』（一九八二）『存在と意味　第二巻』（一九九三）である。同書はそれまでの論考を集めて構成されているわけではなく、はじめから体系的な著作として書き下ろされている。第二巻が公刊されたのは、第一巻で予告されていた時期から大分遅延しているが、その間に発表された膨大な論文、著作は、第二巻、第三巻のための準備であるという。第一巻公刊以降、廣松は『存在と意味』の完成に心血を注いでいたといってよいだろう。叙述にも周到な目配りがなされ、全三篇が三章、三節構成となっている。しかし一九九四年、廣松は病に斃れ、構想された全三巻を公刊することは叶わなかった。『存在と意味 第二巻』(一九九三)に収録されているのは、第二篇までであるから、構想されたうちの半分ほどが公けになったところで未完成に終わったことになる。とはいえ、『存在と意味』では、彫琢しつづけた諸概念がほぼ出そろった形で提示されている。とりわけ第一巻は、哲学史上の主要な学説を踏まえつつ、自身の哲学体系を見晴るかすような視点から書き下ろされており、廣松哲学の白眉と言ってよい完成度を誇る。漢語まじりの独自のテクニカルタームが次々と繰り出され、異様な相貌を呈しているが、廣松の強固な論理は一貫している。

まずは『存在と意味』の構成を見ておこう。三部構成のうち、第一巻が「認識的世界の存在構造」、第二巻が「実践的世界の存在構造」、第三巻が「文化的世界の存在構造」となっている。第一巻では、所与の現象を認識する原初的場面の分析からはじめ、〈身心〉問題、主‐述の文法構造をもとにした判断論、空間的な世界における知覚の分節化の機制を扱っている。ここでは認識の在り方、すなわち認識がいかに可能であるかという「可能性の条件」に焦点が当てられている。叙述のなかで能知主体が登場し、随所に「内的超出」という言葉があらわれる。内在的立場から越出するという意図は垣間見られるが、動的なモメントを積極的に打ち出しているわけではない。物象化された認識の在り方を叙述することに徹しており、動態的な現実の分析は、第二巻に持ち越される。次巻『実践的世界の存在構造』を射程に入れたうえで、随所で一巻で扱う範囲を限定する旨を断っている。

第二巻では、用在的世界における実践主体が実際の行為を行なう場面を扱っている。すでに詳しく扱った役割行動も組み込まれていることから、廣松が実践主体の在り方として役割存在に着目していたことは、最晩年にまで引き継がれたとみることができよう。

行論でみてきたように、当事主体が置かれた場所から行為するダイナミズムがいかにして生じうるか、ということがわれわれの問いであった。本章では、『存在と意味』における行論を「内在的超越」という視角から読み解いていく。

一　所与と四肢的構造連関の動態的構造

本節では、所与の世界に投げ込まれ、認識主体がどのように立ち現われるかというところから始め、廣松哲学の主要概念である「四肢構造」を検討する。第四章で見てきたように、廣松共同主観性論は、言語と相即不離の関係にある。そして、共同主観性論を彫琢するなかで、言語をもとにして着想したのが、四肢構造論である。第一巻で論じられている能知主体（認識主体）、および第二巻で扱われる実践主体も、すべからく四肢構造において主体として措定される。それゆえ、まずは四肢構造の枠組みを見ていく。

われわれは、過去から送られてきた歴史的・社会的コンテクストに投げ込まれる。われわれの生が始まるその地点は、さしあたり所与ということができよう。『存在と意味　第一巻』において廣松は、〈所与〉の世界に投げ置かれた主体が、ものごとの認識をはじめる場面から書き起こしている。〈所与〉の世界に人間主体の認識は染め上げられ、認識主体として立ち現われてくる。廣松の行論につき従い、この機制を見ていくことにしたい。

第四章で見たように、廣松は学部卒業論文以来、反省的に自己意識が立ちあがってくる瞬間に目を向けている。車窓から見える風景に見入っていて、ふと我に返ることがある。このとき、風景は自己と区別され、彩りを持ち目の前にあらわれる。このように、目の前にひらかれたものが意味を帯びている状態を、廣松はこう規定する。

世界現相は、森羅万象、悉く《ことごと》「意味」を〝帯び〟た相で現前する。各々の現相は、その都度すでに、単なる「所与」以上の「或るもの」として覚知される。(1)

『存在と意味 第一巻』の行論で緻密に叙述されているのは、突き詰めていえば、現相が「所与」以上の「或るもの」として覚知されるという機制なのである。

廣松は「所与自体」を、現実に現われている世界の「超越的外部」に求めるわけではない。世界の外部から所与が投げ込まれることはない。このように、「現相世界の外部に超越的実在を想定しない(2)」という廣松のスタンスは、学部卒業論文以来一貫している。廣松は、所与をこう規定する。「高位の「所与－所識」成態の場合とは異なり、原基的・最下位の「所与－所識」成態においては「所与」を如実の現相のかたちで現認することは不可能であり、たかだか「所識」との相関項としか言えない(3)」。

ここでいう「所与－所識」成態とは、目の前に現われた現象（「現相的所与」）をそれ以上の何ものか（「意味的所識」）として覚知した状態を意味している。「として」とは、所与の事物に意味が懐胎（prägnieren）する機制を表わす。廣松は、「として」関係を「等値化的統一」と名づけ、ものごとを認識するさいの最も原基的な形態に据えた。さらに、「等値化的統一」を細分化するさいに用いられるのが、妥当（Geltung）というタームである。廣松は、妥当を活用させて、対妥当《ゲーゲンゲルテン》と向妥当化《ヒンゲルテンラッセン》という概念を作り出している。両者を概括した一文を引こう。「現相的所与が意味的所識として能知的主体に対妥当する等値化的統一は、汎通的・一般的に、能知的主体が意味的所識を認知的〝形式〟とし、現相的所与を与件的〝質料〟としつつ、前者（形相的契機）を後者（質料的契機）に向妥当せしめるという構制を成している(4)」。目の前に現われる事物を何ものかとして認識するという機制を、「等値化的統一」というタームで言い表わしており、この事態を異なった視角から捉え返すために作り出されたのが、二つの妥当概念である。対妥当《ゲーゲンゲルテン》とは、現相的所与が意味的所識として能知的主体（知る主体）に帰属することを表わしている。他方、向妥当化《ヒンゲルテンラッセン》とは、同じ事態を能知的主体の側から捉え返すものであり、能知的主体が所与に形式を適用することを表わす。

また、「意味的所識〈A〉」とは、たんに自己同一的な〈A〉として〈非A〉と区別されるのではなく、〈非A〉

と区別されるかぎりで「対他‐異立」的に同一的な〈A〉とされるのであるが、このように反照的に〈A〉が措定されるという機制も、認識する主体の関心的態度のとり方に応じて規制されているという。[5] この関心的態度は、文化によって拘束され、言語的な交通を経て間主体的に規制されている。それゆえ、認識する主体は具体的な何者かでありつつ、また「言語的主体一般」とでも呼びうる「ヒト」の相としてもある。廣松は言う。「人々は〝認知形式〟を向妥当せしめる能知者としての在り方を、言語的交通の場において、間主体的に自己形成してい く[6]」。つまり、能知的主体が形式を質料的与件に投げ入れる、すなわち向妥当させるという在り方は、言語を媒介とする共同主観性の産物なのである。

能知的主体は、身体的自我を持ち、その身体が知覚的パースペクティヴの輻輳点になっている。しかし、それとて、ひとりで成り立っているわけではない。「〝あの身体〟と〝この身体〟とは相補的・共軛的に成立する[7]」。われわれは、現相的世界に投げ込まれるわけだが、そのとき、身体的自我と身体的他我は、共軛的に現前する。そこから、能知的主体が自己であることの覚識はどのように生じるのだろうか。身体的諸我が人称的に分極化する場面を、廣松はこう言い表わしている。「〝あの身体的視座〟に帰属する「射映的所与現相」と〝この身体的視座〟に帰属する「射映的所与現相」とが分立・異立すること、このことが覚識されるようになる。――爰に、〝あの（視座的）身体〟と〝この（視座的）身体〟とが、能知的主体たる〝他己〟〝自己〟として分極化する端初的な次元が存すると言えよう[8]」。つまり、自分の視座から見えている世界と相手の視座から見えている世界との相違を覚識することから、人称の分極化が始まる。この覚識は、相手の視座に「扮技的」に立ちうることを示しているという。第三章で成立を確認した「観念的扮技」というタームが、ここでも引き継がれていることが分かる。そして、この「扮技」というタームで導入しようとしたのが、自己の視座からの「超越」にほかならない。他者の視座に「扮技的」に立っているとき、自己は、「自己分裂的自己統一性」の相にある。つまり、自己の視座にいる自己と、他者の視座にいる自己が同時に成立している。このようにして、能知的主体は、誰かとしての誰かとしてもあるというわけである。かくして廣松は、「能知的主体」が、「能知的誰某」でありつつ「能識的或者」であるという在り方を、二肢的二重の相にあると定義した。こうした機制が可能になるのは、他者が見ているであろう世界を、自己の側からも信憑することによる。この信憑を担保するのが、共同主観性である。共同主観性を前提としてではあるが、自己の視座から超越するモメントを打ち出していることがみてとれる。

以上のように、「現相的所与」と「意味的所識」が等値化的に統一され、それを「能識的或者」としての「能知的誰某」が認識する枠組みを、廣松は「四肢的構造連環」として位置づけたのであった。さらに、イデアール（理念的）とレアール（現実的）という契機から分析し、イデアールの側に「意味的所識」と「能識的或者」を、レアールの側に「現相的所与」と「能知的誰某」とを置くことによっても、都合四肢が連環し合っている。「四肢的構造連環」は、実践的世界を扱う『存在と意味 第二巻』においても、同様の枠組みを保持している。

かくして廣松は、「四肢的構造」を「事」と名づけ、「事的世界観」の根幹に据えたのである。

二　超文法的判断と「異－化」

晩年廣松は、言語モデルでは、垂直方向の実践的契機を打ち出すことが困難であるとして、言語以前の表情論や役割行為論の構築へと向かう。それは、言語体系を越えていくことを目指したものであった。共同主観性がリジッドに言語に規定されているとすれば、言語的主体の主体性は、共同主観性が〝通用〟している共同体の枠内にとどまることになろう。所与の言語共同体を超えていくみちすじを、廣松はどのように描いたのだろうか。われわれの見るところ、その一端を見ることができるのが、「超文法的判断」という概念である。廣松が言語論・判断論を練り上げていくなかで、たびたび示唆され、『存在と意味 第一巻』で十全な形を現わしたのが、この

「超文法的判断」である。

廣松は「四肢的構造連環」をもとにして認識論を組み立て、さらに認識対象を事物ではなく事象に限定することで、判断論へと接続している。廣松は言う。「間主体的に対妥当するのは、元来は、判断事態的な「こと」であって事物対象的な「もの」ではない。なるほど、「こと」は不断に「もの」化される傾動にあるとはいえ、本来的には、間主観的に対妥当するのはあくまで「こと」なのである」[9]。能知的主体は、質料的所与に形相的所識を向妥当させる（適用させる）。このとき、質料的所与と形相的所識が等値化的に統一されている事態が、「こと」である。判断が成り立っているとき、対自的・対他的に対妥当しているのは、この判断事態的な「こと」であるというわけである。「物から事へ」という事的世界観のモチーフは、かくして判断論をも射程に収めている。

さらに廣松は、E・ラスク（E. Lask 一八七五―一九一五）を踏まえて、判断論を展開している。その定義によれば、狭義の「判断」は言語介在的であって、「SハPデアル」といったいわゆる「主語‐述語」構造をなし、「主語的契機と述語的規定とが等値化的に統一され」ているという。このように廣松は、「SハPデアル」という命題を認識の原基的場面に据える。しかし、さらに高次にみれば、述語的規定以前の「コレハSデアル」という命題が考えられるため、「コレ」を措定する「超文法的主語」[10]を立てる。「文法上の主辞の設定は既に「超文法的」（meta-grammatisch）な判断的措定に照応」していると廣松は述べる。「SハPデアル」という命題においてSを完全に規定しようとすれば、Pは無限に多くの述語であることを要する。それゆえ、Sだけを端的に示すものとして「超文法的主語」が要請されるのである[11]。

しかし、より高次の判断へと次々にさかのぼっていくことは、「超文法的主語」をたてることでいかにして起点に至るのだろうか。たんに高次の主語をたてるだけでは「無限遡行」に陥っているのではないか。こうした問いに進む前に、まずは、「判断」と「超文法的判断」との違いを見ておこう。廣松は、カントの用語「綜合判断」[12]と「分析的判断」[13]を用いて、「判断」と「超文法的判断」を次のように区別している。「超文法的判断は指示機能しかもたず、述語に何がこようとも、その述語の意味を含んではいない。超文法的判断はすべて綜合判断である」[14]〔傍点引用者〕。

ここで、「超文法的判断」が指示機能しか持たないという点に注目したい。行論で、所与の歴史的・社会的文脈に投げ込まれた状態から認識が共同主観性を帯び、自己と他者との協働によって共同体を形成していくことを考察してきた。それでは、共同体内部において個人の主体性はいかにして認められるのだろうか。諸個人が共同体の下部構造を揺り動かすには、所与の条件に制約されずに構造変動を促すモメントが要請される。したがって、「超文法的判断」の指示機能が、社会的位置性や言語共同体といった所与の条件に制約されないとすれば、場所的な空間や社会的な位置性を踏み越えて作動することが可能となるはずだ。というのも、「文法的判断」の場合は、すでに固有の文法体系に内在した形式で思考せざるをえないが、「超文法的判断」の場合はそういった制約を超えているといえるからである。「超文法的判断」があらゆる場所で機能するのであれば、内在的な立場から個人が共同体にはたらきかける可能性は残されていることになる。「超文法的判断」について詳細を見ていこう。

先に述べたような「超文法的判断」の指示機能は、ゲシュタルト理論において「地」から「図」が現前する過程と合わせて理解できる。たとえば、花壇の中（「地」）に花（「図」）を見つけて指差すとき、花の形状や性質を分析したり、花でないものとして花を認識するわけではない。そうではなく、ただたんに花を指差すのである。このとき、「花はアカい」という「主語－述語」関係よりも、端的にその花を「コレ」とする指示が先立っている。しかし、それは一見すると「無」から「有」が生まれるかのようにも思われる。というのも、「超文法的判断」の指示によって「図」が「コレ」として現出するさい、「地」と「図」のあいだの何らかの示差的な性質の違いを分析した上で「図」が現出するのではない。端的に機能的に「図」が現われるため、「地」と「図」の性質に関係なく（あるいは性質がそもそも存在しなくとも）、まったくの中立的な「図」が現われるかのように見えるのである。しかし、やはり廣松は、その作用に絶対的な能動性を認めているわけではない。

尤も、われわれの謂う「質料」はあくまで「形相」との相関規定であり、先行的措定に俟って、既に「質料－形相」成態でありうる。が、その都度の判断的措定に関して言えば、その都度の質料が「向妥当せしめられる形相」に対する先在的与件をなす。そして、この与件的質料が形相の向妥当化を一定限制約する。このゆえに、認識論的主観としての「判断主観一般」の判断的措定といえども、質料的与件に制約されるのであり、絶対的な〝創出的〟能作ではないのである。

認識論的主観は、その判断的措定を質料的与件によって制約されるばかりでなく、そもそも自己の在り方そのものを歴史的・社会的・文化的に制約されている。[15]〔傍点引用者〕

このように、人間の判断は質料的与件に制約され、人間の在り方も歴史的・社会的・文化的に制約されていることを、廣松はくり返し述べる。超文法的主語対象与件コレは、知覚的判断では「地」から現出する「図」である。してみれば、超文法的判断が端的にコレ（＝「図」）を指し示すといっても、やはり「地」からの制約を免れえないということになろう。それでは廣松は、超文法的判断が起始する地点を歴史的に遡行した先端に、モメントとなる実体的な〈根源〉のようなものを想定しているのだろうか[16]。否である。廣松は、はじめの一撃で進んでいくような決定論的な歴史観を採らない。廣松がダイナミックなモメントをみているのは、不断にはたらく「異－化」の機制である。

われわれとしては、後述の諸階梯との区別上、この事態を以って「端的な或るもの」（etwas schlechthin）の現前と呼ぶことにしよう。――この「端的な或るもの」の現前において体験されているのは何事であろうか。それはまだ或るもの＝図の明識ではない。それは、或るものの分凝的現出、すなわち〝無地〟からの分出と規定しても過大であり、たかだか「異‐化」(ver-schieden)と呼ばるべきであろう。この「異‐化」は、あらかじめ二つの項があってそれら両者を区別立て(unterscheiden)する意識態ではなく、それによってはじめて端的に「或るもの」(etwas)が〝無＝地〟から分凝して〝図〟となるごとき原基的な態勢である。それは、しかも、啻に学知にとってのみ存立する事柄ではない。爰に謂う「異‐化」こそが最も原基的な体験である。(17)

ここに見られるように、「異‐化」の機制は、「無」から「有」が生まれるようなものではない。またそれは、当事者たる認識主体にとっても、分析者たる学知にとっても存立する事柄である。われわれがこれまで論じてきた文脈からいえば、この「異‐化」の機制は、認識主体の絶対的な能動性を認めるものではない。しかし、「支配(主)‐従属(奴)」といった社会的な位置性や場所的な空間性、あるいは言語共同体を超えて普遍的に機能するといってよい。

「異‐化」は、知覚の分節化をもたらす、原基的なモメントである。しかし、その適用は認識的世界に限定されており、第二巻の実践的世界では用いられていない。廣松にあって、認識的世界は実践的世界の一射映相であり、構造内的契機の一つにすぎない。では、実践的世界において、行為のモメントとなるのは何であろうか。

三　価値論と企投する主体

『存在と意味　第二巻』では、第一巻で展開された四肢的構造連環などの枠組みが実践的世界へとスライドして用いられている。能知的主体は能為的主体に、意味は価値へと位相を移される。実践的世界における所与は、

「実在的所与より以上の意義的価値」たる「財態」であると定義されている。第二巻で主題化されているのは、価値論にほかならない。とりわけ、ハイデガーの用在論やマルクスの価値論をはじめとする経済学上の価値論が検討されている。価値一般を扱うにあたり、便宜上、廣松は道具的価値性に即して叙述している。そのなかで、廣松が俎上に載せているのは、ハイデガーの諸論である。

ハイデガーにおいて存在者は、〈～のため〉という「目的‐手段」連関のなかでの「道具的存在者」として存在している。たとえば、ペンを使うにしてもペン自体の使用価値よりも先にペンを勉強道具として成り立たしめるノートや机などがすでに「道具的全体性」として現われているのである。ハイデガーは『存在と時間』（一九二七）のなかでこう述べる。

> 世界内存在とは、これまでの学的解釈にしたがえば、道具全体の道具的存在性にとって構成的な諸指示のうちに、非主題的に配視的に没入しているということ、このことにほかならない[18]。

このようにハイデガーにあって、世界＝内＝存在は、周りの世界に配視的に融けこんだ道具的存在としてある。廣松はこのハイデガーの論に大部分依拠し、用在性という概念を拡張して用いている。

> ハイデッガーにおいては「或るものの〈別の〉或るものへの指示」が〈……のため〉という「目的‐手段」連関であるのに対して、われわれにあっては〝或るものの別の或るものへの指示〟は〈として〉という「実在的所与‐意義的価値」の等値化的統一の構制になっている[19]。

ハイデガーと異なり、廣松にあって用在性とは、ハイデガーのものと同一ではなく、周りの世界がみずからに迫ってくるときの「表情性」を意味する。

　ハイデガーにあって、人々は言語によって了解し合う世界＝内＝存在としてあるため、投げ込まれた言語共同体こそが運命共同体として措定される。こうして、投げ込まれた所与の運命共同体を自覚し未来へと投企することが、要請されているのである。

> 本質上おのれの存在において**到来的**であり、したがって、おのれの死に向かって自由でありつつ、死に突きあたって打ち砕けておのれの現事実的な現へと投げ返されうる存在者のみが、言いかえれば、到来的なものとして等根源的に**既在しつつ**存在している存在者のみが、相続された可能性をおのれ自身に伝承しつつ、おのれの固有な被投性を引き受けて、「おのれの時代」に向かって**瞬視的に**存在することができる。本来的であって、同時に有限的な時間性のみが、運命といったようなものを、すなわち本来的な歴史性を可能にするのである。[20]

みられるように、ハイデガーにおける「存在者」は本質的に将来的な存在であり、運命という「本来的歴史性」の相にある。それゆえハイデガーにおいては、「存在者」は言語共同体たる民族に投げ込まれた存在として「投企」すべく運命づけられているのである。

　ハイデガーの「道具的用在性」は、あらかじめ明け開かれた「道具的全体性」のなかですでに使用価値としての性質を帯びている。これに対して、廣松は「用在性」をより広義の概念として定義する。「間主体的な実践的連関態の反照的規定として成立するものと考える」[21]。さらに言い換えれば、「道具的価値性を成立せしめるのは、むしろ実在的与件へと関わる具体的使用者の具体的な行為である。実在的与件と実在的主体との実在的な関係行為（これは〃模写〃とか〃構成〃とかいった認識論的な関係ではない）が道具的価値性を現成せしめるのである」[22]。つまり廣松にあって、道具的価値性は単に「道具的全体性」の連関に置かれるだけで成立するのではなく、具体的な行為によって道具として使用してはじめて、道具的価値性が成立するといえる。たとえば、「日本語」そのものが抽象的に存在するのではなく、そのつどの発話行為によって「日本語」として受容されるということを想起されたい。具体的な使用によって成り立つものとして、廣松はほかに「貨幣」を挙げる。廣松によれば、「貨幣」の価値性はそれ自体として自明視されるのではなく、あくまでも実践的な態度によって価値性を帯びている。「価値性が個々の主観にとって既在的・独立的というのは、当人の承認・否認の如何に拘わりなく、他の人々が価値性を認知し、それに応じた実践を営むという事態、斯かる間主体的事態が貨幣財所与に「物性化」されている構成にほかならないのである」[23]。つまり、廣松にあって、言語や貨幣は抽象的存在としてあらかじめ存在するのではなく、言語行為や商品交換の実践という「間主体的事態」が、言語や貨幣に事後的に「物性化」されている。すでに共同体内で使われているという事態が、言語や貨幣に折り返されているのである。

こうした立論からすれば、廣松における「企投」とは、共同体を運命として捉え、そこへアンガージュするのではなく、ある特定の「目的」に向かう具体的な行為であろう。それにより、その行為を成り立たしめている「用在性」という概念が、存在論的に明かされるのである。「用在性」を帯びた共同体内には価値的規範があり、そこに投げ置かれた主体は、共同体的価値性を帯びた形で存在する。それゆえ、共同体内の主体は単なる「能為的主体」ではなく、「実在－価値」成態として存在しているのである。

目的という価値は、実現目標という事実性に担われているのである。（目的価値を担う当の事実的状態は、同時に、欲求的／当為的／評価的／等々の価値をも担いうる。）目標実現のために利用される用財（行為舞台的環境条件、道具的手段、肉体的活動、技術・技倆的方式、等々）は、目的価値達成の手段として手段的価値性を帯びるのであって、これまた単なる実在ではなくして財態である。そして、能為的主体も、目的価値を志向し目的価値を達成すべく活動する主体として、この一事だけからしても、単なる実在的活動体ではなく、価値性を帯びた主体、財態的主体である。(24)

このように、共同体に生きるわれわれは、価値性を帯びた主体としてある。それゆえ、われわれは、純粋に自発的に行為するのではなく、何らかの価値性を帯びた主体として行為するのである。

また、特定の「目的」に向かう具体的行為は、能為的主体の単独の行為に見えても、事実上相手を必要とする「共互的役割行為」であると廣松は述べる。そして、社会的協働連関体において、人間は本源的に役割的な存在であるという。たとえば孤独に学問に打ち込む行為であっても、事後的に分析すれば、使用するテクストを物した人物と関わり合っていることになろう。いわば、具体的行為は共時的・同時的に、また通時的・継時的にも「協働」の一過程なのである。

さて、具体的な行為のうちで、廣松はとりわけ何を想定しているのであろうか。『唯物史観と国家論』（一九八二）で述べられているように、それは「生産的労働」である。

生産的労働は実践的な投企 Entwurf であり、対象変様的かつ自己変様的な一種の創造的活動である。生産活動は、しかし、神の創造とは異って、無から有を生ぜしめるわけではなく、また、〝創造活動〟の様式も、自然的諸条件ならびに歴史的諸条件によって制約されている。労働対象、労働手段、労働様式、いずれも自然的・歴史的に制約されており、しかも、生産的労働の投企そのものからして、内発的志向というよりむしろ、生への欲求を絶ちがたい限り、そうせざるをえないという被投的被拘束的な在り方において営まれる。しかしともあれ、人間はこの被投的存在としての生産という対象的活動を通じて、自然の歴史化、「歴史化された自然」の〝創造〟を重ねるという仕方で現存在する。(25)〔傍点引用者〕

以上見てきたように、具体的な実践行為には、言語行為、商品交換、さらに廣松が最も重要視するものとして「生産的労働」がある。それらの実践行為においては、我－汝という「共互的役割行為」が基底にある。我と汝という捉え方について、廣松はレーヴィットからの影響や和辻倫理学への接続を示唆している。そのなかで、仏教的な用語を援用した独自のターム「相待的依他起生性」に注目したい。これは、関係の第一次性に定位することの説明として使われている用語である。廣松は言う。「関係性とは「相待的依他起生性」であり、関係とは「一者－他者」の相互的（ein-ander）区別化的統一態であって、しかも、一者と他者との「あいだ」に互いに他者が自分の「かくある（ゾーザイン）」の存在条件をなすごとき相待性が存立することの謂いである[26]」。つまり、我という項がそれ自体として成り立つのではなく、つねに汝との関係が先に立つのである。廣松は、このように我と汝の関係性に定位し、さらにその関係性には「対称的関係」と「非対称的関係」とがあるという。「非対称的関係」とは、支配－従属といった垂直関係を意味している。われわれは、本論において、歴史的・社会的文脈に投げ込まれた人間が、どのようにして構造変動をもたらすのかを探求してきた。そのモメントとなるのが、「非対称的関係」にほかならない。我と汝のあいだで取り結ばれる関係、そして、そこから遂行される役割行為があらかじめ決められたものならば、何ら構造変動の契機は生じない。廣松は、役割行為には矛盾が含まれているという。「共互的役割行為の構造それ自身の内部に「支配－服属」の可能的構造、拠って亦、社会的矛盾葛藤の可能的構造が孕まれていること、このことをわれわれは銘記して掛らねばならない[27]」。社会的矛盾葛藤をモメントとして構造変動を促し、新たな社会的協働生産態を作り出すこと。それを、廣松は目指していた。

廣松は、原因－結果を必然的に結びつけるような因果律を採らず、原因と結果のあいだにも人間的実践が介入する余地があるという。第八章では、決定論的な見方を排した、「多価函数的連続観」・「函数連関的記述主義」という、廣松の歴史観を見てきた。原因－結果という因果律の鎖から逃れる方途は、『存在と意味』における函数の定義にも見ることができる。「この遷移系を表わす〝函数〟（これの構制については前節で述べた）は時間値に応じて必然的な展相を示すが、その必然性はさしあたり数学的な論理必然性であり、この必然性は、しかも、函数が〝確率変項〟を含みうるかぎりでは、必ずしも一価函数的な決定論的必然性ではなく、むしろ「偶然性と必然性との統一」である[28]」。

このように廣松にあっては、その理論内に、「非対称性」や偶然性の余地を残した動態性がつねに胚胎している。次節では、社会的体制の変革を、廣松がどのように理論化したのかを考察する。

四　共同体的価値規範と構造変動のモメントとしての正義論

廣松が京都学派の「東亜協同体」論に向けた批判をふたたび概括しておく。京都学派の言説は、「日本の真理性」を梃子にして大戦を終結させ、資本主義社会により没落しつつある西洋〈近代〉もろとも超克することにあった。しかし廣松の見方では、それは「国家共同体」という幻想共同体を自明視し、内部の社会的矛盾を看過しており、大戦をイデオローギッシュに合理化しているにすぎない。廣松の理論的立場からは、被支配者であり動員される人民が、総動員体制によって「東亜協同体」へと「企投」することは事実上あり得ない。仮に「東亜協同体」を構想するにしても、「日本の精神性の優位」といった点ではなく、言語や商品交換あるいは生産的労働といった具体的な実践行為の目的となるものが要請されるのである。

われわれが生きる共同世界には、そこで通用している真理や価値観があり、それらは、共同主観的に同調性を帯びている。共同世界の内部から新たな真理を主張するとき、その真理が共同体に生きる人々から承認されることによって、真理性が権利づけられる。共同世界で〝通用している真理〟は、歴史的・社会的・文化的に相対的であるが、いまだ通用してはいない少数異端的な主張を行なうことは可能である。そのみちすじを、廣松はトマス・クーンのパラダイム論を想起させる叙述で示した。廣松の理路では、真理や価値判断を支えているのが四肢構造であり、この構造自体は単一のものである。共同体のそのつどの在り方は、諸個人がそれぞれ掲げる〝妥当する真理〟によって変動されうるが、第一巻では、その動態性の解明は、認識論ではなく実践論においてなされると予示するにとどまる。第一巻から引いておく。

現実の動態においては、共同主観的〝同型〟性なるものがスタティックに厳存しているのではなく、一貫して厳存するのはさしあたり諸能知の交通的相互連関を支える間主観的存在構造だけであり、それの現実的・具体的な在り方は不断に流動的である。或る位層での共同世界に通用する真理、極端な場合には、或る個人の私念する提題、これが〝対話的交通〟を通じて他者達にも通用する真理になっていき、共同主観的な真理の体系が動態的に形成されていく。――共同世界と共同主観性の成立をめぐる動態的な現実については、しかし、次巻『実践的世界の存在構造』に譲らねばならない。爰では、とりあえず、「認識論的主観性」を支える間主観的＝共同主観的な構制に即して「真理性（虚偽性）」の存立機制を討究することがわれわれの限定的課題であった。(29)

第一巻の節「間主観的妥当と真理」と第二巻の節「間主体的妥当と正義」は対応しており、論理構成も同型であることから、共同世界を変動させるという行き方は一貫していることがみてとれる。共同世界を超出する次元で打ち出される前衛的主張。それをいかに理論化し、促すかというみちすじは、廣松にあって貫徹されているといえよう。廣松は、いまある現状を追認するのではなく、構造変動の契機を理論化しているのである。

『存在と意味　第二巻』において廣松が論じたのは、切り詰めていえば、商品世界に生きる能為主体は、共同体の価値的規範に同型化し、価値性を帯びた主体として存在するということであった。

能為主体は役割行為を行なう存在であり、共互的な役割行為は、つねに支配－服従の〈非対称的関係〉があるため、社会的な矛盾を孕む。我と汝の思惑が一致するという保証はない。能為主体が決意的・駆動的に企投するモメントとして、廣松は目標と目的を設定する。目標とは、実現しようと表象する未来的状態である。目的とは、目標が実現されることにより達成される価値である。つまり、企投を駆動するモメントとなるのは、価値にほかならない。しかし、価値規範がさまざまに乱立するなかで、方向性がさだまらないままあらゆる価値に向かって人々が企投するならば、世界は混迷したものとなるだろう。

廣松は、価値に高低をつける。そして、価値として高いことを示すのが、正義的行為であるという。『存在と意味　第二巻』末尾の節「間主体的妥当と正義」で、廣松はこう述べる。

　　茲に、われわれは価値性認識に関して超越的絶対主義を〝断念〟して一種の〝相対主義〟（歴史的・社会的〝相対主義〟）をひとまず採ることになる。（第一巻で見たように、事実性認識に関しても同様である。）だが、われわれは、事実問題として、一定の歴史的・社会的〝共同体〟の内部においては、間主体的な同調性・斉同性が相応に成立していること、そこには間主体的に「通用的（geltend）」な価値体系（価値性認識の体系）が存立していること、この現実に定位するわれわれは、しかし、「通用的」価値体系が存立するという事実を追認して価値相対主義で熄《や》む者ではありえない。「通用的」な価値（価値認識）を追認し得ず、追認に自足し得ない限り、「通用的価値」に異を唱え「妥当的（gültig）」価値を別に主張する。妥当的価値の主張は、当面、間主体的な普遍性を有たぬ以上、「通用的」価値を執る立場から少数異端的主張として遇せられる。だが、それは自己の主張する価値を間主体的に斉同的な価値たらしむべく志向し、それを「通用的価値」たらしめることを実践的に追求する。この実践的追求は、単なる理論闘争・単なる思想闘争ではなく、「通用的価値」を間主体的に成立せしめる所以の現実的・事実的な歴史的・社会的な体制の革命的変革を追求するものとなる。〔中略〕著者としては、人倫的諸価値のうち「正義」を以って最高位に据える。(30)

第一章から論じてきたように、廣松は超越的第三者によってなされる革命ではなく、体制に内在する主体にモメントをみようとした。先の引用でも、超越的絶対主義をしりぞけるという点では一貫しているといえよう。しかし、通用的な価値体系から超出した次元に「妥当的価値」を据え、価値的に高いのは正義的行為であるとしたのである。このようにパラダイムを越えた次元に「正義」といった抽象的原理を据えたのは、これまでの廣松の思考展開にそぐわない。それは、パラダイム外部の論理を持ち込んでいるからである。最晩年、こうした矛盾を孕んだ形で革命を促すモメントを紡ぎだし、それぞれの立場から実践へと向かうことを呼びかけたのであった。

『存在と意味』第一・二巻には、カントの第一批判（『純粋理性批判』）を援用した叙述が多くみられる。しかし、文化・価値の問題を扱ったカントの第三批判（『判断力批判』）の論理はみられない。それは、『存在と意味』第三巻で構想されていた、文化的世界で扱われるはずの領域である。普遍妥当的な価値を超越者の次元から提示するという形ではなく、個人に委ねたということは、カントの第三批判を想起させる論理構成である。カントが第三批判で論じた、個人の趣味判断が普遍妥当性を要求する機制と同型の議論であるが、個人の掲げる価値が普遍妥当性を持つことの理論化を、廣松は完結することがなかった。

廣松は一貫して、超越的次元に同一化するのではなく、個人の立場からおのおのが主体的に実践へと移るみちすじを追求したのであったが、その理論を完成させることはなかった。『存在と意味　第二巻』において、世界に内在する立場からダイナミズムをもたらす原理として正義という言葉を出したのは、体系化の途中で逝かざるをえなかった廣松の理論的到達点といえるだろう。

以上、全十章を通じて、内在のダイナミズムという視角から廣松の主要著作を読み解いてきた。すなわち、歴史的・社会的文脈に織り込まれたわれわれの立場から社会を揺り動かすことは可能であるのか、という問いをもとに廣松の思想を総体として扱ってきた。いまや、『日本の学生運動』(一九五六)から『存在と意味 第二巻』(一九九三)に至るまでの歩みを総括すべきときである。廣松の思想は、社会に織り込まれたわれわれの立場から社会の在り方を変える「内在的超越」ということばで概括することができるだろう。われわれは、不断に流動する歴史の只中に立たされ、生を紡ぐ。廣松は、歴史的実践のための概念装置として役割理論を彫琢し、他方『存在と意味』の行論でも、間主体的・歴史的な協働(Zusammenwirken)としての対象的活動である〈生産〉を重くみている。我－汝という間主体的行為であるから、役割行為は、歴史へのたえまないはたらきかけであることになる。廣松は、対象の変様をもたらす役割行為に、構造変動の可能性を見出したのであった。

しかし、やはり問題となるのは、主著『存在と意味 第二巻』末尾で、超越の次元に正義という価値を据えたことである。なるほど、行論中で廣松は、正義を形式的規定として掲げるに留まり、その内実は続巻で呈示すると予示してはいる。だが、内実のないものを超越の位置に立てることを、廣松は物象化的錯視として拒んだのではなかったか。いずれにしても、「人倫的諸価値のうち「正義」を最高位に据える」[31]という廣松の事実上の絶筆に対する、われわれの考えを示すべきであろう。

廣松は『存在と意味 第一巻』(一九八二)ですでに、「通用する真理」と「妥当する真理」を区別している。そして、共同体に構造変動をもたらす「妥当する真理」の理論化は、実践論を扱う『存在と意味 第二巻』で行なうと予示した。実際、『存在と意味 第二巻』(一九九三)では、「通用的価値」を超出する価値として「妥当的価値」を位置づけた。廣松自身が、「妥当的価値」を主張する立場を「少数異端的」としているから、それは、旧来のことばでいえば前衛といってよいだろう。われわれは、前衛の自己意識がいかにして現われるのかを問題としてきた。その前衛が掲げる価値として最高位のものに、廣松は「正義」ということばを充てたのである。廣松は、来たるべき社会を「真の人倫的共同体」「新しい社会的生産協働聯関態」といったことばで表わした。その実践的実現のために、我と汝のあいだに〈非対称性〉を孕んだ役割行動に定位し、晩年までその理論化を押し進めたのである。世界に内在するわれわれの立場から社会を揺り動かすには、新たな社会、次なる社会を構想することが求められる。つまり、内在の世界を超えた、まだ見ぬ〈外〉を想定することが不可避となる。そうした形でしか、われわれはみずからの進む途を示すことが叶わない。行き先が定まらず混沌としたままであるなら、いかに動的なモメントの余地が残されていようと「真の人倫的共同体」など実現するはずもない。

廣松が述べているのは、共同体内での最高位の人倫的価値はたしかに存在する、ということまでである。正義という価値を追い求めていたというよりも、内在の世界にも超越のモメントとなる空隙があるということを示そうとしたのではないか。そうした位階が与えられているということを、廣松は理論化しようとしたのであろう。われわれは、表情性をもってみずからに迫ってくる世界をそのつど切り取り、此岸から世界にはたらきかける。そのとき、すでに投げ込まれた通用的価値体系、すなわち内在的世界を超えた次元に妥当的価値の体系が存立するということ。このことを示すために、廣松は正義という価値を最高位に据えたのであった。

正義ということばを、字義通りの意味で捉えてはならないだろう。そうではなく、ここではない〈外〉がありうるということを示し、われわれがいかに為すべきかを問いかけるもの。そうしたものとして、廣松は正義ということばを残したのである。

註

序

(1) ヴァルター・ベンヤミン『ボードレール 他五篇 ベンヤミンの仕事 二』(野村修編訳、一九九四年、岩波書店)、三二七頁。

第一章 戦後日本の学生運動における廣松渉

(1) 東大学生運動研究会『日本の学生運動——その理論と歴史』(新興出版、一九五六年)、三一六頁。執筆者の一人である中村光男がこの著作について触れたエッセイがある。それによれば廣松自身は著作を文書で周知するようなことは行なわなかったようである。中村光男「今日の学生の政治的責任——いまこそ祖国の政治的危機に対決しよう」『学生生活』一九五六年六月号。『資料・戦後学生運動 第四巻』(三一書房、一九六九年)、四二頁参照。

(2) 社会主義学生同盟マル戦の成島忠夫であると推測される。なお、一九六六年一二月、中核派・社学同・社青同解放派により「三派全学連」が結成され、成島は副委員長になっている。小熊英二『一九六八(上)——若者たちの叛乱とその背景』(新曜社、二〇〇九年)、二三五頁。成島忠夫は一九四二年生まれであるから、一九三三年生まれの廣松とは年代的に差がある。成島自身の回想については以下を参照。荒岱介・藤本敏夫・鈴木正文・荘茂登彦・神津陽・前田裕晤・成島忠夫・望月彰・吉川駿・塩見孝也・田村元行・小西隆裕・最首悟・塩川喜信・内田雅敏・村田恒有『全共闘三〇年——時代に反逆した者たちの証言』(実践社、一九九八年)、一二四—一四三頁。

（3）「学生運動の現在に思う――討論会を司会して」『東京大学新聞』一九六三年一一月二〇日付。ここでの廣松の肩書は元東大学生運動研究会会員、人文科学研究科大学院博士課程となっている。
（4）熊野純彦『戦後思想の一断面――哲学者廣松渉の軌跡』（ナカニシヤ出版、二〇〇四年）参照。
（5）小熊前掲書、二六四頁。
（6）大嶽秀夫『新左翼の遺産――ニューレフトからポストモダンへ』（東京大学出版会、二〇〇七年）、四三頁。ただし、大嶽は初期の全学連について特に参考になったものとして、上記の『日本の学生運動――その理論と歴史』を挙げている。姫岡怜治は第一次ブントを代表するイデオローグであり、『共産主義』三号（一九五九年六月）に掲載された論文「民主主義的言辞による資本主義への忠勤――国家独占資本主義段階における改良主義批判」は、「姫岡国家独占資本主義論」といわれ、第一次ブント全過程を支えた綱領的文献とされている。高沢皓司・高木正幸・蔵田計成『新左翼二十年史 叛乱の軌跡』（新泉社、一九八一年）、五七頁。
（7）熊野前掲書、廣松渉著・小林敏明編『哲学者廣松渉の告白的回想録』（河出書房新社、二〇〇六年）を参照。廣松自身の回想や関係する学生運動資料について、この二書から教えられるところが多かった。なお、熊野純彦編『廣松渉哲学論集』（平凡社、二〇〇九年）に廣松の動向を辿った詳しい解説が収められている。熊野純彦「解説 揺れ動く時代のなかで――廣松哲学の背景をめぐって」。
（8）「いや、ドスなんていつだって持ってるさ。〔中略〕そりゃそうだよ君、丸腰で歩くなんて、そんなみっともないことするけえ（笑）」（廣松・小林前掲書、二九頁）。「ぼくは中学伝習館の一年生に入学した頃から、高校生の頃まで、内ポケットに、いつも刃物を忍ばせて通学していましたよ」（成清良孝『廣松渉における人間の研究』（一竹書房、一九九六年）、五七一頁）。
（9）成清前掲書に全文が掲載されている。前者は廣松自身の発言、後者は廣松の発言を成清が回想したものである。
（10）廣松・小林前掲書、七三―七四頁。反戦学同とは反戦学生同盟のことを指し、アンチ・ゲールの頭文字をとってA・G（アー・ジェー）とも呼ばれた。廣松は次のように説明している。「反戦学生同盟は、帝国主義戦争反対――すなわち、戦争一般に反対するのではなく、階級戦争や民族解放戦争は、被支配者の側に立って支持することを含みとする――を中心綱領とする個人加盟制の全国的学生組織。この組織は五〇年？〔判読難〕の新制九大の闘争に際していちはやく結成され日共国際派が解体したのちも存続し五八年ブント結成の動きと相即的に〝社会主義学生同盟〟（社学同）に発展的解消をとげた。／五〇年、五一年の学生運動、および五五年における学生運動の〝復活〟に際して、反戦学生同盟が果たした役割は極めて大きい。五〇―五一年段階での反戦学生同盟は、全学連各級機関、各大学・高校・中学の自治会機関と一般学生とを結ぶ媒体として、また共産党（国際派）細胞と一般学生とを結ぶ媒体として機能し、全員加盟制をとるわが国のポツダム自治会の組織的弱点をカバーしつつ、一連の大闘争を担う活動家組織としての役割を全うした。五一年後半に至って国際派が解散したのちには、五〇年闘争のイデーと国際的経験、伝統を組織の体内に伝承しつつ、所感派の指導する学生層に対する批判勢力として存続し、日共の六全協以降、五五年の学生運動〝復活〟に際しては、その推進者となり、第三期の学生運動を復権せしめた。／なお、反戦学同が学生層だけを独自的に組織し――国際派の青年大衆組織は、階級・階層別になっており、それらが合？〔判読難〕体を形成した――民青のごとき青年一般を包括する組織形態をとらず、また、中間の機関をおかず各支部が中央に直結する組織形態をとったのは、便宜的な手段ではなく、国際派の青年運動論・学生運動論の体系に基くものである」。「ことば欄A・G」『東京大学新聞』一九六四年五月二〇日付。

(11)『資料・戦後学生運動 第二巻』（三一書房、一九六九年）、八五―八六頁。

(12) 同上、九一―九二頁。

(13) 小熊英二『〈民主〉と〈愛国〉――戦後日本のナショナリズムと公共性』（新曜社、二〇〇二年）、一二三、三九三頁などを参照。

(14) 括弧内引用者。

(15) 廣松・小林前掲書、七六頁。廣松と伝習館高校の同窓であり、社会科学研究会でともに活動していた白井朗が、事の次第を詳しく記している。それによれば、ビラの内容は、一九五〇年六月六日にGHQマッカーサー元帥が日本共産党中央委員会追放の指令を出したことを帝国主義的侵略の前兆と捉え、反対するものだったという。廣松と白井でビラの文章を作り、ガリ版刷りのビラ一二〇〇枚を朝登校してくる全生徒にまいた由である。高校当局により、廣松は除籍処分、白井は無期停学（実質約一カ月で解除）、もう一人が三日間の謹慎処分を受けた。白井朗「廣松渉君を追悼する（下）――共産党中央委員会追放に反対しビラをまく」『カオスとロゴス』二二号（ロゴス社、二〇〇二年）、一一六―一二一頁。

(16) コミンフォルムについては、廣松は田中久男の筆名で次のように説明している。「ソ連および東欧の共産党・労働者党と、仏伊の共産党によって構成される〝情報交換のための連絡会議〟であるが、フルシチョフ時代になって解散するまで事実上は世界共産主義運動の指導機関としての権威を有するものであった」。田中久男「参考資料 国際派と所感派（上）」『東京大学新聞』一九六四年四月二二日付。所感派と国際派との党内闘争については以下をも参照。竹内洋『革新幻想の戦後史』（中央公論新社、二〇一一年）、一〇八頁。

(17) 小山著の解説を著した津田道夫によれば、オブザーバー署名の筆者は現在ではスターリンであることが分かっている。「スターリン＝コミンフォルムの一連の発議は、東南アジアにその勢力圏を拡張しようとした冒険主義的な世界戦略であり、いまではスターリンの執筆とわかっているコミンの日本批判も、その一環であったと考えられる」。小山弘建著・津田道夫編・解説『戦後日本共産党史――党内闘争の歴史』(こぶし書房、二〇〇八年)、三〇八頁。

(18) 小山・津田前掲書、七九―八〇頁。

(19) 田中久男「参考資料 国際派と所感派(上)」『東京大学新聞』一九六四年四月二二日付。

(20) 廣松は極左冒険主義を次のように説明している。「ことば 極左冒険主義」『東京大学新聞』一九六四年六月三日付。「運動の主体的条件を顧慮せずに、精鋭的分子だけで猪突する〝左翼〟的偏向。これは一見したところ左翼的にみえるが、広汎な大衆をねばりづよく組織化する困難に耐えることができず――敵の攻撃の前にあわてふためき、闘争を焦るの余り、大衆の一部に形成された一揆主義的な気分に追随して――安直な道を選ぼうとするものであり、本質的には右翼日和見主義と同じ根をもった日和見主義だといわれる。/日本共産党が、五一年秋から五二年にかけてとった〝軍事方針〟は、極左冒険主義の典型的な一例とされている。国際派が解体したのち、所感派が完全に支配するに至った日本共産党は、五一年秋から〝中核自衛隊〟の組織化に着手し、五二年には〝火焔ビン〟や〝黄金バクダン〟を主要な武器として街頭での武力闘争をくりひろげ〝血のメーデー〟〝新宿駅占拠事件〟〝国鉄吹田操作場事件〟などをひきおこした。それと平行して、日本共産党は〝山村工作〟を強化し〝解放区〟の設定を試みた。/この軍事方針が極左冒険主義だといわれる理由は、中国共産党の武力解放方式を、客観的条件の相違を無視して直輸入したということ自身にあるのではなく、主体的条件を顧慮せずに盲動したことにもとづく」。

(21) 山中明『戦後学生運動史』(青木新書、一九六一年)参照。

(22) 同上、一七四―一七五頁。

(23) このとき廣松は反戦学同には加盟していなかったようだが、次の資料から分かるように、事実上、同盟員と同じ扱いを受けている。「一九五二年六月二六日から二八日の三日間にわたって、第五回全学連大会が京都で開かれた。この期間中に日本共産党立命館大学細胞によって大会の正式代議員、評議員及び傍聴者として京都に集った反戦学生同盟員、教育大学飯島侑以下一一名、並びに非同盟員である東京学芸大学の広松渉君に対して皮バンドその他の道具を用いて集団的暴行が加えられた。これは第五回全学連大会で採択された「反戦学生同盟解散支持決議」及び武井昭夫旧全学連執行委員長以上二七名の同盟員、非同盟員を「学生戦線より追放する」決議の裏付けをするため反戦学生同盟が共産党の分派組織であり、且つ帝国主義者の意識的スパイとして学生戦線分裂の策動を行ってきたという「自白」を強要して行なわれたものである」。『資料・戦後学生運動第三巻』(三一書房、一九六九年)、七七頁、傍点引用者。資料によって廣松が広松と表記されていることがあるが、以後特に注記しない。

(24) 熊野前掲書、三九頁。

（25）「六全協」『東京大学新聞』一九六四年六月一七日付。本記事には筆名はないが、「学生運動の軌跡」の連載開始時のコラムには（W）の筆名があるので、廣松の執筆と思われる。

（26）「事の真相に於ては、関係そのものが、――この関係たるや関係するものと関係することとの弁証法的統一である。――存在性と存在者との完き統一としての存在であるのであって、弁証法的矛盾は、斯かる関係の一つの展相にすぎない」。亘木公弘「唯物弁証法における矛盾の概念」（『学園』一〇号、東京大学教養学部学友会学園編集部編、一九五五年）、六六頁、傍点原文。

（27）黒田寛一を指す。黒田は、一九二七年生まれ、革共同の創始者であり、革マルの理論的支柱となる人物である。一九四三年末に腎臓病と皮膚結核にかかり、旧制東京高校を中退した後、実家である黒田外科でマルクス主義研究に専心する。一九五二年に処女作『ヘーゲルとマルクス』を発刊した後、一九五四年には結核菌が目を冒し失明するが、その後も秘書の朗読により読書を継続し次々と著作を発表する。黒田の著作の読者が集まり始まった「弁証法研究会・労働者大学」から、黒田理論の研究サークルができていった。立花隆『中核VS革マル』（講談社文庫、一九八三年）、五四―五九頁参照。実際に黒田寛一が廣松と会うことになるのは、一九五六年初めのことであり、黒田は廣松を悼む文章で次のように述べている。「想えば、「廣松渉」という存在を、私が知ったのは、一九五六年初めのことであった。その当時、音読によって私を助けてくれていた森下周祐君に「メシよりも経済学が好きな学生を紹介して欲しい」と要請したところ、「そのような学生はみあたらないけれども、メシよりも哲学が好きな学生がいます」。――もちろん、音読者としてではなく、自分の前途にニヒル感をいだいていた学者の卵として、彼は私のまえにあらわれた。／畳の上から一メートルほどの位置に手をとめて、「これぐらいノートを書きためたけれども、しがない高校の教師にしかなれないでしょう。……本を出版するゲルトもないし、……」と」。黒田寛一『場所の哲学のために（下）』（こぶし書房、一九九九年）、二八八頁。他に、廣松について触れた著作として、黒田寛一『〈異〉の解釈学――熊野純彦批判』（こぶし書房、二〇〇八年）参照。なお、廣松の記しているところでは、黒田とは一九五六年二月一〇日に会い、黒田の説を自然科学専攻者の立場から批判的継承することを目指した論文、関根克彦「法則（性）は創造されるか？」についての廣松の見解を述べたよしである。「尚以下は、去る十日言葉の端々に掛けてではあるが、黒田寛一氏に直言した処である」（廣松渉「法則（性）は創造されるか？　に対する批判的評注」『学園』一四号、東京大学教養学部学友会学園編集部編、一九五六年、三五頁）。一九五六年前後の黒田の動向については、高知聰が詳しく記している。廣松がコメントした関根克彦は、東大自然弁証法研究会のメンバーであり、一九五六年一二月に関根が黒田の著作を書評したことから、関根と黒田のあいだで論争が起こった。黒田と廣松の接点については、同席していた高知が第三者的な視点から記している（高知聰『孤独な探究者の歩み――評伝　若き黒田寛一』現代思潮新社、二〇〇一年、四一八―四三三頁）。

(28) 廣松・小林前掲書、一四四頁。
(29) 青木昌彦『私の履歴書　人生越境ゲーム』(日本経済新聞出版社、二〇〇八年)、三二—三三頁。
(30) 安藤仁兵衛『戦後日本共産党私記』(文春文庫、一九九五年)、二一三頁。
(31) 東大教養学部歴史研究会学生運動史研究グループ有志「学生運動の正しい発展のために——その課題と展望」(『学園』特集号、東京大学教養学部学友会学園編集部編、一九五六年)、五〇頁。目次構成は、第一章　学生層の分析、第二章　学生運動の基本分析、第三章　学生運動沈滞の原因、第四章　当面する課題と展望、附　国立大学授業料値上げ反対斗争の展望となっており、『日本の学生運動』(一九五六年刊)の廣松執筆担当の第一部に振り向けられたと考えられる。
(32) 各部の構成はさらに、第一部「第一章　国家権力と支配階級」「第二章　来たるべき日本革命の政治戦略」「第三章　日本学生運動の任務と組織」、第二部「第一期　学園民主化闘争の時期」「第二期　日本学生運動の質的転換期」「第三期　反帝・平和への全面的高揚の時期」「第四期　昏迷と沈滞の時期」「第五期　伝統復活の時期」、第三部「一　当面する戦術目標としての憲法改悪阻止」「二　当面する主要なる一環としての憲法問題」「三　各種学内団体の戦術配置」「四　学生の経済的要求をどのような見地からどのようにとりあげるか」「五　遅れた学校ではどうすればよいか」となっている。
(33) 廣松・小林前掲書、一四五頁。
(34) 同上。
(35) 大野明男『全学連——その行動と理論』(講談社、一九六八年)、六六頁、傍点原文。
(36) 廣松・小林前掲書、一四四、一五一頁。
(37) 東大学生運動研究会前掲書、一—二頁。
(38) 同上、一〇四頁。
(39) 同上。
(40) 同上、一八二—一八三頁。
(41) 同上。
(42) 学生の階層や主観的意識が動員力に関係していたことは、近年の研究でも指摘されている。大嶽前掲書、二五〇—二五一頁。
(43) 東大学生運動研究会前掲書、一〇八頁。
(44) 同上、一〇九頁。
(45) 同上、一二五頁。

(46) 廣松渉「ことば　先駆性理論」『東京大学新聞』一九六四年四月二二日付。
(47) 東大学生運動研究会前掲書、一二七頁。
(48) 武井昭夫『層としての学生運動——全学連創成期の思想と行動』(スペース伽耶、二〇〇五年)、四五二—四六二頁。なお、初出の論文は、『日本の学生運動』(東大学生運動研究会編著) への批判的注釈——自己の運動への真摯な批判・総括からの出発を望む」として全学連の準機関紙的役割を果たした『学生生活』(『学園評論』改題) 一九五六年八月一日付五巻六号に発表されたものである。二〇〇五年に著作として出版されたさいに付された注記では、武井は「批判文言の強い調子には「武井理論」なるものの一面化への警戒が強く働いていたのであろう」(武井前掲書、四六二頁) と当時を振り返っている。ここで武井は、武井理論には「極左冒険主義と右翼日和見主義の諸偏向」がつきまとっていると批判している。
　極左冒険主義とは、前衛が大衆を説得せず武装闘争を煽ることを指している。廣松らの『日本の学生運動』を武井昭夫が極左主義と批判していることは、この著作で展開されている理論が学生層全体に伝わるものではなく、「先進的部分」のみに通用する理論にすぎなかった可能性を示唆している。
(49) 東大学生運動研究会前掲書、一四〇頁。
(50) 同上、一三八頁。
(51) 同上、一五二頁。
(52) 同上、一四三頁。
(53) 同上、一二一頁。
(54) 熊野前掲書、七六頁。
(55) 廣松渉「ブント形成の底流（上）」『東京大学新聞』一九六四年六月二四日付。
(56) 同上。
(57) 「カッシーラー哲学の翻訳を始めるにあたっては、哲学者の廣松渉さんにお世話になりました。／廣松さんと知り合ったのは、大管法闘争の処分撤回闘争の過程です。一九六三年の一月頃、文学部の校舎で私がタテカン（立て看板）を作っているとき、通りかかった大学院生が、タテカンを作るときには釘は少し曲がっているものを使ったほうが抜けにくく、したがって看板が壊れにくいと教えてくれたのです。五〇年代の活動家という雰囲気をもっていたその人物とは、その後キャンパスでなんどか顔を合わす機会があり、二度ほど雑誌論文の別刷りを手渡されたことがありました。その論文の著者名が門松暁鐘、哲学者・廣松渉の青年時代のペンネームです。廣松さんから釘の打ち方を教わったのは、私ぐらいかもしれません。／保釈になってしばらくして、なにかの機会に廣松さんにお会いしたときに、山本君、あなたは立場上、今後いつまでも注目され、いろんな人からいろんなことを言われ、大変でしょうけれど、ひとつだけお願いしたいのは、評論家のようなものにはならないでください、というようなことを言われました。自分でも評論家などになるつもりはなく、またそんな筆耕硯田の能力もないことは十分に自覚していたので、聞き流していたのですが、後で、廣松さんのあの忠告は、まともに学問をやりなさいという意味ではなかったのかと、考え直しました。私にこんなふうな忠告をしてくださったのは、廣松さん一人ですが、現在それを非常に有難く思っています」。山本義隆『私の一九六〇年代』(金曜日、二〇一五年)、二九八―二九九頁。

(58) 「またわたしはその年(一九六四年)の秋に廣松渉が清水多吉とともに組織した現代イデオロギー研究会の第一回目の会合にも参加したが、同年十二月に編まれた同研究会の『論叢』第一集には、廣松が門松暁鐘というペンネームで寄稿した「新左翼運動の存在理由」(のちに『現代革命論への模索――新左翼革命論の構築のために』盛田書店、一九七〇年、さらには『現代革命論への模索』新泉社、一九七二年に収録)を筆頭に、長崎〔浩〕が咲谷一郎というペンネームで寄稿した「ある「永続革命論」の顚末――一八四八年のマルクス」という論考(のちに『叛乱論』合同出版、一九六九年に収録)と、加藤〔尚武〕が眞樹朗というペンネームで寄稿した「ブントのめざしたもの」という自己総括的な論考も掲載されている」。上村忠男『回想の一九六〇年代』(ぷねうま舎、二〇一五年)、二一四頁。

(59) 判読難。

(60) 社会主義研究会『新左翼叢書四　改訂増補版　現代資本主義への一視角――中ソ両派との批判的対質のために』(レボルチオン社、一九六四年)、九一頁。

(61) 熊野前掲書、七七頁。

(62) 廣松渉「新左翼の思想――その位相、基盤、指向」『理想』(理想社、一九七〇年一二月)、四頁。

(63) 同上、六頁。

(64) 小熊前掲書、二三三頁。

(65) 廣松渉「新左翼革命論の問題状況――大衆叛乱型革命路線の模索」『現代の眼』(現代評論社、一九七〇年二月)、六四頁。

(66) 名大紛争とは、一九六九年五月二三日、名大教養部ストライキ実行委員会、理学部共闘、医学部、法学部、文学部その他の〝学生協議会〟など学生自治会執行部に対する批判的勢力が、大学立法粉砕・評議会見解撤回等六項目を要求して教養部をバリケード封鎖したことを指す。大学当局は、代議制民主主義の手続きをふんで選出された評議会との交渉には応ずるが、ストライキを行なった〝暴力〟学生は相手にしなかった。廣松渉「〝名大紛争〟の焦点　学生は何を突きつけているか」『毎日新聞』一九六九年六月一一日付夕刊、および『資料・戦後学生運動　別巻』(三一書房、一九六九年)、二五四頁参照。

(67) 廣松渉「〝名大紛争〟の焦点　学生は何を突きつけているか」『毎日新聞』一九六九年六月一一日付夕刊。

(68) 同上。
(69) 「〝教官としての限界感じた〟――広松助教授、名大を去る」『朝日新聞』一九七〇年四月一日付夕刊名古屋版。
(70) 小田実、開高健、柴田翔、廣松渉、真継伸彦「新左翼の思想と行動」『人間として』(筑摩書房、一九七〇年一二月)、六八頁、真継伸彦の発言。
(71) 同上、七〇頁。
(72) 『京都大学新聞』一九七〇年一二月七日付。
(73) 廣松渉『物象化論の構図』(岩波書店、一九八三年)、一三八―一三九頁。
(74) 同上、一四〇頁。
(75) 東大学生運動研究会前掲書、一四六頁。

第二章　廣松渉の革命主体論――物象化論への途

(1) 小林敏明『〈主体〉のゆくえ――日本近代思想史への一視角』(講談社、二〇一〇年)、一五二―一八四頁参照。
(2) ヴィクター・コシュマン『戦後日本の民主主義革命と主体性』(葛西弘隆訳、平凡社、二〇一一年)、六五―一二四頁参照。『近代文学』については、同人の本多秋五が、創刊に漕ぎ着けるまでのいきさつや人間模様をあざやかに描いている。本多は、最も主要には荒・平野と中野重治のあいだで交わされた「政治と文学」論争を、未解決ながら意義深いものと位置づけている。本多秋五『物語戦後文学史(上)』(岩波現代文庫、二〇〇五年)。
(3) 田中吉六・廣松渉・清水多吉「新左翼思想と「主体性」」『現代の眼』(現代評論社、一九七〇年五月)、四一頁。
(4) 廣松渉「マルクス主義と自己疎外論」『理想』(理想社、一九六三年九月)、七七頁。
(5) 門松暁鐘「疎外革命論批判――序説」『共産主義』九号(戦旗社、一九六六年一二月)、四八頁。門松暁鐘というペンネームは、一九五六年に出版された『日本の学生運動』をはじめとして最もよく使われており、インタビューでその由来を尋ねられているが、「あんまり覚えていない」と述懐している。廣松渉著・小林敏明編『哲学者廣松渉の告白的回想録』(河出書房新社、二〇〇六年)、一五四―一五五頁。
(6) 門松前掲書、五三頁。
(7) 黒田寛一『ヘーゲルとマルクス』(現代思潮社、一九六八年)、xiv頁。黒田は、註で廣松の「疎外革命論批判――序説」を挙げ批判している。

（8）廣松は、一九六八年に出版した『エンゲルス論』で、黒田の初期マルクス主義論をユニークな業績として挙げ謝意を表している。廣松渉『エンゲルス論──その思想形成過程』（盛田書店、一九六八年）、一二頁。

（9）門松前掲書、三六頁、傍点原文。

（10）廣松は、疎外概念の変遷に関して、岡崎次郎編集代表『現代マルクス＝レーニン主義事典 上』（社会思想社、一九八〇年）、一二六七─一二七一頁の「疎外論」の項で詳細に記述している。

（11）廣松渉「マルクスにおける疎外論の超克──広松渉氏へのインタビュー」『三田新聞』一九六九年一一月一九日付。

（12）廣松渉『マルクス主義の地平』（勁草書房、一九六九年）、二四八頁。

（13）門松前掲書、四四頁。

（14）「「ドイツ・イデオロギー」編輯の問題点」（『唯物論研究』一九六五年三月）、一〇四頁。

（15）この時期に廣松が発表した『ドイツ・イデオロギー』関係の論稿としては、「バガトゥーリヤ版『ドイツ・イデオロギー』によせて」（『図書新聞』一九六六年三月二六日付）、「『ドイツ・イデオロギー』新版のために」（『名古屋工業大学学報』一九六六年一二月）等。なお、『ドイツ・イデオロギー』編輯に関する廣松の研究は、後年まで続き、手稿復元版『ドイツ・イデオロギー』（河出書房新社、一九七四年）を編むに至っている。

　近年の研究では、廣松渉版『ドイツ・イデオロギー』には文献学的に不正確な点があるとして疑義が呈されている。平子友長による批判を概括しておく。

　廣松編輯版のテキストは「アドラツキー版」をもとにしている。廣松編輯版『ドイツ・イデオロギー』が出版された一九七四年の時点で新MEGA試作版が出版されていたにもかかわらず、廣松はそれを採用しなかった。それゆえ、その時点で学問的価値を喪失していた。一方で平子は、オリジナルテキストを実検することができる後の世代に判定を委ねた点に、廣松の学問的良心を見ている。平子友長「廣松渉版『ドイツ・イデオロギー』の根本問題」『マルクス・エンゲルス・マルクス主義研究』四八号、二〇〇七年六月、九七─一二二頁。

（16）マルクス／エンゲルス『新編輯版 ドイツ・イデオロギー』（廣松渉編訳・小林昌人補訳、岩波文庫、二〇〇二年）、六九─七〇頁。

（17）マルクス／エンゲルス前掲書、八八─八九頁。

（18）同上、八八頁。

（19）門松前掲書、四九頁、傍点原文。

(20) 一八四四年から一八四七年にかけてマルクスがノートに書いたものが、エンゲルス『フォイエルバッハ論』（一八八八年）の付録として公表されている。ここで掲げられたテーゼにより、神とは人間の類的本質の疎外態であるというフォイエルバッハの宗教批判の方法を、マルクスは乗り越えようとしたのであった。「フォイエルバッハは宗教の本質を人間の本質へと解消する。しかし、人間の本質とは、個々の個人の内部に宿る抽象物なのではない。それは、その現実の在り方においては、社会的諸関係の総体《アンサンブル》なのである」。マルクス／エンゲルス「フォイエルバッハに関するテーゼ」『新編輯版 ドイツ・イデオロギー』（廣松渉編訳・小林昌人補訳、岩波文庫、二〇〇二年）、二三七頁、傍点・ルビ原文。

(21) 廣松渉「マルクス主義と自己疎外論」『理想』（理想社、一九六三年九月）、八一頁。

(22) 同上、八二頁。

(23) 廣松渉「マルクス主義と実存の問題」『理想』（理想社、一九六八年八月）、四一頁。

(24) 掲載された論稿は、進藤稔「物象化論第一回 プロペドイティーク（序論）」『三田新聞』一九六九年一〇月二九日付、進藤稔「物象化論第二回 物象化論の視座」『三田新聞』一九六九年一一月五日付、進藤稔「物象化論第三回 ブルジョア的思考の二律背反」『三田新聞』一九六九年一二月一〇日付。第二回の論稿では、廣松の論文「世界の共同主観的存在構造——認識論の新生のために」『思想』（岩波書店、一九六九年二月）が検討されている。

(25) 廣松渉「マルクスにおける疎外論の超克——広松渉氏へのインタビュー」『三田新聞』一九六九年一一月一九日付。

(26) 初期マルクスと後期マルクスのあいだに認識論的切断があるとみるアルチュセールに対しては、後年こう述べている。「筆者はL・アルチュセールの謂う認識論的切断の主張を全面的には追認しないが、しかしやはり、一八四五年を境にしてマルクスの思想に弁証法的飛躍が生じたとは見る」。廣松渉『ヘーゲルとマルクス』（青土社、一九九一年）、二七四—二七五頁。

(27) 廣松渉「マルクスにおける疎外論の超克——広松渉氏へのインタビュー」『三田新聞』一九六九年一一月一九日付。

(28) 廣松渉「疎外論と物象化論」、廣松渉著・小林昌人編『廣松渉 マルクスと哲学を語る——単行本未収録講演集』（河合文化教育研究所、二〇一一年）、六一—一〇二頁所収、六一頁。

(29) 同上、七二頁。

(30) 同上、七三—七四頁。

(31) マルクス『経済学・哲学手稿』（城塚登・田中吉六訳、岩波文庫、一九六四年）一三〇—一三一頁、傍点原文。

(32) 廣松渉「疎外論と物象化論」、七五頁。

(33) 同上、七六頁。

(34) マルクス『マルクス パリ手稿——経済学・哲学・社会主義』（山中隆次訳、御茶の水書房、二〇〇五年）、一〇六頁。この時期のマルクスが分業と疎外、私的所有をいかにして説明していたか、佐々木隆治氏から御教示いただいた。マルクスが『経哲手稿』（一八四四年）後の『経済学批判要綱』（一八五八年）においても一貫して疎外論を扱っていることについては、以下を参照。佐々木隆治『マルクスの物象化論――資本主義批判としての素材の思想』（社会評論社、二〇一一年）、二三四―二三五頁。

(35) マルクス『資本論』第一分冊（岡崎次郎訳、大月書店、一九七二年）、一三三頁。

(36) 廣松渉『物象化論の構図』（岩波書店、一九八三年）、六二―六三頁。もっとも、廣松自身が書いているように、ルカーチが物象化論を再発見し『歴史と階級意識』（一九二三年）を著したさい、マルクスの『経哲手稿』は公刊されていなかったという事情がある（岡崎次郎編集代表『現代マルクス＝レーニン主義事典 上』、社会思想社、一九八〇年、一一七〇頁参照）。この点に関してもさらに検討が必要であろうし、廣松が疎外論と人間主義を結びつけて解釈し、物象化論と疎外論とを峻別しようとしたという以下のような指摘もある。「アルチュセールの「認識論的切断」論も、廣松渉の「疎外論から物象化論へ」も、ともに疎外論と人間主義が不可分一体であるという前提のうえでの議論である」。田畑稔『マルクスと哲学――方法としてのマルクス再読』（新泉社、二〇〇四年）、一六〇頁。「廣松の「物象化」論の特徴は、マルクス「物象化」概念に流れ込んでいる「疎外論」的モチーフ、たとえば「人格の物件化」といった主題を事実上カットしてしまう点にある」。前掲書、四二〇―四二一頁。

(37) 廣松渉『唯物史観の原像』（三一新書、一九七一年）、六三―六四頁、傍点原文。

(38) マルクス『資本論』第一分冊、一三五頁。

(39) 商品の物神性に関する廣松の所説については、以下をも参照。廣松渉『資本論の哲学』（勁草書房、一九八七年）、一九七―二一七頁。

(40) 廣松渉「マルクスにおける疎外論の超克――広松渉氏へのインタビュー」『三田新聞』一九六九年一一月一九日付。

(41) 廣松渉「人間主義対科学主義の地平を超えるもの――世界・内・存在と歴史・内・存在」『現代の理論』（現代の理論社、一九六八年七月）、二八―二九頁。

(42) 同上、四〇頁。

(43) 同上、四二―四三頁。

(44) 柴田高好・長崎浩・高尾利数・廣松渉「《討論》個体の喪失から連帯へのめざめ」『日本の将来』（潮出版社、一九六九年八月）、二二二頁。

(45) 相沢義包・富岡倍雄・廣松渉・村尾行一「Ⅰ 学園闘争が与えた衝撃」『深夜討論 知識人の虚像と実像』（亜紀書房、一九七〇年五月)、九―一〇頁。
(46) 同上、一〇頁。廣松自身の発言。
(47) 山本義隆「攻撃的知性の復権――研究者としての発言」『朝日ジャーナル』(朝日新聞社、一九六九年三月二日)、二二頁。後に『知性の叛乱』(前衛社、一九六九年)に所収。
(48) 山本義隆『私の一九六〇年代』(金曜日、二〇一五年)、九六頁。
(49) 山本義隆『知性の叛乱』(前衛社、一九六九年)、三四〇頁。
(50) 廣松涉「東大闘争の現代史的意義」『朝日ジャーナル』(朝日新聞社、一九七〇年一月一八日)、九―一〇頁。
(51) 廣松涉「疎外論と物象化論」、七八―七九頁。
(52) 連合赤軍事件当時の廣松の動向については以下を参照。熊野純彦『戦後思想の一断面――哲学者廣松涉の軌跡』(ナカニシヤ出版、二〇〇四年)、一四四―一四五頁。「廣松は、まさに「政治」における「死」が、比喩を超えた無惨な現実となったその時点で、「人間存在の共同性」を哲学的に問う論文を発表したことになる。このことだけは、廣松の論稿が活字にうつされた当時の時代背景として、いちおうは念頭においておく必要はあるだろう」。
(53) パトリシア・スタインホフ『死へのイデオロギー――日本赤軍派』(木村由美子訳、岩波現代文庫、二〇〇三年)参照。

第三章　物象化論と役割理論――廣松涉の思想形成における『資本論の哲学』

(1) 近年の物象化論の動向について簡単に触れておく。ルカーチ物象化論を踏まえて、物象化論を現代的な視座から扱った文献として以下のものがある。アクセル・ホネット『物象化――承認論からのアプローチ』(辰巳伸知・宮本真也訳、法政大学出版局、二〇一一年)。
資本制社会は歴史的に動態的なものであるというマルクスの理論に定位したモイシェ・ポストン『時間・労働・支配――マルクス理論の新地平』(白井聡・野尻英一監訳、筑摩書房、二〇一二年)も物象化を扱っている。とりわけ、社会的な文脈に埋め込まれた立場から内在的に社会批判を行なうという点において、本論と立場を同じくする。同著、一五三頁。

ドゥルーズ研究者であるマヌエル・デランダが著した『社会の新たな哲学――集合体、潜在性、創発』(篠原雅武訳、人文書院、二〇一五年)も物象化を扱っている。デランダは、合理的な個人、社会、あるいは国家といった形象を物象化された実体として把握する見方から脱却しようとする。同著、一五八―一五九頁。デランダは〈物象化された一般性の存在をいかにして想定しないか〉という立場をとるのだが、これは旧来の問題の立て方自体を見直しているといえる。物象化を回避するために、デランダは最終的な産物である実体から考察をはじめるのではなく、その産物が産出される歴史的な過程に着目する。そのためのアプローチとして採ったのが、同著で提示した集合体理論である。

以下の文献は、マルクスにおける商品の物神崇拝を射程に入れつつも、人類学の知見を組み込んだ物神崇拝の概念を提示している。従来、マルクス、西欧マルクス主義、フランクフルト学派の線上で考察されることが多かった物象化論に新たな道筋を示すものとして参照されてしかるべきである。ブリュノ・ラトゥール『近代の〈物神事実〉崇拝について――ならびに「聖像衝突」』(荒金直人訳、以文社、二〇一七年)。

(2) 廣松渉「本に会う　学生時代の自覚的渉猟」『群像』(講談社、一九九二年五月)、三二五頁。

(3) 廣松が物象化のモチーフを見出したのは、「社会的事実」を「物」として捉えるデュルケームの考え方であり、その後マルクスの物象化に接続されたであろうことは、石塚良次が指摘している。「廣松渉――四肢的存在構造論と経済学」、鈴木信雄責任編集『経済思想第一〇巻　日本の経済思想　二』(日本経済評論社、二〇〇六年)、三五一―三九四頁所収、三七七頁。

(4) 浅見克彦「物象化論のイデオロギー的冒険」『クリティーク』八号(青弓社、一九八七年七月)、三〇頁、傍点原文。

(5) 大庭健「批判的〈実践知〉としての〈物象化論〉」『クリティーク』八号(青弓社、一九八七年七月)、九九頁、傍点原文。

(6) 大黒弘慈「価値形態論における垂直性と他律性――関係に先立つ実体」『季刊経済理論』四八巻二号(桜井書店、二〇一一年七月)、二九頁。後に、大黒弘慈『マルクスと贋金づくりたち――貨幣の価値を変えよ〈理論篇〉』(岩波書店、二〇一六年)所収。

(7) 佐々木隆次『マルクスの物象化論――資本主義批判としての素材の思想』(社会評論社、二〇一一年)、一二三―一二四頁。なお、二〇一二年九月一七日に首都大学東京においてワークショップ「マルクスと廣松の物象化論をめぐって」が開催された。後に提題者によって以下の論考が提出されている。勝守真「マルクスの商品論と廣松哲学の変形」、日山紀彦「二一世紀マルクス「価値論」のための三提言」、佐々木隆治「廣松渉のマルクス解釈の「地平」――物象化論ワークショップに関する若干のコメント」『人文学報』四七四号(首都大学東京人文科学研究科、二〇一三年三月)。

(8) 熊野純彦『マルクス　資本論の思考』(せりか書房、二〇一三年)、五八頁。同書は、『資本論』解釈で廣松と異なる立場にあった宇野学派の議論も多く参照しつつ『資本論』全三巻を読み解くもので、その全面的な検討は本書の射程を超える。

(9) 廣松没後二〇周年に発表されたものとしては以下を参照。張一兵「廣松渉の物象化パラダイムの起源――『物象化論の構図』の構造環境論による解読」(中野英夫訳)『情況』(情況出版、二〇一四年九・一〇月)。吉田憲夫「廣松渉氏の「貨幣生成論」について」『情況』(情況出版、二〇一四年九・一〇月)。

近年、日本におけるマルクス主義、マルクス理論の受容について、ヤン・ホフが概括している。ホフの叙述をもとに日本のマルクス研究史を大まかに辿り、廣松物象化論が国外の研究者にどのように受け止められているのかを確認しておく。

ホフによれば、一九二〇年から一九二四年にかけて、『資本論』全三巻が日本ではじめて全訳され、刊行された。それと並行して、一九二二年から一九三〇年にかけて、マルクス価値論をめぐる活発な議論が出現したという。河上肇（一八七九―一九四六）とその門下生である櫛田民蔵（一八八五―一九三四）が相互に批判しながら、価値論に関する議論を深めていった。さらに、カール・コルシュ、ジェルジ・ルカーチから影響を受けた福本和夫（一八九四―一九八三）の登場は、日本マルクス主義の歴史的発展に一つの画期をなした。その後、一九四〇年代初頭には、当時アメリカ在住だった経済学者の都留重人が、マルクス主義経済学者であるポール・スウィージーと共同研究を行なうなど、日本と西欧のマルクス研究者のあいだにはすでに学問的交流があった。一九四七・四八年には、「資本論研究会」が開催され、向坂逸郎・宇野弘蔵・久留間鮫造たちが参加した。研究会での討議は、宇野と久留間の論争を引き起こした。それ以後も、マルクス経済学に対する学問的関心は、資本主義国家としては世界でも稀に見るほど高まっていった。

ホフが依拠する山田鋭夫の説によれば、一九八〇年代以降の日本のマルクス主義には、三つの潮流があるという。一つ目が宇野学派、二つ目が市民社会派、そして三つ目が廣松渉による物象化の批判理論である。廣松については、疎外論から物象化論への転回に着目するマルクス解釈者であり、かつ新左翼の重要な理論家であると紹介されている。さらに廣松哲学は、テーマの幅広さにおいて、たんなるマルクス受容という狭い意味に限定されるべきではないという。物象化論の解釈は近年でも続けられており、物象化と物化を区別する平子友長の解釈によって、日本における物象化論的なマルクス読解は、新たな出発点に立った。近年のマルクス論としては、カントを参照しつつマルクスの理論を再構成する柄谷行人の試みが挙げられている。

国外への展開という点からすると、アングロサクソン圏をはじめとして国際的に認知されるようになったのは、宇野学派であった。その普及に努めたのが、宇野派の関根友彦、伊藤誠である。またとりわけ重要なのは、一九八〇年代以降、新MEGA版の編集にドイツと日本の研究者が協働して取り組んできたことである。壁が崩壊した一九八九年以降、新MEGAの計画が危機に瀕したときも、一五〇〇名の日本人研究者が新MEGA版編集をさらに進めるための支持声明に署名した。それ以後、ドイツと日本の取り組みは、より緊密なものとなっているという。

Hoff, Jan, *MARX global: Zur Entwicklung des internationalen Marx-Diskurses seit 1965*, Akademie Verlag, Berlin 2009, pp. 95-117.

ホフの叙述は、欧語文献や欧語に翻訳されたものを中心に構成されている。廣松の著作が欧語にほとんど翻訳されていないこともあり、「疎外論から物象化論へ」という廣松のテーゼを紹介するにとどまり、廣松の理論自体に踏み込んだ分析はなされていない。綿密に検討されているのは、宇野学派の理論とカナダをはじめとする国外への波及である。このように、廣松物象化論は、日本のマルクス主義の一潮流を作ったものとして位置づけられてはいるものの、国際的な影響力を持ったとされているのは宇野学派であった。廣松物象化論は欧米には普及していないというのが実情であろう。

(10) 城塚登「現代思想における主体性の問題——「物象化」の批判的再検討」『理想』四一六号(理想社、一九六八年一月)、二〇頁。ルカーチ『歴史の階級意識』が二〇世紀の思想の歴史のなかで果たした役割については、以下をも参照。池田浩士『初期ルカーチ研究』(合同出版、一九七二年)、二三八頁。

(11) 廣松渉『物象化論の構図』(岩波書店、一九八三年)、六二頁。引用箇所は初出「唯物史観の宣揚」『思想』(岩波書店、一九八二年五月)に「疎外論の止揚と物象化論」として新たに追補されたものである。

(12) ルカーチ『歴史と階級意識』(城塚登・古田光訳、白水社、一九七五年)、一六六—一六七頁。

(13) 「それからもう一つ、共同主観性・間主観性の存立構造にかかわる四肢的構造論が物象化論とどうつながっているかという問題ですけれども、実は、私が物象化というような現象に強く問題を感じるようになった機縁は、デュルケーム学派のフランス社会学の議論なんです。〔中略〕というわけで、物象化論も、私の場合、ルカーチの媒介じゃないんです」。高橋順一編・対談『現代思想の境位』(エスエル出版会、一九八四年)、四四—四五頁。引用箇所は、石塚前掲書に拠った。

(14) 廣松前掲書、六六頁。廣松は、「物象化」という概念を、マルクスの用語法よりも拡張して使用しているという。廣松渉『資本論の哲学』(平凡社、二〇一〇年)、二八九頁。『資本論の哲学』の初版は一九七四年に現代評論社から出版され、増補新版が一九八七年に勁草書房から出版された。本章では、石塚良次による解説が付された平凡社ライブラリー版を用いた。

(15) 廣松渉『資本論の哲学』、一五頁。

(16) 宇野弘蔵・向坂逸郎編『資本論研究——商品及交換過程』(河出書房、一九四八年)、二九二—二九三頁。第五回の出席者は、相原茂、宇野弘蔵、大内兵衛、岡崎三郎、久留間鮫造、向坂逸郎、末永茂喜、鈴木鴻一郎、対馬忠行の九名である。

(17) 永谷清によれば、「商品生産者の社会」の呪縛から最初に脱出したのが宇野弘蔵であり、それは形態論に徹し商品論から物神性論を切り捨てることによってなされたという。永谷は、宇野が流通形態論に徹することにより切り捨てたマルクス物神性論の意義を再発掘し、宇野商品形態論に突き付けた点に廣松物象化論の意義を見出している。永谷清「価値形態論と物象化論——宇野経済学対廣松物象化論」『思想』(岩波書店、一九九七年五月)、五七頁。

(18) マルクス『資本論』第一分冊(岡崎次郎訳、大月書店、一九七二年)、七一頁。

(19) 廣松渉『資本論の哲学』、二六頁。

(20) マルクス『経済学批判』(武田隆夫・遠藤湘吉・大内力・加藤俊彦訳、岩波文庫、一九五六年)、三一三頁。

(21) 廣松前掲書、五三頁。

(22) ヘーゲル『精神の現象学 上』(金子武蔵訳、岩波書店、一九七一年)、九九頁、傍点原文、引用箇所は廣松からの重引。
(23) 廣松前掲書、六八頁、傍点原文。
(24) 廣松渉『物象化論の構図』、一二七頁。
(25) 廣松渉『マルクス主義の理路』(勁草書房、一九七四年)、六八—六九頁、傍点原文。
(26) 廣松渉「宇野経済学方法論をめぐる問題点」『廣松渉コレクション第四巻　物象化論と経済学批判』(情況出版、一九九五年)、二四六頁。
(27) 降旗節雄・今村仁司・廣松渉「座談会「資本論の哲学」をめぐって」『現代の眼』(現代評論社、一九七五年一月)、二七八頁。
(28) マルクス『資本論』第一分冊、七一頁。
(29) 同上、七三頁。
(30) 同上、七七頁。
(31) 廣松渉『資本論の哲学』、九五頁。
(32) 同上、一四三—一四四頁。
(33) 同上、一三八—一三九頁。
(34) 吉田憲夫は、こうした廣松の「抽象的人間労働」論は「価値実体と価値形態の相関的存立」という論点をはじめて提起したものであるとしている。吉田憲夫『資本論の思想——マルクスと廣松物象化論』(情況出版、一九九五年)、八五頁。なお同書では、廣松のいう「抽象的人間労働」が悟性的・抽象的な〝無〟・〝主観的観念〟にすぎないのではないという点が指摘されている。同上、五六—五七頁。
(35) マルクス前掲書、九四頁。
(36) 廣松前掲書、一五七頁。
(37) マルクス前掲書、一〇一頁。
(38) 同上、一五五頁。
(39) 久留間鮫造『価値形態論と交換過程論』(岩波書店、一九五七年)、三頁。
(40) 同上。
(41) 廣松前掲書、一八〇頁。
(42) 同上、一八一頁。

(43) 同上。
(44) 同上、一九〇頁、傍点原文。
(45) 同上、一九五頁。
(46) マルクス前掲書、一一一頁。王と臣下の比喩や価値形態論をもとにして王権について論じたものに以下の文献がある。価値形態論がたんなる数式の展開ではなく、豊かなアイデアの源泉である一証左として挙げておく。水林彪『国制と法の歴史理論――比較文明史の歴史像』（創文社、二〇一〇年）とりわけ第三章Ⅶ「商品・貨幣呪物と王カリスマ――『資本論』商品・貨幣呪物論の読解」を参照。同論文では、マルクスの商品・貨幣呪物論にヴェーバーのカリスマ論を接合させつつ、王臣関係における身体と身分という視角から価値形態論を読み替えている。価値形態が展開し、王のカリスマが完成するところまで論じたうえで、日本の古代天皇制へと素材を求めている。
(47) 今村仁司『排除の構造』（ちくま学芸文庫、一九九二年）、一二四頁。
(48) 廣松の価値形態論には社会的諸関係における「命懸けの飛躍」や〝一瞬の亀裂〟への視線が希薄であることは、以下でも指摘されている。それに対して、初期マルクスの疎外論における〈死〉の矛盾にこだわった論者として吉本隆明、後期マルクスの価値形態論・価値尺度論における「命懸けの飛躍」にこだわった論者として宇野弘蔵と柄谷行人が挙げられている。新田滋『恐慌と秩序――マルクス〈資本論〉と現代思想』（情況出版、二〇〇一年）、一九四頁。内田弘は、Ⅱ形態とⅢ形態が共軛的であるという廣松の説を批判している。内田によれば、価値形態論におけるⅡからⅢへの移行は、潜在的なもので、交換過程によって実現されるという。内田弘『『資本論』のシンメトリー』（社会評論社、二〇一五年）、五三―六三頁。
(49) 廣松前掲書、一九九―二〇〇頁。
(50) 同上、二〇一頁。
(51) 同上、三五四頁。
(52) 同上、二七七頁。
(53) マルクス前掲書、一三三頁。
(54) 同上、一三五頁。
(55) 同上、一三八頁。
(56) 廣松前掲書、三〇七頁。
(57) 廣松渉「存在の哲学と物象化的錯視――ハイデッガー批判への一視軸」『現代思想』（青土社、一九七三年一月）、一一九―一三四頁所収、一二五頁、傍点原文。

(58) 同上、一二九頁、傍点原文。
(59) 同上、一三〇頁、傍点原文。
(60) 同上、一三一頁。
(61) 同上、一三三頁、傍点原文。
(62) ハイデガー『存在と時間 II』(原佑・渡邊二郎訳、中央公論新社、二〇〇三年)、三〇七頁、傍点原文。
(63) 廣松は最晩年の著作『存在と意味 第二巻』で役割理論をより緻密に展開しており、そこで模倣的行動を扱った箇所でも「観念的扮技」というタームを用いている。廣松渉『存在と意味 第二巻』(岩波書店、一九九三年)、四二五頁。
(64) 廣松渉「存在の哲学と物象化的錯視」、一三二頁、傍点原文。
(65) 廣松渉『物象化論の構図』(岩波書店、一九八三年)、一三九頁。
(66) 降旗節雄・今村仁司・廣松渉「座談会『資本論の哲学』をめぐって」、二九〇頁。

第四章　廣松哲学はいかに言語的であるか——「認識論的主観に関する一論攷」の射程

(1) 『廣松渉著作集 第一巻』における野家啓一の解説、および『もの・こと・ことば』の熊野純彦による解説を参照。
(2) 『廣松渉著作集 第一六巻』(岩波書店、一九九六年)、九頁。
(3) 訳語は著作集所収の解説に倣った。
(4) G・ベイトソン『精神の生態学 改訂第二版』(佐藤良明訳、新思索社、二〇〇〇年)、二八八—三〇〇頁。
(5) 浅田彰『逃走論——スキゾ・キッズの冒険』(ちくま文庫、一九八六年)。
(6) 『廣松渉著作集 第一六巻』、一一頁。
(7) 廣松渉『資本論の哲学』(平凡社、二〇一〇年)、一九〇頁、傍点原文。
(8) 廣松渉『存在と意味 第一巻』(岩波書店、一九八二年)、二七四頁。
(9) 廣松渉「判断論の認識論的基礎構造」大森荘蔵・城塚登編『論理学のすすめ 学問のすすめ一九』(筑摩書房、一九七一年)、二一七頁。
(10) 廣松渉『世界の共同主観的存在構造』(講談社学術文庫、一九九一年)、二三三—二三四頁。
(11) 『廣松渉著作集 第一六巻』、二五頁。

(12) 廣松渉『世界の共同主観的存在構造』、八二頁。
(13)『廣松渉著作集 第一六巻』、四三頁。
(14) 同上、三五頁。
(15) 同上、四〇頁。
(16) 廣松渉「意味論研究覚書」『名古屋工業大学学報』一七号（名古屋工業大学、一九六六年四月）、一五七頁。
(17) 廣松渉『世界の共同主観的存在構造』、一二〇頁。
(18) 同上、一一四頁。
(19)『廣松渉著作集 第一六巻』、七七頁。
(20) 廣松渉『世界の共同主観的存在構造』、九一頁。
(21) 同上、九三頁。
(22) 西田幾多郎『善の研究』（岩波文庫、一九五〇年）、二八頁。
(23) 田辺元『種の論理　田辺元哲学選 I』（岩波文庫、二〇一〇年）、二〇〇頁。
(24) 廣松渉『存在と意味 第一巻』、二六三頁。
(25)『廣松渉著作集 第一六巻』、八三頁。
(26) 同上、八四頁、傍点原文。
(27) 廣松渉『世界の共同主観的存在構造』、三三三頁。
(28) 同上、三四五—三四六頁。
(29) 廣松渉・丸山圭三郎「《対談》記号・意味・物象——構造主義を超えて」『思想』七一八号（岩波書店、一九八四年四月）、一六八頁。
(30) 丸山圭三郎『文化のフェティシズム』（勁草書房、一九八四年）、一〇二頁。
(31) 同上、七一頁。
(32) 同上、七三—七四頁。
(33) 同上、一〇二頁。
(34) 廣松渉・丸山圭三郎「《対談》記号・意味・物象——構造主義を超えて」、一七二頁。
(35) 廣松渉・丸山圭三郎「《対談》文化のフェティシズムと物象化」『思想』七三〇号（岩波書店、一九八五年四月）、一一一頁。
(36) 丸山圭三郎『文化のフェティシズム』、一〇八頁。

(37) 廣松渉・丸山圭三郎「《対談》記号・意味・物象――構造主義を超えて」、一八五頁。
(38) 廣松渉・丸山圭三郎「《対談》文化のフェティシズムと物象化」、一六頁。
(39) 廣松渉・丸山圭三郎「《対談》記号・意味・物象――構造主義を超えて」、一八七頁。
(40) 『もの・こと・ことば』所収の論文では、フーコーの『知の考古学』とデリダの『グラマトロジーについて』が参照されている。
(41) 廣松・丸山前掲書、二〇七頁。

第五章　役割存在としての主体性論――『世界の共同主観的存在構造』と『役割存在論』

(1) 「人間存在の対他性について主題的な考察を試みた先蹤として、誰は措いてもまずサルトルに指を屈せねばなるまい。彼の主張は拳々服膺しうるには程遠いが、しかし、われわれは彼の所説を行論の手掛りとして、好便に援用することができる。読者の多くが既に気付いておられることと考えるが、われわれは前項においてもサルトルの議論との接点を可及的に保持すべく努めてきた。ここでは彼の『存在と無』第三部「対他存在」論の積極的な立言について、中枢的な思想を一瞥しつつ、後論への伏線を敷設するところから始めよう」。廣松渉『世界の共同主観的存在構造』(講談社学術文庫、一九九一年)、二二六頁。
(2) 同上、二三三―二三四頁。
(3) 『廣松渉著作集　第五巻』(岩波書店、一九九六年)、四〇三頁、において、「被視的存在」というのは狭義の「見られている存在」ではなく、むしろたんに見られているのは特殊例外的であると指摘している。
(4) 疑似発生論的との指摘もあるだろうが、廣松自身以下のように述べ、あくまでも役割行動の成立機制の考察を目的とする旨を断っている。「本稿は、素より、世界現相の周到な発生論的討究に立ち入るべくもないが、いわゆる物体的客体といわゆる人格的主体との分極に関わる近代哲学流の前提的既成観念そのものを相対化して取組むことが須要なかぎりで、必要最小限度の発生論的論議をも試み、役割行動なるものの成立機制を問題圏に組み入れる」。廣松渉『廣松渉著作集　第五巻』、七頁。また「私は、本来、構造論的な立言で自足する者ではなく、発生論的な考察、発生史的な討究が併せて必要であると考えております」との言もある。廣松渉「精神病理現象を私はこう見る」『哲学の越境――行為論の領野へ』(勁草書房、一九九二年)、二三一頁。
(5) プラグマティストとしてのミードの思想史的位置づけについては以下の文献を参照。ノーバート・ワイリー『自我の記号論』（船倉正憲訳、法政大学出版局、一九九九年）。ミードが初期ヘーゲルの承認論を社会心理学的に継承したとする論としては以下を参照。アクセル・ホネット『承認をめぐる闘争〔増補版〕——社会的コンフリクトの道徳的文法』（山本啓・直江清隆訳、法政大学出版局、二〇一四年）。

（6）「近代認識論の「主観‐客観」図式においては、次のことが当然の了解事項として含意されていると云える。そして、そこにこそ、われわれの観るところ、抜本的に再検討さるべき問題構成が孕まれている。（1）主観の「各私性」（Satz der jemeinigkeit od. Persönlichkeit）。主観は、いわゆる近代的〝自我の自覚〟と相即的に、究竟的には意識作用として、つねに各個人の人称的な意識、各自的な私の意識だと了解される。（或る種の学派では超人称的、超個人的な認識論的主観が立てられるとはいえ、その場合でも、「現実的諸個人」の意識は人称的であるとされる。）そして、一般には、近代的〝個我の人格的平等性〟と照応的に、この人格的意識主体として、認識主観は本源的に「同型的」isomorph であると見做される」。廣松渉『世界の共同主観的存在構造』、一九—二〇頁。

（7）廣松と同時代の経済学者西部邁は、新古典派経済学の個人主義を乗り越える契機を持つ概念として活動を位置づけた。そのうえで、社会的文脈と個人の活動を相即的にとらえたシカゴ学派の代表者としてG・H・ミードを挙げている。西部邁『ソシオ・エコノミックス——集団の経済行動』（中央公論社、一九七五年）、一八九頁。

（8）「思考は、そのなかで鳥や動物が相互に感情をかわしあうという意味でのコミュニケーションを含むだけでなく、個人自身のなかに、彼が他の個人のなかに呼び起こしている反応を生じさせること、他者の役割を取得すること、他の人が行動するように行動する傾向をも含むのである。人は、他の個人が遂行しているのと同じ過程に参加し、その参加との関わりにおいて自分の行動を統御する。思考は対象の意味、他の人のなかにあると同様に彼自身のなかにあり、逆に彼自身にたいする刺激となる共通の反応を構成する」。G・H・ミード『精神・自我・社会』（河村望訳、人間の科学社、一九九五年）、九六頁。

（9）同上、九八頁。

（10）「ゲシュタルト心理学は、個人の経験と、その経験が生じる条件を決定している世界とに共通な要因を、われわれに与えている。以前、人が刺激と、中枢神経系のなかに追跡されるものとを扱い、次に個人の経験と相関させたところで、いまでは、個人の経験と条件づけられた世界の両方のなかで認められるべき構造を、われわれはもつのである」。同上、五二頁。

（11）「人びとの意識実態（知覚的に現前する世界）は当人がどのような社会的交通の場のなかで自己形成をとげてきたかによって規定される。〔中略〕意識主体は、生まれつき同型的なのではなく、社会的交通、社会的協働を通じて、共同主観的になるのであり、かかる共同主観的なコギタームスの主体 I as We, We as I として自己形成をとげることにおいてはじめて、人は認識の主体となる」。廣松渉『世界の共同主観的存在構造』、三五頁。廣松は言語の持つ機能を① 叙示② 表出③ 喚起と分類し、さらにそれぞれを細かく分類・分析している点で、ミードの言語論を拡張しているといえるが、ここでは深くは立ち入らない。

(12) 廣松前掲書、一二八—一二九頁。

(13) ミード前掲書、一七八—一七九頁。

(14) 同上、一九〇—二〇二頁。

(15) 同上、二〇〇頁。

(16) 同上、二一九頁。

(17) 同上、二六五頁。

(18) 認識論を論じているところでは、以下のように述べている。「〝反省以前的な意識に現われるがままの世界〟〝いわば童心に映ずるがままの世界〟をフェノメナルな世界と呼び、それを形成している諸〝分肢〟をフェノメノンと呼ぶことにし、これを手掛りにして論考することにしたい。〝フェノメナル〟な世界は——決して灰色のスクリーンのごときものではなく——即自的に文節しており、そこには、反省的意識が、〝事物〟と呼ぶところのもの、いかにも手ごたえのありそうな、或るまとまった形姿の、色、香……のついたゲシュタルト的統体が〝空間的〟に文節して並存し、色、香、手ざわりといった〝性質〟はもとより、きれい、気味がわるい、うまい、といった〝性質〟も、主観的なものとか客観的なものとかいう区別立ての意識なしに、いわば外的に存立する。そこには、また、反省的意識が〝記号〟と呼ぶものや〝他者の意識〟と呼ぶところのもの、友だちの悲しみ、母親の喜び、汝の悪意、犬の怒り、といったものも〝直接的な与件〟として現前している」（廣松渉『世界の共同主観的存在構造』、四二頁）。引用文の後では、諸〝分肢〟を「対象的二要因」「主体的二重性」に分けて考察し、現象《フェノメノン》の四肢的存在構造を論じている。ここでの用語の使い分けが煩雑である。表情性現相という言葉を導入しているのは、発生論的な考察を行なうに当たって、未分化な諸性質を扱うためであろう。

(19) 『廣松渉著作集 第五巻』、一九頁。

(20) 同上、一四頁。

(21) 同上、二〇頁。

(22) 以上の概念説明に関しては、廣松渉『新哲学入門』（岩波新書、一九八八年）、一八—四四頁、廣松渉『哲学入門一歩前』（講談社現代新書、一九八八年）五八—七〇頁、などを参照。

(23) 『廣松渉著作集 第五巻』、四八頁。「表情感得・情動反応・協応行動の場面においては、個体は自閉的な系ではなく、単なる比喩ではなしに、概ね、皮膚的界面を越えた巨きな振動装置系の部位として組み込まれた共振的同調相にある。そして、この振動装置系は、それの閲歴する振動体験によって陶冶され、ヒステレシスを有す」。同上、六三頁をも参照。

(24) 同上、二五頁。
(25) 廣松渉『世界の共同主観的存在構造』、二〇四頁。
(26) 同様のことが以下の文献で示されている。木村敏『偶然性の精神病理』(岩波現代文庫、二〇〇〇年)、一六六頁。「ここまでは合奏音楽の演奏をモデルにしてきたが、別に音楽でなくても、集団で一つの行動を行うような場面(たとえばラグビーやサッカーなど)ならいずれもモデルになりうる。そういった場面で、個別的自我の存在意識や自他の区別の意識が集団全体の「一体感」の背後に退いて、全員の行動がだれのものでもない(匿名の)「統一する動き」によって抗いがたく支配を受けるということは、われわれのだれもが認めている経験的事実だろう」。
(27) 「「他者」の興発的価値性の現前に呼応して発動される行動を、それが当事的他者ないし環視的第三者によって「期待」されている様式的行動と(少なくともフュア・ウンスに)認めうる場合、私としては、それを当事他者に対向する「役割演技」という概念に包摂したいと思います。〈他者によって期待されている行動の——触発的に現前する当事他者に対向しての——呼応的遂行〉、この間主体的に共軛的な関係性における実践を「役割行動」と呼ぶことにしたいのであります。このさい、私としては、ステイタスやポジションを前提にしてロールを云々する一部社会学者たちとは異なり、私に言わせれば、「地位」や「部署」というものは、役割行動の機能的編制態が物象化され、一種の〝制度化〟をこうむることによって成立するものにすぎません」。『廣松渉著作集 第五巻』、一三九頁。
(28) 『講座現代の心理学 第五巻』(小学館、一九八二年)、一八六頁、における久保田正人の実験心理学的な所見。
「生後六ヶ月三週の次男が、自分が舐めたのと同じあのレモンを他人が舐めるのを見て、自分が舐めたさいと同じ反応をした」という例。
(29) この例でいうと、象徴的記号とは、レモンという詞や、その個体がすっぱいものであるということを指す。象徴的記号からではなく、レモンを舐めているという行動をゲシュタルト的にのみ認識しているということ。
(30) タルドによる模倣の定義は以下を参照。「〔模倣という語の意味とは〕ある精神から別の精神にたいする距離を隔てた作用という意味と、ある脳内におけるネガを別の脳内における感光銀板によって写真のように複製する作用という意味である。かりに、あるときカメラの銀板がカメラ内で起こっている現象を意識したところで、その現象の性質が根本的に変わることはないだろう——私が模倣と呼ぶのは、それが意図されたものであるかないか、あるいは受動的なものであるか能動的なものであるかにかかわらず、精神間で生じる写真撮影のことである」。ガブリエル・タルド『模倣の法則』(池田祥英・村澤真保呂訳、河出書房新社、二〇〇七年)、一二頁。
(31) ミード前掲書、六九—八〇頁。

(32) 同上、八六頁。
(33)『廣松渉著作集 五巻』、九六頁。
(34) 廣松は催眠現象を三つに分類し、とりわけ、自発的行為であるかのように当人が思っていても、実際には憑依状態にあるという（c）を重要視している。「（a）被験者が憑依的状態（顕在的意識を消失している状態）に陥っている情況において、術師の命令通りに被験者が行動するケース（b）被験者が顕在的意識性を残しており、術師の命令に意識的に反抗（つまり、命ぜられたのとは別様の行動をしようと投企的に決意）するのだが、現実には命ぜられた行動を体現してしまうケース（c）被験者が憑依状態に陥っている時に、術師が（例えば、時計が三時を打ったら窓を開けよというような）将来的行動を命じておいていたという記憶的意識は無く、当人としては自発的な投企的意志行為の心算でいるケース（その行動の理由を訊かれると、例えば、「空気が濁ってきたようだから窓を開けたのだ」と答える）」。廣松前掲書、二九一頁。
(35) 同上、九六頁。
(36) この慣習的行動による身体図式の確立をハビトゥスとして同定したのが、ピエール・ブルデュー（一九三〇―二〇〇二）である。ブルデューは、次のように、歴史的に再生産される概念としてハビトゥスを位置づけている。「身体化され、自然となり、そこからして、そのものとしては忘却された歴史であるハビトゥスは、自らがその生産物をなす全過去の作用しつつある現前である」。ピエール・ブルデュ『実践感覚 I』（今村仁司・港道隆訳、みすず書房、一九八八年）、八九頁。
(37)「他人の身体的行動をVorbild〔お手本〕としながら、そして、しかも、他人の身体的行動のディスポジショナルな推移相の予期的知覚を泛かべながら、自分の身体的行動をそれと即応的に同型化させる模倣的調整行為は、イナイイナイバーのごとき低位の階梯から、多階的に多様な発達を遂げる」。廣松前掲書、一〇三頁。
(38) 同上、一〇五頁。
(39) 同上、一一六頁。
(40) 同上、一四八頁、傍点原文。
(41)（イ）予期的表象像、（ロ）待望的督促感、（ハ）指向的傾動勢、同上、一四九頁。
(42) 同上、二六四頁。
(43) 同上、一九九―二〇〇頁。
(44)「サンクショナーたる他者が〝内面化〟されて、行為者本人が自己分裂的自己統一の相で自己の所業的行為に対して賞罰的に関わるようになる」。同上、一九六頁。「役割行動にあっては、他者に帰属する予期的表象像として、自己の行為のある形態が覚識されるのだが、その予期的に先取された行為の形態は、単に予期されているだけではなく、同時に、この情況にあって適合的＝妥当的であることの、規範的意味を帯びた覚識が必要である。その際、十分に多様な（複雑な）行為群が（ある特定の）役割行動として形式性を与えられるためには、行為遂行者に役割行動を期待する他者が、それに相応した抽象性をもった「第三者」的な存在（第三者の審級）でなくてはならない」。大澤真幸『身体の比較社会学 I』（勁草書房、一九九〇年）、一〇〇頁。

もちろん、ここで取り上げた廣松と大澤の指す抽象的他者は同一ではない。廣松は『廣松渉著作集 第五巻』において、「環視的第三者」としてより広義に用いており、大澤は「第三者の審級」の抽象度を分けて論じている。大澤の「第三者の審級」理論とは、個々の身体が相互に及ぼす求心化－遠心化作用によって間身体的な連鎖反応が生じ、それがある種の超越的な規範を仮構するという理論である。廣松は自己と他者の役割行動によって社会的権力が形成される機制を論じてはいるが、超越的な第三者に回収されない主体性の在り方を模索していたというのが本論の立場である。

(45) ミード前掲書、二〇〇頁。
(46) 同上、二〇六頁。
(47) 「われわれのすべてがもっている態度の組織化、すなわち、われわれの行為を統御し、決定するところの他者の組織化された態度に他ならない」（同上、二六〇頁）、とある。しかしやはり、個人の行為を統御するという点について具体的には述べていない。
(48) 直接的にというのは、自分に対する具体的他者からの叱責や非難など。間接的にというのは、自分以外の人々が叱責非難されているのを知って、ということである。
(49) 「地位」「規矩」「機構」は、協働連関態の「分劃的役柄の物象化的映現」「慣習的規道の物象化的映現」「全体的編制の物象化映現」にほかならない」。『廣松渉著作集 第五巻』、二六一頁。
(50) 廣松渉『世界の共同主観的存在構造』、七四頁。
(51) ミード前掲書、二四七頁。
(52) 『廣松渉著作集 第五巻』、四〇〇頁。
(53) 同上、四〇〇頁。
(54) これは個人の人格的実体論を批判するためのモデルであり、廣松自身は「社会」や「国家」を実体とみなす、大有機体主義はとっていない。同上、三八九頁。
(55) ミードの「主我－客我」と「経験的自我－先験的自我」との関係について補足しておこう。廣松は、ミードの「カントにおける先験的自我」理解はともあれ、ミードは意識にのぼるmeの「背後」にインプリシットに存在しつつ、能動的に応答する精神的エージェントとしての「主我Ⅰ」を考えているものとして、論を進めている。「因みに、ミードの「主我」Ⅰの概念は多義的解釈の余地をもっているにしても、彼は、一九一二年のThe Mechanism of Social Consciousnessのなかで次のように述べている。「〝Ⅰ〟は意識の中に対象としては決して存在しえないが、しかし、まさにわれわれの内的経験の対話的性格は、身振りやシンボルに応答する、背後なる〝Ⅰ〟を含意している。〝Ⅰ〟とはカントにおける先験的自我である。……社会的な応接の場における自我は〝me〟なのであるが、このmeはそれ自身の視界の外部に〝Ⅰ〟を含意しつづける反応の過程を伴っている。」云々」。同上、三八三―三八四頁。

(56) 同上、三八五頁。
(57) 廣松渉『世界の共同主観的存在構造』、二八八頁。
(58) 同上、二九三頁、に詳述されているが、心因が原因とされる身体現象も、心理状態と生理状態が中枢神経において接合しており、その時間的な先行性は決定できない。
(59) 「現実に存在する人間、有体の諸個人は、一定の自然的・社会的・歴史的な諸関係のもとで――この関係たるや、彼自身が創ったのではなく、また、彼が選んだものですらない――対象的活動を営んでいる」(『廣松渉著作集 第一〇巻』岩波書店、一九九六年、三四頁)。ここにおいても所与の条件の偶然性について述べていると思われる。
(60) 同上、一五五頁。
(61) 同上、一八二―一八三頁。

第六章　役割理論からマルクス主義国家論へ

(1) 『廣松渉著作集 第五巻』(岩波書店、一九九六年)、四六一―四六二頁。
(2) 廣松が同論文を発表した背景については本書第二章を参照。
(3) 廣松渉「人間主義 対 科学主義の地平を超えるもの――世界・内・存在と歴史・内・存在」『現代の理論』五四号(現代の理論社、一九六八年七月)、四八頁。
(4) 森末伸行『法フェティシズムの陥穽――「法哲学としての社会哲学へ」』(昭和堂、一九九三年)、一六〇頁。
(5) 星野智『現代権力論の構図』(情況出版、二〇〇〇年)、二七一頁。廣松の役割理論とG・H・ミードの自我論の比較については第五章を参照。

（6）熊野純彦『戦後思想の一断面――哲学者廣松渉の軌跡』（ナカニシヤ出版、二〇〇四年）、一八〇頁。
（7）廣松渉・山崎賞選考委員会『現代哲学の最前線』（河出書房新社、一九七五年）、六六―六七頁。
（8）日本のマルクス研究が一九六〇年代後半から一九七〇年代にかけてひとつの到達点を迎えたことが以下で指摘されている。太田仁樹『論戦 マルクス主義理論史研究』（御茶の水書房、二〇一六年）、一四四頁。廣松の国家論研究も、マルクス研究が活況を呈していた時期に発表されていたことは念頭に置く必要がある。
（9）津田道夫・廣松渉・竹内芳郎「鼎談 近代政治思想とマルクスの国家観」『国家論研究』六号（論創社、一九七五年六月）、八八―八九頁。
（10）なお、ここでの叙述は廣松の役割理論と国家論に限定する。レギュラシオン理論に依拠し、近年までの国家論の展開を緻密に辿ったものとして以下を参照。若森章孝『新自由主義・国家・フレキシキュリティの最前線――グローバル化時代の政治経済学』（晃洋書房、二〇一三）。同書は、本論でも扱うマルクスの国家論をも射程に入れ、さらに「均衡状態としての国家」という国家論の再定義に留目している。とりわけ第一章、第四章を参照。廣松国家論が国家を消失させることに傾いているのに対して、若森は国家が肯定的な役割を担うものとして位置づけている。両者の差異は、一九七〇年代以降、廣松が国家論研究から役割理論へと旋回していったことと無縁ではないと思われる。
（11）廣松渉「唯物史観における国家の問題――マルクス主義における人間・社会・国家 Ⅳ」『情況』通巻二九号（情況出版、一九七一年二月）、一二八頁。
（12）同上、一二九―一三〇頁。
（13）同上、一五一頁。
（14）マルクスとエンゲルスがヘーゲルの哲学を思想形成の出発点としていたことはのちに触れる。ヘーゲルがスミスの流れを汲んでいることは次の記述などを参照。『法の哲学』へのスミスの影響そのものに関しては、疑問の余地はない。ヘーゲルは「市民社会」を「欲求の体系」と特徴づけた後で、自らスミスに言及しているからである」。植村邦彦『市民社会とは何か――基本概念の系譜』（平凡社新書、二〇一〇年）、一〇七頁。
（15）廣松渉『唯物史観の原像』（三一新書、一九七一年）、一四〇頁。
（16）廣松渉「マルクス主義における人間・社会・国家 Ⅱ」『情況』通巻一四号（情況出版、一九六九年九・一〇月）、三八頁。
（17）柴田高好『マルクス政治学原論』（論創社、二〇一二年）、四三頁。
（18）津田道夫・廣松渉・竹内芳郎「鼎談 近代政治思想とマルクスの国家観」『国家論研究』六号、九〇頁。
（19）資本の原蓄の法的表現である「木材窃盗取締法」は、マルクスが生涯ではじめて当面した経済問題であるという。山中隆次『初期マルクスの思想形成』(新評論、一九七二年)、七〇頁。

(20) 城塚登『若きマルクスの思想』(勁草書房、一九七〇年)、六七―八五頁。

(21) ヘーゲル『法の哲学 II』(藤野渉・赤沢正敏訳、中央公論新社、二〇〇一年)、一〇三頁。引用箇所は、廣松からの重引。

(22) 廣松渉「マルクス主義における人間・社会・国家 II」『情況』通巻一四号、四二頁。

(23) 同上、四九―五〇頁。

(24) ここで廣松はエンゲルスの『カーライル論』(正式名『イギリスの状態――トマス・カーライル著〝過去と現在〟ロンドン、一八四三年)およびその続稿である『イギリスの状態、十八世紀』『イギリスの状態、イギリスの憲法』に注目している。そこに「国家としての国家の死滅」の思想がはやくも現われていることを指摘し、当時のエンゲルスがヘーゲル法哲学をつぶさに知らなかったため「市民社会から国家へ」という図式を免れることができたという。一九六八年時点ですでに廣松がエンゲルスの「国家の死滅」という主張に注目している点は、のちの廣松の思想展開を追ううえで留目されるべきだろう。「エンゲルスは、このような事情をも射程に収めて「国家の廃棄」を主張するのであって、単純な無政府主義と解してはならない。彼が「国家の廃棄」「人類の自由なる自己結合」を主張するとき、なるほど、人間の本質に関するフォイエルバッハ的なオプティミズムが背景をなしているとしても、来るべき社会革命は、――法としての法、政治としての政治、国家としての国家を必要とせぬ諸条件をつくり出すこと――法律・政治・国家を必要としてきた歴史的・社会的諸条件を止揚するということ、彼がこの認識にもとづいていることを諒としなければならない」。廣松渉『エンゲルス論――その思想形成過程』(盛田書店、一九六八年)、一七八頁。

(25) マルクスの『資本論』とヘーゲルの『法の哲学』とが構造的に同型になっていることについて、同時代のマルクス研究者との対談のなかで廣松は次のように指摘している。「これはローベルト・ハイスという人が盛んに強調している点の一つですけれども、『資本論』の蓄積のところと、ヘーゲル『法の哲学』の市民社会の後半部のところは、構造的に同じみたいになっている。ヘーゲルの場合、市民社会の矛盾をコルポラチオンで解決しようとしてもどうにもならないということで、近代的植民まで議論をもっていく。貧富の二極分解と絶対的窮乏化の議論、これもそっくりな面がありますでしょう」。城塚登・水田洋・杉原四郎・山之内靖・廣松渉『社会思想史上のマルクス』(情況出版、一九九三年)、一二四頁。また、植村邦彦はヘーゲルが解決できなかった問いをマルクスが明らかにしたとしている。「こうして、スミスの「文明的商業社会」やヘーゲルの「市民社会」では解明できなかった経済構造が、マルクスの「資本主義社会」においてようやく明らかになる。なぜ、「過度に巨大な富の少数者の手中への集中」と「労働貧民」とが同時に出現するのか、というスミスやヘーゲルが問わなかった問いが「市民社会の解剖学」として問われ、資本主義的生産様式の下での不平等と搾取の拡大再生産の構造、という答えを引き出したのである」。植村前掲書、一五一―一五二頁。

(26) 廣松渉「ヘーゲルの社会思想と初期マルクス――類と個の問題に即して」『構造』通巻九二号(経済構造社、一九七〇年八月)、八一頁。

(27) 唯物史観においてもエンゲルスが主導したという立場を廣松は取る。しかし、それに対して柴田高好はエンゲルスの主導説は認めるが、エンゲルス的唯物史観そのものではないと批判的である。柴田前掲書、二一四―二一五頁。

(28) 廣松渉「マルクス主義における人間・社会・国家 Ⅲ」『情況』通巻二六号(情況出版、一九七〇年一一月)、六頁。

(29) 同上、七頁。

(30) 同上。

(31) 同上。

(32) 廣松渉「歴史的世界の協働的存在構造」『思想』五五四号(岩波書店、一九七〇年八月)、二五頁。

(33) 同上、二八頁。

(34) 廣松渉・山崎賞選考委員会『現代哲学の最前線』、一九二頁。

(35) 廣松渉『存在と意味 第二巻』(岩波書店、一九九三年)、三八二頁。

(36) 同上、三四一頁。廣松は言語ゲーム・モデルについては終始批判的である。「言語ゲーム・モデルでの社会関係理論・社会構造理論が平面的・単層的になること、それで以ては階級闘争とか、階級的支配構造とか、こういった次元の把握がモデルそのものの構制からして実際上無理であること、このことは厳しく指摘せざるをえません」。廣松渉「構造変動論の論域と射程 構造の形成・維持・推転の機制 連載Ⅰ」『エピステーメー』Ⅱ-二号(朝日出版社、一九八五年)、二九一頁。

(37) 廣松渉「ヘーゲルの社会思想と初期マルクス――類と個の問題に即して」『構造』通巻九二号、七八頁。

(38) 廣松が挙げている箇所としては、以下を参照。城塚登・水田洋・杉原四郎・山之内靖・廣松渉『社会思想史上のマルクス』、一九〇頁。

(39) エンゲルス「権威について」『マルクス゠エンゲルス全集 一八巻』(高橋勝之訳、大月書店、一九六七年)、三〇二―三〇五頁。

(40) 「マニュファクチュア的分業は、資本家のものである全体機構のただの手足でしかない人々にたいして資本家のもつ無条件的な権威を前提する。社会的分業は独立の商品生産者たちを互いに対立させ、彼らは、競争という権威のほかには、すなわち彼らの相互の利害関係の圧迫が彼らに加える強制のほかには、すなわち彼らの相互の利害関係の圧迫が彼らに加える強制のほかには、どんな権威も認めないのであって、それは、ちょうど動物界でも万人にたいする万人の戦いがすべての種の生存条件を多かれ少なかれ維持しているのと同様である」。マルクス『資本論』第二分冊（岡崎次郎訳、大月書店、一九七二年）、二二一―二二二頁。
(41) 廣松渉「国家体制‐市民社会論――問題論的構制の再構築のために」『大阪市大新聞』一九七二年一一月一〇日付。
(42) 廣松渉『唯物史観と国家論』（論創社、一九八二年）、二二四頁。
(43) 同上、二二五頁。
(44) 廣松渉『存在と意味　第二巻』（岩波書店、一九九三年）、三八六頁。
(45) 廣松渉『唯物史観と国家論』、二二六頁。なお、廣松渉・津田道夫・柴田高好「マルクス国家論の根本問題」『国家論研究』一九号（論創社、一九八〇年三月）で討議をともにした柴田高好は、近年の著作で廣松の国家論を批判している。主な批判点としては、廣松は市民社会と国家が実体的に分離したものであるとする見方はブルジョア・イデオロギーであると批判するが、それには根拠があるのかという点。また、廣松は市民社会について概念規定をほとんど行なっていないという点。廣松は社会的権力（Soziale Macht）を最重要視するが、柴田の立場からは権力とはつねに政治権力であり、社会的権力とは社会の場における政治権力であるという点。Soziale Macht を「社会的 Macht」「社会的威力」「社会的力」と訳しており、訳語が統一されていないのは自信のなさのあらわれではないかという点などである。柴田前掲書、二〇二―二四〇頁。
(46) 廣松渉『唯物史観と国家論』、二二八頁。
(47) 廣松渉「構造変動論の論域と射程　構造の形成・維持・推転の機制　連載Ⅰ」『エピステーメー』Ⅱ‐二号、二六〇頁。
(48) 同上、二九三頁。
(49) 本稿の議論からは外れるが、「理性の現実政治のために」『現代思想』一八巻三号（青土社、一九九〇年三月）において、廣松渉、今村仁司と鼎談を行なったフランスの社会学者ピエール・ブルデューとの比較も注目されてよい。アルチュセールのイデオロギー論を媒介とさせた影響関係については以下を参照。「アルチュセールが「イデオロギー的主体の形成」を「国家装置」論でやったことを、フーコーは「訓練装置」の具体的な歴史記述によって、ブルデューは身体的ハビトゥスの場面への「信念」の刷り込み（これがブルデュー的な「主体の形成」論である）を微細に記述することによって、それぞれに固有の仕方で豊かに展開していった」。今村仁司『アルチュセールの思想――歴史と認識』（講談社学術文庫、一九九三年）、四六頁。
(50) M・フーコー『監獄の誕生――監視と処罰』（田村叔訳、新潮社、一九七七年）、三〇頁。
(51) 同上、一四三頁。
(52) アルチュセールの日本への紹介者である今村仁司は、上部構造と下部構造を原因と結果という機械論的な因果関係でむすびつける表出因果論を否定する点において、アルチュセールとベンヤミンには思想的親近性があることを述べている。今村仁司『アルチュセール全哲学』（講談社学術文庫、二〇〇七年）、二九八―三〇一頁。またポール・リクールは、アルチュセールの重層的決定の概念は、こうした上部構造と下部構造の区別を放棄しなければならないことを含意しているという。ポール・リクール、ジョージ・H・テイラー編『イデオロギーとユートピア――社会的想像力をめぐる講義』（川崎惣一訳、新曜社、二〇一一年）、二四六頁。

(53) 廣松渉『存在と意味　第二巻』、三八四頁。

(54) 柄谷行人は『世界史の構造』（岩波書店、二〇一〇年）において、「生産様式」＝経済的下部構造という見方を放棄し、交換様式からみるべきだと主張している。同書の近代国家について論じた章では、二〇世紀に国家のケインズ主義的な経済介入、社会福祉、労働政策、教育政策をとるようになったことが注目されるが、国家が福祉政策をとることは、現代国家にかぎることではないと述べている。国家を暴力装置として見る一般的なマルクス主義に対して、アントニオ・グラムシが否定的な見方を提起し、その延長上に、規律訓練によって権力を内面化した個々の主体が育まれることを主張したミシェル・フーコーがいることを柄谷は述べている。しかし柄谷によれば、こうした見方は国家権力をブルジョアの階級支配のための暴力装置としてみる古いマルクス主義者には有効だが、国家を内部だけでみているという点では両者は同じであるという。柄谷は国家の対他的な側面を重視し、くり返し強調する。「国家の自立性は、それが他の国家に対して存在するという位相においてのみ見出されるのである」。柄谷行人『世界史の構造』、二五九頁、傍点引用者。

(55) 廣松渉『存在と意味　第二巻』、三八三頁。

(56) 同上、三八四頁。

(57) ルイ・アルチュセール『再生産について――イデオロギーと国家のイデオロギー諸装置』（上）（西川長夫・伊吹浩一・大中一彌・今野晃・山家歩訳、平凡社、二〇一〇年）、一六八―一七八頁。

(58) 同上、二七七頁、傍点原文。

(59) 同上、二七九―二八〇頁。

(60) 佐藤嘉幸『権力と抵抗――フーコー・ドゥルーズ・デリダ・アルチュセール』（人文書院、二〇〇八年）、二三四頁。

(61) ルイ・アルチュセール前掲書、一九八頁。

(62) 廣松渉『唯物史観の原像』、一五一―一五二頁。

(63) 廣松渉「国家体制－市民社会論――問題論的構制の再構築のために」『大阪市大新聞』一九七二年一一月一〇日付。

(64) 同上。

第七章　廣松渉の「近代の超克」論

（1）本稿と直接関係はないが、廣松は、父親の転勤のため終戦前の一九三八年から一九四二年のあいだ、家族で朝鮮に移っている。廣松渉著・小林敏明編『哲学者廣松渉の告白的回想録』（河出書房新社、二〇〇六年）、一一―三一頁。また小林昌人作成の年譜では、一九四〇―一九四二年にいわゆる日帝（日本帝国主義）支配下にあった朝鮮の黄海道海州市郊外に転居したとされている。『廣松渉著作集 第一五巻』（岩波書店、一九九六年）、二一頁。この点に関し熊野純彦は、次のように述べている。「ひとの身の上におもいを馳せることは、やがては虚しい詮索におわらざるをえないだろうが、もしかすると、とおもうことがある。戦前、大陸や半島での生活を経たひとびとのいくらかがそうであるように、廣松は結局、この国に故郷をもつことがなかったのではないだろうか。それがとくに幼い日々の記憶にまつわるものであるならば、あまりに目まぐるしく変転する周囲の風景にとまどって、そのどれかひとつをじぶんの故郷とおもいさだめることは、かえって意志的な選択にぞくすることがらとなるのではないか」。熊野純彦『戦後思想の一断面――哲学者廣松渉の軌跡』（ナカニシヤ出版、二〇〇四年）、一六頁。

（2）朝日新聞夕刊、一九九四年三月一六日。見出しとして、「東北アジアが歴史の主役に」「欧米中心の世界観は崩壊へ」「日中を軸に「東亜」の新体制を」がある。

（3）星野智「「東亜の新体制」と東アジア共同体――廣松渉の東北アジア論」『情況』（情況出版、二〇〇四年八・九月合併号）、四四―五五頁。

（4）山本耕一「二つの《近代の超克》論――廣松渉と京都学派」『情況』（情況出版、二〇〇四年八・九月合併号）、六四―六六頁。

（5）「近代の超克」については以下の研究の蓄積がある。藤田正勝編『京都学派の哲学』二〇〇一年、昭和堂、大橋良介編『京都学派の思想――種々の像と思想のポテンシャル』二〇〇四年、人文書院、孫歌『竹内好という問い』二〇〇五年、岩波書店、植村和秀『「日本」への問いをめぐる闘争――京都学派と原理日本社』二〇〇七年、柏書房、小林敏明『再発見 日本の哲学 廣松渉――近代の超克』二〇〇七年、講談社、ハリー・ハルトゥーニアン『近代による超克――戦間期日本の歴史・文化・共同体（上・下）』梅森直之訳、二〇〇七年、岩波書店、子安宣邦『「近代の超克」とは何か』二〇〇八年、青土社、酒井直樹・磯前順一編『「近代の超克」と京都学派――近代性・帝国・普遍性』二〇一〇年、以文社、菅原潤『「近代の超克」再考』二〇一一年、晃洋書房、鈴木貞美『「近代の超克」――その戦前・戦中・戦後』二〇一五年、作品社。鈴木著は、近代の超克という視角から京都学派以前に遡って日本の思想潮流を扱い、第六章で廣松の「近代の超克」を廣松哲学を踏まえて検討している。しかし、「東北アジア論」に対する分析はしていない。廣松のマルクス主義的唯物論において欠けている視点として、昭和戦前期に戸坂潤が提唱していた技術論が挙げられている。

京都学派の「世界史の哲学」と、戦後のポストモダン的言説に適合的なマルチカルチュラリズムとが同型的であり、普遍主義を標榜する者が、特殊な文化や民族を優越的に擁護するという「反転」の機制に関しては、大澤真幸『戦後の思想空間』（ちくま新書、一九九八年）を参照。

（6）米谷匡史「戦時期日本の社会思想——現代化と戦時変革」『思想』八八二号（岩波書店、一九九七年）、六九—一二〇頁。

（7）花澤秀文『高山岩男——京都学派哲学の基礎的研究』（人文書院、一九九九年）、一三〇—一三一頁。

（8）筒井清忠『近衛文磨——教養主義的ポピュリストの悲劇』（岩波現代文庫、二〇〇九年）、一四七—一八三頁参照。

（9）昭和研究会『新日本の思想原理』昭和研究会、一九三九年、五—一〇頁。

（10）同上、一五頁。

（11）同上、二八頁。

（12）同冊子の目次構成は以下を参照。三木清「東亜思想の根拠」、清水幾多郎「東洋人の運命」、大串兎代夫「東亜の事態と新しき政治理念」、石原純「新東亜建設と科学政策」、三木清「日支を結ぶ思想」、鹿島守之助「新東亜建設と第三国」、船山信一「新東亜に於ける日本民族の使命」、長谷川如是閑「東洋民族と日本文明」、杉森孝次郎「新東亜建設と文化問題」、蠟山政道「事変処理と大陸経営の要諦」、谷川徹三「世界的日本人への道」、谷川徹三「古い日本と新しい日本」、山崎靖純「東亜協同経済の方向」、中島重「東亜協同体と基督教」、加田哲二「我が大陸政策と大陸的自覚」、蠟山政道「東亜協同体の理論」、高山岩男「日本文化の発展に就いて」、谷口吉彦「新東亜建設の経済的観点」、清水泰次「東洋文化の将来」、大澤章「東亜協同体の理念と国際法」、田村徳治「協和戦争の確信とその根拠」、原勝「東亜協同体と太平洋戦争」。

（13）竹内好「近代の超克」、河上徹太郎・竹内好著者代表『近代の超克』（冨山房百科文庫、一九七九年）二七三—三四一頁所収、二七六頁。

（14）同上、三一四頁。

（15）鈴木成高「「近代の超克」覚書」『文學界』九巻一〇号、文藝春秋、一九四二年一〇月、四二頁。鈴木のこの論は、『文學界』一九四二年一〇月特集号に掲載されたが、単行本には収録されなかった。

（16）廣松渉『〈近代の超克〉論——昭和思想史への一視角』（講談社学術文庫、一九八九年）、二三—二四頁。同書の初版は、『〈近代の超克〉論——昭和思想史への一断想』（朝日出版社、一九八〇年）として出版された。本書での引用は、講談社学術文庫版によった。

(17) 孫歌『竹内好という問い』(岩波書店、二〇〇五年)、二六四頁。
(18) 廣松前掲書、五三―五七頁。
(19) 高山岩男『世界史の哲学』(岩波書店、一九四二年)、一頁。
(20) 同上、六頁。
(21) 廣松渉『〈近代の超克〉論――昭和思想史への一視角』、七九頁。
(22) 高坂正顕・西谷啓治・高山岩男・鈴木成高「総力戦の哲学」『世界史的立場と日本』(中央公論社、一九四三年)二六五―四四三頁所収、三五三―三五五頁。
(23) 高山前掲書、一〇三頁。
(24) 同上、一〇一頁。
(25) 同上、一〇三頁。
(26) 高山岩男『文化類型学・呼応の原理』(燈影舎、二〇〇一年)、二八三頁、傍点原文。
(27) 高山『世界史の哲学』、一四五頁。
(28) 同上、一五二頁。
(29) 同上、一五二頁。
(30) 高坂正顕・西谷啓治・高山岩男・鈴木成高「世界史的立場と日本」『世界史的立場と日本』(中央公論社、一九四三年)一―一三一頁所収、一〇一―一〇五頁。
(31) 高坂正顕・西谷啓治・高山岩男・鈴木成高「総力戦の哲学」『世界史的立場と日本』、三八四―三八五頁。
(32) 同上、三八六頁。
(33) 高山『世界史の哲学』、四六四頁。
(34) 山之内靖は、総動員体制のなかで青年期を過ごした日本市民社会派とフランクフルト学派、さらに「近代の超克」座談会参加者の知的な親縁性を指摘し、たんにヨーロッパを批判することが近代の超克なのではなく、ヨーロッパと日本は同時代性を持つと主張している。なかでも京都学派の自然科学史家下村寅太郎に着目し、「下村における近代の超克は、過去の伝統への懐古的回帰によってではなく、いわば超近代という未来学的方向への脱出として思い描かれていたといえよう」と述べている。山之内靖『システム社会の現代的位相』(岩波書店、一九九六年)、一〇一―一〇二頁。
(35) 高山『世界史の哲学』、四五〇―四五一頁。
(36) 同上、四五五頁。

(37) 同上、一一五頁。
(38) 同上、一一四―一一五頁。
(39) 廣松が三木を精読していたことについては以下を参照。内田弘『三木清――個性者の構想力』(御茶の水書房、二〇〇四年)、一二一―一四頁。
(40) 米谷匡史「三木清の「世界史の哲学」――日中戦争と「世界」」『批評空間』第II期一九号(太田出版、一九九八年)、五三頁。
(41) 「新日本の思想原理 続編――協同主義の哲学的基礎」『三木清全集 第一七巻』(岩波書店、一九六八年)、五七二―五七三頁。
(42) 廣松『〈近代の超克〉論――昭和思想史への一視角』、一四六頁。
(43) 大澤聡「複製装置としての「東亜協同体」論」『一九三〇年代のアジア社会論――「東亜協同体」論を中心とする言説空間の諸相』(社会評論社、二〇一〇年)、一六九―二一一頁所収、一九二―一九三頁。
(44) 「日本の現実」『三木清全集 第一三巻』(岩波書店、一九六七年)、四三九―四四〇頁。
(45) 同上、四四二頁。
(46) 平野敬和「蠟山政道と戦時変革の思想」『一九三〇年代のアジア社会論――「東亜協同体」論を中心とする言説空間の諸相』(社会評論社、二〇一〇年)、七一―九二頁所収、八二頁。
(47) 子安宣邦『「近代の超克」とは何か』(青土社、二〇〇八年)、一〇四―一〇五頁。
(48) 「日支を結ぶ思想」『三木清全集 一四巻』(岩波書店、一九六七年)、一八五頁。
(49) 同上、一八七頁。
(50) 同上、一八六頁。
(51) 同上、一八九頁。
(52) 「東亜思想の根拠」『三木清全集 一五巻』岩波書店、三一五頁。
(53) 内田弘「三木清の東亜協同体論」『専修大学社会科学研究所月報』五〇八号、二〇〇五年、一八頁。
(54) 「技術哲学」『三木清全集 第七巻』岩波書店、二六九―二七〇頁。三木哲学において技術が枢要な位置を占めていることについては以下を参照。秋富克哉「技術思想――西田幾多郎と三木清」『京都学派の思想――種々の像と思想のポテンシャル』(人文書院、二〇〇四年)、一五八―一七六頁所収、一七〇頁。
(55) 廣松渉「付論二 全体主義的イデオロギーの陥穽」『マルクス主義の理路』(勁草書房、一九七四年)、二八三頁、傍点原文。

(56) 久野収・廣松渉「三木清と戸坂潤」『現代の眼』一三巻一号（現代評論社、一九七二年一月）九九―一〇三頁。
(57) 廣松渉「付論二　全体主義的イデオロギーの陥穽」『マルクス主義の理路』、二八七頁。
(58) 廣松渉『存在と意味　第一巻』（岩波書店、一九八二年）、四四四―四四六頁。
(59) 同上、四四六―四四七頁。
(60) 同上、四〇九―四一〇頁。
(61) ハイデガーの用語 Entwurf を意識して用いているのは間違いないが、廣松自身「企投」と「投企」を混在して用いている。概念としては同等に使用されているので、「企投」として表記する。
(62) 廣松渉『存在と意味　第二巻』（岩波書店、一九九三年）、二三六頁。
(63) 同上、三一八頁。
(64) 同上、三七八頁。
(65) 同上、四八三頁。

第八章　生態史観と唯物史観――廣松渉の歴史観

(1) 廣松渉『生態史観と唯物史観』（ユニテ、一九八六年）、三一九頁。
(2) 廣松自身は、アジア的専制国家は決して人間生態系上の最終的極相ではないと述べている。廣松前掲書、一八九頁。「アジア的生産様式論争」において中心人物であったウィットフォーゲルの論争をめぐる動向については以下を参照。湯浅赳男『「東洋的専制主義」論の今日性』（新評論、二〇〇七年）、一五二―一六二頁。また、「アジア的生産様式理論」に関しては、ウィットフォーゲル自身の著作を参照。カール・A・ウィットフォーゲル『オリエンタル・デスポティズム――専制官僚国家の生成と崩壊』（湯浅赳男訳、新評論、一九九一年）、四六一―五一九頁。
(3) 当該論文を含め関連するものとしては以下のものがある。梅棹忠夫「文明の生態史観序説」『中央公論』一九五七年二月、加藤周一「近代日本の文明史的位置」『中央公論』一九五七年三月、荒正人・永井道雄・原田義人・梅棹忠夫「文明論的診断」『中央公論』一九五七年四月、加藤周一・堀田善衛・梅棹忠夫「文明の系譜と現代的秩序」『総合』一九五七年六月、竹山道雄・鈴木成高・唐木順三・和辻哲郎・安倍能成「座談会　世界に於ける日本文化」『心』一九五七年六月、竹山道雄「日本文化を論ず」『新潮』一九五七年九月、梅棹忠夫「東南アジアの旅から」『中央公論』一九五八年八月、上山春平「歴史観の模索」

『思想の科学』一九五九年一月、太田秀通「生態史観とは何か」『歴史評論』一九五九年三月。
（4）加藤周一「近代日本の文明史的位置」『中央公論』（一九五七年三月、中央公論社）、三二―四九頁所収、三四頁。
（5）竹山道雄「日本文化を論ず」『新潮』（一九五七年九月、新潮社）、四六頁。
（6）竹内好「二つのアジア史観――梅棹説と竹山説」『日本とアジア』（ちくま学芸文庫、二〇〇八年）八三―九一頁所収、八七頁。
（7）湯浅前掲書、二九二頁。さらに、ウィットフォーゲルの東洋社会論を中国の一次資料やウィットフォーゲルによる未公開の論考を発掘した上で論じ、今日の社会情勢から見た「アジア的停滞」や「アジア的生産様式論」の位置づけを扱ったものとして次の研究がある。石井知章『K・A・ウィットフォーゲルの東洋的社会論』（社会評論社、二〇〇八年）。
（8）梅棹忠夫「文明の生態史観序説」『中央公論』（中央公論社、一九五七年二月）、三三頁。
（9）梅棹忠夫「生態史観からみた日本」『文明の生態史観』中公文庫、所収。同稿は思想の科学研究会総会、一九五七年七月七日、東京学士会館で行なわれたものである。
（10）梅棹忠夫『文明の生態史観』（中公文庫、一九七四年）、一七四―一七七頁、傍点原文。
（11）同上、三八頁。
（12）同上。
（13）同上、四四頁。
（14）廣松前掲書、二二一頁。
（15）廣松渉「生態史観の射程」『現代思想』（青土社、一九八六年一一月）、一一七頁。
（16）上山春平「歴史観の模索」『思想の科学』（中央公論社、一九五九年一月）、三三頁。廣松『生態史観と唯物史観』での参照にもとづく。
（17）梅棹忠夫「文明の生態史観序説」『中央公論』（中央公論社、一九五七年二月）、四三頁。
（18）廣松渉『生態史観と唯物史観』、三六頁。
（19）廣松渉『事的世界観の前哨』（勁草書房、一九七五年）、二八八頁。
（20）同上、二八九頁。
（21）同上、二八七頁。
（22）廣松渉『生態史観と唯物史観』、一六九頁。
（23）詳しくは以下を参照。川勝平太『文明の海洋史観』（中央公論社、一九九七年）、八二頁。「マルクスはダーウィンの著作を読んだ当初、自己の社会観の根幹をなす階級闘争と、ダーウィンの自然観の根幹をなす生存競争との間に強い親縁性を見出し、歴史的な階級闘争を自然科学的に基礎づける進化論に雀躍した」。ジェフリー・M・ホジソン『進化と経済学――経済学に生命を取り戻す』（西部忠監訳、森岡真史・田中英明・吉川英治・江頭進訳、東洋経済新報社、二〇〇三年）、一一三―一一五頁。

(24) 廣松渉『事的世界観の前哨』、二八九―二九〇頁。

(25) 同上、二九〇―二九一頁。

(26) 廣松渉『生態史観と唯物史観』、四三頁、傍点原文。

(27) 同上、四九頁、傍点原文。

(28) 廣松前掲書、一六二頁、傍点原文。

(29) 近年の研究では、檜垣立哉が生命の「受動的」側面を「ヴィータ」、「能動的」側面を「テクニカ」と規定している。そのなかで生態系的文明論によってはなしえなかった「動態化」をもたらすものとして廣松の「表象的環境」に着目している。檜垣立哉『ヴィータ・テクニカ　生命と技術の哲学』（青土社、二〇一二年）、四三六―四三七頁。

(30) 廣松渉・山崎カヲル「対談　唯物史観と生態史観」『思想』七三八号（岩波書店、一九八五年一二月）、六六―九五頁所収、七六頁。

(31) 廣松渉『事的世界観の前哨』、二七〇頁。

(32) 同上、二八一頁。

(33) 同上、二九三頁、傍点原文。

(34) 同上。

(35) 廣松渉『マルクス主義の地平』（勁草書房、一九六九年）、一八三―一八四頁。

第九章　ソ連・東欧崩壊後におけるマルクス共産主義・社会主義の再解釈

(1) 加藤哲郎『東欧革命と社会主義』（花伝社、一九九〇年）、三二四頁での自己規定による。

(2) 加藤哲郎『ソ連崩壊と社会主義――新しい世紀へ』（花伝社、一九九二年）、一六五頁。この箇所は元々一九九一年七月一一―一三日の第七回オーストラリア日本研究学会（於オーストラリア国立大学、キャンベラ）、同年九月一六―一九日の第六回ヨーロッパ日本研究学会（於ベルリン）の報告ペーパーとして英語で寄稿されたものである。英語ではThe Japanese Perception of the 1989 Eastern European Revolution, *Hitotsubashi Journal of Social Studies*, Vol.23, No.1 (August 1991)、日本語では『季刊 窓』八号（一九九一年夏）に、それぞれ発表されている（前掲書、三二五頁）。なお、前者の英語版でも廣松の言葉が引かれ、次のように述べられている。「しかし、「東欧の反革命」を目撃したという実感を率直に表明した者は誰もいなかった。マルクス主義者の中には、私的な会合でこのことをささやいた者もいたかもしれないが、誰も公表はしなかった。／そのような情況のなか、有名な反スターリン主義者であり、東京大学のマルクス主義哲学者である廣松渉が「帝国主義列強の包囲下で強行された本源的に無理なスターリン主義体制」「官僚的国家社会主義」の破産を勇ましく宣告し、「今やあらためて真にマルクス主義的な世界革命が日程に上る」と述べたのは、おそらくは知的に誠実であった」。The Japanese Perception of the 1989 Eastern European Revolution, *Hitotsubashi Journal of Social Studies*, Vol.23, No.1 (August 1991), p. 9.

（3）長崎浩『世紀末の社会主義――変革の底流を読む』（筑摩書房、一九九〇年）、三六―三七頁。引かれている廣松の文章は「思想の言葉 東欧・ソ連の〝変動〟に思う」『思想』七八八号（岩波書店、一九九〇年二月）と題された短文である。

（4）長崎浩『叛乱論』（合同出版、一九六九年）、四八頁。なお、「叛乱論」の初出は、『情況』一九六八年一二月号。

（5）詳しくは第二章を参照。

（6）廣松渉「社会体制の変動と哲学――現代の歴史的位境」『哲学雑誌』一〇七巻七七九号（哲学会、一九九二年）、一一九頁。

（7）廣松渉『現代革命論への模索――新左翼革命論の構築のために』（盛田書店、一九七〇年）、一九二―一九三頁。

（8）廣松渉「人類史的壮挙への長い道」『エコノミスト』六八巻一号（毎日新聞社、一九九〇年一月一六日）、五八頁。廣松が生まれたのは一九三三年である。

（9）一九七九年には、スターリン哲学には「弁証法的唯物論」理解に誤りがあるとして、スターリンの著作『弁証法的唯物論と史的唯物論』とマルクス・エンゲルスの著作とを比較対照しながら論じている。「彼が唯物論の〝公約数〟的な条項を以って直ちにマルクス主義的唯物論の〝特徴〟としているのは、彼の採る「唯物論」が通俗的なそれ、マルクス主義以前的なそれの域を出ていないことの一証左だと申さざるを得ません」。廣松渉「スターリン哲学批判のための視角――『弁証法的唯物論と史的唯物論』に即して」『別冊ソ連問題』一四号（ソ連問題調査センター、一九七九年一二月）、八〇頁。

（10）廣松渉「人類史的壮挙への長い道」『エコノミスト』、五九頁。

（11）廣松渉『東欧激変と社会主義』（実践社、一九九四年）、五三頁。

（12）廣松の場合は党派的な意識が強いが、マルクスの理論とソ連を短絡的に結びつける趨勢に対しては、別の立場からも批判がある。「「第三草稿」において、共産主義は自己疎外の止揚――超越、抑制――を意味することになるだろう。「共産主義」

という語は、後にそれが持つようになる特別な政治的および組織的な意味をまだ持っていない。この点で、その語は曖昧な仕方で、もっぱら矛盾が消え去る歴史の段階のみを指している。したがって、ここで言われている共産主義がソヴィエト連邦といったものを表わしていると述べることはできない。こうした区別は、一般にマルクスに対するわれわれの関係にとって重要である。われわれのマルクスに対する関係が中立的であるべきだということではなく、フロイトやニーチェといった他の思想家たちに対する関係と同じように非政治的でなければならないということである」。ポール・リクール、ジョージ・H・テイラー編『イデオロギーとユートピア――社会的想像力をめぐる講義』（川崎惣一訳、新曜社、二〇一一年）、一一二頁、傍点引用者。

(13) 廣松渉「〝壁〟崩壊後の歴史的課題情況」『情況』II期一巻一号（情況出版、一九九〇年七月）、一四頁。

(14) 星野智「国家社会主義と「生態学的」社会主義――廣松渉の社会主義論をめぐって」『情況』II期五巻一〇号（情況出版、一九九四年一一月）、一一五頁。

(15) 廣松渉『東欧激変と社会主義』、一二三頁。

(16) 岩田弘『現代社会主義と世界資本主義――共同体・国家・資本主義』（批評社、二〇〇六年）、七五頁。「現実的には、資本主義は、自己完結的な一国的システムではなく、すぐれて世界的システムなのであり、それが資本主義的大工業を基軸とする商品経済関係を通じて組織している分業関係は、同質的な社会的生産体の内部的な分業関係ではなく、異質な種々雑多な社会的生産体を外的に結合する世界市場的な分業関係なのであって、こうした世界市場的分業関係を解体再編成し、これを人類の目的意識的共同性に置き換えることなしには、資本主義的商品経済関係をトータルに廃棄することはできないのであり、したがってまた社会主義をトータルに実現することはできないのである」。初版の刊行は一九八九年であり、そのさいの目的を次のように述べている。「本書の主内容は、ソ連・東欧社会主義の実体が国家管理資本主義であり、その破綻が切迫していることを明らかにすることにあった。そしてこれに対するロシアマルクス主義の責任を問うものであった」（前掲書、六頁）。

(17) 廣松渉「社会主義理論の新たな構築へ」『月刊フォーラム』通巻一五号（フォーラム90s、一九九一年一〇月）、四―五頁。この論文の題は、おそらく廣松がつけたものではない。明記されてはいないが、講演の主催者側が設定した題目が「社会主義理論の再構築」であったものと思われる。

(18) 廣松渉『今こそマルクスを読み返す』（講談社現代新書、一九九〇年）、六頁。

(19) 廣松渉『マルクスと歴史の現実』（平凡社、一九九〇年）、九六頁。

(20) マルクス自身は『ドイツ労働者党綱領評注』と題し、予定されていた合同ドイツ社会民主労働者党の綱領草案に批判的に検討を加えたもの。廣松渉・片岡啓治編・解説『マルクス・エンゲルスの革命論』（紀伊國屋書店、一九八二年）、三二七頁参照。

(21) マルクス『ゴータ綱領批判』(望月清司訳、岩波文庫、一九七五年)、三五―三九頁。

(22) 廣松渉『マルクスと歴史の現実』、一〇二頁。

(23) 柄谷行人は運動としての共産主義を「終り(目的)」なき闘争と称している。「マルクスがいったように、「共産主義」とは「現実の諸条件」がもたらす「現状を止揚する現実の運動」としてしか無いとするならば、さらに「共産主義」とは「個と類」という回路のなかに閉じこめられた思考に対する否定にあり、すなわち類(共同体)に属さないような個の単独性と社会性にあるとするならば、それもまた「終り(目的)」なき闘争としてしか無い」。「歴史の終焉について」『終焉をめぐって』(講談社学術文庫、一九九五年)、二〇二頁。

(24) 廣松前掲書、一〇二―一〇三頁。

(25) 和田春樹『歴史としての社会主義』(岩波新書、一九九二年)、四四―五一頁。

(26) 和田春樹・廣松渉「ロシア革命以降の世界とマルクス主義――国家社会主義の終焉」『情況』II期四巻七号(情況出版、一九九三年八・九月)、一二頁。なお、この対談は廣松がガンで入院中の時期に行なわれた。その時のことを和田は次のように回想している。「職員組合と助手会は、学生中央委員会代表と全院協代表をよんで、六団体の参加する一月全東大集会(一九六三年一月三一日)のための実行委員会を発足させた。中央委員会の代表は今井澄君、最首悟君、東院協の代表は人文系の廣松渉氏ら、助手連絡会議の代表は私であった。この時が廣松氏ともっとも接近した時であった。氏は晩年私のマルクス論を認めてくれ、ガンで入院中の病院から出てきて対話をしてくれた」。和田春樹『ある戦後精神の形成――一九三八―一九六五』(岩波書店、二〇〇六年)、三二三頁。

(27) マルクス『資本論』第二分冊(岡崎次郎訳、大月書店、一九七二年)、三〇八―三〇九頁。

(28) 同上、三二六頁。このように工場生産において人間と機械を区別して捉える見方を、独自の概念で斬新に再解釈したのがドゥルーズとガタリである。ドゥルーズとガタリは、「人間と道具は、考慮される社会の充実身体の上において、すでに機械の部品である」と述べ、充実身体と人間と道具の集合を欲望機械として定義する。G・ドゥルーズ/F・ガタリ『アンチ・オイディプス――資本主義と分裂症』(下)(宇野邦一訳、河出文庫、二〇〇六年)、三四〇―三四一頁、傍点原文。

(29) 廣松渉『今こそマルクスを読み返す』、一二九頁。

(30) 同上、八〇頁。

(31) 廣松渉『近代世界を剝ぐ』(平凡社、一九九三年)、二九三頁。

(32) 和田春樹・廣松渉「ロシア革命以降の世界とマルクス主義――国家社会主義の終焉」『情況』II期四巻七号、六頁。

(33) 同上、七頁。
(34) 同上。
(35) 廣松渉『マルクスと歴史の現実』、六九―七〇頁。
(36) 廣松渉『東欧激変と社会主義』、二五頁。
(37) 廣松渉「社会主義理論の新たな構築へ」『月刊フォーラム』通巻一五号、一五―一六頁。
(38) 廣松渉『今こそマルクスを読み返す』、二六五―二六六頁。
(39) マルクス『ゴータ綱領批判』、五三頁。
(40) 廣松渉「マルクス主義と「プロ独」の問題」『朝日ジャーナル』（朝日新聞社、一九七六年六月四日号）、一八頁。
(41) dictātor の辞書的な意味は、一、口授者、二、独裁官《非常時に任命された任期六ヶ月の臨時執政官》、となっている。水谷智洋編『改訂版 羅和辞典』（研究社、二〇一一年）、一九八頁。
(42) 廣松渉『マルクスと歴史の現実』、九二―九三頁。
(43) なお、アルチュセールは「マルクス主義とヒューマニズム」（一九六三年一〇月）において、プロレタリア独裁の失敗例としてソ連邦を挙げている。「それ（拒否）はまたなによりもまず国内に、つまり、ソ連邦自体にむけられている。人格の社会主義ヒューマニズムの立場から、自分自身のためにソ連邦はプロレタリア独裁の時代をのりこえたことを公に認め、それだけでなく、プロレタリア独裁のおかした「過ち」、プロレタリア独裁が「個人崇拝」の時期にとった常軌を逸した「犯罪的」形式を拒否し、非難するのである」。ルイ・アルチュセール『マルクスのために』（河野健二・田村俶・西川長夫訳、平凡社ライブラリー、一九九四年）、四二二―四二三頁、傍点原文。
(44) 廣松渉「マルクス主義と「プロ独」の問題」『朝日ジャーナル』、一七頁。
(45) 不破哲三「科学的社会主義と執権問題――マルクス、エンゲルス研究 3」『赤旗』（日本共産党中央委員会）、一九七六年四月二九日付。
(46) 不破哲三「多数者のための多数者革命――自由と国民主権の旗（下）」『文化評論』（新日本出版社、一九七六年八月）、一八―一九頁。
(47) 榊利夫「執権論とブランキ的虚妄――広松渉氏（『朝日ジャーナル』）の一文に対して」『赤旗』（日本共産党中央委員会）、一九七六年六月二三―二七日付。
(48) 田口富久治・榊利夫・井出洋・藤田勇「〈シンポジウム〉現代における変革の諸問題――その過程と内容を探る」『前衛』（日本共産党中央委員会理論政治誌、一九七六年八月）、二七―二八頁。

(49) 廣松渉「プロレタリア独裁論の歴史的基礎」『情況』(情況出版、一九七六年九月)、二〇頁。
(50) 廣松渉「マルクス主義と「プロ独」の問題」『朝日ジャーナル』、一九頁、傍点原文。
(51) 同上、一九―二〇頁。
(52) 同上、二二頁。
(53) 『マルクス＝エンゲルス全集 第七巻』(大内兵衛・細川嘉六監訳、大月書店、一九六一年)、二五二―二五三頁。
(54) 同上、二五五頁。
(55) 同上、二五九頁。
(56) 廣松渉『マルクスと歴史の現実』、七五頁。
(57) 山川暁夫・廣松渉「ソ連共産党崩壊後の前衛党論(下)」『情況』Ⅱ期三巻四号(情況出版、一九九二年五月)、九八頁。
(58) 和田春樹・廣松渉「ロシア革命以降の世界とマルクス主義――国家社会主義の終焉」『情況』Ⅱ期四巻七号、三一頁。
(59) 同上、三三頁。
(60) 廣松渉『存在と意味 第二巻』(岩波書店、一九九三年)、四八四頁。

第十章 『存在と意味』における内在的超越

(1) 廣松渉『存在と意味 第一巻』(岩波書店、一九八二年)、四頁。
(2) 同上、一六頁。
(3) 同上。
(4) 同上、一七二頁。
(5) 「関心的態度」という言葉から、ハイデガーの概念である配慮(Sorge)が想起される。廣松は、『事的世界観の前哨』所収「ハイデガーと物象化的錯視」において、貨幣の道具的存在性を例に出しながら、ハイデガーの道具的用材性とは一線を画して自説を展開している。詳しくは本書第三章を参照。「単なる個々人の主観的営為ではなく、適所全体性という場、当の機能的構造連関が、その使用のそのつど道具的存在性をそれとして存在せしめるのである。しかるに、ハイデガーは、既在の道具的存在性の発見であるとそれを錯誤してしまっている」。廣松渉『事的世界観の前哨』(勁草書房、一九七五年)、一一五頁、傍点原文。

（6）廣松渉『存在と意味　第一巻』、一七九頁。

（7）同上、八九頁。

（8）同上、一一二頁。

（9）同上、二六〇頁。

（10）「超文法的」な主語という概念を、廣松はE・ラスクに倣って使用している。なお、スペンサー＝ブラウンの指し示しの算法を援用した以下の文献は、廣松渉の理論を主たる参照軸にしている。大澤真幸『行為の代数学――スペンサー＝ブラウンから社会システム論へ』（青土社、一九九二年）。廣松の理論は、「主語‐述語」構造をもとに組み立てられており、言語介在的な側面が強い。しかし、指し示しの算法を用いた場合には、言語という枠を括弧に括ることができるため、言語固有の困難を回避することができる。つまり、何か事物を指示するさいに、言語を用いる場合には、特定の言語を想定しなくてはならないが、算法を用いれば特定の言語に依拠せずに事物を指し示すことができる。

（11）廣松渉『事的世界観の前哨』、三〇四頁。廣松渉『弁証法の論理』（青土社、一九八〇年）、一九三頁。

（12）主語概念のうちには含まれていなかった契機を述語概念のかたちで定立する場合。

（13）主語概念のうちにすでに含まれていた契機を述語概念のかたちで定立する場合。

（14）廣松渉『存在と意味　第一巻』、二九八頁。

（15）同上、三六六頁。

（16）フーコーは、近代の思考において「起源」は「円錐体の虚の頂点」であるという。廣松は必ずしもフーコーを意識しているわけではないだろうが、両者の構造主義的思考には同時代性があるといってよいだろう。「起源とは、あらゆる相違性、あらゆる分散性、あらゆる不連続性が、もはや同一性の一点のみを、みずからのうえで炸裂して他者となる力をそれでもうちに秘めている、触知しえぬ〈同一者〉の形象のみを、形成するため、そこで凝縮されるような、そうした円錐体の虚の頂点なのである」。M・フーコー『言葉と物――人文科学の考古学』（渡辺一民・佐々木明訳、新潮社、一九七四年）、三五〇頁、傍点引用者。

（17）廣松前掲書、一五一頁。

（18）ハイデガー『存在と時間　Ⅰ』（原佑・渡邊二郎訳、中央公論新社、二〇〇三年）、一九八頁。

（19）廣松前掲書、一五頁。

（20）ハイデガー『存在と時間　Ⅲ』（原佑・渡邊二郎訳、中央公論新社、二〇〇三年）、一九二頁、傍点、強調原文。

（21）廣松渉『存在と意味　第二巻』（岩波書店、一九九三年）、一八八頁。

(22) 同上、一九八頁。
(23) 同上、一八七頁。
(24) 同上、二九二頁。
(25) 廣松渉『唯物史観と国家論』(論創社、一九八二年)、一五〇頁―一五一頁。
(26) 廣松渉『存在と意味 第一巻』、四七九頁。
(27) 廣松渉『存在と意味 第二巻』、三三七頁。
(28) 廣松渉『存在と意味 第一巻』、四八四頁。
(29) 同上、三七八頁。
(30) 廣松渉『存在と意味 第二巻』、四八三頁。
(31) 同上、四八四頁。

文献

廣松渉の著作

『日本の学生運動——その理論と歴史』東大学生運動研究会、一九五六

『新左翼叢書四 改訂増補版 現代資本主義論への一視角——中ソ両派との批判的対質のために』レボルチオン社、一九六四

『マルクス主義の成立過程』至誠堂、一九六八

『エンゲルス論——その思想形成過程』盛田書店、一九六八

『マルクス主義の地平』勁草書房、一九六九

『現代革命論への模索——新左翼革命論の構築のために』盛田書店、一九七〇

『深夜討論 知識人の虚像と実像』亜紀書房、一九七〇（相沢義包・富岡倍雄・村尾行一と共著）

『感覚の分析』法政大学出版局、一九七一（須藤吾之助と共訳）
（Mach, Ernst, *Die Analyse der Empfindungen und das Verhältnis des Physischen zum Psychischen von Dr.E. Mach* (em. Professor an der Universität Wien) 7. Auflage, Verlag von Gustav Fischer, Jena, 1918.）

『認識の分析』法政大学出版局、一九七一（加藤尚武と共訳）

（Mach, Ernst, *Populär-wissenschaftliche Vorlesungen* (1. Aufl. 1894), 5. Vermehrte u. durchgesehne Auflage, Verlag von Johann Ambrosius Barth, Leipzig, 1923.
Mach, Ernst, *Erkenntnis und Irrtum, Skizzen zur Psychologie der Forschung* (1. Aufl. 1905), 4. Auflage, Verlag von Gustav Fischer, Jena, 1920.）

『唯物史観の原像』三一新書、一九七一
『青年マルクス論』平凡社、一九七一
『世界の共同主観的存在構造』勁草書房、一九七二
『科学の危機と認識論』紀伊國屋書店、一九七三
『マルクス主義の理路』勁草書房、一九七四
『新編輯版　ドイツ・イデオロギー』河出書房新社、一九七四
『資本論の哲学』現代評論社、一九七四
『現代革命論への模索』新泉社、一九七五
『事的世界観への前哨』勁草書房、一九七五
『現代哲学の最前線』河出書房新社、一九七五（山崎賞選考委員会と共著）
『世界の思想家一二　ヘーゲル』平凡社、一九七六（編）
『哲学に何ができるか〔現代哲学講義〕』朝日出版社、一九七八（五木寛之と共著）
『もの・こと・ことば』勁草書房、一九七九
『仏教と事的世界観』朝日出版社、一九七九（吉田宏哲と共著）
『弁証法の論理』青土社、一九八〇
『〈近代の超克〉論――昭和思想史への一断想』朝日出版社、一九八〇
『知る　感性からの反撃』平凡社カルチャーtoday、一九八〇（村上陽一郎責任編集　谷泰・田原総一朗・寺山修司と

共著）
『マルクスの思想圏——本邦未紹介資料を中心に』朝日出版社、一九八〇（廣松渉著・井上五郎補註）
『相対性理論の哲学』勁草書房、一九八一
『新左翼運動の射程』ユニテ、一九八一
『唯物史観と国家論』論創社、一九八二
『マルクス・エンゲルスの革命論』紀伊國屋書店、一九八二
『存在と意味　第一巻——事的世界観の定礎』岩波書店、一九八二
『メルロ＝ポンティ』岩波書店、一九八三（港道隆と共著）
『物象化論の構図』岩波書店、一九八三
『現代思想の境位』エスエル現代歴史思想選書、一九八四
『相対性理論の哲学　増補新版』勁草書房、一九八六
『資本論を物象化論を視軸にして読む』岩波セミナーブックス、一九八六
『生態史観と唯物史観』ユニテ、一九八六
『ヘーゲル左派論叢　第一巻　ドイツ・イデオロギー内部論争』御茶の水書房、一九八六（良知力と共編）
『共同主観性の現象学』世界書院、一九八六（増山眞緒子と共著）
『ヘーゲル左派論叢　第三巻　ユダヤ人問題』御茶の水書房、一九八六（良知力と共編）
『ヘーゲル左派論叢　第四巻　ヘーゲルを裁く最後の審判ラッパ』御茶の水書房、一九八七（良知力と共編）
『資本論の哲学　増補新版』勁草書房、一九八七
『新哲学入門』岩波新書、一九八八
『哲学入門一歩前——モノからコトへ』講談社現代新書、一九八八
『身心問題』青土社、一九八九

『表情』弘文堂、一九八九
『〈近代の超克〉論――昭和思想史への一視角』講談社学術文庫、一九八九
『今こそマルクスを読み返す』講談社現代新書、一九九〇
『講座ドイツ観念論　第一巻　ドイツ観念論前史』弘文堂、一九九〇（坂部恵・加藤尚武と共編）
『講座ドイツ観念論　第二巻　カント哲学の現代性』弘文堂、一九九〇（坂部恵・加藤尚武と共編）
『マルクスと歴史の現実』平凡社、一九九〇
『講座ドイツ観念論　第三巻　自我概念の新展開』弘文堂、一九九〇（坂部恵・加藤尚武と共編）
『講座ドイツ観念論　第四巻　自然と自由の深淵』弘文堂、一九九〇（坂部恵・加藤尚武と共編）
『講座ドイツ観念論　第五巻　ヘーゲル　時代との対話』弘文堂、一九九〇（坂部恵・加藤尚武と共編）
『学際対話・知のインターフェイス』青土社、一九九〇
『講座ドイツ観念論　第六巻　問題史的反省』弘文堂、一九九〇（坂部恵・加藤尚武と共編）
『ヘーゲルそしてマルクス』青土社、一九九一
『歴史的実践の構想力』作品社、一九九一（小阪修平と共著）
『現象学的社会学の祖形――A・シュッツ研究ノート』青土社、一九九一
『哲学の越境――行為論の領野へ』勁草書房、一九九二
『記号的世界と物象化』情況出版、一九九三（丸山圭三郎と共著）
『社会思想史上のマルクス』情況出版、一九九三（城塚登・水田洋・杉原四郎と共著）
『近代世界を剝ぐ』平凡社、一九九三
『存在と意味　第二巻――事的世界観の定礎』岩波書店、一九九三
『マルクスの根本意想は何であったか』情況出版、一九九四
『東欧激変と社会主義』実践社、一九九四

『フッサール現象学への視角』青土社、一九九四
『廣松渉コレクション』情況出版、一九九五、全六巻
『廣松渉著作集』岩波書店、一九九六、全一六巻
『増補改訂版　マルクスの根本意想は何であったか』情況出版、二〇〇五
『行為の哲学』御茶の水書房、二〇〇六（良知力と共編）
『カントの「先験的演繹論」』世界書院、二〇〇七
『廣松渉　マルクスと哲学を語る――単行本未収録講演集』河合文化教育研究所、二〇一一

廣松渉に関する文献

荒岱介『近代の超克論者　廣松渉理解』夏目書房、二〇〇四
鎌倉孝夫・中村健三『「廣松哲学」の解剖――「関係の第一次性論」の意味』社会評論社、一九九九
熊野純彦『戦後思想の一断面――哲学者廣松渉の軌跡』ナカニシヤ出版、二〇〇四
廣松渉著・小林敏明編『哲学者廣松渉の告白的回想録』河出書房新社、二〇〇六
小林敏明『廣松渉――近代の超克』講談社、二〇〇七
小林昌人編『廣松渉　哲学小品集』岩波書店、一九九六
佐伯守『哲学のパロール――西田幾多郎・廣松渉・丸山圭三郎』萌書房、二〇〇七
佐藤優『共産主義を読みとく――いまこそ廣松渉を読み直す「エンゲルス論」ノート』世界書院、二〇一一
渋谷要『国家とマルチチュード――廣松哲学と主権の現象学』社会評論社、二〇〇六
渋谷要『ロシア・マルクス主義と自由――廣松哲学と主権の現象学 II』社会評論社、二〇〇七
渋谷要『アウトノミーのマルクス主義へ――廣松哲学と主権の現象学 III』社会評論社、二〇〇八
渋谷要『廣松哲学ノート――「共同主観性」の哲学と人間生態系の思想』社会評論社、二〇一六

情況出版編集部編『新・廣松渉を読む』情況出版、二〇〇〇
吉田憲夫他『廣松渉を読む』情況出版、一九九六
米村健司『丸山眞男と廣松渉——思想史における「事的世界観」の展開』御茶の水書房、二〇一一

引用、言及した文献

日本語文献

青木昌彦『私の履歴書　人生越境ゲーム』日本経済新聞出版社、二〇〇八
浅田彰『逃走論——スキゾ・キッズの冒険』ちくま文庫、一九八六
浅見克彦「物象化論のイデオロギー的冒険」『クリティーク』八号、青弓社、一九八七年七月
荒正人・永井道雄・原田義人・梅棹忠夫「文明論的診断」『中央公論』八二五号、中央公論社、一九五七
安藤仁兵衛『戦後日本共産党私記』文春文庫、一九九五
石井知章『K・A・ウィットフォーゲルの東洋的社会論』社会評論社、二〇〇八
石井知章・小林英夫・米谷匡史編著『一九三〇年代のアジア社会論——「東亜協同体」論を中心とする言説空間の諸相』社会評論社、二〇一〇
今村仁司『排除の構造』ちくま学芸文庫、一九九二
今村仁司『アルチュセールの思想——歴史と認識』講談社学術文庫、一九九三
今村仁司『アルチュセール全哲学』講談社学術文庫、一九九三
岩田弘『現代社会主義と世界資本主義——共同体・国家・資本主義』批評社、二〇〇六
植村邦彦『市民社会とは何か——基本概念の系譜』平凡社新書、二〇一〇

上村忠男『回想の一九六〇年代』ぷねうま舎、二〇一五
上山春平「歴史観の模索――マルクス史観と生態史観をめぐって」『思想の科学』一号、中央公論社、一九五九年一月
上山春平『大東亜戦争の意味――現代史分析の視点』中央公論社、一九六四
内田弘『三木清――個性者の構想力』御茶の水書房、二〇〇四
内田弘『『資本論』のシンメトリー』社会評論社、二〇一五
宇野弘蔵・向坂逸郎編『資本論研究――商品及交換過程』河出書房、一九四八
梅棹忠夫「文明の生態史観序説」『中央公論』八二二号、中央公論社、一九五七年二月
梅棹忠夫「東南アジアの旅から」『中央公論』八四二号、中央公論社、一九五八年八月
梅棹忠夫『文明の生態史観』中公文庫、一九七四
大澤真幸『身体の比較社会学 I』勁草書房、一九九〇
大澤真幸『行為の代数学――スペンサー＝ブラウンから社会システム論へ』青土社、一九九二
大澤真幸『戦後の思想空間』ちくま新書、一九九八
太田秀通「生態史観とは何か」『歴史評論』一〇三号、校倉書房、一九五九年三月
太田仁樹『論戦　マルクス主義理論史研究』御茶の水書房、二〇一六
大嶽秀夫『新左翼の遺産――ニューレフトからポストモダンへ』東京大学出版会、二〇〇七
大野明男『全学連――その行動と理論』講談社、一九六八
大庭健「批判的〈実践知〉としての〈物象化論〉」『クリティーク』八号、青弓社、一九八七年七月
大橋良介編『京都学派の思想――種々の像と思想のポテンシャル』人文書院、二〇〇四
小熊英二『〈民主〉と〈愛国〉――戦後日本のナショナリズムと公共性』新曜社、二〇〇二
小熊英二『一九六八――若者たちの叛乱とその背景』(上) 新曜社、二〇〇九

小田実・開高健・柴田翔・廣松渉・真継伸彦「新左翼の思想と行動」『人間として』四号、筑摩書房、一九七〇年一二月
加藤周一「近代日本の文明史的位置」『中央公論』八二三号、中央公論社、一九五七年三月
加藤周一・堀田善衛・梅棹忠夫「文明の系譜と現代的秩序」『総合』二号、東洋経済新報社、一九五七年六月
加藤哲郎『東欧革命と社会主義』花伝社、一九九〇
加藤哲郎『ソ連崩壊と社会主義――新しい世紀へ』花伝社、一九九二
柄谷行人『終焉をめぐって』講談社学術文庫、一九九五
柄谷行人『世界史の構造』岩波書店、二〇一〇
河上徹太郎・竹内好著者代表『近代の超克』冨山房百科文庫、一九七九
木村敏『偶然性の精神病理』岩波現代文庫、二〇〇〇
熊野純彦『戦後思想の一断面――哲学者廣松渉の軌跡』ナカニシヤ出版、二〇〇四
熊野純彦『マルクス　資本論の思考』せりか書房、二〇一三
久留間鮫造『価値形態論と交換過程論』岩波書店、一九五七
黒田寛一『ヘーゲルとマルクス』現代思潮社、一九六八
黒田寛一『場所の哲学のために』(下) こぶし書房、一九九九
黒田寛一『〈異〉の解釈学――熊野純彦批判』こぶし書房、二〇〇八
高坂正顕・西谷啓治・高山岩男・鈴木成高『世界史的立場と日本』中央公論社、一九四三
高知聰『孤独な探求者の歩み――評伝　若き黒田寛一』現代思潮新社、二〇〇一
高山岩男『世界史の哲学』岩波書店、一九四二
高山岩男『文化類型学・呼応の原理』燈影舎、二〇〇一
廣松渉著・小林敏明編『哲学者廣松渉の告白的回想録』河出書房新社、二〇〇六

小林敏明『〈主体〉のゆくえ――日本近代思想史への一視角』講談社、二〇一〇
子安宣邦『「近代の超克」とは何か』青土社、二〇〇八
小山弘建著・津田道夫編・解説『戦後日本共産党史――党内闘争の歴史』こぶし書房、二〇〇八
榊利夫「執権論とブランキ的虚妄――広松渉氏（『朝日ジャーナル』）の一文に対して」『赤旗』日本共産党中央委員会、一九七六年六月二三―二七日
佐々木隆次『マルクスの物象化論――資本主義批判としての素材の思想』社会評論社、二〇一一
佐藤嘉幸『権力と抵抗――フーコー・ドゥルーズ・デリダ・アルチュセール』人文書院、二〇〇八
柴田高好『マルクス政治学原論』論創社、二〇一二
白井朗「廣松渉君を追悼する（上）――伝習館時代の思い出」『カオスとロゴス』二一号、ロゴス社、二〇〇二年四月
白井朗「廣松渉君を追悼する（下）――共産党中央委員会追放に反対しビラをまく」『カオスとロゴス』二二号、ロゴス社、二〇〇二年一二月
城塚登「現代思想における主体性の問題――「物象化」の批判的再検討」『理想』四一六号、理想社、一九六八年一月
城塚登『若きマルクスの思想』勁草書房、一九七〇
進藤稔「物象化論第一回 プロペドイティーク〈序論〉」『三田新聞』一九六九年一〇月二九日
進藤稔「物象化論第二回 物象化論の視座」『三田新聞』一九六九年一一月五日
進藤稔「物象化論第三回 ブルジョア的思考の二律背反」『三田新聞』一九六九年一二月一〇日
絓秀美『革命的な、あまりに革命的な――「一九六八年の革命」史論』作品社、二〇〇三
高沢皓司・高木正幸・蔵田計成『新左翼二十年史――叛乱の軌跡』新泉社、一九八一
田口富久治・榊利夫・井出洋・藤田勇「〈シンポジウム〉現代における変革の諸問題――その過程と内容を探る」『前

衛』日本共産党中央委員会理論政治誌、一九七六年七月
武井昭夫『層としての学生運動――全学連創成期の思想と行動』スペース伽耶、二〇〇五
竹山道雄・鈴木成高・唐木順三・和辻哲郎・安倍能成「座談会 世界に於ける日本文化」『心』一〇巻六号、平凡社、
一九五七年六月
竹山道雄「日本文化を論ず」『新潮』五四巻九号、新潮社、一九五七年九月
田辺元『種の論理 田辺元哲学選 I』岩波文庫、二〇一〇
田畑稔『マルクスと哲学――方法としてのマルクス再読』新泉社、二〇〇四
筒井清忠『近衛文麿――教養主義的ポピュリストの悲劇』岩波現代文庫、二〇〇九
東大学生運動研究会『日本の学生運動――その理論と歴史』新興出版、一九五六
長崎浩『叛乱論』合同出版、一九六九
長崎浩『世紀末の社会主義――変革の底流を読む』筑摩書房、一九九〇
永谷清「価値形態論と物象化論――宇野経済学 対 廣松物象化論」『思想』八七五号、岩波書店、一九九七年五月
成清良孝『廣松渉における人間の研究』一竹書房、一九九六
西田幾多郎『善の研究』岩波文庫、一九五〇
西部邁『ソシオ・エコノミックス――集団の経済行動』中央公論社、一九七五
新田滋『恐慌と秩序――マルクス〈資本論〉と現代思想』情況出版、二〇〇一
日本青年外交協会『東亜協同體思想研究』日本青年外交協会、一九三九
花澤秀文『高山岩男――京都学派哲学の基礎的研究』人文書院、一九九九
檜垣立哉『ヴィータ・テクニカ 生命と技術の哲学』青土社、二〇一二
平子友長「廣松渉版『ドイツ・イデオロギー』の根本問題」『マルクス・エンゲルス・マルクス主義研究』四八号、
二〇〇七年六月

藤田正勝編『京都学派の哲学』昭和堂、二〇〇一
藤永保他『講座現代の心理学 第五巻』小学館、一九八二
不破哲三「科学的社会主義と執権問題——マルクス、エンゲルス研究 三」『赤旗』日本共産党中央委員会、一九七六年四月二九日
不破哲三「多数者のための多数者革命——自由と国民主権の旗（下）」『文化評論』新日本出版社、一九七六年八月
星野智「国家社会主義と「生態学的」社会主義——廣松渉の社会主義論をめぐって」『情況』二期五巻一〇号、情況出版、一九九四年一一月
星野智『現代権力論の構図』情況出版、二〇〇〇
本多秋五『物語文学史（上）』岩波現代文庫、二〇〇五
丸山圭三郎『文化のフェティシズム』勁草書房、一九八四
丸山圭三郎・廣松渉『現代思想の「起原」——記号的世界と物象化』情況出版、二〇〇五
『三木清全集 第七巻』岩波書店、一九六七
『三木清全集 第一三巻』岩波書店、一九六七
『三木清全集 第一四巻』岩波書店、一九六七
『三木清全集 第一五巻』岩波書店、一九六七
『三木清全集 第一七巻』岩波書店、一九六八
水林彪『国制と法の歴史理論——比較文明史の歴史像』創文社、二〇一〇
森末伸行『法フェティシズムの陥穽——「法哲学としての社会哲学へ」』昭和堂、一九九三
山中明『戦後学生運動史』青木新書、一九六一
山中隆次『初期マルクスの思想形成』新評論、一九七二
山之内靖『システム社会の現代的位相』岩波書店、一九九六

山本義隆「攻撃的知性の復権――一研究者としての発言」『朝日ジャーナル』朝日新聞社、一九六九年三月二日
山本義隆『知性の叛乱』前衛社、一九六九
山本義隆『私の一九六〇年代』金曜日、二〇一五
湯浅赳男『「東洋的専制主義」論の今日性――還ってきたウィットフォーゲル』新評論、二〇〇七
吉田憲夫『資本論の思想――マルクスと廣松物象化論』情況出版、一九九五
米谷匡史「戦時期日本の社会思想――現代化と戦時変革」『思想』八八二号、岩波書店、一九九七年一二月
米谷匡史「三木清の「世界史の哲学」――日中戦争と「世界」」『批評空間』第Ⅱ期一九号、太田出版、一九九八
若森章孝『新自由主義・国家・フレキシキュリティの最前線――グローバル化時代の政治経済学』晃洋書房、二〇一三
和田春樹『歴史としての社会主義』岩波新書、一九九二
和田春樹『ある戦後精神の形成――一九三八―一九六五』岩波書店、二〇〇六
渡辺憲正・平子友長・後藤道夫・蓑輪明子『資本主義を超える――マルクス理論入門』大月書店、二〇一六

外国語文献

Althusser, Louis, *Pour Marx*, Paris: François Maspero, 1965（河野健二・田村俶・西川長夫訳『マルクスのために』平凡社ライブラリー、一九九四）
Althusser, Louis, *Sur la reproduction*, Paris: PUF, 1995（西川長夫・伊吹浩一・大中一彌・今野晃・山家歩訳『再生産について――イデオロギーと国家のイデオロギー諸装置』（上）平凡社ライブラリー、二〇一〇）
Bateson, Gregory, *Steps to an Ecology of Mind*, New York: Ballantine Book, 1972（佐藤良明訳『改訂第2版 精神の生態学』新思索社、二〇〇〇）
Bourdieu, Pierre, *Le Sens Pratique*, Paris: Éditions de Minuit, 1980（今村仁司・港道隆訳『実践感覚 Ｉ』みすず書房、一

九八八）

DeLanda, Manuel, *New Philosohy of Society: Assenblage Theory and Social Complexity,* Bllomsbury, 2006（篠原雅武訳『社会の新たな哲学――集合体、潜在性、創発』人文書院、二〇一五）

Deleuze, Gilles / Guattari, Félix, *L'anti-Œdipe: Capitalisme et schizophrénie*, Paris: Les Editions de Minuit, 1972（宇野邦一訳『アンチ・オイディプス――資本主義と分裂症』（下）河出文庫、二〇〇六）

Foucault, Michel, *Les Mots Et Les Choses: Une Archéologie des Sciences Humaines*, Paris: Gallimard, 1966（渡辺一民・佐々木明訳『言葉と物――人文科学の考古学』新潮社、一九七四）

Foucault, Michel, *Surveiller Et Punir: Naissance De La Prison*, Paris: Gallimard, 1975（田村俶訳『監獄の誕生――監視と処罰』新潮社、一九七七）

Guattari, Félix, *l'inconscint machinique: essais de schizo-analyse,* Eiditions Recherches, 1979（高岡幸一訳『機械状無意識――スキゾ分析』法政大学出版局、一九九〇）

Hardt, Michael & Negri Antonio, *Empire*, Cambridge: H. U. P, 2000（水嶋一憲・酒井隆史・浜邦彦・吉田俊実訳『〈帝国〉』以文社、二〇〇三）

Hegel, G. W. F., *Phänomenologie des Geistes*, 1807（金子武蔵訳『精神の現象学 上』岩波書店、一九七一）

Hegel, G. W. F., *Grundlinien der Philosophie des Rechts, oder Naturrecht und Staatswissenschaft im Grundrisse*, 1821（藤野渉・赤沢正敏訳『法の哲学 Ⅱ』中央公論新社、二〇〇一）

Heidegger, Martin, *Sein und Zeit*, 1927（原佑・渡邊二郎訳『存在と時間（Ⅰ・Ⅱ・Ⅲ）』中央公論新社、一九九四）

Hodgson, Geoffrey M., *Economics and Evolution: Bringing Life Back into Economics*, Blackwell Publishers, 1993（西部忠監訳・森岡真史・田中英明・吉川英治・江頭進訳『進化と経済学――経済学に生命を取り戻す』東洋経済新報社、二〇〇三）

Hoff, Jan, *MARX global: Zur Entwicklung des internationalen Marx-Diskurses seit 1965*, Akademie Verlag, Berlin 2009

Honneth, Axel, *Verdinglichung: Eine anerkennungstheoretische Studie*, Frankfurt am Main: Suhrkamp, 2005（辰巳伸知・宮本真也訳『物象化――承認論からのアプローチ』法政大学出版局、二〇一一）

Honneth, Axel, *Kampf um Anerkennung: Zur moralischen Grammatik sozialer Konflikte Mit einem neuen Nachwort*, Frankfurt am Main: Suhrkamp, 2003（山本啓・直江清隆訳『承認をめぐる闘争――社会的コンフリクトの道徳的文法〔増補版〕』法政大学出版局、二〇〇三）

Koschmann, J. Victor, *Revolution and Subjectivity*, Chicago, The University of Chicago Press, 1996（葛西弘隆訳『戦後日本の民主主義革命と主体性』平凡社、二〇一一）

Lask, Emil, *Die Lehre vom Urteil*, 1912（久保虎賀壽訳『判断論』岩波書店、一九二九）

Latour, Bruno, *"SURLECULTE MODERNE DES DIEUXFAITICHES suivi de ICONOCLASH"* Éditions La Découverte, Paris, 2009（荒金直人訳『近代の〈物神事実〉崇拝について――ならびに「聖像衝突」』以文社、二〇一七）

Lazzarato, Maurizio, *Signs and Machines: capitalism and the productions of subjectivity*, Semiotext(e), 2014（杉村昌昭・松田正貴訳『記号と機械――反資本主義新論』共和国、二〇一五）

Lukács, Georg, *Geschichte und Klassenbewußtsein: Studien über marxistische Dialektik*, 1923（城塚登・古田光訳『歴史と階級意識』白水社、一九七五）

Mannheim, Karl, *Ideologie und Utopie*, Frankfurt: Schulte-Bulmke, 1929（高橋徹・徳永恂訳『イデオロギーとユートピア』中央公論新社、二〇〇六）

Marx, Karl, *1843–1845, Ökonomisch-philosophische Manuskripte (Erste Wiedergabe)*: Karl Marx Friedrich Engels Gesamtausgabe（MEGA）, Erste Abteilung, Band 2: Karl Marx Werke/ Artikel/ Entwürfe März 1843 bis August 1844, Berlin.

Karl Marx Friedrich Engels Gesamtausgabe（MEGA）, Vierte Abteilung, Band 2: Karl Marx Friedrich Engels Exzerpte und Notion 1843 bis Januar 1845, Berlin 1981（山中隆次訳『マルクス　パリ手稿――経済学・哲学・社会主義』御茶の水書房、二〇〇五）

Marx, Karl, *Ökonomisch-philosophische Manuskripte*, 1844（城塚登・田中吉六訳『経済学・哲学手稿』岩波文庫、一九六四）

Marx, Karl/ Engels, Friedrich, *Die Deutsche Ideologie*, 1845–1846（廣松渉編訳・小林昌人補訳『新編輯版 ドイツ・イデオロギー』岩波文庫、二〇〇二）

Marx, Karl, *Ansprache der Zentralbehörde an den Bund vom März 1850*: 1960, Werke, Band 7, Institut für Marxismus-Leninismus beim ZK der SED, Berlin: Dietz Verlag, 1850（村田陽一訳「一八五〇年三月の中央委員会の同盟員への呼びかけ」『マルクス＝エンゲルス全集 第七巻』大月書店、一九六一）

Marx, Karl, *Zur Kritik der politischen Ökonomie*, Erstes Heft, Volksausgabe, besorgt von Marx-Engels-Lenin-Institut, Moskau, 1934, 1859（武田隆夫・遠藤湘吉・大内力・加藤俊彦訳『経済学批判』岩波文庫、一九五六）

Marx, Karl, *Das Kapital*, Bd. I, in Marx-Engels Werke, Bd. 23, Berlin: Dietz, 1867（岡崎次郎訳『資本論 第一分冊』国民文庫、一九七二）

Marx, Karl, *Das Kapital*, Bd. I, in Marx-Engels Werke, Bd. 23, Berlin: Dietz, 1867（岡崎次郎訳『資本論 第二分冊』国民文庫、一九七二）

Marx, Karl, Werke, Band 18, Institut für Marxismus-Leninismus beim ZK der SED, Berlin: Dietz Verlag, 1873: 1962（高橋勝之訳「権威について」『マルクス＝エンゲルス全集 第一八巻』大月書店、一九六七）

Marx, Karl, *Randglossen zum Programm der Deutschen Arbeiterpartei (Kritik des Gothaer Programms)*, 1875（望月清司訳『ゴータ綱領批判』岩波文庫、一九七五）

Marx, Karl/ Engels, Friedrich, *Deutsche Ideologie Manuskripte und Drucke*; bearbeitet von Ulrich Pagel, Gerald Hubmann und Christine Weckwerth : Karl Marx Friedrich Engels Gesamtausgabe（MEGA）, Werke, Artikel, Entwürfe ; Bd. 5, De Gruyter Akademie Forschung, 2017

Mead, George Herbert, *Mind, Self, and Society*, Chicago: University of Chicago Press, 1934（河村望訳『精神・自我・社会』人間の科学社、一九九五）

Ricœur, Paul, *Lectures On Ideology and Utopia*: Ed. George H. Taylor, New York: Columbia University Press, 1986（川﨑惣一訳『イデオロギーとユートピア——社会的想像力をめぐる講義』新曜社、二〇一一）

Tetsuro Kato, *The Japanese Perception of the 1989 Eastern European Revolution*, *Hitotsubashi Journal of Social Studies*, Vol.23, No.1 (August 1991), 1991

Wiley, Norbert, *The Semiotic Self*, Chicago: The University of Chicago Press, 1994（船倉正憲訳『自我の記号論』法政大学出版局、一九九九）

Wittfogel, Karl A., *Oriental Despotism: A Comparative Study Of Total Power*, New York, 1962（湯浅赳男訳『［新装普及版］オリエンタル・デスポティズム——専制官僚国家の生成と崩壊』新評論、一九九一）

事典・資料集

『資料・戦後学生運動　第二巻』三一書房、一九六九

『資料・戦後学生運動　第三巻』三一書房、一九六九

『資料・戦後学生運動　第四巻』三一書房、一九六九

『資料・戦後学生運動　別巻』三一書房、一九六九

『現代マルクス＝レーニン主義事典』（上）社会思想社、一九八〇

水谷智洋編『改訂版　羅和辞典』研究社、二〇一一

参考文献

日本語文献

浅田彰『構造と力――記号論を超えて』勁草書房、一九八三
浅見克彦『所有と物象化』世界書院、一九八六
遊部久蔵『商品論の構造』青木書店、一九七三
天野恵一『無党派運動の思想――「共産主義と暴力」再考』インパクト出版会、一九九九
荒岱介・藤本敏夫・鈴木正文・荘茂登彦・神津陽・前田裕晤・成島忠夫・望月彰・吉川駿・塩見孝也・田村元行・小西隆裕・最首悟・塩川喜信・内田雅敏・村田恒有『全共闘三〇年――時代に反逆した者たちの証言』実践社、一九九八
生田長江『生田長江批評選集　超近代とは何か　1新と旧』書肆心水、二〇〇九
生田長江『生田長江批評選集　超近代とは何か　2信と善』書肆心水、二〇〇九
池田元『戦後日本の思想と運動――「日本近代」と自己認識』論創社、二〇一二
池田浩士『初期ルカーチ研究』合同出版、一九七二
磯前順一／ハリー・D・ハルトゥーニアン編『マルクス主義という経験――一九三〇―一九四〇年代日本の歴史学』青木書店、二〇〇八
市田良彦『革命論――マルチチュードの政治哲学序説』平凡社新書、二〇一二
井上達夫『他者への自由――公共性の哲学としてのリベラリズム』創文社、一九九九
井上康・崎山政毅『マルクスと商品語』社会評論社、二〇一七
今村仁司『暴力のオントロギー』勁草書房、一九八二

今村仁司『現代思想の基礎理論』講談社学術文庫、一九九二
今村仁司『近代性の構造――「企て」から「試み」へ』講談社、一九九四
今村仁司『ベンヤミン「歴史哲学テーゼ」精読』岩波現代文庫、二〇〇〇
今村仁司『社会性の哲学』岩波書店、二〇〇七
岩佐茂・島崎隆・渡辺憲正『戦後マルクス主義の思想――論争史と現代的意義』社会評論社、二〇一三
岩崎允胤『「新左翼」と非合理主義』新日本出版社、一九七〇
岩崎允胤『日本マルクス主義哲学史序説』未來社、一九七一
岩本真一『超克の思想』水声社、二〇〇八
上野千鶴子『構造主義の冒険』勁草書房、一九八五
内田弘『「資本論」と現代――マルクス主義の世界認識』三一書房、一九七〇
宇波彰『記号論の思想』講談社学術文庫、一九九五
宇波彰『記号的理性批判――批判的知性の構築に向けて』御茶の水書房、二〇〇七
宇野弘蔵『資本論 五十年』（上・下）法政大学出版局、一九七三
宇野弘蔵『宇野弘蔵著作集 第一巻 経済原論』岩波書店、一九七三
宇野弘蔵『宇野弘蔵著作集 第二巻 経済原論』岩波書店、一九七三
梅本克己『唯物論と主体性』現代思潮社、一九六一
梅本克己『増補 人間論――マルクス主義における人間の問題』三一書房、一九六九
大井正『唯物史観の形成過程』未來社、一九六八
大井正『唯物史観における個人概念の探求』未來社、一九七〇
大久保そりや・高知聰・喜里山博之・長崎浩・降旗節雄・富岡裕・成岡庸治『黒田寛一をどうとらえるか』芳賀書店、一九七一

大澤真幸『身体の比較社会学 II』勁草書房、一九九二
大澤真幸『意味と他者性』勁草書房、一九九四
大澤真幸『ナショナリズムの由来』講談社、二〇〇七
大澤真幸『〈自由〉の条件』講談社、二〇〇八
大森荘蔵・廣松渉・野家啓一「鼎談 言語・表情・他者」『現代思想』一七巻三号、青土社、一九八九
小熊英二『社会を変えるには』講談社現代新書、二〇一二
桶谷秀昭『昭和精神史――戦後篇』文春文庫、二〇〇三
小沢有作編『世界の学生運動』青木書店、一九六八
小野寺研太『戦後日本の社会思想史――近代化と「市民社会」の変遷』以文社、二〇一五
鹿島徹『可能性としての歴史――越境する物語り理論』岩波書店、二〇〇六
勝守真『現代日本哲学への問い――「われわれ」とそのかなた』勁草書房、二〇〇九
加藤哲郎『国家論のルネサンス』青木書店、一九八六
萱野稔人『国家とはなにか』以文社、二〇〇五
川勝平太『文明の海洋史観』中公叢書、一九九七
菅孝行編『モグラ叩き時代のマルキシズム』現代企画室、一九八五
岸川富士夫「マックス・アードラーとマルクス主義」『経済科学』六二巻四号、名古屋大学大学院経済学研究科、二〇一五年三月
九鬼一人『新カント学派の価値哲学』弘文堂、一九八八
忽那敬三・熊野純彦「他我論の問題構成と〈象徴形式の哲学〉」『思想』六九八号、岩波書店、一九八二年八月
熊野純彦「間人格的世界の存在構造」『倫理学年報』三四集、一九八五
熊野純彦「言語・身体・構造――〈言語ゲーム〉論批判のために」『エピステーメー』II-一、朝日出版社、一九八八

五年七月
熊野純彦『ヘーゲル――〈他なるもの〉をめぐる思考』筑摩書房、二〇〇二
熊野純彦『差異と隔たり――他なるものへの倫理』岩波書店、二〇〇三
熊野純彦『西洋哲学史――古代から中世へ』岩波新書、二〇〇六ａ
熊野純彦『西洋哲学史――近代から現代へ』岩波新書、二〇〇六ｂ
黒田寛一『日本左翼思想の転回』こぶし書房、一九七〇
高山岩男『哲学的人間学』岩波書店、一九三八
高山岩男『哲学とは何か』創文社、一九六七
高山岩男『超近代の哲学』燈影舎、二〇〇二
小坂井敏昌『責任という虚構』東京大学出版会、二〇〇八
小坂井敏昌『増補　民族という虚構』ちくま学芸文庫、二〇一一
小林敏明『西田幾多郎の憂鬱』岩波現代文庫、二〇一一
小松美彦『生権力の歴史――脳死・尊厳死・人間の尊厳をめぐって』青土社、二〇一二
子安宣邦『日本近代思想批判――一国知の成立』岩波現代文庫、二〇〇三
子安宣邦『和辻倫理学を読む――もう一つの「近代の超克」』青土社、二〇一〇
佐伯啓思『隠された思考――市場経済のメタフィジックス』ちくま学芸文庫、一九九三
佐伯啓思『貨幣　欲望　資本主義』新書館、二〇〇〇
佐伯啓思『国家についての考察』飛鳥新社、二〇〇一
佐伯啓思『日本の愛国心――序説的考察』ＮＴＴ出版、二〇〇八
酒井直樹・西谷修『〈世界史〉の解体――翻訳・主体・歴史』以文社、一九九九
酒井直樹・磯前順一編『「近代の超克」と京都学派――近代性・帝国・普遍性』以文社、二〇一〇

坂部恵『理性の不安――カント哲学の生成と構造』勁草書房、一九七六
坂間真人『F・エンゲルス K・マルクス著 廣松渉編輯案「ドイツ・イデオロギー」』慶応大学経済学部内 解放ゼミナール準備会、一九六九
坂本多加雄『坂本多加雄選集 I 近代日本精神史』藤原書店、二〇〇五
塩川伸明『社会主義とは何だったか』勁草書房、一九九四
柴田高好『マルクス国家論入門』現代評論社、一九七三
渋谷正『草稿完全復元版 ドイツ・イデオロギー〈本巻・邦訳篇〉』新日本出版社、一九九八
渋谷正『草稿完全復元版 ドイツ・イデオロギー〈別巻・注記解題篇〉』新日本出版社、一九九八
白井聡『「物質」の蜂起をめざして――レーニン、〈力〉の思想』作品社、二〇一〇
絓秀実『革命的な、あまりに革命的な――「一九六八年の革命」史論』作品社、二〇〇三
絓秀実『天皇制の隠語』航思社、二〇一四
菅原潤『「近代の超克」再考』晃洋書房、二〇一一
杉村靖彦『ポール・リクールの思想――意味の探索』創文社、一九九八
杉山光信『思想とその装置1 戦後啓蒙と社会科学の思想』新曜社、一九八三
杉山光信『戦後日本の〈市民社会〉』みすず書房、二〇〇一
孫歌著／清水賢一郎・鈴木将久訳『竹内好という問い』岩波書店、二〇〇五
大黒弘慈『貨幣と信用――純粋資本主義批判』東京大学出版会、二〇〇〇
大黒弘慈「物象化論の諸問題」『情況』三期七巻四号、情況出版、二〇〇六年七・八月号
大黒弘慈「模倣と物象化」『マルクス理論研究』御茶の水書房、二〇〇七
大黒弘慈「模倣・勢力・資本――高田保馬とガブリエル・タルド」『思想』一〇三九号、岩波書店、二〇一〇
大黒弘慈『模倣と権力の経済学――貨幣の価値を変えよ〈思想史篇〉』岩波書店、二〇一五

大黒弘慈『マルクスと贋金づくりたち――貨幣の価値を変えよ〈理論篇〉』岩波書店、二〇一六
高田求編『全共闘の思想とその周辺』新日本新書、一九六九
高橋洋児『物神性の解読――資本主義にとって人間とは何か』勁草書房、一九八一
武井昭夫『わたしの戦後／運動から未来を見る』スペース伽耶、二〇〇四
竹内洋『革新幻想の戦後史』中央公論新社、二〇一一
竹内好『日本とアジア』ちくま学芸文庫、一九九三
竹内好『日本イデオロギイ』こぶし書房、一九九九
竹田篤司『物語「京都学派」――知識人たちの友情と葛藤』中公文庫、二〇一二
田島節夫・立松弘孝・坂井秀寿・廣松渉「特別シンポジウム　言語と現代哲学」『現代思想』三巻六号、青土社、一九七五
立花隆『中核VS革マル』講談社文庫、一九八三
田口富久治『マルクス主義国家論の新展開』青木書店、一九七九
田口富久治『近代の今日的位相』平凡社、一九九四
田中希生『精神の歴史――近代日本における二つの言語論』有志舎、二〇〇九
田辺繁治編著『人類学的認識の冒険――イデオロギーとプラクティス』同文館、一九八九
谷川雁・吉本隆明・埴谷雄高・森本和夫・梅本克己・黒田寛一『民主主義の神話』現代思潮社、一九六〇
筑紫哲也編『全共闘――それは何だったのか』現代の理論社、一九八四
筒井清忠『近衛文麿――教養主義的ポピュリストの悲劇』岩波現代文庫、二〇〇九
都築勉『戦後日本の知識人――丸山眞男とその時代』世織書房、一九九五
テツオ・ナジタ・前田愛・神島二郎編『戦後日本の精神史――その再検討』岩波書店、二〇〇一
徳永恂『社会哲学の復権』講談社学術文庫、一九九六

中倉智徳『ガブリエル・タルド——贈与とアソシアシオンの体制へ』洛北出版、二〇一一
長崎浩『一九六〇年代——ひとつの精神史』作品社、一九八八
長崎浩『七〇年代を過る——長崎浩対談集』エスエル出版会、一九八八
長崎浩『叛乱の六〇年代——安保闘争と全共闘運動』論創社、二〇一〇
長崎浩『革命の哲学　一九六八叛乱への胎動』作品社、二〇一二
中野正『中野正著作集　第一巻　価値形態論』森田企版、一九八七
西川長夫『パリ五月革命私論——転換点としての六八年』平凡社新書、二〇一一
西原和久『間主観性の社会学理論——国家を超える社会の可能性［一］』新泉社、二〇一〇
西部邁『六〇年安保——センチメンタル・ジャーニー』文藝春秋、一九八六
西部邁『知性の構造』ハルキ文庫、二〇〇二
野家啓一『物語の哲学』岩波現代文庫、二〇〇五
服部健二『西田哲学と左派の人たち』こぶし書房、二〇〇〇
アラン・バディウほか『一九六八年の世界史』藤原書店、二〇〇九
日山紀彦『「抽象的人間労働論」の哲学——二十一世紀・マルクス可能性の地平』御茶の水書房、二〇〇六
平田清明『市民社会と社会主義』岩波書店、一九六八
廣松渉・大黒岳彦「新カント派の遺したもの」『理想』六四三号、理想社、一九八九
福谷茂『カント哲学試論』知泉書館、二〇〇九
星野智「「東亜の新体制」と東アジア共同体——廣松渉の東北アジア論」『情況』三期五巻八号、情況出版、二〇〇四年八・九月
真木悠介『人間解放の理論のために』筑摩書房、一九七一
真木悠介『現代社会の存立構造』筑摩書房、一九七七

真木悠介『時間の比較社会学』岩波現代文庫、二〇〇三
三木清「戦時認識の基調」『中央公論』六五三号、中央公論社、一九四二年一月
三木清『三木清全集　第八巻　構想力の論理』岩波書店、一九六七
見附陽介『象徴機能と物象化——人間と社会の時代診断に向けて』北海道大学出版会、二〇一一
宮台真司『権力の予期理論——了解を媒介にした作動形式』勁草書房、一九八九
向井公敏『貨幣と賃労働の再定義——異端派マルクス経済学の系譜』ミネルヴァ書房、二〇一〇
村上泰亮『文明の多系史観——世界史再解釈の試み』中公叢書、一九九八
森秀樹「新カント派の挫折の意義——リッカートとラスクの対決が生み出したもの」『アルケー』九号、関西哲学会、二〇〇一年七月
安丸良夫『現代日本思想論——歴史意識とイデオロギー』岩波書店、二〇〇四
山内志朗『普遍論争——近代の源流としての』平凡社、二〇〇八
山口昌男監修『説き語り記号論』国文社、一九八三
山之内靖『社会科学の現在』未來社、一九八六
山之内靖・ヴィクター・コシュマン・成田龍一『総力戦と現代化』柏書房、一九九五
山之内靖『受苦者のまなざし——初期マルクス再興』青土社、二〇〇四
山本耕一『権力——社会的威力・イデオロギー・人間生態系』情況出版、一九九八
山本耕一「近代批判のゆくえ——廣松渉の「近代の超克」をめぐって」『情況』三期一巻一号、情況出版、二〇〇〇
山本耕一「二つの《近代の超克》論——廣松渉と京都学派」『情況』三期五巻八号、情況出版、二〇〇四
山本耕一・高橋順一・星野智・的場昭弘・表三郎・榎原均・櫻本陽一・高杉公望・古賀邁・仲正昌樹「近代の超克を考える」『情況』三期一巻一号、情況出版、二〇〇〇年十月
山本広太郎『差異とマルクス——疎外・物象化・物神性』青木書店、一九八五

吉田民人『主体性と所有構造の理論』東京大学出版会、一九九一
吉本隆明『擬制の終焉』現代思潮社、一九六二
吉本隆明『改訂新版　共同幻想論』角川ソフィア文庫、一九八二
吉本隆明『カール・マルクス』光文社文庫、二〇〇六
米谷匡史「和辻倫理学と十五年戦争期の日本——「近代の超克」の一局面」『情況』二期三巻七号、情況出版、一九九二
米谷匡史「「世界史の哲学」の帰結——戦中から戦後へ」『現代思想』二三巻一号、青土社、一九九五
米谷匡史「戦時期日本の社会思想——現代化と戦時変革」『思想』八八二号、岩波書店、一九九七
米谷匡史「マルクス主義と世界性とコロニアリズム」『情況』二期一一巻二号、情況出版、二〇〇〇
良知力『初期マルクス試論——現代マルクス主義の検討とあわせて』未來社、一九七三
良知力『ヘーゲル左派と初期マルクス』岩波書店、二〇〇一
良知力『マルクスと批判者群像』平凡社ライブラリー、二〇〇九
渡辺一衛・塩川喜信・大藪龍介編『新左翼運動四〇年の光と影』新泉社、一九九九
渡邊二郎『構造と解釈』ちくま学芸文庫、一九九四
和辻哲郎『人間の学としての倫理学』岩波文庫、二〇〇七

事典・資料集

『マルクス・カテゴリー事典』青木書店、一九九八
『岩波　哲学・思想事典』岩波書店、一九九八

外国語文献

Althusser, Louis, *Eléments D'autocritique*, Paris: Librairie, 1974

Althusser, Louis, *Marxisme et Lutte de Classe*, Soutenance D'amiens, Paris: Editions Sociales, 1976（西川長夫訳『自己批判——マルクス主義と階級闘争』福村出版、一九七八）

Althusser, Louis, *Sur la reproduction*, Paris: PUF, 1995（西川長夫・伊吹浩一・大中一彌・今野晃・山家歩訳『再生産について——イデオロギーと国家のイデオロギー諸装置』（下）平凡社ライブラリー、二〇一〇）

Anderson, Benedict, *Imagined Communities: Reflections on the Origin and Spread of Nationalism*, 1983（白石さや・白石隆訳『増補 想像の共同体——ナショナリズムの起源と流行』ＮＴＴ出版、一九九七）

Arendt, Hannah, *The Human Condition*, Chicago: The University of Chicago Press, 1958（志水速雄訳『人間の条件』ちくま学芸文庫、一九九四）

Arendt, Hannah, *On Revolution*, Penguin Books, 1963（志水速雄訳『革命について』ちくま学芸文庫、一九九五）

Arendt, Hannah, *Lectures on Kant's Political Philosophy*, Chicago: The University of Chicago Press, 1992（仲正昌樹訳『完訳 カント政治哲学講義録』明月堂書店、二〇〇九）

Axelos, Kostas, *Einführung in ein künftiges Denken: Über Marx und Heidegger*, Tübingen: Max Niemeyer Verlag, 1966（酒井昌美訳『マルクスとハイデッガー』学文社、一九九九）

Axelos, Kostas, *Vers la Pensée Planétaire*, Paris: Editions de Minuit, 1970（高橋允昭訳『遊星的思考へ』白水社、一九七五）

Balibar, Étienne, *Sur la Dictature du Prolétariat*, Paris: François Maspero, 1976（加藤晴久訳『プロレタリア独裁とは何か』新評論、一九七八）

Balibar, Étienne & Wallerstein, Immanuel, *Race, Nation, Classe*, Paris: La Découverte, 1990（若森章孝・岡田光正・須田文明・奥西達也訳『人種・国民・階級——「民族」という曖昧なアイデンティティ』唯学書房、二〇一四）

Benjamin, Walter, *Über das Programm der kommenden Philosophie und Andre Essays*: Aus Gesammelte Schriften, Frankfurt am

Main: Suhrkamp Verlag, 1971（道籏泰三訳『来たるべき哲学のプログラム』晶文社、一九九二）
Bergman, Dutschke, Lefèvre, Rabehl, *Rebellion der Studenten oder Die neue Opposition*, Rowohlt Taschenbuch Verlag, 1968（船戸満之訳『学生の反乱』合同出版、一九六八）
Berlin, Isaiah, *Four Essays on Liberty*, London: Oxford University Press, 1969（小川晃一・小池銈・福田歓一・生松敬三訳『自由論』みすず書房、一九七一）
Bob, Tadashi, Wakabayashi, *Modern Japanese Thought*, Cambridge: Cambridge University Press, 1998
Bourdieu, Pierre, *La Distinction*, Paris: Éditions de Minuit, 1979（石井洋二郎訳『ディスタンクシオン　社会的判断力批判Ⅰ』藤原書店、一九九〇）
Bourdieu, Pierre, *L'ontologie politique de Martin Heidegger*, Paris: Minuit, 1988（桑田禮明訳『ハイデガーの政治的存在論』藤原書店、二〇〇〇）
Brown, Archie, *The Rise and Fall of Communism*, Oxford: Felicity Bryan Ltd, 2009（下斗米伸夫訳『共産主義の興亡』中央公論新社、二〇一二）
Carr, E. H, *What is History?*, 1961（清水幾太郎訳『歴史とは何か』岩波新書、一九六二）
Cassirer, Ernst, *Die Philosophie Der Symbolischen Formen Bd. I. Die Sprache*, 1923（生松敬三・木田元訳『シンボル形式の哲学　第一巻　言語』岩波書店、一九八九）
Cassirer, Ernst, *Die Philosophie Der Symbolischen Formen Bd. III. Phänomenologie der Erkenntnis*, 1923（生松敬三・木田元訳『シンボル形式の哲学　第三巻　認識の現象学（上）』岩波書店、一九九四）
Cassirer, Ernst, *An Essay On Man*, New Haven: Y. U. P, 1944（宮城音弥訳『人間』岩波書店、一九九七）
Collingwood, R. G., *The Idea of History*, Clarendon Press, 1946（小松茂夫・三浦修訳『歴史の観念』紀伊國屋書店、一九七〇）
Deleuze, Gilles, *Logique du sens*, Paris: Les Editions de Minuit, 1969（小泉義之訳『意味の論理学』（上）河出文庫、二〇

〇七）

Deleuze, Gilles / Guattari, Félix, *L'anti-Œdipe: Capitalisme et schizophrénie*, Paris: Les Editions de Minuit, 1972（宇野邦一訳『アンチ・オイディプス——資本主義と分裂症』（上）河出文庫、二〇〇六）

Derrida, Jacques, *La voix et le phénomène*, Paris: P. U. F, 1967（林好雄訳『声と現象』ちくま学芸文庫、二〇〇五）

Eco, Umberto, *Trattato di semiotica generale*, Milano: studi bompiani, 1975（池上嘉彦訳『記号論 Ⅰ』講談社学術文庫、二〇一三）

Ferry, Luc & Renaut, Alain, *La Pensée 68 Essai sur l'anti-humanisme contemporain*, Paris: Gallimard, 1985（小野潮訳『68年の思想——反－人間主義への批判』法政大学出版局、一九九八）

Fletcher III, William Miles, *The Search for a New Order: Intellectuals and Fascism in Prewar Japan*, North Carolina: The University of North Carolina Press, 1982（竹内洋・井上義和訳『知識人とファシズム——近衛新体制と昭和研究会』柏書房、一九八二）

Fukuyama, Francis, *The End of History and the Last Man*, New York: International Creative Management, 1992（渡部昇一訳『歴史の終わり』（上・下）三笠書房、二〇〇五）

Gabel, Joseph, *La fausse conscience / Essai sur la reification*, Paris: Les Editions de Minuit, 1968（木村洋二訳『虚偽意識——物象化と分裂病の社会学』人文書院、一九八〇）

Giddens, Anthony, *The class structure of the advanced societies*, London: Hutchinson & Co. Ltd, 1973（市川統洋訳『先進社会の階級構造』みすず書房、一九七七）

Gouldner, Alvin W. *The Future of Intellectuals and the Rise of the New Class*, New York: The Seabury Press, 1979（原田徹訳『知の資本論——知識人の未来と新しい階級』新曜社、一九八八）

Gramsci, Antonio, *Quaderni del carcere*. Edizione critica dell'Istituto Gramsci. A cura di Valentino Gerratana, Torino: Giulio Einaudi editore, 1975（上村忠男編訳『新編 現代の君主』ちくま学芸文庫、二〇〇八）

Gramsci, Antonio, *"Alcuni temi della quistione meridionale"* and several notes from Quaderni del carcere, Torino: Giulio Einaudi editore, 1975（上村忠男編訳『知識人と権力――歴史的－地政学的考察』みすず書房、一九九九）

Hacking, Ian, *Historical Ontology*, Cambridge: Harvard University Press, 2012（出口康夫・大西琢朗・渡辺一弘訳『知の歴史学』岩波書店、二〇一二）

Harootunian, Harry, *Overcome by Modernity: History, Culture, and Community in Interwar Japan*, 2000（梅森直之訳『近代による超克――戦間期日本の歴史・文化・共同体』（上・下）岩波書店、二〇〇七）

Harvey, David, *Cosmopolitanism and the Geographies of Freedom*, NewYork: Columbia University Press, 2009（大屋定晴・森田成也・中村好孝・岩崎明子訳『コスモポリタニズム――自由と変革の地理学』作品社、二〇一三）

Hegel, G. W. F., *Vorlesungen über die Philosophie der Geschichte*（長谷川宏訳『歴史哲学講義』（上・下）岩波文庫、一九九四）

Henry, Michel, *Marx: Une Philosophie de la réalité, Une Philosophie de l'économie*, Paris: Gallimard, 1976（杉山吉弘・水野浩二訳『マルクス――人間的現実の哲学』法政大学出版局、一九九一）

Henry, Michel, *Du communism au capitalism: théorie d'une catastrophe*, Paris: Éditions Odile Jacob, 1990（野村直正訳『共産主義から資本主義へ――破局の理論』法政大学出版局、二〇〇一）

Hobsbawm, Eric, *Age of Extremes: The Short Twentieth Century 1914–1991*, London: Michael Joseph, 1994（河合秀和訳『20世紀の歴史――極端な時代』（下巻）三省堂、一九九六）

Hobsbawm, Eric, *On History*, London: Weidenfeld & Nicolson, 1997（原剛訳『歴史論』ミネルヴァ書房、二〇〇一）

Hughes, H. Stuart, *Consciousness and Society: The Reconstruction of European Social Thought 1890–1930*, New York: Alfred A. Knopf, 1958（生松敬三・荒川幾男訳『意識と社会』みすず書房、一九七〇）

Hyppolite, Jean, *Etudes sur Marx et Hegel*, Paris: Librairie Marcel Rivière et Cie, 1955（宇津木正・田口英治訳『マルクスとヘーゲル』法政大学出版局、一九七〇）

Jay, Martin, *Marxism and Totality: The adventures of a content from Lukács to Habermas*, Berkeley and Los Angeles: University of California Press, 1984（荒川幾男・今村仁司・江原由美子・森反章夫・山本耕一・三浦直枝・宇都宮京子・浅井美智子・谷徹・桜井哲夫・大庭優訳『マルクス主義と全体性――ルカーチからハーバーマスへの概念の冒険』国文社、一九九三）

Jay, Martin, *Fin-de-siècle Socialism and Other Essays*, New York: Routledge, 1988（今村仁司・大谷遊介訳『世紀末社会主義』法政大学出版局、一九九七）

Kant, Immanuel, *Kritik Der Reinen Vernunft*, 1781(A)/1787(B)（高峯一愚訳『純粋理性批判』河出書房新社、一九七一）

Kant, Immanuel, *Beantwortung Der Frage: Was Ist Aufklärung*, 1784（篠田英雄訳『啓蒙とは何か』岩波文庫、一九五〇）

Kant, Immanuel, *Kritik der Urteilskraft*, 1790（宇都宮芳明訳『判断力批判』（上・下）以文社、一九九四）

Krockow, Christian Graf von, *Die Entscheidung; Eine Untersuchung über Ernst Jünger, Carl Schmitt, Martin Heidegger*, Frankfurt: Campus, 1958（高田珠樹訳『決断――ユンガー、シュミット、ハイデガー』柏書房、一九九九）

Kuhn, Thomas S., *The Structure of Scientific Revolutions*, Chicago, The University of Chicago Press, 1962（中山茂訳『科学革命の構造』みすず書房、一九七一）

Lacoue-Labarthe, Philippe, *L'imitation Des Modernes*, Paris: Galilée, 1986（大西雅一郎訳『近代人の模倣』みすず書房、二〇〇三）

Lefébvre, Henri, *La Proclamation de la Commune (26 Mars 1871)*, Paris: Gallimard, 1965（河野健二・柴田朝子訳『パリ・コミューン』（上）岩波書店、一九六七）

Lichtheim, George, *Marxism, An Historical and Critical Study*, London: Routledge and Kegan Paul, 1961（奥山次良・田村一郎・八木橋貢訳『マルクス主義』みすず書房、一九七四）

Löwith, Karl, *Das Individuum In Der Rolle Des Mitmenshen: Ein Beitrag zur anthropologischen Grundlegung der ethischen Probleme*, München: Drei Masken, 1928（熊野純彦訳『共同存在の現象学――倫理学的諸問題の人間学的基礎づけのために』

岩波文庫、二〇〇八）

Löwith, Karl, *Max Weber und Karl Marx*, Archiv für Sozialwissenschaft und Sozialpolitik, Bd. 67, 1932（柴田治三郎・脇圭平・安藤英治訳『ウェーバーとマルクス』未來社、一九六六）

Löwith, Karl, *Welt und Weltgeschichte*, 1958（柴田治三郎訳『世界と世界史』岩波モダンクラシックス、二〇〇六）

Luhmann, Niklas, *Beobachtungen Der Moderne*, Opladen: Westdeutscher Verlag, 1992（馬場靖雄訳『近代の観察』法政大学出版局、一九九二）

Luhmann, Niklas, *Die Politik der Gesellschaft*, Frankfurt am Main: Suhrkamp Verlag, 2000（小松丈晃訳『社会の政治』法政大学出版局、二〇一三）

Lyotard, Jean-François, *La condition postmoderne*, Paris, Les éditions de Minuit, 1979（小林康夫訳『ポスト・モダンの条件』書肆風の薔薇、一九八六）

Mannheim, Karl, »Historismus«, *Archiv für Sozialwissenschaft und Sozialpolitik*, Bd. 52, I, S.1–60. 1924

Mannheim, Karl »Das konservative Denken: Soziologische Beiträge zum Werden des politisch-historischen Denkens in Deutschland«, *Archiv für Sozialwissenschaft und Sozialpolitik*, Bd. 57, I, S.68–142, II, S.470–495. 1927

Mannheim, Karl, »Wissensoziologie«, *Handwörterbuch der Soziologie*, hrsg. Alfred Vierkandt, Stuttgart, Ferdinand Enke, S.659–680. 1931（森博訳『歴史主義・保守主義』恒星社厚生閣、一九六九）

Marx, Karl, *Das Kapital, Kritik der politischen Oekonomie. Erster Band. Buch I: Der Produktionsprocess des Kapitals*. Hamburg: Verlag von Otto Meissner, 1867（江夏美千穂訳『初版　資本論』幻燈社書店、一九八三）

Meinecke, Friedrich, *Die Entstehung des Historismus*, 1936（菊盛英夫・麻生建訳『歴史主義の成立』（上）筑摩書房、一九六八）

Michelet, Jules, *L'etudiant précédé de Mischelet et la parole historienne par Gaëtan Picon*, Paris: Editions du Seuil, 1970（大野一道訳『学生よ――一八四八年革命前夜の講義録』藤原書店、一九九五）

Nancy, Jean-Luc, *La Communauté Désœuvrée*, Paris: Christian Bourgois Editeur, 1999（西谷修・安原紳一朗訳『無為の共同体――哲学を問い直す分有の思考』以文社、二〇〇一）

Ollman, Bertell, *Alienation: Marx's conception of man in capitalist*, New York: Cambridge University Press, 1971

Parsons, Talcott, *Social Structure and Personality (A collection of essays)*, New York: The Free Press of Glencoe, 1964（武田良三監訳『新版　社会構造とパーソナリティ』新泉社、一九七三）

Postone, Moishe, *Time, Labor, and Social Domination*, New York: Cambridge University Press, 1993（白井聡・野尻英一監訳『時間・労働・支配――マルクス理論の新地平』筑摩書房、二〇一二）

Poulantzas, Nicos, *L'état, Le Pouvoir, Le Socialisme*, Paris: Presses Universitaires de France, 1978（田中正人・柳内隆訳『国家・権力・社会主義』ユニテ、一九八四）

Said, Edward W., *Representations of the Intellectual*, New York: Pantheon, 1994（大橋洋一訳『知識人とは何か』平凡社ライブラリー、一九九八）

Schmitt, Carl, *Politische Theologie*, München und Leipzig: Duncker & Humblot, 1922（田中浩・原田武雄訳『政治神学』未來社、一九七一）

Skinner, Quentin, *Meaning and Context: Quentin Skinner and his Critics*, edited and introduced by James Tully, Oxford: Polity Press, 1988（半澤孝麿・加藤節編訳『思想史とはなにか――意味とコンテクスト』岩波書店、一九九〇）

Skocpol, Theda, *Social revolutions in the modern world*, Cambridge: Cambridge University Press, 1994（牟田和恵監訳『現代社会革命論――比較歴史社会学の理論と方法』岩波書店、二〇〇一）

Smith, Adam, *The Theory of Moral Sentiments*, 1759（水田洋訳『道徳感情論』（上）岩波文庫、二〇〇三）

Smith, Adam, *An Inquiry into the Nature and Causes of the Wealth of Nations*, in three volumes, the fifth edition, London, 1789（大河内一男監訳『国富論 I』中公文庫、一九七八）

Spivak, Gayatri Chakravorty, *A Critique of Postcolonial Reason: Toward a History of the Vanishing Present*, Cambridge, Mass. &

London, Harvard University Press, 1999（上村忠男・本橋哲也訳『ポストコロニアル理性批判——消え去りゆく現在の歴史のために』月曜社、二〇〇三）

Steinhoff, Patricia G., *Shi eno Ideology: Nihon Sekigunha with new preface*, 1991（木村由美子訳『死へのイデオロギー——日本赤軍派』岩波現代文庫、二〇〇三）

Tarde, Jean Gabriel, *Les lois de l'imitation*, Paris: Alcan, 1890（池田祥英・村澤真保呂訳『模倣の法則』河出書房新社、二〇〇七）

Taylor, Charles, *Sources of the Self: The Making of the Modern Identity*, Cambridge, Mass: Harvard University Press, 1989（下川潔・桜井徹・田中智彦訳『自我の源泉——近代的アイデンティティの形成』名古屋大学出版会、二〇一〇）

Wallerstein, Immanuel, *The Modern World-System Capitalist Agriculture and the Origins of the European World-Economy in the Sixteenth Century*, Oxford: Academic Press, 1974（川北稔訳『近代世界システム——農業資本主義と「ヨーロッパ世界経済」の成立 I・II』岩波書店、一九八一）

Žižek, Slavoj, *The Sublime Object of Ideology*, Verso, 1989（鈴木晶訳『イデオロギーの崇高な対象』河出書房新社、二〇〇〇）

あとがき

本書は、二〇一五年三月に京都大学大学院人間・環境学研究科に提出した学位請求論文（課程博士論文）に加筆修正を施したものである。

まず、博士論文の審査にあたられた三人の先生方に御礼を申し上げたい。

本研究がひとまずの形を見たのは、ひとえに、大学院時代の師である道籏泰三先生の剛直な御指導による。はじめてお会いした頃から数えれば、先生と過ごした時間は長い。茫漠とした学生を抱えてしまい、先生は手を焼いたはずである。御専門からは外れる私の研究に対しても、先生は正面から鋭い批評を向けてくださった。本当に長い間、厳しくも温かい叱咤激励をしていただき、御礼の言葉もない。

私がまだ学部生であった頃、先生はゼミの場で、「翻訳とは、純粋言語に向かって自身の言語を壊すことである」というようなことを口にされた。ふりかえれば、本書を上梓するまで、廣松の言語体系のなかで思考しながら、いかにしてそれを超え出るかということが、私にとっての課題であった。先生の言葉は、いまも重くのしかかってくる問いであり、物を考えるということの苛烈さを、私は先生から学んだ。

佐伯啓思先生。先生にはひそかに畏敬の念を抱いていたが、会話らしい会話をしたのは、合同のゼミ合宿で釜石を訪れたときだったと記憶している。爾来、幾度か研究に対する御意見を頂戴することができた。おそらくは立場の異なる私にも鷹揚に接してくださり、審査においても、今後の思索を方向づけるような大局的な問いを提起してくださった。

大黒弘慈先生。先生のゼミでは、理論的なテクストの読解を初歩的なところから教えていただいた。これが大変ありがたかったのだが、私は晩学であったので、先生はきっと業を煮やされたことと思う。先生からは、教室をはなれても、たびたびさりげない御示唆を賜った。いずれも研究をすすめる上で導きの糸となるものであり、執筆の大きな助けとなった。

このほか、京都大学で開講されている講義・演習に関心の向くまま出席し、さまざまな形で思考を触発された。本研究が、諸先生方から賜った学恩へのささやかな返礼になれば、と切に願う。

大田一廣先生。先生とは偶然お会いすることが重なり、提出直後の博士論文に目を通していただくことができた。公聴会にも足を運んでいただいたうえ、その後も、沈潜しがちな私を気遣って、励ましの言葉をかけてくださった。

大学院進学以来の学兄である福家崇洋氏。氏からは折に触れて御助言を賜ってきた。気魄のこもった御研究に、何度も襟を正された。

論文雑誌『文明構造論』の査読会に御参集くださった皆様。一家言ある諸氏と忌憚なく議論を交わしたことで、私の拙い論も鍛えられていったように思う。

歩みの遅さゆえ、いたずらに時間ばかりがたってしまったが、私が廣松研究に取り組む端緒となったのは、学部の卒業論文にまで遡る。廣松を対象に選んだことは、今にして思えば蛮勇というほかない。しかし、書きながら物に憑かれるような感覚は、あの時分だからこそ得られたものであったと追想している。そのまま、熱に浮かされるように学問を志したものの、私の研究にさだまった途はなく、進展は困難をきわめた。そんなとき励みになったのは、ともに机を並べた先輩諸氏、学友たちの姿である。それぞれが、期するところを胸に抱き、研究に打ち込んでいた。そして、学的な彷徨をはじめていた頃、僥倖というべき出会いが数多くあった。彼らからは、学問に対する矜持とは何かを教わった。

博士課程修了後には、出原政雄先生を代表者とする、同志社大学人文科学研究所第八研究に参加させていただいた。研究会では、多彩かつ重厚な研究にふれることができ、次なる課題へと踏み出す、よい契機となった。そこで面識を持った思想史研究の先達からは、いつも多くを学ばせていただき、感謝している。

皆様には、今後も学問を機縁にした御交誼をお願いする所存である。

廣松邦子様、柳川に住む御親戚の方々、伝習館高校同窓の方々には、不躾な申し出にもかかわらず、聞き取り調査に応じていただいた。お話を伺うなかで、人間廣松に出会ったような気がして、ことのほかうれしかった。御厚情に御礼申し上げる次第である。

最後に、本書の出版を決断された、みすず書房守田省吾氏へ。氏の御尽力なくして、埋もれていた研究を江湖に問うことは叶わなかった。担当編集者として実務にあたっていただいただけでなく、本づくりを通して、目を開かされることが多々あった。氏に、心より深謝の気持ちを捧げる。

二〇一七年一二月

渡辺 恭彦

人名索引

翻訳者，論文集の共著者も含む

ア 行

タ　行

ナ　行

ハ　行

マ　行

ヤ　行

廣松渉著作名索引

『日本の学生運動—その理論と歴史』(1956)　4, 9, 10, 14, 16, 20-27, 31-33, 36, 40, 170, 298
『新左翼叢書 4　改訂増補版　現代資本主義への一視角—中ソ両派との批判的対質のために』(1964)　28
『マルクス主義の地平』(1968)　44, 244
『現代革命論への模索—新左翼革命論の構築のために』(1970)　42, 250, 251
『深夜討論　知識人の虚像と実像』(1970)　57, 58
『唯物史観の原像』(1971)　53, 170, 174, 191
『世界の共同主観的存在構造』(1972)　6, 109, 110, 114, 116, 121, 124, 127, 128, 135-138, 162, 163, 170, 183, 184, 189, 292
『マルクス主義の理路』(1974)　81, 82, 194, 195, 198-200, 211, 212, 216, 217
『資本論の哲学』(1974, 1987)　5, 67, 74-77, 80, 85, 86, 90-92, 94-97, 99, 100, 103, 104, 106, 112, 113, 151, 224-227, 235, 236, 245
『事的世界観の前哨』(1975)　32, 34, 36, 70, 105, 235, 237, 238, 242-245
『現代哲学の最前線』(1975)　169, 183, 235, 242, 245
『もの・こと・ことば』(1979)　117
『〈近代の超克〉論—昭和思想史への一断想(視角)』(1980, 1990)　7, 67, 68, 74-77, 79, 82, 194, 195, 198, 199, 202-204, 212, 222
『弁証法の論理』(1980)　124
『存在と意味』(1982, 1993)　6, 8, 107, 112, 113, 120, 123, 126, 132, 135, 158, 166, 169, 183, 184, 188, 190, 195, 196, 199, 206, 218-222, 224, 225, 252, 276-298
『唯物史観と国家論』(1982)　6, 187, 188, 292
『物象化論の構図』(1983)　9, 34, 35, 52, 70, 73, 104
『現代思想の境位』(1984)　72, 166, 183, 236
『生態史観と唯物史観』(1986)　8, 224-227, 231, 235, 236, 239, 240
『資本論を物象化論を視軸にして読む』(1986)　74
『新哲学入門』(1988)　144, 145
『哲学入門一歩前』(1988)　144, 145, 255
『表情』(1989)　132, 255
『マルクスと歴史の現実』(1990)　246, 255-258, 263, 267, 274
『今こそマルクスを読み返す』(1990)　246, 255, 261, 265
『近代世界を剝ぐ』(1993)　197, 262
『マルクスの根本意想は何であったか』(1994)　246
『東欧激変と社会主義』(1994)　252-254, 263, 264
『廣松渉コレクション 第2巻　社会主義の根本理念』(1995)　253
『廣松渉著作集 第10巻』(1996)　164, 165

廣松渉論文名索引

「唯物弁証法における矛盾の概念」（1955　東京大学教養学部学友会『学園』）　18
「学生運動の正しい発展のために—その課題と展望」（1956　東京大学教養学部学友会『学園』）　19
「認識論的主観に関する一論攷」（1958　東京大学文学部哲学科卒業論文）　5, 108-112, 114-117, 119, 121, 122, 124-126, 128, 129, 132, 134
「カントの「先験的演繹論」」（1961　東京大学大学院人文科学研究科修士論文）　109
「マルクス主義と自己疎外論」（1963. 9　『理想』）　40, 41, 46, 47
「学生運動の現在に思う　討論会を司会して」（1963. 11. 20　『東京大学新聞』）　10, 11, 27
「参考資料　国際派と所感派（上）」（筆名田中久男　1964. 4. 22　『東京大学新聞』）　15
「ことば　先駆性理論」（1964. 4. 22　『東京大学新聞』）　24, 25
「六全協」（筆名（W）　1964. 6. 17　『東京大学新聞』）　17, 18
「ブント形成の底流（上）」（1964. 6. 24　『東京大学新聞』）　28
「「ドイツ・イデオロギー」編輯の問題点」（1965. 3　『唯物論研究』）　44
「疎外革命論批判—序説」（1966　『共産主義』）　12, 41-46, 64
「意味論研究覚書」（1966. 4　『名古屋工業大学学報』）　116, 121, 122
「私の研究プラン　「価値」の存在性格」（1967. 7　『日本読書新聞』）　74
「マルクス主義と実存の問題」（1968. 8　『理想』）　47
「人間主義対科学主義の地平を超えるもの—世界・内・存在と歴史・内・存在」（1968. 8　『現代の理論』）　54, 55, 128, 167
「マルクスの物象化論」（1968. 9　『情況』）　69, 74
「マルクス主義における人間・社会・国家」（1969. 4-1972. 10　『情況』）　7, 169
「“名大紛争”の焦点　学生は何を突きつけているか」（1969. 6. 11　『毎日新聞』）　31, 32
「言語的世界の存在構造—意味の認識論的分析の視角」（1969. 7　『思想』）　116, 117
「〈討論〉個体の喪失から連帯へのめざめ」（柴田高好，長崎浩，高尾利数と　1969. 8　『日本の将来』）　56, 57, 247
「「新左翼」運動の思想的位相—マルクス主義運動の現局面」（1969. 9　『中央公論』）　29
「マルクス主義における人間・社会・国家 II」（1969. 9・10　『情況』）　175, 178, 179
「マルクスにおける疎外論の超克—広松渉氏へのインタビュー」（1969. 11. 19　『三田新聞』）　44, 48, 53, 54
「疎外論と物象化論」（1969. 11. 23　法政大学学園祭唯物論研究会企画）　49
「東大闘争の現代史的意義」（1970. 1　『朝日ジャーナル』）　29, 59, 60
「〈市民社会・国家体制〉への視角」（1970. 1　『大阪市立大学新聞』）　169, 170
「新左翼革命論の問題状況—大衆叛乱型革命路線の模索」（1970. 2　『現代の眼』）　29, 30
「座談会　新左翼思想と「主体性」」（田中吉六・清水多吉と　1970. 5　『現代の眼』）　29, 39
「歴史的世界の協働的存立構造—物象化論の哲学への基礎視角」（1970. 8　『思想』）　169, 182
「ヘーゲルの社会思想と初期マルクス—類と個の問題に即して」（1970. 8　『構造』）　180, 185

「マルクス主義における人間・社会・国家 III」(1970. 11 『情況』) 181, 182
「新左翼の思想と行動」(1970. 12 『人間として』) 29, 32, 33
「新左翼の思想—その位相，基盤，指向」(1970. 12 『理想』) 29
「大衆運動の物象化と前衛の問題」(1970. 12. 6 『京都大学新聞』) 30, 33
「判断論の認識論的基礎構造」(1971 『論理学のすすめ　学問のすすめ 19』) 113, 124-126
「唯物史観における国家の問題—マルクス主義における人間・社会・国家 IV」(1971. 2 『情況』) 172-174
「対談　三木清と戸坂潤」(久野収と　1972. 1 『現代の眼』) 217
「人間存在の共同性の存立構造」(1972. 4 『情況』) 62
「国家体制－市民社会論—問題論的構制の再構築のために」(1972. 11. 10 『大阪市大新聞』) 186, 187, 192
「存在の哲学と物象化的錯視—ハイデッガー批判への一視軸」(1973. 1 『現代思想』) 100-103
「資本論の哲学」(1973. 5-1974. 5 『現代の眼』) 74
「座談会　物象化・存立構造論としての『資本論』」(真木悠介と　1973. 7 『思想』) 96
「ニュー・レフトの思想的境位」(1973. 9 『現代思想』) 30
「間主体性と役柄存在　人間存在論への覚書 II」(1974. 8. 9 『現代思想』) 169
「『ドイツ・イデオロギー』の国家論」(1974. 12 『国家論研究』) 169
「座談会 「資本論の哲学」をめぐって」(降旗節雄・今村仁司と　1975. 1 『現代の眼』) 82, 104, 105
「鼎談　近代政治思想とマルクスの国家観」(津田道夫・竹内芳郎と　1975. 6 『国家論研究』) 170, 176
「マルクス主義と「プロ独」の問題」(1976. 6. 4 『朝日ジャーナル』) 266, 268, 270-272
「プロレタリア独裁論の歴史的基礎」(1976. 9 『情況』) 270
「宇野経済学方法論をめぐる問題点」(1977. 8. 10, 25 『大阪市立大学新聞』) 82
「判断における肯定と否定—日本語の「是認・否認」構制の“特質”に定位して」(1980. 1 『理想』) 124, 125
「《対談》記号・意味・物象—構造主義を超えて」(丸山圭三郎と　1984. 4 『思想』) 130-134
「構造変動論の論域と射程 構造の形成・維持・推転の機制 連載 I」(1985 『エピステーメー』 II-2) 184, 188, 189
「《対談》文化のフェティシズムと物象化」(丸山圭三郎と　1985. 4 『思想』) 130-132
「対談　唯物史観と生態史観」(山崎カヲルと　1985. 12 『思想』) 241
「生態史観の射程」(1986. 11 『現代思想』) 233
「役割理論の再構築のために—表情・対人応答・役割行動」(1986-1988 『思想』) 6, 135, 143-151, 153, 158, 160-162, 166, 183, 236
「人類史的壮挙への長い道」(1990. 1. 16 『エコノミスト』) 251, 252
「“壁” 崩壊後の歴史的課題情況」(1990. 7 『情況』) 252
「社会主義理論の新たな構築へ」(1991 『月刊フォーラム』) 254, 264
「本に会う　学生時代の自覚的狩猟」(1992. 5 『群像』) 64
「ソ連共産党崩壊後の前衛党論 (下)」(1992. 5 『情況』) 275
「社会体制の変動と哲学—現代の歴史的位境」(1992 『哲学雑誌』) 250
「ロシア革命以降の世界とマルクス主義—国家社会主義の終焉」(和田春樹と対談　1993. 8. 9 『情況』) 258, 259, 262, 263, 275, 276
「東北アジアが歴史の主役に」(1994 『朝日新聞』) 7, 195-197, 204

本書を刊行するにあたり、平成二九年度京都大学総長裁量経費
人文・社会系若手研究者出版助成を受けた。

著者略歴

（わたなべ・やすひこ）

1983年生まれ．京都大学大学院人間・環境学研究科博士後期課程修了．博士（人間・環境学）．現在　奈良女子大学非常勤講師．思想史専攻．

渡辺恭彦
廣松渉の思想
内在のダイナミズム

2018年 2月 1日　第 1 刷発行

発行所　株式会社 みすず書房
〒113-0033 東京都文京区本郷 2 丁目 20-7
電話 03-3814-0131(営業) 03-3815-9181(編集)
www.msz.co.jp

本文組版 キャップス
本文印刷所 精興社
扉・表紙・カバー印刷所 リヒトプランニング
製本所 誠製本

ISBN 978-4-622-08681-9
[ひろまつわたるのしそう]
落丁・乱丁本はお取替えいたします